D1674430

Exklusiv für Buchkäufer!

Ihr Arbeitshilfen online:

- Rechner
- Mustertexte
- Checklisten und Übersichten

Und so geht's:

- unter www.haufe.de/arbeitshilfen den Buchcode eingeben
- QR-Code mit Ihrem Smartphone oder Tablet scannen

Buchcode: HEA–4MVF

www.haufe.de/arbeitshilfen

Praxiswissen Angebote und Kalkulationen

Rechtssicher von der Kundenanfrage bis zur Lieferung

Wolfgang H. Riederer

Jörgen Erichsen

1. Auflage

Haufe Gruppe
Freiburg · München

Bibliografische Information der Deutschen Nationalbibliothek
Die Deutsche Nationalbibliothek verzeichnet diese Publikation in der Deutschen
Nationalbibliografie; detaillierte bibliografische Daten sind im Internet über
http://dnb.dnb.de abrufbar.

Print ISBN: 978-3-648-04315-8   Bestell-Nr. 01272-0001
EPUB ISBN: 978-3-648-04316-5   Bestell-Nr. 01272-0100
EPDF ISBN: 978-3-648-04317-2   Bestell-Nr. 01272-0150

Riederer/Erichsen
Praxiswissen Angebote und Kalkulation
1. Auflage 2014

© 2014, Haufe-Lexware GmbH & Co. KG, Freiburg
www.haufe.de
info@haufe.de
Produktmanagement: Dipl.-Kfm. Kathrin Menzel-Salpietro

Lektorat: Helmut Haunreiter, 84533 Marktl
Satz: Beltz Bad Langensalza GmbH, 99947 Bad Langensalza
Umschlag: RED GmbH, 82152 Krailling
Druck: Schätzl Druck, Donauwörth

Inhaltsverzeichnis

Vorwort

Betriebswirtschaftliches Wissen wird auch für kleine und mittelständische Betriebe immer wichtiger. Ein zentraler Punkt, der über den kurz- und langfristigen Erfolg von Unternehmen entscheidet, ist die richtige Kalkulation von Preisen für Produkte oder Dienstleistungen. Unmittelbar damit verbunden ist ein weiterer wesentlicher Aspekt, nämlich, die Angebote rechtssicher zu formulieren. Gelingt es Ihnen, gut kalkulierte, rechtssichere Angebote zu erstellen, werden Sie nicht nur Gewinne erzielen, sondern auch die Wünsche Ihrer Kunden erfüllen.

Das vorliegende Buch will Sie dabei umfassend unterstützen. Es zeigt zunächst, worauf Sie aus betriebswirtschaftlicher Sicht achten müssen, um den Preis eines Angebots so zu berechnen, dass Sie in der Lage sind, sowohl kostendeckend zu arbeiten als auch einen Gewinn zu erzielen. Dabei werden gängige Kalkulationsverfahren für alle Branchen detailliert vorgestellt. Somit kann jeder Leser den bestmöglichen Nutzen aus dem Buch ziehen — unabhängig davon, ob sein Unternehmen im Bereich Produktion, Handwerk, Handel oder Dienstleistung angesiedelt ist. Als besonderes „Extra" stellen wir Ihnen auf den Arbeitshilfen online eine Reihe von Excel-Anwendungen für die verschiedenen Kalkulationsverfahren zur Verfügung, die Sie sofort praktisch einsetzen können.

Im Buch erhalten Sie zudem zahlreiche Tipps und Ratschläge dazu, was Sie tun können, wenn der Preis einmal nicht reicht, um einen Gewinn zu erzielen. Ferner wird dargestellt, welche Nachteile Rabatte haben und was getan werden kann, um Preisnachlässe und die damit verbundenen negativen Folgen für ein Unternehmen zu begrenzen. Nicht zuletzt wird erläutert, wie eine Nachkalkulation funktioniert und warum das Thema so wichtig ist, um die Qualität künftiger Angebote sukzessive zu verbessern.

Sind Angebote nach den genannten Grundsätzen vorbereitet, gilt es, sie in lukrative Aufträge umzusetzen. Das beste Angebot nützt nichts, wenn es vom Kunden nicht angenommen wird. Und ein Gewinn lässt sich nur dann erzielen, wenn das Angebot rechtlich verbindlich zu einem Vertragsabschluss führt, aus dem man seine Rechte notfalls auch durchsetzen kann. Dabei ist eine Vielzahl von Einzelheiten zu beachten. Die richtige Formulierung des Angebots entscheidet über die zu erbringenden Leistungen und nimmt damit Einfluss auf die Kalkulation. Der rechtliche Rahmen wird damit zum Kalkulationsposten. Das Buch zeigt, wie die betriebswirtschaftlichen und juristischen Aspekte miteinander verzahnt sind, was für den Erfolg Ihres Geschäfts sehr hilfreich sein kann. Wichtige, praxiserprobte Hinweise und Tipps für Vertragsverhandlungen runden das Buch ab.

Die Autoren haben konsequent darauf geachtet, dass interessierte Unternehmer schnell und einfach vollständige und rechtsichere Angebote abgeben können. Bei allen Ausführungen wurde die praktische Anwendbarkeit in den Vordergrund gestellt. Theoretische Erläuterungen finden nur Eingang, wenn sie für das Verstehen der Zusammenhänge unabdingbar sind.

Alle Inhalte des Buchs wurden sorgfältig recherchiert und erstellt, dennoch können sie die Beratung durch einen Fachmann im Einzelfall nicht ersetzen.

Wir wünschen allen Lesern viel Spaß beim Durcharbeiten des Buches und gutes Gelingen beim Erstellen erfolgreicher Angebote und Kalkulationen.

Freiburg, im November 2013
Jörgen Erichsen, Wolfgang H. Riederer

1   Kundenanfragen bearbeiten

Sie kennen die Situation: Der Termindruck steigt ebenso wie die Kosten und die Ansprüche Ihrer Kunden an die Qualität und Flexibilität Ihrer Mitarbeiter und Leistungen[1]. Ihre Kunden erwarten Entgegenkommen, Serviceleistungen und bei Schwierigkeiten selbstlosen Einsatz rund um die Uhr. Und das alles bei sinkenden Deckungsbeiträgen. Kundenanfragen versprechen mehr Aufträge, aber nur, wenn sie auch in solche münden.

1.1   Wissen Sie, was der Kunde will?

Eigentlich müsste man davon ausgehen, dass sich aus der Anfrage klar ergibt, was der Kunde wünscht. Das ist aber keineswegs immer der Fall. Daher sollten Sie sich eine Reihe von Fragen stellen, nachdem Sie eine Kundenanfrage erhalten haben:

Frage	Ja	Nein
Ist ein Preisvergleich durchgeführt worden?		
Kann ein konkretes Leistungsangebot erbracht werden?		
Handelt es sich um eine Standardanfrage?		
Wissen Sie, ob Sie Ihr Angebot nur für Preisvergleiche abgeben sollen, die der Kunde vornehmen möchte (vgl. Kapitel 1.6 „Nicht ernst gemeinte Kundenanfragen erkennen")?		
Erkennen Sie den Umfang eines konkreten Leistungsangebots?		
Sind Sie stets leistungsfähig, wenn Sie anbieten? Können Sie also sofort aktiv werden, wenn der Auftrag zustande kommt, oder müssen Sie sich z. B. noch Waren beschaffen oder selbst Leistungen von Dritten zukaufen? Oder müssen Sie ggf. Liefer- und Wartezeiten in Kauf nehmen?		

---

[1]   Vgl. Schmidt, VDI-Studie zum Angebotsmanagement 2008, 11, http://www.vdi.de/uploads/media/Ergebnis_der_VDI-Studie_Angebotsmanagement_01.pdf

Frage	Ja	Nein
Bieten Sie auch einmal „blind" an, also ohne genau geklärt zu haben, was ein Kunde wirklich will?		
Erstellen Sie standardmäßig auf alle Anfragen ein Angebot oder versuchen Sie erst einmal zu erkennen, ob ein Kunde einen Auftrag ernsthaft möchte (vgl. Kapitel 1.6 „Nicht ernst gemeinte Kundenanfragen erkennen")?		
Reagieren Sie auf Anfragen auch, wenn Sie nicht anbieten können, etwa, wenn Sie auf absehbare Zeit vollständig ausgelastet sind? Wissen Sie, wie Sie einen Kunden dennoch zufriedenstellen können?		
Verfügen Sie über ein Angebots-Controlling, haben Sie also jederzeit einen Überblick über die notwendigen Plandaten oder darüber, ob und in welchem Umfang Sie mit Aufträgen in der Vergangenheit erfolgreich waren?		
Versuchen Sie, aus bereits abgewickelten Aufträgen zu lernen? Dazu gehört z. B., den Leistungsumfang Punkt für Punkt zu klären, bestimmte Aspekte auszuschließen und ggf. die Preise exakter als bisher zu kalkulieren.		

Ist die Anfrage nicht in Deutsch formuliert, muss genau ermittelt werden, wie die verwendeten Begriffe zu verstehen sind.

1.2 Können Sie die Leistung erbringen, die der Kunde wünscht?

Es geht nicht nur darum, dass Sie die angefragte Leistung überhaupt erbringen können, sondern dass Sie das auch

- zum verlangten Termin,
- zum vorgegebenen Preis (bei einem Limit),
- am angegebenen Ort,
- mit den verlangten Mitteln tun können.

Verfahren auch Sie nach dem Motto: „Ist der Auftrag erst da, wird sich alles andere geben"? Eine gefährliche Einstellung:

Beispiel: Natürlich sind die Ausführungstermine knapp. Natürlich wissen Sie eigentlich gar nicht, ob sie zu halten sind. Trotzdem bieten Sie an. Die Folge: Der aufkommende Termindruck wächst sich nach und nach zu einer handfesten Panik aus. Um vielleicht doch noch zu retten, was zu retten ist, setzen Sie alles daran, die Termine trotzdem zu halten. Der Aufwand steigt immens, der Stress nicht minder. Die Fehlerquote steigt. Am Ende schaffen Sie es doch nicht. Sie verlassen sich darauf, dass der Kunde mit Ihnen gnädig umgeht. Ihn drücken aber selbst Pönalen. Das Ende dieses Auftrags ist abzusehen: Es wird in jedem Fall unerfreulich, wahrscheinlich haben Sie unter dem Strich auch nichts daran verdient und womöglich drohen sogar finanzielle Konsequenzen wie Konventionalstrafen oder Imageschäden.

Prüfen Sie deshalb gewissenhaft:

- Haben Sie die angefragten Leistungen oder Produkte vorrätig?
- Können Sie die angefragten Leistungen oder Produkte kurzfristig von Dritten beschaffen, wenn Sie selbst nicht leisten können?
- Haben Sie Ihr Produkt schon entwickelt oder müssen Sie es noch entwickeln und wie lange wird das dauern? Ist damit zu rechnen, dass Nachbesserungen erforderlich sind und/oder es Verzögerungen gibt?
  Beispiel: Die Werner Chemie GmbH erhielt den Auftrag, in ihrem Labor verschiedene chemische Substanzen in einem bestimmten Verhältnis für die Weiterverarbeitung beim Kunden zu mischen. Die Stoffe waren bislang noch nicht verarbeitet worden. Wegen unverträglicher Eigenschaften einzelner Stoffe in der vorgesehenen Kombination kam es in den Apparaturen des Auftragnehmers zu Schäden. Die Konstruktion musste geändert werden, was Zeit und erhebliche Kosten verursachte, die nicht auf den Kunden abgewälzt werden konnten.
- Können und wollen Sie mit den vorgeschriebenen Lieferanten arbeiten?
  Beispiel: Der Kunde möchte keine Ersatzteile vieler verschiedener Hersteller bei sich lagern und schreibt deshalb bestimmte Lieferanten in seiner Anfrage vor. Das wird den Verhandlungsspielraum mit diesen Lieferanten aber einschränken. Bewährte Kooperationen können nicht genutzt wer-

den. Mangels Vorerfahrung kann die Zuverlässigkeit dieser Partner nicht beurteilt werden.

- Sind die angefragten Spezifikationen überhaupt machbar?

Gehört Ihr Unternehmen zu den Betrieben, die für ihre Kunden spezifische Einzel- und Kleinserienfertigungen übernehmen, müssen Sie über die technische Machbarkeit der Anfrage entscheiden. Dazu ziehen Sie die Bereiche Konstruktion, Arbeitsvorbereitung und Fertigung zurate.

Beispiel: Die Firma Walther GmbH erhält eine Anfrage über die Lieferung von Platten, die unter Vakuum und in bestimmten Verarbeitungsprozessen eine Wärmeverteilung aufweisen. An bestimmten Messpunkten darf die Abweichung nicht höher als ± 2 Grad Celsius sein. Herr Walther macht einen guten Preis und erhält den Auftrag. Es stellt sich nach vielen, vielen vergeblichen und aufwändigen Versuchen heraus, dass die Vorgabe des Kunden technisch nicht erreichbar ist.

- Haben Sie die erforderlichen Arbeitskapazitäten?

Denken Sie auch an Ihre Leistungsfähigkeit![2] Muten Sie sich zu viel zu, schaden Sie nicht nur Ihrer Gesundheit, sondern auch der Qualität Ihrer Arbeit und damit auch Ihrem Kunden und Ihren wirtschaftlichen Interessen. Sie sollten deshalb sorgfältig abwägen, wie hoch der voraussichtliche Zeitaufwand und der durch den Auftrag generierte voraussichtliche Ertrag sein werden. Wird der angefragte Auftrag Einfluss auf die Bearbeitung anderer Aufträge haben? Droht eventuell Unzufriedenheit anderer Kunden oder im privaten Umfeld. Wie beeinflusst der Auftrag Ihre Möglichkeit, andere Kundenkontakte zu erschließen. Wie steht es um den zu erwartenden Kostendeckungsbeitrag?

Sie sollten sich ferner folgende Fragen stellen:

- Ist die Leistung vorrätig?
- Ist die Leistung beschaffbar?
- Ist die Leistung entwickelt?
- Sind die Lieferantenvorgaben akzeptabel?
- Ist die Spezifikation technisch durchführbar?
- Ist genügend Arbeitskapazität vorhanden?

---

[2] Es gehört zum Beruf des Selbstständigen, seinen Tagesablauf so organisieren zu können, dass Stressfaktoren vermieden werden. (OLG Saarbrücken, r+s 2007, 70)

1.3   Können Sie sich den Auftrag leisten?

Ohne eine exakte Kalkulation vorwegzunehmen, müssen Sie prüfen, ob der Auftrag für Sie überhaupt infrage kommt.

Frage	Ja	Nein
Ist der Auftraggeber ein Stammkunde?		
Ist der Auftraggeber ein Gelegenheitskunde?		
Ist der Auftraggeber ernsthaft interessiert?		
Ist der Auftraggeber unbekannt?		
Will der Auftraggeber den Auftrag überhaupt erteilen?		
Will der Auftraggeber lediglich Informationen einholen?		
Gab es den letzten Auftrag innerhalb der vergangenen 6 Monate?		
Liegt der letzte Auftrag bereits 6 Monate bis 1 Jahr zurück?		
Wurde Ihnen der letzte Auftrag vor mehr als 1 Jahr erteilt?		
Hat Ihnen der Kunde noch gar keinen Auftrag erteilt?		
Wie hoch ist die Auftragswahrscheinlichkeit in Prozent?		
Wie hoch wird der Deckungsbeitrag in Prozent sein?		
Würde der Auftrag in Ihre Planung passen?		

Stellen Sie bei der Beantwortung dieser Fragen fest, dass der Auftrag problematisch sein könnte, wägen Sie sehr genau ab, ob sich der Aufwand für eine Angebotserstellung lohnt. Denn genau genommen wären diese Bedenken im Preis abzubilden, was die Wettbewerbsfähigkeit beeinträchtigen dürfte.

● **TIPP**

Treffen Sie mutige Entscheidungen. Eine der mutigsten, aber zugleich eine der wirtschaftlichsten Entscheidungen kann der Verzicht auf ein Angebot sein[3]. Wenn Sie auf ein Angebot verzichten, sollten Sie die Anfrage dennoch beantworten.

1.4 Systematisieren Sie den Prozess der Angebotserstellung

Können Sie alle Bedenken ausräumen und interessiert Sie die Anfrage, dann kann der Angebotsprozess losgehen.

1.4.1 Was will der Kunde?

Um ein Angebot auszuarbeiten, müssen Sie die Bedürfnisse Ihrer potenziellen Kunden kennen. Gehen Sie dabei von den Leistungen aus, die Sie bereits heute erbringen oder in der Vergangenheit erbracht haben. Überlegen Sie — sofern Sie für den Kunden bereits einen Auftrag abgewickelt haben —, welches Problem Sie für Ihren Kunden damit lösen konnten. Welchen Nutzen hatte Ihr Kunde von Ihrer Leistung?

Wenn Sie für den Kunden bereits tätig waren, kann Ihnen folgender Fragenkatalog helfen:

Frage	Erkenntnisse aus Aufträgen im letzten Jahr	Aussagen daraus für künftige Angebote
Welche Leistung habe ich erbracht?		
Wie lange habe ich dafür gebraucht?		
Wurden immer alle Wünsche des Kunden richtig und vollständig erfasst?		

---

[3] Nur bei etwa einem Drittel von befragten Industrieunternehmen bestehen definierte Regeln über einen Ausstieg aus einem Angebotsverfahren, vgl. Schmidt, VDI-Studie zum Angebotsmanagement 2008, 7, http://www.vdi.de/uploads/media/Ergebnis_der_VDI-Studie_Angebotsmanagement_01.pdf

Frage	Erkenntnisse aus Aufträgen im letzten Jahr	Aussagen daraus für künftige Angebote
Wie kann verhindert werden, dass Kundenwünsche ggf. nicht richtig und vollständig erfasst wurden?		
Wozu diente die Leistung dem Kunden?		
Welchen Nutzen hatte der Kunde davon?		
Welches Problem des Kunden konnte ich damit lösen?		
Welche Alternativen hätte es zu meiner Leistung gegeben?		
Welche Probleme hat es bei der Leistungserbringung gegeben?		
Was konnte der Kunde noch von mir brauchen?		
Zu welchem Preis habe ich gearbeitet?		

1.4.2 Kundenanfragen mit System bearbeiten

Die Erstellung eines Angebots ist ein komplexer Vorgang, der technologisch häufig anspruchsvoll und zeitaufwendig ist[4]. Die Abläufe richten sich in der Praxis nach der Organisationsstruktur des Anbieters. Gibt es einen Verkaufsinnendienst, einen Außendienst, einen Verkaufsleiter, so müssen die organisatorischen Voraussetzungen geschaffen sein, dass die verschiedenen Abteilungen zusammenspielen. Bei kleineren Betrieben übernimmt der Chef viele dieser Schritte in Personalunion selbst.

In jedem Fall gliedert sich der Ablauf gedanklich in einzelne Stufen:

---

[4]   Vgl. Schmidt, VDI-Studie zum Angebotsmanagement 2008, 5, http://www.vdi.de/uploads/media/Ergebnis_der_VDI-Studie_Angebotsmanagement_01.pdf

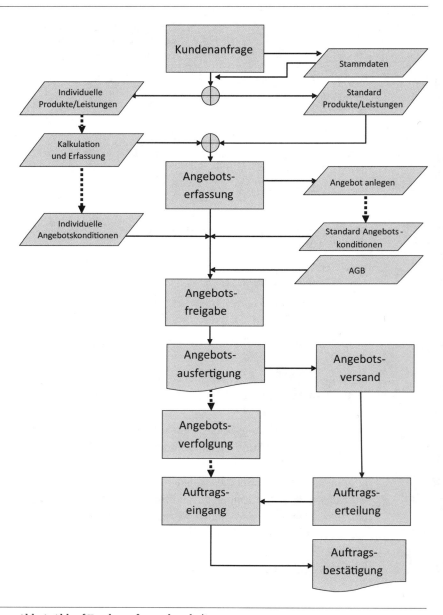

Abb. 1: Ablauf Kundenanfragen bearbeiten

Der Angebotsprozess selbst gliedert sich in:

- **Anfragebewertung**
  Eingang der Angebotsaufforderung, Nachfrage zur Vervollständigung, Bewertung der Anfrage, Entscheidung über Ausstieg etc.
- **Angebotsdesign**
  Ressourceneinsatz, Terminplanung, Angebotsgliederung, Vorlieferanten etc.
- **Angebotsbearbeitung**
  Technische Analyse, Konstruktions-, Produktions-, Vergabeplanung, Terminierung, Kalkulation, Preispolitik, kaufmännische Konditionen
- **Angebotsfinalisierung**
  Angebotserstellung, Angebotsänderungen mit Versionserfassung, Angebotsabgabe, Nachfassaktion
- **Angebotsverhandlung**
  Präsentation, AGB, Vertragsschluss
- **Angebotsverfolgung**
  Diese gedanklichen Abfolgen eines Auftrags helfen Ihnen, das Angebotsmanagement zu strukturieren und zu systematisieren.

Erfinden Sie das Rad nicht jedes Mal neu: Standardisieren Sie Ihren Prozess der Angebotserstellung! Machen Sie sich daher einen Plan, wie Sie — wann immer möglich — bei jeder Anfrage vorgehen wollen. Nutzen Sie dazu die folgende Übersicht zur Aufnahme von Kundenanfragen[5]:

Plan zur Angebotserstellung
▪ Eingangsstempel
▪ Anfragedaten erfassen
▪ Anfragenummer erfassen
▪ Angebot anlegen
▪ Angebotsnummer vergeben

---

[5] Die angebotenen, unterstützenden IT-Systeme scheinen nach der VDI-Studie zum Angebotsmanagement 2008 keine entscheidende Bedeutung zu haben, vgl. VDI-Studie zum Angebotsmanagement 2008, S. 5, a.a.O.

Plan zur Angebotserstellung

- Terminvorgaben erfassen

- Eingangsbestätigung ausfertigen und versenden

- Standard-Angebotsvorlage nehmen

- Machbarkeitscheck

- Kapazitätscheck

- Rentabilitätscheck

- Kundenkontakt zur Abklärung von Einzelheiten

- Standard-Dokumentationen zu Leistungen/Unternehmen zusammenstellen

- Notwendige Lieferantenkontakte erfassen, Kapazitäten abfragen

- Notwendige Subunternehmer erfassen, Kapazitäten abfragen

- Angefragte Produkte und Leistungen zusammenstellen (Vollständigkeitsanalyse)

- Notwendige Nebenleistungen erfassen (Transporte, Montagen, Qualitätskontrollen etc.)

- Termine festlegen

- Kalkulationen durchführen

- Angebotsvorlage ausfüllen

- Angebot prüfen

- Ggf. Angebot intern nachbessern

- Angebot freigeben

- Angebot ausfertigen, unterschreiben, versenden

Erstellen Sie nur dann ein Angebot, wenn Sie realistische Aussichten auf einen Auftrag sehen! Entwickeln Sie unterschiedliche Standardangebote für unterschiedliche Angebotstypen![6]

---

[6] Vgl. Buth/Herrmanns, Restrukturierung, Sanierung, Insolvenz, § 10 Rn. 82, 3. Aufl. 2009.

So könnte ein Angebot aussehen:

Pos.	Menge	Bezeichnung	Abmessung	Typ/Best.-Nr. Doku	Lieferant	EPr/kg/m	Rabatt	Preis
1		Heizplatte, verschr.	2000x1600x48		Peters	10.500 €	3,5 %	10.132,50 €
2	12	Ventile PCV-17		124-C-1429	Wehrhan	85 €		1.020,00 €

Auftrag Nr.:   Gewährl.: 12 Monate nach Lieferung

Anfrage Nr.:

Lieferung KW 16

Preisstellung: Lieferung   ab Werk ausschließl. Verpackung

Abb. 2: Beispiel für ein Angebot

Ergibt Ihr Rentabilitätscheck, dass Sie sich den Auftrag nicht leisten können, nutzen Sie die Kundenfrage zur Akquisition. Stellen Sie sich dazu folgende Fragen:

Frage	Ja	Nein
Bin ich an dem Kunden grundsätzlich interessiert?		
Hat der Kunde für mich nützliche Beziehungen?		
Könnte mich der Kunde auch weiterempfehlen?		
Kennt der Kunde mein Leistungsspektrum?		
Kennt der Kunde mein Unternehmen genügend?		
Hatte der Kunde Gelegenheit, sich von meiner Leistungsfähigkeit zu überzeugen?		
Kennt der Kunde Referenzen?		
Kennt der Kunde schon meine Neuentwicklungen?		
Kennt der Kunde meine Zukunftsvisionen?		
Kennt der Kunde unsere Top-Angebote?		

Je nach Grad der Bekanntheit Ihres Unternehmens oder Ihrer Produkte können Sie auf die Anfrage mit Informationen darüber oder über andere Leistungen Ihres Hauses antworten. Auch, wenn Sie die Anfrage absagen müssen, können Sie es zu Ihrem Vorteil nutzen. Denn Sie erfahren Details aus dem Kundenbereich, die Sie nutzen können — und zwar auch noch später.

● TIPP

Verwenden Sie Anknüpfungspunkte, um in weiterem Kontakt zu bleiben. Avisieren Sie die Kontaktaufnahme. Warum treten Sie nicht einem Verband bei, dem Ihr Wunschkunde angehört? Bringen Sie sich ins Gespräch!

Signalisieren Sie auch dann, wenn Sie den Auftrag — aus welchen Gründen auch immer — ablehnen, nie Desinteresse, sondern Engagement. Das hebt Sie aus der Masse Ihrer Mitbewerber heraus. Kunden machen solche Erfahrungen selten und schätzen sie entsprechend. Nutzen Sie Ihre Chance. Sehen Sie dazu folgendes Formulierungsmuster:

Formulierungsmuster

Sehr geehrter Herr Meier,
vielen Dank für Ihre Anfrage vom 21. September.
Bereits seit über 20 Jahren betreuen wir unsere Kunden im Bereich .... mit Erfolg. Mit unserer Erfahrung, unserer Innovationskraft und neuen Ideen haben wir nachhaltig Kundenlösungen mitentwickelt und umgesetzt. Wir danken Ihnen daher für Ihr Vertrauen.
Wir haben uns deshalb sofort mit unseren Vorlieferanten in Verbindung gesetzt, aber keine zuverlässigen Kapazitätsaussagen erhalten können. Aus unserer Sicht lässt das eine seriöse Terminzusage unsererseits für die von Ihnen benötigten Komponenten nicht zu.
Wir sind gerne bereit, Ihnen kurzfristig ein Angebot zukommen zu lassen, wenn Ihnen Ihr Auftraggeber mehr terminliche Flexibilität einräumen könnte.
Ungeachtet dessen können wir uns eine Zusammenarbeit mit Ihnen gut vorstellen. Ihr Unternehmen ist uns aus unserer gemeinsamen Arbeit beim ....-Verband/Kammer bekannt. Wir möchten die Gelegenheit deswegen nutzen, Sie mit den beigefügten Unterlagen über unser gesamtes Leistungsspektrum zu informieren. Besonders hinweisen möchte ich Sie auf ... Bitte zögern Sie nicht, mich bei Interesse unmittelbar anzusprechen.

Wegen Ihrer Anfrage werde ich versuchen, kommenden Montag telefonisch mit Ihnen Kontakt aufzunehmen.
Wir werden alles tun, um Sie bei Ihrer Anfrage zu unterstützen.

Mit freundlichen Grüßen

Unterschrift

1.5   Was können Sie aus Ihren Angeboten lernen?

Alle Ihre Angebote, gleichgültig, ob sie zu Aufträgen geführt haben oder nicht, enthalten für Sie wertvolle Informationen, die Ihnen helfen können

- Ihren Erfolg bei künftigen Angeboten signifikant zu steigern,
- den Aufwand (und damit die Kosten) für die Erstellung künftiger Angebote deutlich zu senken.

An diese Informationen kommen Sie jedoch nur dann, wenn Sie sie mit dem erzielten Ergebnis in Verbindung bringen. Weder mit einem verlorenen noch mit einem gewonnenen Auftrag ist es also getan.

TIPP

Analysieren Sie Ihre Angebote und deren Wirkungen systematisch und halten Sie deren Ergebnisse fest. Ziehen Sie Lehren aus Ihrer Arbeit!

Nutzen Sie zur Analyse Ihrer Angebote die folgende Checkliste:

Frage	Ja	Nein	Schlussfolgerung
Stimmte mein Angebot mit der Anfrage überein?			
War mein Angebot aussagekräftig?			
War mein Angebot originell gestaltet?			

Frage	Ja	Nein	Schlussfolgerung
War mein Angebot übersichtlich, eindeutig und vollständig?			
War mein Angebot mit Unterlagen/Zeichnungen/Diagrammen etc. verständlich veranschaulicht?			
Hat mein Angebot zur Kontaktaufnahme vonseiten des Kunden geführt?			
Welche Gründe nannte der Kunde beim telefonischen Nachfassen?			
Habe ich Maßnahmen ergriffen, um die Beziehung zum Kunden zu verbessern?			
Weiß ich, warum sich der Kunde für einen anderen Anbieter entschieden hat?			
Weiß ich, warum sich der Kunde für mich entschieden hat?			

Nutzen Sie auch Erfahrungen, die Sie aus früheren Angeboten — unter Umständen mit demselben Kunden — gewonnen haben!

1.6 Nicht ernst gemeinte Kundenanfragen erkennen

Bevor Sie aktiv werden und ein Angebot erstellen, müssen Sie sich bei jeder Kundenanfrage mit noch einem Punkt befassen: Wie ernst ist es dem Kunden mit seinem Anliegen wirklich? Benötigt er ein Angebot nur, um einen Wettbewerber unter Druck zu setzen oder plant er, Sie ernsthaft in die engere Wahl einzubeziehen? Das einschätzen zu können, ist für Sie vor allem deshalb wichtig, weil Sie sich viel Arbeit ersparen können, wenn Sie es schaffen, wenig ernsthafte Anfragen von vornherein auszuschließen.

Zwar ist es kaum möglich, eine absolut sichere Aussage hinsichtlich der Ernsthaftigkeit einer Anfrage zu treffen. Allerdings gibt es eindeutige Anzeichen und Indizien, aus denen Sie erkennen können, dass mit hoher Wahrscheinlichkeit kein Auftrag zustande kommen wird:

1. Eine schriftliche Anfrage beginnt ohne persönliche Anrede, sondern enthält nur die Standardfloskel „Sehr geehrte Damen und Herren" oder eine Anrede fehlt vollständig. Das bedeutet, dass sich der Kunde nicht die Mühe gemacht hat, den Betrieb, mit dem er ins Geschäft kommen will, näher kennenzulernen.
2. Beim Nachhaken oder Ihrem Bemühen, mehr Informationen zur Auftragsdurchführung zu bekommen, stellt sich heraus, dass Ihr Ansprechpartner nicht Bescheid weiß und die Anfrage nicht präzisieren kann („Das kann ich noch nicht sagen, darüber müssen wir noch einmal nachdenken." Oder „Das ist noch nicht vollkommen geklärt und es kann zu Änderungen kommen." Oder noch schlechter: „Darüber habe ich keine Informationen.").
3. Der mögliche Kunde möchte keinen weiteren Termin, weder zur Auftragsklärung noch zur Durchführung.
4. Der Kunde vertröstet Sie mit der Frage, wer denn zuständig sei und ob Sie diese Person sprechen könnten, mit Aussagen wie „Herr X ist diese Woche nicht im Haus. Versuchen Sie es doch nächste Woche noch einmal." oder „Frau Y hat diese Woche zahlreiche Besprechungen und Termine und ist daher nicht in der Lage, weitere Auskünfte zu geben.".
5. Der Kunde gibt auf Ihre Nachfragen an, dass er sich noch einmal melden wird, er kann oder will aber keinen festen Termin nennen.
6. Das Gespräch verläuft allgemein eher einseitig; der Kunde äußert sich wenig konkret oder gar ausweichend und zeigt kaum Interesse an einem Fortkommen der Gespräche.

2 So kalkulieren Sie richtig

Die Kalkulation, vereinfacht ausgedrückt: die Berechnung Ihrer Produkt- oder Dienstleistungspreise, ist eine der wichtigsten kaufmännischen Aufgaben, die Sie laufend und konsequent durchführen müssen.

Ein kurzer Hinweis: Alle im folgenden Kapitel besprochenen und vorgestellten Tools finden Sie bei den Arbeitshilfen online. Sie können in alle Zellen mit blauer Schrift bzw. gelbem Hintergrund problemlos Eingaben vornehmen. Zellen mit roter Schrift können überschrieben werden, es sollte aber vor der Eingabe überprüft werden, ob das sinnvoll ist, denn in diese Zellen werden aus anderen Zellen Daten als Vorschlagwerte übernommen. Zellen mit schwarzer Schrift sollten Sie nicht verändern, weil diese Formeln enthalten können, deren Überschreiben dazu führen kann, dass die Anwendung unbrauchbar wird.

2.1 Warum überhaupt kalkulieren?

Nur, wenn Sie wissen, ob und mit welchen Produkten, Dienstleistungen oder Projekten Sie Geld verdienen, werden Sie auf Dauer erfolgreich wirtschaften und Gewinn erzielen. Und in der Praxis genügt es meist nicht, die Preise für Ihre Produkte oder Leistungen einmalig zu berechnen. Sie müssen in regelmäßigen Abständen prüfen, ob und wo es zu Veränderungen kommt und je nach Situation reagieren. Die Begriffe Produkt, Dienstleistung, Projekt und Auftrag werden im weiteren Verlauf synonym verwendet.

2.1.1 Kalkulieren ist ein Muss

Sie werden möglicherweise anführen, dass es für Sie nicht notwendig ist, die Preise Ihrer Produkte zu kalkulieren bzw. sie zu kennen. Denn wahrscheinlich befinden Sie sich in einer ausgeprägten Wettbewerbssituation und können ohnehin keine Preiserhöhungen durchsetzen, müssen also die üblichen Marktpreise akzeptieren. Sowohl diese Aussage als auch die Tatsache, dass

Sie nicht kalkulieren, kann für Sie gefährlich werden. Denn wenn Sie nicht wissen, ob Sie mit den aktuell gegeben — und für Sie unveränderbaren — Marktpreisen überhaupt Geld verdienen, besteht das Risiko, dass Sie auf mittlere Sicht mit einem oder mehreren Produkten Verluste erwirtschaften und im Extremfall in den wirtschaftlichen Ruin getrieben werden.

Den eigenen Standort bestimmen

Wenn Sie Ihre Produktpreise kalkulieren, wissen Sie, ob Sie mit einem, mehreren oder allen Produkten Gewinne erzielen. Stellen Sie mithilfe der Kalkulation fest, dass Sie bei einigen Produkten eigentlich einen höheren Preis erzielen müssten als den aktuellen Marktpreis, um Ihre Kosten zu decken und Gewinn zu erzielen, wissen Sie zumindest, dass und in welche Richtung Sie aktiv werden müssen.

Dazu stehen Ihnen mehrere Möglichkeiten offen:

- die Kosten zu senken, z. B. durch Verhandlungen mit Lieferanten, einen Wechsel des Energieanbieters, die Überprüfung der Notwendigkeit von Versicherungen oder Investitionen (Abschreibungen), die Überprüfung der Notwendigkeit bzw. Höhe kalkulatorischer Kosten,
- auf Gewinn zu verzichten, z. B. durch Absenkung des Gewinn-Prozentsatzes in der Kalkulation (vgl. Kapitel 2.5 „Wichtige Kalkulationsverfahren"),
- wenn die Differenz sehr groß ist, müssen Sie überlegen, ob Sie die Herstellung und den Verkauf des Artikels einstellen, um weitere Verluste zu vermeiden. Die frei werdenden Kapazitäten sollten Sie dann nutzen, um profitablere Artikel zu fertigen.
- Eine weitere Möglichkeit wäre, dass Sie Verluste bei einem Produkt bewusst in Kauf nehmen und diese Verluste mit Gewinnen, die Sie durch den verstärkten Verkauf anderer Erzeugnisse erzielen, ausgleichen.
- Alternativ können Sie prüfen, ob es möglich ist, wenig profitable Produkte, die Sie im Programm behalten wollen oder müssen, von Dritten zu beziehen. Damit bleiben die Verluste bestehen, wenn der Lieferer ähnliche Preise hat, wie Sie die Herstellung kostet. Aber Sie haben die Möglichkeit, die freien Kapazitäten für die Fertigung besserer Artikel zu nutzen.

Die letzte Möglichkeit verbietet sich aus betriebswirtschaftlicher Sicht zwar eigentlich, aber es gibt Situationen, in denen es günstiger ist, auch Verlustträger im Programm zu behalten. Handelsunternehmen tun dies z. B. häufiger. So kann es beispielsweise für Artikel, bei denen Kunden sehr preisbewusst agieren, sinnvoll sein, auf einen Gewinnaufschlag zu verzichten, in der Hoffnung, dass Kunden auch Produkte erwerben, bei denen die Gewinnmarge sehr hoch ist.

TIPP

Manchmal kann es sinnvoll sein, einen Verlustträger im Programm zu behalten. Mögliche Gründe dafür könnten z. B. sein: Sie sind Vollsortimenter und es besteht das Risiko, dass Kunden nicht mehr bei Ihnen kaufen, wenn einzelne Artikel in Ihrem Sortiment fehlen, oder Sie gehen davon aus, dass Ihre Kunden zusammen mit einem Verlustbringer häufig auch Produkte mit hohen Gewinnmargen erwerben.

Wenn Sie z. B. ein bestimmtes Produktsortiment abdecken müssen, um Ihren Kunden ein Komplettangebot unterbreiten zu können, sind Sie gezwungen, auch ein eigentlich unrentables Produkt im Programm zu halten. Nehmen Sie das unrentable Produkt vom Markt, kann es passieren, dass Sie Kunden verlieren. Und dann wäre Ihr Verlust möglicherweise noch größer, weil sich auch die Verkaufszahlen bei den anderen Erzeugnissen rückläufig entwickeln würden. Mithilfe der Kalkulation können Sie also auf jeden Fall feststellen, wo Sie stehen und ob Sie handeln müssen, um Ihre wirtschaftliche Situation zu verbessern.

Ergibt die Kalkulation, dass Sie mit allen Produkten höhere Gewinne erzielen, als Sie geplant haben, können Sie entweder gar nichts tun und so mit den aktuellen Preisen mehr verdienen als vorgesehen. Oder Sie können Ihre Preise senken, um Ihre Wettbewerber zu unterbieten. Doch Vorsicht: Wenn Sie in einen Preiswettbewerb eintreten, müssen Sie sich darüber klar sein, dass Ihre Wettbewerber u. U. „mitgehen" und Sie ebenfalls unterbieten. Dann müssen Sie ggf. erneut nachziehen usw. Irgendwann kommen Sie unweigerlich in die Verlustzone. Dann stellt sich die Frage, wer diese Durststrecke länger aushalten kann. Sie oder Ihre Wettbewerber. Daher ist es meist besser, in einer solchen Situation die Preise auf dem Niveau zu belassen, auf dem sie sich befinden. Dann können Sie nämlich umgekehrt, wenn Wettbewerber die

Preise senken, „mitgehen", ohne sofort große Einbußen bei den Gewinnen zu erleiden.

Durch Nachbetrachtung für die Zukunft lernen

Die Kalkulation leistet Ihnen auch nach Abwicklung eines Auftrages oder Projektes wichtige Hilfestellung. Denn im Rahmen einer Nachbetrachtung, der Nachkalkulation, können Sie prüfen, ob Ihre Annahmen bei der Angebotserstellung richtig waren oder ob es Abweichungen gegenüber Ihren Planungen gegeben hat. Die Nachkalkulation deckt auf, ob, wo und in welchem Umfang es zu Abweichungen gekommen ist und Sie können mögliche Fehler beseitigen und es beim nächsten Mal besser machen.

Preisuntergrenzen kennen und einhalten

Die Kalkulation zeigt Ihnen auch, wo sich bei Ihren Produkten die Preisuntergrenzen befinden. Die Kenntnis von Preisuntergrenzen ist wichtig, damit Sie entscheiden können, bis zu welchem Betrag Sie mit Ihrem aktuellen Verkaufspreis zurückgehen können — oder ihn anheben müssten —, um zumindest die Kosten zu decken. Die Preisuntergrenze hilft Ihnen auch dabei zu entscheiden, ob es sich lohnt, einen Zusatzauftrag bei nicht ausgelasteten Kapazitäten anzunehmen.

Rabatte und Skonto gehören in die Kalkulation

Skonto und Rabatte **müssen** Bestandteil Ihrer Kalkulation sein, wenn Sie Ihren Kunden gelegentlich oder gar regelmäßig Nachlässe auf den Ladenpreis gewähren. Denn nur, wenn Sie die Nachlässe vorher in den Preis „eingebaut" haben, können Sie den Gewinn realisieren, den Sie sich vorgestellt haben. Gewähren Sie Ihren Kunden Rabatte, die Sie vorher nicht in die Kalkulation aufgenommen haben, schmälern Sie entweder Ihren Gewinn — und zwar überproportional — oder Sie erwirtschaften bei besonders hohen Nachlässen u. U. sogar einen Verlust.

2.1.2 Keine absolut genaue Kalkulation möglich

Allerdings müssen Sie sich darüber klar sein, dass es mit keinem Kalkulationsverfahren möglich ist, absolut präzise Preise „auf den Cent" genau zu ermitteln. Bei der Kalkulation Ihrer Preise gehen Sie von bestimmten Annahmen aus, z. B. von einer möglichen Absatzmenge und von bestimmten Kosten. Treten diese Annahmen nicht so ein, wie Sie es geplant haben, verschiebt sich auch der Produktpreis. Solange sich diese Abweichungen in Grenzen halten, ist dies unkritisch. Allerdings sollten Sie Ihre Prämissen mindestens einmal pro Quartal überprüfen und bei größeren Änderungen, etwa bei Veränderungen von mehr als 5 bis 10 %, anpassen. Dies gilt auch, wenn Sie z. B. bei Kostenerhöhungen Ihre Preise auf Grund der Wettbewerbslage oder weil Sie länger laufende Lieferverträge haben, nicht anpassen können. Zumindest wissen Sie dann, dass Sie versuchen müssen, Ihre Kosten zu senken.

TIPP

Überprüfen Sie regelmäßig, ob die Daten, die Sie der Kalkulation zugrunde gelegt haben, noch stimmen und passen Sie Ihre Kalkulation gegebenenfalls den neuen Bedingungen an.

Ein weiterer Grund, warum ein Kalkulationsverfahren nicht absolut genau sein kann, ist, dass bestimmte Kostenarten einem Produkt nicht direkt zugeordnet werden können, sondern dass dies über einen Verrechnungsschlüssel, quasi einen „Umweg", erfolgt. Auch hier gilt: Es gibt keinen absolut genauen Schlüssel, sondern es kommt bei einer Verrechnung immer zu einer teilweise ungerechten Verteilung von Kosten.

2.1.3 Praktikabilität und Anwendbarkeit im Vordergrund

Die im Folgenden beschriebenen Vorgehensweisen und Verfahren wurden so einfach wie möglich gehalten. Besonderer Wert wurde auf Praktikabilität und Verständlichkeit gelegt. Zudem ist es nicht zwingend erforderlich, dass Unternehmen, die die beschriebenen Kalkulationstools nutzen möchten, ihren Betrieb in Kostenstellen einteilen müssen.

Ohnehin müssen Sie bei der Preisfindung neben der mathematischen Preisberechnung stets weitere Aspekte bedenken, etwa

- Verkaufspsychologische Aspekte: Ergibt sich bei der Kalkulation z. B. ein Preis von 201,37 EUR, ist es besser, den Kunden das Produkt für 199 EUR oder, wenn möglich, für 209 EUR anzubieten.
- Wettbewerbslage: Wie bereits ausgeführt, ist es natürlich auch notwendig zu wissen, innerhalb welchen Rahmens sich die Wettbewerber mit ihren Preisen bewegen. Deutlich darüber oder darunter sollten Sie sich mit Ihrem Angebot nicht bewegen.
- Kundennutzen: Denken Sie immer auch daran, dass die meisten Kunden nicht „nur" das reine Produkt kaufen, sondern vor allem den Nutzen. Der Nutzen kann sicher darin liegen, ein besonders billiges Produkt zu erwerben. Weitaus häufiger sind Kaufgründe bzw. Nutzenfaktoren für Kunden aber Bequemlichkeit, Sicherheit, Prestige oder die Verfügbarkeit regelmäßiger (technischer) Neuheiten.
- Unternehmensstrategie/-kultur: Wie wollen Sie von Dritten wahrgenommen werden? Zum Beispiel als Qualitätsanbieter mit tendenziell höheren Preisen, als Nischenanbieter mit besonderen Angeboten oder als Unternehmen mit niedrigpreisigen Produkten? Entsprechend müssen Sie auch Ihre Preispolitik gestalten oder anpassen.

TIPP

Sie sehen also, dass in die Preisberechnung weitaus mehr Faktoren einfließen als „nur" die mathematische Berechnung der Produkt- oder Dienstleistungspreise. Beziehen Sie also immer auch mit ein, wie Sie am Markt auftreten bzw. auftreten wollen und wie Sie von Ihren Kunden wahrgenommen werden wollen. Je besser Sie sich auf die Wünsche Ihrer Kunden einstellen und einen aus Kundensicht echten Nutzen oder Mehrwert bieten, den die Wettbewerber nicht haben, desto einfacher ist es für Sie, Preise am Markt durchzusetzen, mit denen Sie nicht nur die Kosten decken, sondern mit denen Sie auch hohe Gewinne realisieren. Führen Sie daher unbedingt regelmäßige Kundenumfragen durch und richten Sie Ihr Unternehmen konsequent an den Wünschen Ihrer Kunden aus.

2.2 Diese Begriffe sollten Sie unbedingt kennen

Bevor Sie sich für ein für Sie geeignetes Kalkulationsverfahren entscheiden, sollten Sie sich mit einigen zentralen Begriffen der Kalkulation vertraut machen.

2.2.1 Kostenarten, Kostenstellen und Kostenträger

Kosten oder Kostenarten sind z. B. Gehälter, Löhne, Sozialkosten, Mieten, Abschreibungen, Materialien, Hilfsstoffe, Werbekosten, Zinsen, KFZ- oder Reisekosten. Häufig werden bestimmte Kostenarten auch zu Blöcken zusammengefasst.

Solche Kostenblöcke sind z. B.:

- **Materialkosten**
  Dazu gehören alle wichtigen Materialien, Rohstoffe, Komponenten, Halbfertig- und Fertigwaren.
- **Personalkosten**
  Dazu gehören alle Gehälter, Löhne und Sozialabgaben.
- **Kapitalkosten**
  Alle Abschreibungen und Zinsen.
- **Sachkosten**
  Alle anderen Kostenarten, z. B. Mieten, Werbung, Energien, Beratung, Fremdleistungen u. a. für Entwicklung oder Beratung usw.

Kostenstellen sind die Orte im Unternehmen, an denen die Kosten entstehen. Die meisten Unternehmen lassen sich leicht in Kostenstellen einteilen, da die Bildung von Kostenstellen in der Regel nach organisatorischen Gesichtspunkten und/oder nach Verantwortungsbereichen erfolgt. Die meisten Kostenarten, vor allem die Gemeinkosten, werden zumindest in größeren Betrieben zuerst auf Kostenstellen erfasst und später mithilfe unterschiedlicher Verfahren auf die Kostenträger verrechnet.

Kostenstellen benötigen Sie für die Kalkulation nicht unbedingt. Das trifft z. B. zu, wenn Ihr Unternehmen sehr klein ist und eine Unterteilung in mehrere Bereiche keinen echten Zusatznutzen für Sie bringt. Ein Beratungsunternehmen mit nur wenigen Mitarbeitern muss keine Kostenstellen haben, um zu einem realistischen Kostensatz für Arbeitsstunden zu kommen (vgl. auch Kapitel 2.5 „Wichtige Kalkulationsverfahren").

Kostenträger sind die Kalkulationsobjekte, für die mit der Kalkulation die Verkaufspreise berechnet werden, etwa Produkte, Dienstleistungen, Aufträge oder Projekte.

2.2.2 Kostenbegriffe

Grundsätzlich gilt bei allen Kalkulationsverfahren: Ein Produkt sollte nur die Kosten tragen, die es verursacht hat. Deshalb ist es erforderlich, möglichst viele Kosten einem Produkt direkt zuzuordnen. Bei Kosten, die sich einem Produkt direkt zuordnen lassen, spricht man von Einzelkosten. Leider lassen sich nicht alle Kostenarten einem Produkt direkt zuordnen. Dann sind Sie gezwungen, diese Kosten dem Kalkulationsobjekt über einen „Umweg" zuzurechnen. In diesem Fall spricht man von Gemeinkosten. Leider hat bisher niemand einen Weg gefunden, den „Umweg" so genau zu gestalten, dass ein absolut richtiger Produktpreis berechnet werden kann. Dennoch lassen sich für die meisten Produkte hinreichend genaue Preise ermitteln, um zu wissen, ob und wie viel Gewinn bzw. Verlust man mit einem Produkt erzielt.

Einzel- und Gemeinkosten

Von **Einzelkosten** spricht man, wenn man die Kosten direkt einem Produkt zurechnen kann. Dies ist in einem Produktionsbetrieb z. B. beim Material oder bei Fertigungslöhnen der Fall. Der Materialverbrauch kann mithilfe von Entnahmescheinen, die Löhne können mithilfe von Stundenaufschreibungen belegt werden. Weitere Einzelkosten können sein: Werkzeuge, die Sie sich nur für die Herstellung eines einzelnen Produktes anschaffen, Transportkosten für ein einziges Produkt, Versicherungen für ein einzelnes Produkt oder Energien, wenn Sie den Strom- oder Gasverbrauch, den ein Produkt verursacht, mit einem Zähler belegen können. Auch die Kosten für Werbung können Einzelkosten sein, wenn es sich um spezielle Maßnahmen für ein Produkt handelt. Dies ist in der Praxis eher selten der Fall und erfordert einen hohen Aufwand für die Trennung bzw. Zuordnung. Daher werden die Kosten für Werbung und Energien meist wie Gemeinkosten behandelt (siehe unten Mischkostenarten).

Nur in einem Einproduktunternehmen sind alle Kosten auch Einzelkosten, da diese ja nur entstehen, um ein Produkt herzustellen (vgl. auch Kapitel 2.5.1 „Divisionskalkulation").

Gemeinkosten sind alle Kosten, die einem Produkt nicht direkt zugerechnet werden können. Gemeinkosten fallen für die Herstellung und den Verkauf von mehreren oder allen Produkten an. Typische Gemeinkosten sind Gehälter, Sozialkosten, Mieten, Abschreibungen, Versicherungen, Abgaben, Steuern, Büromaterial, Zinsen, Werbung für mehrere Produkte, Reparaturen oder KFZ-Kosten. Oder einfacher ausgedrückt: Alle Kosten, die keine Einzelkosten darstellen, sind Gemeinkosten. Die Verteilung der Gemeinkosten erfolgt vor allem bei größeren Betrieben oder Betrieben mit mehreren, organisatorisch getrennten Bereichen mithilfe von Kostenstellen und einem Betriebsabrechnungsbogen (siehe Kapitel 2.5.5 „Zuschlagskalkulation — flexibles Verfahren für zahlreiche Branchen und Anwendungen"). Häufig gibt es aber einfachere Wege, um die Gemeinkosten ebenfalls hinreichend genau auf Produkte oder Leistungen zu verteilen. Die unterschiedlichen Möglichkeiten werden Ihnen im Kapitel 2.5 „Wichtige Kalkulationsverfahren" gezeigt.

Variable und fixe Kosten

Variable Kosten fallen nur an, wenn produziert oder eine Leistung erbracht wird. Wird die Produktion eingestellt, entstehen keine variablen Kosten mehr. Steigt die Produktionsmenge, steigen die variablen Kosten, fällt sie, fallen auch die variablen Kosten. Typische variable Kosten sind Materialien, Fertigungs- und Akkordlöhne oder Teile der Energiekosten (Verbrauch von Kilowattstunden). Wenn Sie auf Grund mangelnder Nachfrage Ihre Produktion für eine oder zwei Wochen einstellen, müssen Sie kein Material bestellen und es entstehen Ihnen keine weiteren Kosten.

Umgekehrt verhält es sich bei den **Fixkosten**. Die Fixkosten bleiben zumindest über einen längeren Zeitraum konstant. Beispiele für Fixkosten sind Gehälter, Mieten, Versicherungen, Abgaben, Steuern, Reise- und Bewirtungskosten.

Im Fall der beschriebenen Produktionseinstellung müssen Sie sowohl die Gehälter als auch Mieten oder Versicherungen weiterbezahlen. Auch Abschreibungen oder Zinsen sind Fixkosten. Der überwiegende Teil der Kosten eines Unternehmens sind Fixkosten. Sie lassen sich nicht kurzfristig beeinflussen.

Darüber hinaus gibt es Kostenarten, die weder vollständig fix noch vollständig variabel sind, die **Mischkostenarten**. Bestimmte Teile der Kosten sind abhängig vom Nutzungsverhalten, andere Teile nicht. Beispiele für Mischkostenarten sind Telefonkosten (die Grundgebühren sind fixe und die Einheiten variable Kosten, soweit Sie nicht über eine Flatrate verfügen), Energiekosten (Grundgebühren sind fixe und die Kilowattstunden sind variable Kosten) oder Instandhaltungskosten, bei denen häufig eine Art fixe Grundgebühr anfällt. Hinzu kommen die eigentlichen Instandhaltungsarbeiten, deren zeitlicher Abstand und Umfang von der Nutzungsintensität abhängt.

● **TIPP**

Meist ist es relativ aufwendig, die Mischkosten exakt zu trennen. Oft sind separate Messeinrichtungen, z. B. Strom- oder Gebührenzähler, erforderlich. Und der zusätzliche Nutzen und Genauigkeitsgrad ist vielfach nur gering, da es sich häufig um kleinere Beträge handelt. Aus Vereinfachungsgründen sollten Sie daher entweder schätzen, wie hoch der variable und der fixe Kostenanteil sind. Oder Sie ordnen die gesamte Position den fixen oder den variablen Kosten zu. Dann empfiehlt sich die Zuordnung zu den Fixkosten, da die Mischkostenarten ohnehin fixe Bestandteile haben.

Beispiel: Ein Beispiel aus dem privaten Bereich hilft, die grundsätzlichen Unterschiede von variablen und fixen Kosten zu verstehen. Bei der Anschaffung und dem Unterhalt eines Pkws entstehen Kosten, etwa für Benzin, Betriebsstoffe, Reparaturen, Inspektionen, Versicherungen, Steuern und Wertverlust. Wenn Sie den Pkw nicht bewegen, fallen Kosten für Versicherungen, Steuern und Wertverlust an. Dies sind typische fixe Kosten. Wenn Sie mit dem Pkw fahren, kommen Kosten für Benzin, Öl und Reifen hinzu. Dies sind typische variable Kosten. Die Kosten für Reparaturen und Inspektionen hängen teilweise von der Nutzungsintensität ab. Fahren Sie viel, müssen Sie häufiger zur Inspektion, fahren Sie wenig, müssen Sie dennoch nach einem bestimmten Zeitraum zur Inspektion. Das sind Mischkostenarten, die weder rein fix noch rein variabel sind.

2.2.3 Vereinfachungsmöglichkeiten

Auch wenn es aus rein betriebswirtschaftlicher Sicht im Grunde nicht richtig ist, werden bei der Kalkulation häufig folgende Vereinfachungen vorgenommen: In den meisten Fällen sind Einzelkosten variable Kosten und Gemeinkosten fixe Kosten. Nur in wenigen Fällen gibt es wesentliche Unterschiede. Im weiteren Verlauf werden diese Begriffe aus Vereinfachungsgründen meist gleichgesetzt. Als Begriffe werden dann überwiegend „Einzelkosten" und „Gemeinkosten" verwendet. Die Kenntnis von Einzel- und Gemeinkosten ist nicht nur für die eigentlichen Kalkulationsaufgaben notwendig, sondern auch, wenn es um die Ermittlung der Preisuntergrenzen geht.

Auf den Arbeitshilfen online finden Sie ein Formular mit einer Übersicht über Einzel- und Gemeinkosten mit möglichen Verteilungsschlüsseln.

2.2.4 Kalkulatorische Kosten

In den meisten Fällen entsprechen die Kosten den Positionen der Buchhaltung bzw. den Zahlen, die Sie von Ihrem Steuerberater erhalten. Allerdings sind die Zahlen der Buchhaltung in erster Linie dazu gedacht, gesetzliche Anforderungen zu erfüllen. Beispielsweise dienen sie dazu, die Höhe der von Ihnen zu zahlenden Steuer zu ermitteln. Der Fiskus aber ist vor allem daran interessiert, dass Sie einen möglichst hohen Gewinn ausweisen. Deshalb können Sie die Buchhaltungsdaten nur bedingt an die Wirklichkeit Ihres Betriebes anpassen.

! ACHTUNG: Buchhaltungsdaten anpassen

Da die Zahlen aus der Buchhaltung aufgrund der strengen steuerlichen Regeln nicht die tatsächliche Realität Ihres Betriebs zeigen, müssen Sie mithilfe der kalkulatorischen Kosten an die betriebliche Wirklichkeit angepasst werden.

Aus buchhalterischer Sicht haben Sie also nur wenige Gestaltungsmöglichkeiten oder können Sachverhalte nicht zu Ihren Gunsten nutzen. Und die vorhandenen Spielräume werden vom Staat kontinuierlich weiter eingeengt. Da Sie Ihren Betrieb aber über einen möglichst langen Zeitraum weiterführen möchten, genügt es in der Regel nicht, wenn Sie sich darauf beschränken, Ihren Kunden die Ihnen tatsächlich entstandenen Kosten, so wie sie der Fiskus akzeptiert, in Rechnung zu stellen.

Sie sollten sich in der Regel an die Zahlen der Buchhaltung halten, gleichzeitig sollten Sie aber die betriebliche Wirklichkeit abbilden und die Zahlen ggf. anpassen. Genau diese Möglichkeit bieten Ihnen die kalkulatorischen Kosten, da Sie bei der Kalkulation Ihrer Produkte nicht an die gesetzlichen Bestimmungen gebunden sind.

Man unterscheidet fünf unterschiedliche kalkulatorische Kosten:

- kalkulatorische Abschreibungen
- kalkulatorischer Unternehmerlohn
- kalkulatorische Mieten
- kalkulatorische Zinsen
- kalkulatorische Wagnisse

Was es mit den kalkulatorischen Kosten in der Praxis auf sich hat, wird im Folgenden kurz erläutert.

Kalkulatorische Abschreibungen

Langlebige Wirtschaftsgüter, etwa Maschinen, Fahrzeuge, Computer oder Büroausstattungen, verlieren durch die Nutzung über die Jahre an Wert. Dieser Wertverlust wird durch Abschreibungen ausgeglichen. Das Finanzamt erlaubt nur die Abschreibung vom Anschaffungswert und gibt die Nutzungsdauer für jedes Gut fest vor.

Wenn Sie glauben, dass der Preis für den Neukauf eines Wirtschaftsguts in einigen Jahren höher ist als heute, können Sie in der Kalkulation die Abschreibungen von diesem höheren Wert ansetzen. Dann wird nicht nur der aktuelle Wertverlust ausgeglichen, sondern Sie haben die Möglichkeit, über die höhere Abschreibung und den somit erhöhten Produktpreis die voraussichtliche Teuerung zu verdienen. Auch bei der Nutzungsdauer können Sie von den Vorgaben des Finanzamtes abweichen.

Beispiel zur kalkulatorischen Abschreibung: Kaufen Sie z. B. einen Pkw für 30.000 EUR netto, dürfen Sie ihn bei linearer Abschreibung (gleichmäßige Verteilung des Kaufpreises über die Nutzungsdauer) mit maximal diesem Betrag über derzeit 6 Jahre, also mit 5.000 EUR pro Jahr abschreiben. Abschreibungen, die in der Summe über 30.000 EUR hinausgehen, akzeptiert das Finanzamt nicht. Wenn Sie in 6 Jahren einen neuen Pkw anschaffen wollen, gehen Sie wahrscheinlich davon aus, dass er dann mehr als 30.000 EUR kosten wird, beispielsweise 33.000 EUR. Um in 6 Jahren den voraussichtlichen höheren Anschaffungswert bezahlen zu können, müssten Sie die Abschreibung um 500 EUR pro Jahr auf 5.500 EUR erhöhen. Dann wäre es möglich, nicht nur den aktuellen Wertverlust des Pkw auszugleichen, sondern Sie hätten über den Preis Ihrer Produkte auch noch die voraussichtliche Preissteigerung abgedeckt. Gehen Sie jetzt auch noch davon aus, dass Sie wegen der sehr intensiven Nutzung den Pkw bereits nach 5 Jahren ersetzen wollen, müssten Sie sogar 6.600 EUR als Abschreibung ansetzen, davon 1.100 EUR als kalkulatorische Abschreibung.

Kalkulatorischer Unternehmerlohn

In Kapitalgesellschaften (AG, GmbH) bekommen die Vorstandsmitglieder oder Geschäftsführer ein Gehalt. Dieses wird als normale Kostenposition berücksichtigt. Anders bei Einzelunternehmen oder Personengesellschaften: Hier werden den Inhabern oder Gesellschaftern oft keine Gehälter ausgezahlt; die Inhaber erhalten als „Gehalt" den verbleibenden Gewinn oder Teile hiervon. Kosten für Gehälter werden also nicht angesetzt. Ihre Arbeitsleistung wird über den Gewinn abgegolten. Allerdings dient der Gewinn gleichzeitig dazu, auch Ihr eingesetztes Kapital und Ihr allgemeines unternehmerisches Risiko abzudecken. Daher sollten Sie überlegen, ob es sinnvoll und möglich ist, an Stelle eines „echten" Gehalts einen kalkulatorischen Unternehmerlohn anzusetzen, der Ihre Arbeitsleistung als „mitarbeitender" Unternehmer berücksichtigt. Denn wenn Sie als Angestellter in einem Betrieb arbeiten würden, bekämen Sie hier ja auch ein festes Gehalt ausbezahlt.

Die Höhe des Unternehmerlohns sollten Sie an der Höhe des Gehalts leitender Angestellter in vergleichbaren Positionen ausrichten (Informationsquellen: Personalberater, Arbeitsamt, Stellenanzeigen und -börsen, Gehaltsstudien von Branchenverbänden). Sie können ihn aber auch frei schätzen.

Kalkulatorische Mieten

Kalkulatorische Mieten sollten Sie in Ihrer Kalkulation ansetzen, wenn Sie als Einzelunternehmer oder Personengesellschaft (OHG oder KG) dem Betrieb unentgeltlich Räume zur Nutzung zur Verfügung stellen, die eigentlich in Ihr Privatvermögen gehören, z. B. Büroräume im Privathaus.

Setzen Sie in diesem Fall pro Quadratmeter die ortsübliche Miete an (mögliche Informationsquellen: Haus- und Grundbesitzerverein, Mietspiegel).

TIPP

Kalkulatorischer Unternehmerlohn und kalkulatorische Mieten tragen zu einer rechtsformneutralen Kalkulation von Preisen bei, weil sie dafür sorgen, dass bei Personengesellschaften vergleichbare „Kosten" wie bei Kapitalgesellschaften angesetzt werden.

Kalkulatorische Zinsen

Kalkulatorische Zinsen sollten Sie für das Kapital ansetzen, das Sie in Ihren eigenen Betrieb eingebracht haben (Eigenkapital). Denn dieses Geld können Sie auch anders einsetzen und dafür z. B. bei der Bank Zinsen kassieren. Aber anders als bei der Bank besteht, wenn Sie das Geld in Ihr Unternehmen einbringen, ein nicht unerhebliches Risiko, dass Sie scheitern oder zumindest Verluste erzielen. Für dieses Risiko erwarten Sie zu Recht eine höhere Verzinsung. Also sollten Sie für das Geld, das in Ihrem Betrieb steckt, Zinsen bekommen, wenn auch im ersten Schritt nur kalkulatorisch und nicht „real". Tatsächlich erhalten Sie das Geld erst, wenn es Ihnen gelingt, die Zinsen in den Produktpreis einzurechnen und der Kunde den von Ihnen gewünschten Preis auch tatsächlich bezahlt.

Die Faustregel für die Höhe des Zinssatzes lautet: Prüfen Sie, wie viel Geld Sie für lang laufende sichere Anleihen erhalten, z. B. Bundesanleihen mit Laufzeiten von 10–20 Jahren. Schlagen Sie auf diesen Zinssatz das Doppelte oder Dreifache des Zinssatzes für die Bundesanleihen auf. Jetzt haben Sie den Zinssatz, mit dem Sie sich das Risiko der Investition in den eigenen Betrieb „bezahlen" lassen.

Beispiel: Sie haben 50.000 EUR eigenes Geld in Ihr Unternehmen gesteckt. Würden Sie das nicht tun, sondern das Kapital zur Bank bringen, bekämen Sie 4 % Zinsen für länger laufende Anleihen. Dieses Geld erhalten Sie also (fast) risikofrei. Weil Ihr unternehmerisches Tun aber mit Risiken behaftet ist, verdoppeln Sie den Zinssatz auf 8 % und setzen als kalkulatorische Zinskosten 4.000 EUR pro Jahr an. Ist die Entwicklung in Ihrer Branche starken Schwankungen oder besonderen Risiken ausgesetzt, etwa auf Grund hoher Konjunkturanfälligkeit oder sehr kurzer Produktlebenszyklen, können Sie auch höhere Zinsen, z. B. 10–12 % ansetzen. Aber Achtung: je höher der Zins, desto höher der Produktpreis und somit das Risiko, dass weniger Kunden bei Ihnen kaufen.

Kalkulatorische Wagnisse

Mit kalkulatorischen Wagnissen sollen Risiken abgedeckt werden, die Sie nicht versichert haben oder die Sie nicht versichern können. Wenn Sie als Lebensmittelhändler z. B. ständig einen Teil Ihrer Waren wegen Verderb wegwerfen müssen, sollten Sie feststellen, wie viel Sie im Schnitt vernichten müssen und diese Kosten als kalkulatorische Wagnisse in der Kalkulation berücksichtigen. Ähnliches gilt z. B. für Diebstähle, Ausschuss in der Produktion oder für den Ausfall von Forderungen. Haben Sie mit solchen oder ähnlichen Ausfällen und Risiken zu kämpfen, sollten Sie dies in der Preisfindung berücksichtigen.

Beispiel: Sie wissen, dass Sie im Schnitt rund 2 % Ihrer Waren wegen Verderb entsorgen müssen. Das entspricht einem Wareneinkaufswert von 10.000 EUR im Jahr. Diesen Wert können Sie dann als kalkulatorisches Wagnis für Verderb ansetzen. Fallen Ihnen 1 % Forderungen mit einem Volumen von z. B. 5.000 EUR pro Jahr aus, können Sie diesen Wert als Forderungswagnis ansetzen.

TIPP

Kalkulatorische Kosten führen immer dazu, dass Ihre Kosten steigen und sich somit Ihre Produkte verteuern, obwohl bei Ihnen selbst zunächst gar keine zusätzlichen Auszahlungen anfallen. Ob Sie die von Ihnen gewünschten kalkulatorischen Kosten in voller Höhe ansetzen können, hängt also immer auch davon ab, ob Ihre Kunden bereit sind, diese Kosten über den Produktpreis zu tragen. Werden Ihre Produkte durch den Ansatz kalkulatorischer Kosten zu teuer, gehen Ihre Verkaufszahlen zurück.

Versuchen Sie daher immer, möglichst realistische Werte anzusetzen und auch die kalkulatorischen Kosten so niedrig wie möglich zu halten (vgl. auch Kapitel 2.8 „So berechnen Sie Ihre Preisuntergrenzen"). Umgekehrt ist es, wenn Kostensenkungen notwendig sind, für Sie am einfachsten, erst einmal die kalkulatorischen Positionen zu kürzen oder sogar zu streichen, auch wenn das auf mittlere Sicht für Sie u. U. zu Nachteilen führt (siehe z. B. kalkulatorische Abschreibungen).

Wenn Sie mit kalkulatorischen Kosten arbeiten wollen, sollten Sie Ihren Steuerberater informieren. Denn die Differenz zwischen kalkulatorischen Kosten und dem buchhalterischen Aufwand muss in der Buchhaltung erfasst werden. Haben Sie eine eigene Buchhaltung, sollte Ihr Buchhalter die Abgrenzungen vornehmen.

2.3 Wie setzt sich Ihr Angebotspreis zusammen?

Wenn Ihr Kunde ein bestimmtes Produkt kaufen will, fragt er Sie nach dem Preis und Sie nennen ihm lediglich eine einzige Zahl, beispielsweise 9,99 EUR oder 199 EUR. Doch wie setzen sich diese 9,99 EUR oder 199 EUR aus Ihrer Sicht zusammen? Natürlich muss der Preis so hoch sein, dass Sie mit dem Verkauf aller Produkte Ihre Kosten decken. Die Gesamtkosten, die für die Herstellung und den Verkauf eines Produktes oder einer Leistung anfallen, werden auch als **Selbstkosten** bezeichnet. Diese Selbstkosten beinhalten alle Kosten, die notwendig sind, um ein Produkt oder eine Leistung herzustellen und zu verkaufen.

Die Selbstkosten wiederum setzen sich aus verschiedenen Kostenarten zusammen. In allen Unternehmen entstehen Personalkosten, in den meisten fallen darüber hinaus Material- oder Warenbezugskosten sowie Mieten, Energie-, Kommunikations- und Werbekosten an.

Auch Abschreibungen, Zinsen, kalkulatorische Kosten, Abgaben und Steuern zählen zu diesen Positionen (vgl. auch Formular „Einzel- und Gemeinkosten" auf den Arbeitshilfen online). Die Selbstkosten sind immer der Ausgangspunkt für die Berechnung des Verkaufspreises.

Natürlich wollen Sie nicht nur Ihre Kosten decken, sondern einen Gewinn erzielen. Auch dieser muss anteilig im Produktpreis berücksichtigt werden. Wie hoch der Gewinn sein soll, hängt u. a. von Ihren Vorstellungen und den Möglichkeiten, die der jeweilige Markt bietet, ab.

Ein weiterer wichtiger Bestandteil des Produktpreises sind **Nachlässe** oder **Skonto**, die Sie Ihren Kunden gewähren möchten oder müssen, etwa, weil es in der Branche so üblich ist. Viele Unternehmen, die den Produktpreis kalkulieren, berücksichtigen die Nachlässe nicht. Dass dies ein Fehler ist und welche fatalen Folgen das haben kann, zeigt das folgende einfache Beispiel.

Beispiel: Ein Produzent hat ermittelt, dass die Herstellung und der Verkauf seines Produktes 100 EUR kosten (Selbstkosten). Er möchte 10 % bzw. 10 EUR pro Stück verdienen. Den Gewinn schlägt er auf die Selbstkosten auf. Der Nettoverkaufspreis ohne Mehrwertsteuer beträgt 110 EUR. Seine Kunden sind überwiegend Großabnehmer, die von ihm einen Rabatt von 8 EUR pro Stück fordern. Da der Produzent den Rabatt nicht in seinen Produktpreis eingerechnet hat, kann er jetzt pro verkauftem Stück nur noch 2 EUR Gewinn realisieren (110 EUR — 8 EUR). Hätte der Produzent die 8 EUR absolut oder prozentual berücksichtigt und zusätzlich zum Gewinn aufgeschlagen, wäre es ihm möglich, die angestrebten 10 EUR Gewinn pro Stück zu erzielen. Vorausgesetzt natürlich, er hätte den höheren Preis auch am Markt erzielen können. Der Nettopreis für den Abnehmer hätte also 118 EUR lauten müssen.

Bei Ihren Kalkulationen müssen Sie also Nachlässe und Skonto immer berücksichtigen. Und natürlich darf am Ende auch die jeweils aktuelle Mehrwertsteuer nicht fehlen.

Die Bestandteile Ihres Produktpreises sind:

- Herstell- bzw. Selbstkosten des Produktes,
- Ihre Gewinnvorstellungen,
- mögliche Nachlässe und Skonto,
- aktuelle Mehrwertsteuer.

Grundsätzlich dürfen Sie bei der Kalkulation auf keinen Baustein verzichten. Nur so können Sie alle Kosten decken und den Gewinn realisieren, den Sie sich vorstellen. Dennoch gibt es Situationen, in denen es sinnvoll sein kann, wenn Sie nicht alle Bestandteile Ihres Preises bei der Kalkulation verwenden. Auf welche Kostenpositionen Sie in ausgewählten Situationen verzichten können, zeigt Kapitel 2.8 „So ermitteln Sie Ihre Preisuntergrenzen".

2.4 Welche Randbedingungen müssen Sie im Vorfeld beachten?

Die Kalkulation ist ein Werkzeug, das Ihnen bei der Berechnung und Gestaltung Ihrer Preise hilft. Zwar ist kein Kalkulationsverfahren absolut genau, Sie können aber, indem Sie einige Rahmenbedingungen setzen, dafür Sorge tragen, dass Sie für nahezu jeden Zweck hinreichend exakte Ergebnisse bekommen.

2.4.1 Vorhandene und verfügbare Kapazität ermitteln

Zunächst sollten Sie die Frage beantworten, welche Kapazität Ihnen zur Verfügung steht, um Ihre Produkte herzustellen. Die Kapazität gibt an, wie viele Stücke oder Projekte Sie in einem Zeitraum, etwa einem Jahr, maximal herstellen können. In Dienstleistungsunternehmen ist die Kapazität die Stundenzahl, die die Mitarbeiter für die Kunden arbeiten können (vgl. Kapitel 2.5 „Wichtige Kalkulationsverfahren").

Die Kenntnis der Kapazitätsgrenze ist aus mehreren Gründen wichtig für Sie.

- Zum einen können Sie, je nach Kapazität und Auftragsvolumen, nur eine begrenzte Zahl an Stücken fertigen und müssen u. U. Aufträge verschieben oder sogar ablehnen.
- Zum anderen beziehen sich die meisten Schätzungen und Berechnungen von Absatzmengen, Kosten oder des Personalbedarfs zunächst ebenfalls auf ein Jahr.

TIPP

Die Wahl eines Jahres statt einzelner Monate hilft Ihnen, in der Kalkulation Zufallsschwankungen zu vermeiden. Diese entstehen z. B., wenn in einem Monat zahlreiche einmalige Kosten anfallen, etwa Jahresbeiträge für Ihre Versicherungen, Steuervorauszahlungen oder Weihnachtsgeld. Verzerrungen treten auch auf, wenn Sie nur ein- oder zweimal pro Jahr große Materialmengen ordern. Dann fallen die Kosten von Monat zu Monat unterschiedlich hoch aus und bei der Kalkulation der Preise müssten Sie ständig Anpassungen vornehmen, was in der Praxis schwierig ist, da Sie Ihren Kunden nicht erklären können, warum der Preis einmal so lautet und im nächsten Monat anders.

Kapazität ist nicht vollständig nutzbar

Allerdings müssen Sie sich fragen, ob es realistisch ist, Ihre Produktionskapazität auf Basis dieser maximal zur Verfügung stehenden Zeiten zu planen. Denn im Normalfall ist es nicht möglich, die (Maximal-)Kapazität vollständig für die Produktion oder die Erbringung von Dienstleistungen zu nutzen. In Produktionsbetrieben fallen z. B. Wartungs- und Instandhaltungsarbeiten oder Rüstzeiten an. Während dieser Zeit kann nicht produziert werden, sodass sich die Kapazität verringert. Ähnliches gilt für Handwerksbetriebe.

Zudem ist es kaum möglich, während der Anwesenheitszeit im Betrieb ausschließlich produktiv, also für Ihre Kunden zu arbeiten. Sie und Ihre Mitarbeiter sind in der Regel auch unproduktiv tätig. Unproduktiv bedeutet nicht, dass Sie nicht arbeiten, aber Sie arbeiten eben nicht für einen Kunden, sondern erledigen z. B. administrative Aufgaben oder Sie versuchen Kunden zu akquirieren. In dieser Zeit können Sie und Ihre Beschäftigten keine Aufträge bearbeiten. Die Berechnung bzw. Kenntnis der unproduktiven Zeit ist vor allem für Dienstleistungsunternehmen, die ihren Kunden Arbeitsstunden berechnen, wichtig.

Das folgende Beispiel zeigt, wie Sie auf einfachem Weg schnell zu einer realistischen Kapazitätsplanung gelangen:

Beispiel zur Berechnung der Arbeitszeit: Um die Ihnen für produktive Zwecke zur Verfügung stehende Arbeitszeit berechnen zu können, nehmen Sie zunächst die Kalendertage eines Jahres. Davon ziehen Sie die Sonntage, Samstage und die Feiertage Ihres Bundeslandes sowie die tarifliche Urlaubszeit ab. Dies sind aber nicht Ihre gesamten Ausfallzeiten. Sie müssen noch die durchschnittliche Anzahl sonstiger Fehlzeiten, etwa für Krankheit oder Fortbildung ermitteln oder schätzen.

Am Ende erhalten Sie die maximal mögliche Anzahl Tage, die Sie pro Jahr leisten können. Jetzt multiplizieren Sie die Anzahl der Tage mit der täglichen tariflichen Arbeitszeit und Sie erhalten die Arbeitsstunden, die Ihnen pro Jahr zur Verfügung stehen. Diese Anzahl Stunden stellt die realistische Basis für Ihre weiteren Planungen dar. Von diesen Stunden müssen Sie noch die „unproduktive" Zeit abziehen. Am einfachsten ist es, wenn Sie hier zunächst einen Schätzwert ansetzen, etwa 20—30 %. Im Laufe der Zeit können Sie diesen Wert konkretisieren, indem Sie z. B. aufschreiben, wie viel Zeit Sie und Ihre Mitarbeiter tatsächlich unproduktiv zubringen.

Vergleichen Sie hierzu das Schema zur Berechnung der produktiven Arbeitszeit auf den Arbeitshilfen online. In diesem Beispiel ist jeder Mitarbeiter 1.357 Stunden pro Jahr produktiv tätig.

Allerdings gibt es Ausnahmen, denn nicht alle Beschäftigten arbeiten, wie im Beispiel auf den Arbeitshilfen online, zu 80 % produktiv im Sinne der Definition. Dann ist es sinnvoll, für jeden Mitarbeiter oder für Gruppen von Mitarbeitern eine individuelle produktive Arbeitszeit zu berechnen. Wenn Sie als Geschäftsführer z. B. überwiegend mit Akquise zu tun haben, müssen Sie den Wert der nicht produktiven Arbeitszeit von 20 % erhöhen, etwa auf 50 % oder ihn sogar auf null setzen, wenn Sie selbst nicht für Kunden arbeiten. Oder wenn Sie Azubis oder Aushilfen haben, die nicht für Ihre Kunden arbeiten, sollten Sie dies ebenfalls berücksichtigen.

Ein Schema zur Berechnung der individuellen Arbeitszeit finden Sie auf den Arbeitshilfen online.

Maschinenlaufzeiten

Die Kapazität Ihrer Maschinen können Sie auf ähnliche Weise ermitteln. Zunächst führen Sie die gleiche Berechnung durch wie bei der Ermittlung der Arbeitszeit. Nehmen Sie die Kalendertage eines Jahres und ziehen Sie die Tage ab, an denen Sie planmäßig nicht produzieren, etwa Sonntage, Samstage oder Feiertage. Wenn Sie Ihren Betrieb während der Ferien schließen, müssen Sie auch diese Tage abziehen.

Jetzt ziehen Sie von den verbleibenden Tagen noch planbare Stillstandszeiten ab, etwa für Wartung oder Instandhaltung. Dann erhalten Sie die mögliche Laufzeit pro Maschine und Jahr. Multiplizieren Sie die Tage mit der Anzahl Schichten (à 8 Stunden) oder der täglichen normalen Laufzeit, etwa 8 oder 10 Stunden, so erhalten Sie die mögliche Kapazität pro Maschine. Von dieser Zeit müssen Sie noch die nicht bzw. schwer planbaren Stillstandszeiten abziehen, etwa für Rüstzeiten oder Reparaturen.

Wie zuvor bei den Arbeitszeiten sollten Sie hier zunächst versuchen, eine Schätzung vorzunehmen, um zumindest einen realistischen Näherungswert zu erhalten. Je nach Nutzungsintensität kann dieser Wert auch von Maschine zu Maschine schwanken. Beispielsweise kann es vorkommen, dass Sie eine Maschine täglich, eine andere aber nur 3- bis 4-mal pro Woche benötigen.

Auf den Arbeitshilfen online finden Sie ein Schema zur Berechnung der jährlichen Maschinenlaufzeiten.

● TIPP

Ein Schema zur Berechnung der Arbeitszeiten und Maschinenstunden finden Sie u. a. in den Ausführungen zur Handels- und Dienstleistungskalkulation, zur Zuschlagskalkulation und zur Maschinenstundensatzrechnung.

2.4.2   Gesamtkosten des Betriebes zusammenstellen

Realistische Preise können Sie nur kalkulieren, wenn Sie zumindest in etwa wissen, wie hoch die Kosten in dem Jahr ausfallen werden, für das Sie die Kalkulation durchführen wollen. Denn mit Ihren Preisen wollen Sie sämtliche Kosten wieder hereinholen, die Ihnen entstehen werden. Daher sind die Kosten immer Ausgangsbasis und Fundament einer Kalkulation. Und natürlich müssen Sie Ihre Preise so gestalten, dass Ihnen noch ein „angemessener" Gewinn verbleibt und Sie evtl. Nachlässe berücksichtigen können.

Es nicht immer einfach, verlässliche Aussagen zur möglichen Entwicklung der Kosten zu tätigen. Denn wie sich Ihre Kosten entwickeln werden, hängt auch von Faktoren ab, die Sie nicht oder nur bedingt beeinflussen können, etwa von der Entwicklung der Absatzmengen oder der Preise auf den Rohstoffmärkten.

Wenn Sie sich aber keine Gedanken darüber machen, wie hoch Ihre Kosten voraussichtlich ausfallen werden, riskieren Sie nicht nur, dass Sie von Veränderungen der Kostenlage überrascht werden. Sie wissen dann auch nicht, an welchen Stellen es sich besonders lohnt, nach Einsparmöglichkeiten zu suchen, wenn es z. B. darum geht, einen zu hohen Preis durch Kostenreduktion auf das Marktniveau zu drücken. Und nicht zuletzt dient ja auch die regelmäßige Überprüfung der Grunddaten dazu, mögliche Schwachstellen oder Fehler in Ihrer Berechnung zu finden und zu beseitigen.

Kostenplanung oder Fortschreibung der Vorjahresdaten

Am besten ist es, wenn Sie Ihre Kosten für ein Jahr im Voraus planen. Falls Sie keine Planung vornehmen, können Sie in einem ersten Schritt auf die Vorjahreszahlen der Buchhaltung als Basis zurückgreifen. Allerdings können Sie diese Zahlen nicht einfach übernehmen und fortschreiben.

Sie müssen sich fragen, ob und mit welchen Veränderungen zu rechnen ist, z. B.

- soll zusätzliches Personal eingestellt werden? Sollen 450 EUR-Kräfte, Aushilfen oder Zeitarbeiter hinzukommen?
- Um welchen Prozentsatz werden die Tarife zulegen, z. B. 2 %?
- Ist mit Materialpreiserhöhungen zu rechnen oder steht ein Lieferantenwechsel an (Unsicherheiten bei den Beschaffungspreisen)?
- Laufen Verträge aus und ist mit Erhöhungen zu rechnen?

Sie sollten vor allem Mieten, Versicherungen oder Werbeverträge im Auge behalten.

- Ist bei den Energiekosten mit weiteren Steigerungen zu rechnen? Hinweis: Auf Grund der ständig und überproportional steigenden Kosten sollten Sie hier keine Durchschnittswerte der Vergangenheit ansetzen, sondern versuchen, in Erfahrung zu bringen, wie sich Ihre Anbieter verhalten werden. Alternativ sollten Sie mindestens 5 % Zuwachs einplanen.
- Welche Kosten kommen ggf. hinzu, die bisher keine Rolle gespielt haben, z. B. Beratungsleistungen, Instandhaltung usw.?
- Wollen Sie (erstmalig) kalkulatorische Kosten berücksichtigen?
- Wollen Sie investieren oder Anlagegüter verkaufen? Dann müssen Sie auch die Abschreibungen und Zinsen anpassen.
- Wollen Sie im nächsten Jahr mehr oder weniger Werbung schalten? Entsprechend müssen Sie Ihr Budget anpassen.

TIPP

Wenn Sie sich bei einigen oder sogar allen Kosten nicht sicher sind, wie diese sich entwickeln werden, sollten Sie einen pauschalen Aufschlag wählen, der sich z. B. an der aktuellen Inflation orientiert. Wenn Sie zudem von Jahr zu Jahr stark schwankende Kosten haben, etwa weil Ihre Einkaufspreise beim Material von den Gegebenheiten an den Weltmärkten abhängen, sollten Sie überlegen, ob Sie bei diesen Kostenarten eine Pufferposition einbauen, damit Sie nicht zu knapp kalkulieren. Allerdings sollten Sie bedenken, dass eine Pufferposition Ihre Kosten und somit Ihre Verkaufspreise erhöht. Daher sollten Sie von dieser Möglichkeit nur in geringem Umfang Gebrauch machen.

Gesamtübersicht erstellen

In den meisten Fällen ist es sinnvoll, sich zunächst einen Überblick über die Gesamtkostenlage Ihres Betriebes zu verschaffen und sich anzusehen, welche Kosten besonders hoch ausfallen und welche Kostenarten weniger wichtig sind. Dabei sollten Sie bereits jetzt darauf achten, dass Sie eine Unterteilung der Kosten in Einzel- und Gemeinkosten vornehmen. Durch diese Übersicht bekommen Sie ein besseres Gefühl für Zusammenhänge und Proportionen.

Sehen Sie dazu folgendes Beispiel einer Gesamtkostenübersicht:

Einzelkosten	Gesamtsummen Betrieb
Löhne	290.000
Spezialwerkzeuge	5.000
Transport und Frachten	5.000
Summe Einzelkosten	**700.000**

Gemeinkosten	Gesamtsummen Betrieb
Personalkosten (inkl. Sozialabgaben)	184.000
Mieten	74.000
Abschreibungen	63.000
Energien	10.000
KFZ	16.000
Reise/Bewirtung	9.000
Werbung	90.000
Reparaturen	25.000
Versicherungen	6.000
Abgaben	11.000
Wartung/Instandhaltung	14.000
Hilfsstoffe	8.000
Betriebsstoffe	3.000
Kommunikation	1.500
Fachliteratur	1.700
Büromaterial	2.800
Zinsen	4.000
Werkzeuge	9.000
Ersatzteile	13.000
Beratung	26.000
Konstruktion	15.000
Betriebliche Steuern	40.000
Sonstige Kosten, z. B. Bank	4.000
Summe Gemeinkosten	**630.000**
Gesamtkosten Betrieb (Einzel- und Gemeinkosten)	**1.330.000**

Abb. 3: Gesamtkostenübersicht

> **TIPP**
>
> In den einzelnen Kalkulationstools haben Sie die Möglichkeit, eine Ge-
> samtübersicht zu erstellen und die Kosten dann entsprechend der Erfor-
> dernisse des jeweiligen Verfahrens zu verteilen.

2.4.3 Verfügbarkeit eigener Ressourcen prüfen

Sie wissen nun, welche Kapazitäten Sie überhaupt besitzen und auch über die Kostenlage haben Sie sich einen ersten Überblick verschafft. Jetzt sollten Sie zumindest überschlägig ermitteln, wie viele Produkte oder Aufträge Sie in einem bestimmten Zeitraum herstellen oder abarbeiten können, ohne Terminprobleme zu bekommen.

Oft können Sie sich einen ersten Eindruck verschaffen, indem Sie die durchschnittliche Produktions- oder Bearbeitungszeit Ihrer Aufträge ansehen und die Kapazität durch diese Zeit teilen. So haben Sie einen Näherungswert und können abschätzen, ob Sie pro Jahr oder Monat 10, 20 oder mehr Aufträge bearbeiten können.

Eine Orientierungshilfe bieten Ihnen die Zahlen der Vorjahre. Prüfen Sie, wie viele Aufträge Sie im gesamten Jahr erledigt haben bzw. wie viele Stücke Sie hergestellt und verkauft haben. Hätten Sie noch mehr Aufträge bearbeiten können? Haben Sie stets an der Kapazitätsgrenze gearbeitet? Hat es während des Jahres Schwankungen bei den Produktions- und Verkaufszahlen gegeben? Sind diese Schwankungen in Ihrer Branche üblich, etwa weil Sie Saisonware anbieten, können Sie sich in der Regel darauf einrichten. Bei eher zufälligen Schwankungen müssen Sie überlegen, welche Möglichkeiten Sie haben, hier zu reagieren, etwa durch Fertigung auf Vorrat (siehe Kapitel 2.4.4 „Terminkonflikten und Engpässen vorbeugen"). Liegen für das laufende Jahr bereits Bestellungen oder Aufträge vor?

Ressourcen an Auslastung ausrichten

Nach der wahrscheinlichen Auslastung richtet sich die Planung der eigenen Ressourcen. Denn um produzieren und verkaufen zu können, müssen Ihnen genau dann z. B. ausreichend Mitarbeiter zur Verfügung stehen bzw. muss genügend Material vorrätig sein, wenn es auch benötigt wird. Die Beantwortung folgender Fragen hilft Ihnen, den Ressourceneinsatz zu verbessern:

- Haben Sie dafür gesorgt, dass Ihr **Personal** so eingesetzt werden kann, dass es zu keinen Engpässen kommt? Das bedeutet, Sie sollten planbare Ausfallzeiten, z. B. Urlaub oder Fortbildungen, möglichst in einen Zeitraum legen, in dem Sie wahrscheinlich weniger Mitarbeiter benötigen, etwa in die Ferienzeit.
- Können Sie bei kurzfristig anfallenden Aufträgen sicherstellen, dass Ihnen ausreichend **Material** zur Verfügung steht? Hier haben Sie z. B. die Möglichkeit, sich Vorräte auf Lager zu legen oder bei teuren Rohstoffen mit Ihrem Lieferanten Just-in-time-Lieferungen oder kurzfristig zu realisierende Abrufe zu vereinbaren.
- Haben Sie sichergestellt, dass Ihre **Maschinen** in voraussichtlich auftragsschwachen Zeiten gewartet oder in Stand gehalten werden?
- Versuchen Sie, die Aufträge möglichst so abzuarbeiten, dass nur geringe **Rüstzeiten** anfallen, z. B. durch Bündelung ähnlicher Aufträge (Achtung: Terminwünsche von Kunden beachten)?
- Verfügt jeder Mitarbeiter über die **Ausrüstung**, die er benötigt, um einen Kundenauftrag kompetent abwickeln zu können, z. B. Notebook, Smartphone, Pkw?

TIPP

Um für eine gleichmäßigere Auslastung zu sorgen, sollten Sie überlegen, ob Sie Ihren Kunden in schwächeren Zeiten spezielle Angebote machen können. Eine Möglichkeit ist die Gewährung höherer Nachlässe (immer unter Berücksichtigung der bereits kalkulierten Rabatte und nur, wenn Sie Ihre Preisuntergrenzen kennen und diese in keinem Fall unterschreiten).

Achten Sie aber strikt darauf, dass Sie solche Angebote als einmalig bzw. nur für einen bestimmten Zeitraum gültig darstellen, um die Gefahr zu begrenzen, dass Ihre Kunden auch später noch auf Angebote zu diesen Preisen bestehen. Oftmals lassen sich zudem neue Aufträge akquirieren, wenn Sie in einem bestimmten Zeitraum eine deutlich schnellere Bearbeitung garantieren oder spezielle Zusatzangebote konzipieren, etwa einen Hol- und Bringservice oder die Montage beim Kunden.

2.4.4 Terminkonflikten und Engpässen vorbeugen

Wenn Sie Ihre Kapazitäten und die durchschnittliche Bearbeitungszeit für einen Auftrag kennen, muss es Ihr Ziel sein, möglichst diese Anzahl Aufträge pro Monat zu bearbeiten. Dennoch ist in der Praxis häufig die Situation zu finden, dass sich die Nachfrage nach einem Produkt oder einer Dienstleitung nicht gleichmäßig über einen Zeitraum verteilt, sondern dass es mehr oder weniger starke Schwankungen gibt. Vielleicht kennen Sie folgende Situation: Wenn es im Betrieb gut läuft und Sie fast ausgelastet sind, lassen die nächsten Aufträge oft nicht lange auf sich warten. Wenn Sie an der Kapazitätsgrenze arbeiten, bleibt Ihnen häufig nichts anderes übrig, als dem Kunden zu sagen, dass Sie den Auftrag erst in ein, zwei oder sogar drei Wochen abwickeln können. Oder Sie müssen einen Auftrag ablehnen, weil Sie über einen längeren Zeitraum ausgebucht sind. Umgekehrt kann es vorkommen, dass Sie über eine längere Zeit wenig Arbeit haben, aber kein weiterer Kunde in Sicht ist.

Häufig führt die Ablehnung eines Auftrags dazu, dass Sie einen Kunden vollständig verlieren. Dies ist in jedem Fall ärgerlich, besonders, wenn es sich um einen guten bzw. einen Stammkunden handelt. Daher sollten Sie in Zeiten, in denen es für Sie besonders gut läuft, versuchen, sich einen Puffer für derartige Auftragsspitzen vorzuhalten. Fertigen Sie möglichst nicht an der absolut obersten Grenze, sondern lassen Sie sich Luft, um ggf. einen Auftrag eines guten Kunden „dazwischenschieben" zu können, ohne dass Sie andere Kunden verärgern.

Alternativ können Sie prüfen, ob es möglich ist, einen Auftrag, oder zumindest Teile davon, von befreundeten Unternehmern oder anderen Partnern, mit denen Sie regelmäßig zusammenarbeiten, erledigen zu lassen. Sorgen Sie aber dafür, dass diese Partner zuverlässig sind. Schließlich müssen Sie später für die Qualität gegenüber Ihren Kunden geradestehen.

Stellen Sie sich zumindest in Situationen, in denen Sie relativ gut ausgelastet sind, vor der Annahme eines Auftrages folgende Fragen:

- Wie lange wird die Erledigung des neuen Auftrags in Anspruch nehmen?
- Ist in diesem Zeitraum genügend Kapazität vorhanden? Wenn nicht:
- Können Sie sich durch die Umstellung von Aufträgen etwas Luft verschaffen?
- Können Sie mit dem neuen Kunden über eine (möglichst geringe) Verschiebung verhandeln? Oft ist es möglich, diese zu erreichen, wenn Sie (ausnahmsweise) Zugeständnisse beim Preis machen oder ihm eine Lieferung frei Haus anbieten.
- Ist es möglich, einen oder mehrere kleinere Aufträge geringfügig nach hinten zu verschieben, um Raum für die Bearbeitung einer größeren Order zu bekommen?
- Können Sie ggf. Komponenten, Halbfertigteile oder Module in schwachen Zeiten vorfertigen und lagern, um sie in Phasen hoher Auslastung nur zu montieren?

TIPP

Wenn Sie permanent an der Kapazitätsgrenze arbeiten und/oder häufiger mit Engpässen kämpfen, sollten Sie überlegen, ob und wie Sie die Engstellen beseitigen können: Lohnt es sich, eine neue Maschine zu kaufen? Benötigen Sie mehr Personal? Dabei ist es nicht immer notwendig, einen neuen Mitarbeiter einzustellen. Oft genügt es, sich über ein Zeitarbeitsunternehmen temporär Personal zu beschaffen. Liegt der Engpass in der Materialbeschaffung? Dann sollten Sie versuchen, entweder einen weiteren Lieferanten zu gewinnen oder den aktuellen Anbieter auszutauschen. Bevor Sie eine Maßnahme umsetzen, müssen Sie sich relativ sicher sein, dass Sie voraussichtlich auch in Zukunft weiter gut ausgelastet sein werden und die Kosten für die Maßnahmen dauerhaft tragen können. Ist das Phänomen der hohen Auslastung von kurzer Dauer, lohnen sich langfristig wirksame Maßnahmen nicht, zumal wenn Ihnen Monat für Monat weitere Kosten entstehen.

2.5 Wichtige Kalkulationsverfahren

Nachdem Sie sich mit den Grundbegriffen vertraut gemacht haben und für das Vorhandensein der notwendigen Rahmenbedingungen gesorgt haben, stellt sich die Frage, welches Kalkulationsverfahren für Sie am besten geeignet ist.

Eine erste Orientierung liefert Ihnen dabei die nachstehende Übersicht.

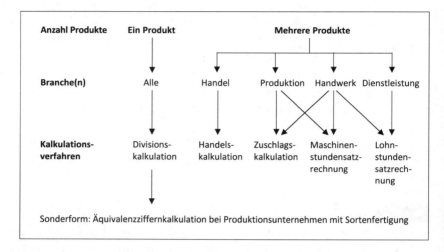

Abb. 4: Kalkulationsverfahren

Auswahlmöglichkeiten für Produktions- und Handwerksbetriebe

Produktions- und Handwerksbetriebe können unter mehreren Kalkulationsverfahren wählen. Bei Produktionsbetrieben kommt entweder die klassische ein- oder mehrstufige Zuschlagskalkulation in Betracht oder sie können die Maschinenstundensatzrechnung nutzen. Bei beiden vorgestellten Verfahren haben Sie die Möglichkeit, sowohl für Ihre Arbeitsleistung bzw. für manuelle Arbeiten einen Kostensatz zu berechnen als auch für von Ihnen eingesetzte (stationäre und größere) Maschinen.

Die Anwendung der mehrstufigen Zuschlagskalkulation lohnt sich vor allem, wenn Sie über ein heterogenes Fertigungsprogramm verfügen, d. h. Sie fertigen Produkte nach individuellen Kundenwünschen oder Kleinserien. Allerdings setzt dieses Verfahren voraus, dass Sie Ihren Betrieb in Kostenstellen oder Bereiche eingeteilt haben.

Ansonsten sollten Sie prüfen, ob die einstufige Zuschlagskalkulation oder die einfachere Form der Maschinenstundensatzrechnung nicht die bessere Alternative für Sie ist. Beide Verfahren sind hinsichtlich ihres Aufbaus und ihrer Anwendung weniger komplex und können vor allem von kleineren Betrieben genutzt werden, die auf eine Einteilung des Unternehmens in Kostenstellen verzichten möchten. Gleiches gilt für Handwerksunternehmen mit Maschinenpark.

Handwerksbetriebe ohne Maschinenpark sollten prüfen, ob sie ihre Angebote mit der Dienstleistungs- oder Lohnstundensatzkalkulation erstellen können. Hier haben Sie die Möglichkeit, auf einfache Weise die Kosten für Ihre Arbeitszeit zu berechnen und Ihren Kunden zusätzlich die Kosten für Material in Rechnung zu stellen.

Die Verfahren unterscheiden sich nur in der Berechnung der Selbstkosten

Die Kalkulationsverfahren unterscheiden sich immer nur durch die Art und Weise, wie die **Selbstkosten**, also die vollständigen Kosten für ein Produkt, eine Dienstleistung oder einen Auftrag berechnet werden. Der weitere Rechenweg von den Selbstkosten zum Verkaufspreis, der Gewinne, Nachlässe und die Mehrwertsteuer beinhaltet, ist bei allen Kalkulationsverfahren gleich.

TIPP

Bei der Ermittlung der Kosten sollten Sie — unabhängig vom gewählten Kalkulationsverfahren — überlegen, ob und in welchem Umfang Sie auch kalkulatorische Kosten berücksichtigen wollen oder müssen. Bei diesen Kostenpositionen entstehen Ihnen keine echten Ausgaben, sie dienen aber u. a. dazu, Ihr unternehmerisches Risiko besser zu entgelten.

Die Übersicht zeigt den Teil einer Kalkulation, der für alle Verfahren identisch ist:

Einheitlicher Teil des Kalkulationsschemas ab den Selbstkosten	
Selbstkosten (Ermittlung mit verschiedenen Verfahren)	200,00 €
+ Gewinn (in Prozent der Selbstkosten) 15 %	30,00 €
= **Barverkaufspreis**	**230,00 €**
+ Skonto (Berechnung im Hundert vom Barverkaufspreis) 2 %	4,69 €
= **Zielverkaufspreis**	**234,69 €**
+ Rabatte (Berechnung im Hundert vom Zielverkaufspreis) 5 %	12,35 €
= **Listenpreis (netto ohne Mehrwertsteuer)**	**247,04 €**
+ Mehrwertsteuer 16 %	39,53 €
= **Bruttoverkaufs-, Laden- oder Angebotspreis**	**286,57 €**

Abb. 5: Einheitlicher Teil des Kalkulationsschemas ab den Selbstkosten

TIPP: Rating-Check

Die Kalkulationsunterlagen sowie eine evtl. Beschreibung Ihrer Vorgehensweise sollten Sie für ein mögliches Rating verfügbar halten. Zwar sind diese Unterlagen oft nicht fester Bestandteil einer Prüfung, Sie zeigen der Bank aber, dass Sie ein nachhaltiges Interesse haben, mit Ihrer Arbeit und dem Verkauf Ihrer Produkte dauerhaft Gewinne zu erzielen.

2.5.1 Divisionskalkulation

Die Divisionskalkulation ist die einfachste Form der Kalkulation. Es werden lediglich die Gesamtkosten durch die Absatzmenge dividiert und Sie erhalten die Selbstkosten je Produkt.

Für wen eignet sich die Divisionskalkulation?

Die Divisionskalkulation kann von Betrieben aller Branchen eingesetzt werden, aber nur dann, wenn sie ein Produkt oder sehr ähnliche Produkte als Massenwaren verkaufen.

Sie eignet sich nicht für Unternehmen, die mehrere unterschiedliche Produkte anbieten, da es zu groben Fehlkalkulationen und -entscheidungen kommen kann. Auch Dienstleistungsunternehmen, die nur eine Dienstleistung, etwa eine Art von Beratungsstunde, anbieten, können ihre Stundenpreise mithilfe der Divisionskalkulation berechnen.

In der Praxis ist die Divisionskalkulation weniger verbreitet, da die meisten Betriebe unterschiedliche Artikel anbieten, die eine differenziertere Kalkulation erfordern.

Verfahren und Vorgehensweise

Um eine Divisionskalkulation korrekt durchführen zu können, ist Folgendes wichtig:

- Sie kennen die Gesamtkosten Ihres Betriebes.
- Sie können verlässlich schätzen, wie viele Produkte oder Leistungen Sie in einem Jahr absetzen werden.
- Sie können durch einfache Division der voraussichtlichen Kosten durch die geplante Verkaufsmenge auf einfachem Weg die Selbstkosten Ihres Artikels berechnen.
- Sie sind in der Lage, durch Berücksichtigung von Gewinn, Nachlässen und Mehrwertsteuer einen realistischen Verkaufspreis für Ihr Produkt zu ermitteln.

Eine Einteilung des Unternehmens in Bereiche oder Kostenstellen, in Einzel- und Gemeinkosten oder in variable und fixe Kosten ist grundsätzlich nicht erforderlich.

Die Divisionskalkulation Schritt für Schritt

Das sind die einzelnen Schritte der Divisionskalkulation:

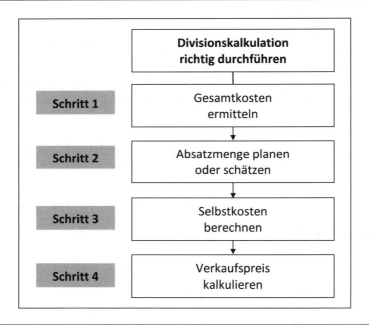

Abb. 6: Die einzelnen Schritte der Divisionskalkulation

Schritt 1: Gesamtkosten ermitteln

Die Basis für die Durchführung der Divisionskalkulation ist die Ermittlung der Gesamtkosten Ihres Betriebes für eine Periode, etwa ein Jahr. Am einfachsten ist es, wenn Sie dazu auf Planwerte zurückgreifen können. Alternativ ist es möglich, die Zahlen des Vorjahres zu verwenden und bei jeder Position zu überprüfen, ob und in welchem Umfang sich voraussichtlich Änderungen ergeben werden. Beispielsweise können sich die Personalkosten erhöhen. Oder die Preise für wichtige Materialien steigen. Oder es steht eine Mieterhöhung an. Oder die Energiepreise steigen weiter.

Wenn Sie unsicher sind, wie sich einzelne Kostenarten entwickeln, können Sie auch überlegen, ob Sie nicht einen pauschalen Aufschlag wählen, der sich z. B. an der aktuellen Inflation orientiert. Alternativ können Sie prüfen, um welchen Prozentsatz sich die Kosten in den letzten Jahren geändert haben. Betrug die Steigerung von 2011 auf 2012 z. B. 5 % und von 2012 auf 2013 4 %, sollten Sie überlegen, ob es sinnvoll ist, mit einem dieser Prozentsätze oder einem Mittelwert zu arbeiten.

Sehen Sie hierzu das Formular „Gesamtkostenübersicht und Kalkulation" auf den Arbeitshilfen online.

Schritt 2: Absatzmenge planen oder schätzen

Nachdem Sie wissen, welche Kosten Ihnen in der Periode entstehen werden, müssen Sie die Frage beantworten, wie viele Produkte Sie in diesem Zeitraum voraussichtlich absetzen werden können. Auch hier bietet Ihnen die Analyse der Vorjahre eine Möglichkeit, zu einem ersten Näherungswert zu gelangen.

Prüfen Sie, ob und welche Veränderungen sich möglicherweise ergeben werden:

- Kommen neue Kunden hinzu?
- Werden Sie u. U. Kunden verlieren?
- Ist mit einer Veränderung des Bestellverhaltens zu rechnen?
- Bei wie vielen Kunden? In welche Richtung (mehr/weniger)?
- Kommen evtl. neue Anbieter auf den Markt, die Ihnen Anteile wegnehmen?
- usw.

● TIPP

Von der Güte Ihrer Kosten- und Absatzschätzung hängt es entscheidend ab, ob Ihre Preisplanung realistisch ist. Gehen Sie daher bei der Planung oder Schätzung beider Größen besonders sorgfältig vor. Versuchen Sie z. B. Ihre Annahmen zu untermauern, indem Sie Ihre Kunden befragen, Studien analysieren oder mit wichtigen Lieferanten über deren künftige Preisvorstellungen verhandeln. Prüfen Sie auch, wann wichtige Verträge enden und wann so mit möglichen Kostensteigerungen zu rechnen ist (z. B. Mieten, Wartung, Instandhaltung).

Schritt 3: Selbstkosten berechnen

Bereits mit den beiden Größen „Gesamtkosten" und „Absatzmenge" sind Sie nun ohne weitere Arbeiten und Vorbereitungen in der Lage, die Selbstkosten, also die Kosten, die Ihnen für die Herstellung Ihrer Produkte entstehen, zu ermitteln. Dividieren Sie einfach die Gesamtkosten durch die Absatzmenge.

$$\text{Selbstkosten} = \frac{\text{Gesamtkosten der Periode}}{\text{Absatzmenge der Periode}}$$

Schritt 4: Verkaufspreis kalkulieren

Ausgehend von den Selbstkosten des Produktes lässt sich jetzt der Verkaufspreis ermitteln, indem Sie auf die Selbstkosten zunächst einen Gewinn von z. B. 15 % aufschlagen.

TIPP

Am einfachsten ist es, wenn Sie zur **Ermittlung des Gewinns** mit einem Prozentsatz rechnen. Überlegen Sie, wie viel Prozent Gewinn Sie im Schnitt mit einem Auftrag erzielen möchten — und natürlich, was realistisch ist und sich am Markt durchsetzen lässt. Im Beispiel wird davon ausgegangen, dass sich 15 % Gewinn realisieren lassen.

Dann sollten Sie, soweit es in Ihrer Branche üblich ist, noch Aufschläge für Nachlässe und/oder Skonto in die Kalkulation einbauen.

WICHTIG

Bei der Berechnung von **Skonto und Rabatten** müssen Sie, anders als bei Gewinn oder Mehrwertsteuer, **im Hundert** rechnen. Das heißt, dass die Basis für die Berechnung nicht 100 %, sondern der um Skonto oder Rabatt reduzierte Wert ist. Wie Sie Rabatte und Skonto richtig berechnen, zeigt Ihnen Kapitel 2.6 „Verhindern Sie, dass nicht geplante Rabatte Ihren Gewinn aufzehren".

Zum Schluss schlagen Sie die aktuelle Mehrwertsteuer auf den Listenpreis und Sie erhalten den Bruttoverkaufs-, Laden- oder Angebotspreis für Ihr Produkt.

Überprüfen Sie in Abständen von etwa 3 Monaten, ob Ihre Annahmen und Planzahlen der Wirklichkeit entsprechen, indem Sie die Kalkulation auf Basis von Istzahlen oder modifizierter Annahmen durchführen (vgl. Kapitel 2.7 „Nachkalkulation — So optimieren Sie Ihre Angebotskalkulation"). So können Sie sehen, ob Ihre im Vorfeld gemachten Annahmen realistisch waren.

Ein ausführliches Praxisbeispiel zur Divisionskalkulation finden Sie auf den Arbeitshilfen online.

2.5.2 Äquivalenzziffernkalkulation

Die Äquivalenzziffernkalkulation ist eine Erweiterung der Divisionskalkulation. Die Kosten werden nicht durch ein Produkt, sondern durch mehrere, sich ähnelnde Sorten dividiert. Die Produkte müssen also gleichartig sein. Um Fehlkalkulationen zu vermeiden, müssen die Sorten in einem sogenannten festen Kostenverhältnis zueinander stehen. Das bedeutet, dass die Produkte z. B. aus den gleichen Rohstoffen hergestellt werden und das gleiche Produktionsverfahren durchlaufen. Dabei unterscheiden sich die Artikel nur durch die Menge der Rohstoffe, die in ein Produkt eingehen und/oder durch die zeitliche Inanspruchnahme der Produktion.

Für wen eignet sich die Äquivalenzziffernkalkulation?

Die Äquivalenzziffernkalkulation wird vorwiegend in produzierenden Betrieben eingesetzt, die Sortenfertigung betreiben. Von Sortenfertigung spricht man, wenn die Produkte sich ähneln bzw. wenn die Produkte artgleich sind. Gleichzeitig werden sie in größerer Stückzahl, bis hin zur Massenfertigung, hergestellt. Beispiele für Sorten sind Ziegel, Zigaretten, Bleche, Wasser, Biersorten, Gehäusetypen, Bekleidung mit jeweils unterschiedlichen Stärken und/oder Abmessungen.

Verfahren und Vorgehensweise

Zunächst sollten folgende Punkte geklärt sein:

- Sie wissen, welche Sorte Ihr Hauptprodukt, also z. B. das wichtigste Produkt des Sortiments, ist. Meist ist das das Produkt mit den höchsten Verkaufszahlen.
- Sie kennen die Gesamtkosten Ihres Betriebes.
- Sie können eine verlässliche Aussage darüber machen, wie viele Produkte oder Leistungen Sie im Jahr absetzen werden.
- Sie wissen, wie Sie die Kostenverhältnisse zwischen Ihrem Hauptprodukt und den restlichen Produkten bestimmen können.
- Sie sind in der Lage, die Selbstkosten pro Sorte und Stück zu bestimmen.
- Sie sind in der Lage, durch Berücksichtigung von Gewinn, Nachlässen und Mehrwertsteuer einen realistischen Verkaufspreis für jede Sorte zu ermitteln.

Eine Einteilung des Unternehmens in Kostenstellen ist nicht erforderlich. Auch eine Einteilung in Einzel- und Gemeinkosten oder in variable und fixe Kosten kann entfallen. Die Unterschiede in der Berechnung von Selbstkosten und Preisen kommen vor allen Dingen zu Stande, weil sich Fertigungszeiten und Materialeinsatz von Sorte zu Sorte unterscheiden. Die restlichen Bedingungen im Betrieb sind in etwa gleich.

Beispiel: Wenn Sie mehrere Sorten Blech herstellen, benötigen Sie für die Produktion großer Bleche mehr Material und Sie brauchen für das Stanzen oder Schneiden etwas mehr Zeit. Weitere Unterschiede bei der Bearbeitung gibt es oft nicht. Dann können Sie die Äquivalenzziffernkalkulation anwenden, bei der Sie zunächst die Kosten für Ihr Hauptprodukt berechnen und anschließend die Kosten für die restlichen Sorten.

Die Kosten für die restlichen Sorten bestimmen Sie, indem Sie festlegen, wie diese Sorten Ihre Produktion im Verhältnis zum Hauptprodukt beanspruchen.

Die Äquivalenzziffernkalkulation Schritt für Schritt

Die einzelnen Schritte der Äquivalenzziffernkalkulation sind dieselben wie bei der Divisionskalkulation:

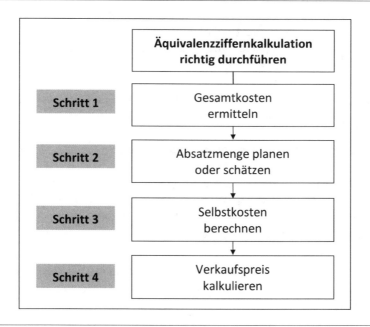

Abb. 7: Die einzelnen Schritte der Äquivalenzziffernkalkulation

Schritt 1: Gesamtkosten ermitteln

Die Basis für die Durchführung der Äquivalenzziffernkalkulation ist die Ermittlung bzw. die Kenntnis der Gesamtkosten Ihres Betriebes für eine Periode, etwa ein Jahr. Am besten ist es, wenn Sie Ihre Kosten planen und über entsprechende Zahlen verfügen. Ist das nicht der Fall, können Sie für eine realistische Schätzung auch auf die Zahlen des Vorjahres zurückgreifen.

Dann sollten Sie bei jeder Position prüfen, ob und in welchem Umfang sich Änderungen ergeben können: Werden sich die Personalkosten erhöhen? Werden die Preise für wichtige Materialien steigen? In welchem Umfang? Wie entwickeln sich Energie- und Mietpreise? Was ist mit Versicherungen, Abgaben, Steuern usw.?

Wenn Sie bei einzelnen Kostenarten nicht genau abschätzen können, wie sie sich entwickeln werden, können Sie überlegen, ob Sie einen pauschalen Aufschlag wählen, der sich z. B. an der aktuellen Inflation orientiert. Bei wichtigen Positionen, die evtl. höheren Schwankungen unterliegen, sollten Sie überlegen, einen höheren Aufschlag zu wählen, um später keine unnötigen Überraschungen zu erleben.

Das Formular „Übersicht Gesamt-, Selbstkosten und Kalkulation" auf den Arbeitshilfen online gibt Ihnen einen Überblick über die Gesamtkosten.

Schritt 2: Absatzmengen planen oder schätzen

Im Anschluss an oder parallel zu Ihrer Kostenplanung müssen Sie möglichst genau schätzen, wie viele Stücke Sie in der gleichen Periode voraussichtlich von jeder Sorte werden verkaufen können. Auch hier können Sie als Ausgangspunkt die Daten der Vorjahre verwenden.

Prüfen Sie, ob und welche Veränderungen sich möglicherweise ergeben werden. Einige Fragen, die Ihnen bei der Analyse und Schätzung weiterhelfen können:

- Wie haben sich die Verkaufszahlen in den letzten Jahren entwickelt? Sind die Absatzzahlen eher gestiegen oder gefallen?
- Hat es größere Schwankungen gegeben? Von welchen Faktoren hängt das Bestellverhalten Ihrer Kunden vor allem ab? Liefern Sie Produkte, die für Ihre Kunden unverzichtbar sind? Oder hängen die Verkaufsmengen von modischen Trends und Entwicklungen ab?
- Wie wird sich die Kundenzahl entwickeln (Kundenzuwachs/-rückgang)?
- Ist mit einer Veränderung des Bestellverhaltens zu rechnen (mehr größere/kleinere Bestellungen)?
- Kommen evtl. neue Anbieter auf den Markt, die Ihnen Anteile wegnehmen?
- usw.

TIPP

Von der Güte Ihrer Kosten- und Absatzschätzung jeder Sorte hängt es ab, ob Ihre Preisplanung realistisch ist. Gehen Sie daher bei der Planung oder Schätzung beider Größen sorgfältig vor und nehmen Sie sich viel Zeit. Versuchen Sie, zu möglichst objektiven Daten zu gelangen, indem Sie z. B. einige Kunden befragen, Studien auswerten oder mit Lieferanten über die voraussichtliche Preisentwicklung bei wichtigen Materialien und Rohstoffen sprechen.

Schritt 3: Selbstkosten berechnen

Ihre Selbstkosten für den Gesamtbetrieb innerhalb einer Periode kennen Sie nun, ebenso wie die wahrscheinlichen Verkaufsmengen pro Sorte. Im nächsten Schritt geht es darum, die Selbstkosten je Produkt bzw. Sorte zu bestimmen. Die Selbstkosten unterscheiden sich i. d. R. durch unterschiedliche Fertigungsdauer und unterschiedlichen Materialeinsatz:

- Einzelne Sorten beanspruchen die Produktionsanlagen unterschiedlich stark,
- in eine Sorte fließt mehr und in eine andere Sorte weniger Material ein.

Im Normalfall ist es so, dass sich aus der unterschiedlichen zeitlichen Beanspruchung der Produktionsanlagen ein festes Verhältnis ableiten lässt. Dann kann man davon ausgehen, dass die verschiedenen Sorten auch in einem festen Kostenverhältnis zueinander stehen. Die Zeiten können Sie z. B. über Messung (Zeitaufschreibung) oder Schätzung feststellen.

Ihr Hauptprodukt, diejenige Sorte mit den größten Verkaufszahlen bzw. Ihr wichtigstes Produkt, wird dabei gleich „1" gesetzt. Die anderen Produkte erhalten einen Zu- bzw. Abschlag, entsprechend der Fertigungsdauer im Verhältnis zum Hauptprodukt. Auf diese Weise erhalten Sie für jede Sorte eine feststehende Äquivalenzziffer.

Beispiel zur Berechnung der Äquivalenzziffern: Ein Unternehmen stellt die Bleche A, B und C als Massenprodukte mit festen Abmessungen und Stärken her. Für die Herstellung von Blech A benötigt das Unternehmen im Schnitt

5 Minuten pro Stück, für B 4 Minuten und für C 2 Minuten. Die Produktionszahlen liegen bei 200.000, 250.000 und 180.000 Stück pro Jahr. Blech B mit der höchsten Produktionsmenge ist das Hauptprodukt und erhält die Äquivalenzziffer „1", Blech A die Ziffer 1,25 (Zuschlag 5 Minuten / 4 Minuten), Blech C die Ziffer 0,5 (Abschlag 2 Minuten / 4 Minuten). Die Selbstkosten des Betriebs betragen 3,54 Mio. EUR.

Jetzt multiplizieren Sie die Absatzmengen mit den Äquivalenzziffern je Sorte und Sie erhalten sogenannte Umrechnungszahlen. Durch Division der Selbstkosten des Unternehmens durch die Umrechnungszahlen erhalten Sie die Selbstkosten pro Stück für das Hauptprodukt. Anschließend werden die Selbstkosten des Hauptproduktes mit den Äquivalenzziffern der restlichen Sorten multipliziert und Sie kennen die Selbstkosten für alle Sorten.

Beispiel zur Berechnung der Selbstkosten je Sorte: Für die Bleche ergeben sich folgende Umrechnungszahlen: Blech A: 200.000 x 1,25 = 250.000. Blech B: 250.000 x 1 = 250.000. Blech C: 180.000 x 0,5 = 90.000. Die Summe der Umrechnungszahlen beträgt 590.000. Durch Division der Selbstkosten des Gesamtbetriebes durch die Umrechnungszahlen und Multiplikation mit den Äquivalenzziffern ergeben sich die Selbstkosten pro Stück. Für das Hauptprodukt sind dies 6 EUR (3,54 Mio. EUR / 590.000 x 1) pro Stück. Für die Sorten A und C entstehen Selbstkosten pro Stück von 7,50 EUR bzw. 3,0 EUR (6 EUR x 1,25 bzw. 6 EUR x 0,5). Multipliziert mit den jeweiligen Absatzmengen ergeben sich nun Selbstkosten pro Sorte von 1,5 Mio. EUR bei A, 1,5 Mio. EUR bei B und 540.000 EUR bei C. Zusammen also 3,54 Mio. EUR.

Die Äquivalenzziffernkalkulation erleichtert bei Sortenfertigung also die verursachungsgerechte Verteilung der Kosten auf die Kostenträger.

Schritt 4: Verkaufspreis kalkulieren

Ausgehend von den Selbstkosten pro Sorte lassen sich die unterschiedlichen Verkaufspreise berechnen. Bei der Berechnung des Verkaufspreises nehmen Sie als Basis immer die Selbstkosten. Dann müssen Sie sich darüber klar werden, welchen Gewinnzuschlag Sie realisieren möchten. Dieser sollte für jede Sorte gleich sein und lässt sich am besten über einen prozentualen Zuschlag realisieren, z. B. 15 %.

Anschießend sollten Sie, soweit es in Ihrer Branche üblich ist, Aufschläge für Nachlässe und/oder Skonto in die Kalkulation einbauen. Zum Schluss schlagen Sie noch die aktuelle gesetzliche Mehrwertsteuer auf den Listenpreis auf und Sie erhalten den Bruttoverkaufs-, Laden- oder Angebotspreis für jede Sorte.

> **!** **WICHTIG**
>
> Bei der Berechnung von **Skonto und Rabatten** müssen Sie, anders als bei Gewinn oder Mehrwertsteuer, **im Hundert** rechnen. Das heißt, dass die Basis für die Berechnung nicht 100 %, sondern der um Skonto oder Rabatt reduzierte Wert ist. Wie Sie Rabatte und Skonto richtig berechnen, zeigt Ihnen Kapitel 2.6 „Verhindern Sie, dass nicht geplante Rabatte Ihren Gewinn aufzehren".

Sehen Sie dazu auch die Übersicht „Berechnung des Verkaufspreises" auf Arbeitshilfen online.

Überprüfen Sie in Abständen von etwa 3 Monaten, ob Ihre Annahmen und Planzahlen der Wirklichkeit entsprechen, indem Sie die Kalkulation auf Basis von Istzahlen oder modifizierten Annahmen durchführen (vgl. Kapitel 2.7 „Nachkalkulation — So optimieren Sie Ihre Angebotskalkulation"). So können Sie sehen, ob Ihre im Vorfeld gemachten Annahmen realistisch waren. Bei Abweichungen erhalten Sie wertvolle Hinweise auf möglichen Korrekturbedarf.

Ein ausführliches Praxisbeispiel zur Äquivalenzziffernkalkulation finden Sie auf den Arbeitshilfen online.

2.5.3 Handelskalkulation

Als Händler ist der wichtigste Bestandteil des Verkaufspreises der Bezugs- oder Einkaufspreis Ihrer Waren. Er ist die Basis für die Berechnung Ihres eigenen Verkaufspreises. Um korrekt zu kalkulieren, müssen Sie den Listeneinkaufspreis Ihres Lieferanten noch in einigen Punkten korrigieren.

Vom Listeneinkaufspreis müssen Sie z. B. Nachlässe abziehen, die Ihnen Ihr Lieferant gewährt. Umgekehrt erhöhen evtl. zusätzliche Bezugskosten, z. B. für den Transport, den Listenpreis. Hinzu kommen Ihre sonstigen Kosten, etwa für Miete oder Personal. Diese Positionen müssen Sie also bei der Ermittlung Ihres Ladenpreises berücksichtigen — und natürlich die allgegenwärtige Mehrwertsteuer.

Für wen eignet sich die Handelskalkulation?

Die Handelskalkulation richtet sich an Handelsunternehmen jedweder Branche und Richtung und ermöglicht die Preisberechnung sämtlicher Handelswaren.

Verfahren und Vorgehensweise

Die Grundlagen einer Handelskalkulation sollten Sie in jedem Fall beherrschen und eine Preisberechnung für alle Produkte durchführen, selbst wenn „der Markt" Ihnen die Preise vorgibt und Sie keine Spielräume für Preiserhöhungen haben. So wissen Sie, ob Sie mit dem Verkaufspreis für Ihre Produkte einen Gewinn oder Verlust erzielen. Bei einem Verlust können Sie aktiv werden und z. B. mit Ihren Lieferanten über Preise oder Konditionen verhandeln oder versuchen, Ihre Kosten zu senken. Im schlimmsten Fall, wenn die Verhandlungen scheitern oder Sie keine Möglichkeiten zur Kostensenkung haben, wissen Sie, dass Sie das Produkt vom Markt nehmen müssen, um nicht weiter Verluste zu erwirtschaften.

Welchen weiteren Nutzen können Sie konkret aus einer Handelskalkulation ziehen?

- Sie lernen, wie Sie für jedes Produkt den richtigen Einkaufspreis ermitteln.
- Sie erfahren, wie Sie auf einfachem Weg einen Verkaufspreis für Ihre Waren und Artikel kalkulieren können.
- Sie wissen, welche Positionen Ihre Preise besonders stark beeinflussen und können gezielt Maßnahmen, z. B. zur Kostensenkung, ergreifen.
- Sie lernen Möglichkeiten kennen, wie Sie Ihre Handelskalkulation künftig kontinuierlich verbessern können.
- Sie wissen, was Sie tun können, um bei gegebenen Marktpreisen einen akzeptablen Bezugspreis zu ermitteln.

Für die Berechnung Ihres Verkaufspreises benötigen Sie im Wesentlichen zwei Datenquellen: Ihre Verträge mit Ihren Lieferanten, um die Einkaufspreise richtig berechnen zu können und Unterlagen zu Ihren eigenen Kosten. Wenn Sie in einem Umfeld mit unveränderbaren Marktpreisen arbeiten, müssen Sie auch diese kennen.

Die Handelskalkulation Schritt für Schritt

Zur Durchführung einer Handelskalkulation stehen Ihnen drei verschiedene Verfahren zur Verfügung:

- die Vorwärtskalkulation,
- die Rückwärtskalkulation oder
- die Differenzkalkulation.

Je nach Ausgangslage eignet sich eines der drei Verfahren am besten. Im ersten Schritt sollten Sie festlegen, welches Kalkulationsverfahren für Sie infrage kommt:

Das geeignete Kalkulationsverfahren wählen

Die **Vorwärtskalkulation** ist die normale Vorgehensweise, wenn Sie den Marktpreis Ihrer Produkte berechnen wollen. Sie wird in den meisten Fällen angewandt. Wenn der Marktpreis gegeben ist, etwa in einer starken Wettbewerbssituation, sollten Sie hingegen die **Rückwärtskalkulation** anwenden, um vom bestehenden Marktpreis ausgehend berechnen zu können, was Sie der Einkauf eines Artikels maximal kosten darf, wenn Sie Ihre Gewinnvorstellungen noch realisieren wollen. Können Sie Markt- und Beschaffungspreis nicht beeinflussen, lässt sich mit der **Differenzkalkulation** feststellen, ob und in welcher Höhe Sie mit einem Produkt Gewinn erzielen.

Erstes Verfahren: Vorwärtskalkulation

Schritt 1: Vorwärtskalkulation — den Bezugs- oder Einkaufspreis berechnen

Immer, wenn Sie die Preise für Ihre Produkte weit gehend selbst bestimmen können, bedienen Sie sich der Vorwärtskalkulation. Hierbei ermitteln Sie zunächst den Bezugspreis, schlagen Ihre anteiligen Kosten und einen Gewinn-anteil auf und beziehen ggf. noch Nachlässe mit ein.

Der erste und meist einfachste Schritt bei der Vorwärtskalkulation ist die Er-mittlung des Einkaufspreises für einen Artikel. Häufig liegen Verträge oder Vereinbarungen vor und Sie können den Bruttopreis Ihres Anbieters auf einen Blick erkennen. Allerdings ist dieser Bruttopreis nicht identisch mit Ihrem Ein-kaufspreis. Sie müssen verschiedene Korrekturen und Berechnungen vorneh-men, um diesen zu erhalten.

- **Vorsteuer**
  Zunächst ist es erforderlich, dass Sie vom Bruttopreis die Mehrwertsteuer abziehen, um den **Nettoeinkaufspreis** zu erhalten. Meist ist dieser Preis bereits im Lieferschein oder der Rechnung separat ausgewiesen.
- **Rabatte und Skonti**
  Erhalten Sie von Ihrem Lieferanten Rabatt oder können bzw. wollen Sie Skonto ausnutzen, müssen Sie diese Positionen noch von Ihrem Nettoein-kaufspreis abziehen. Am Ende steht dann der sogenannte **Bareinkaufs-preis**.
- **Transport- und Bezugskosten**
  Wenn Sie mit Ihrem Lieferanten keine Lieferung frei Haus vereinbart haben, er also weder die Transport- noch sonstigen Bezugskosten übernimmt, müssen Sie zu diesem Bareinkaufspreis diese Kosten hinzurechnen. Am Ende erhalten Sie Ihren tatsächlichen **Bezugs- oder Einkaufspreis** für eine Ware.

Auf den Arbeitshilfen online finden Sie ein Beispiel für eine Vorwärtskalkula-tion.

Schritt 2: Vorwärtskalkulation — die Handelskosten für Waren ermitteln

Der Verkaufspreis Ihrer Produkte muss so hoch sein, dass er nicht nur die Kos-ten für die Warenbeschaffung, sondern auch einen Teil Ihrer sonstigen Kos-ten, z. B. Miete und Personal, deckt. Diese Kosten werden als Handelskosten bezeichnet. Einfach ausgedrückt sind Handelskosten alle Kosten, die keinen Wareneinsatz darstellen. Material- und Neben- bzw. Bezugskosten sind keine Handelskosten.

- Ermitteln Sie zunächst, welche **Handelskosten** Ihnen im vergangenen Jahr entstanden sind (ohne Material- und Nebenkosten). Woraus sich die Handelskosten zusammensetzen, zeigt die Übersicht auf den Arbeitshilfen online.

- Prüfen Sie dann, ob es im laufenden Jahr zu größeren **Veränderungen** kommen wird, beim Personal etwa durch Tariferhöhungen, und passen Sie die Jahreswerte entsprechend an. Wenn Sie z. B. einen neuen Mitarbeiter einstellen, müssen Sie ggf. die Lohnkosten erhöhen oder bei einer anstehenden Miet- oder Energiepreiserhöhung passen Sie diese Positionen entsprechend an.

- Ermitteln Sie im nächsten Schritt Ihren voraussichtlichen **Materialeinsatz**. Diesen erhalten Sie, wenn Sie die abgesetzten Mengen mit dem jeweiligen Nettoeinkaufspreis multiplizieren. Den Nettoeinkaufspreis nehmen Sie, weil Sie den Bezugspreis oft noch nicht genau ermitteln können, da Ihnen u. U. Informationen zur genauen Rabatthöhe oder zu den Nebenkosten fehlen. Zur Ermittlung des voraussichtlichen Materialeinsatzes sehen Sie bitte auch die Übersicht auf den Arbeitshilfen online.

- Wenn Sie nun die voraussichtlichen „Rest-Kosten" ins Verhältnis zum voraussichtlichen Materialeinsatz setzen, erhalten Sie einen **Zuschlagssatz** für die anteiligen Handelskosten. Dies bedeutet, dass Sie auf den zuvor ermittelten Bezugspreis den ermittelten Prozentsatz zuschlagen müssen, um zumindest kostendeckend arbeiten zu können. Diesen Satz können Sie bei jedem Produkt zur Berechnung der anteiligen Kosten verwenden.

TIPP

Wenn Sie während des Jahres feststellen, dass Ihre Annahmen nicht mehr stimmen, wenn Sie z. B. deutlich mehr oder weniger Waren verkaufen oder sich Kostenpositionen in größerem Umfang verändern, sollten Sie die Kalkulation überarbeiten und die Werte ggf. anpassen. Faustregel: Überprüfen Sie die Kalkulation vollständig, wenn sich Kosten und/oder Materialeinsatz um mehr als 10 % nach oben oder unten verändern.

Schritt 3: Vorwärtskalkulation — den Verkaufs- oder Ladenpreis berechnen

Mit den bisherigen Angaben können Sie die **Selbstkosten** für ein Produkt berechnen. Die Selbstkosten sind die Kosten, die Ihnen entstehen, wenn Sie ein Produkt ein- und wieder an Ihre Kunden verkaufen. Wenn Sie diesen Preis (zuzüglich der gültigen Mehrwertsteuer!) verlangen, decken Sie gerade Ihre Kosten (Preisuntergrenze). Dies genügt aber nicht! Schließlich wollen Sie als Händler noch einen Gewinn realisieren. Und wenn es in Ihrer Branche üblich ist, müssen Sie Ihren Kunden u. U. Nachlässe gewähren, wenn Sie sie nicht an Ihre Konkurrenz verlieren wollen.

- **Gewinnzuschlag**
  Zunächst müssen Sie entscheiden, welchen Gewinn Sie mit dem Verkauf eines Produktes realisieren möchten. Am einfachsten ist es, wenn Sie mit einem Prozentsatz rechnen. Dann können Sie einen einheitlichen Satz für alle Produkte wählen. Die absolute Höhe des anteiligen Gewinns richtet sich dann nach der Höhe der Selbstkosten, die die Basis für den Gewinnzuschlag sind.
  Den Gewinn berechnen Sie nach folgender Formel:

$$\text{Gewinn} = \frac{\text{Selbstkosten} \times \text{Gewinnsatz (in Prozent)}}{100}$$

TIPP

Psychologisch günstig sind stets Preise, die sich unterhalb bestimmter Schwellenwerte bewegen, etwa 89 EUR anstatt 92,4 EUR oder 599 EUR statt 600 EUR.

Selbstkosten und Gewinn ergeben zusammen den **Barverkaufspreis**, der die Basis für die Berechnung von Skonto und Rabatten ist.

- **Rabatte und Skonti**
  Der Skonto wird zuerst berechnet, da Sie ihn Ihrem Kunden zuletzt gewähren. Denn Sie kommen ja, wenn Sie einem Kunden Rabatt gewähren, vom Ladenpreis. Wenn Ihr Kunde nach Rabatt und auch noch nach Skonto fragt, berechnen Sie diesen vom Listenpreis. Barverkaufspreis und Skonto zusammen ergeben den **Zielverkaufspreis** auf den Sie Ihren Rabatt aufschlagen. Zielverkaufspreis und Nachlässe zusammen ergeben den

Netto-Listenverkaufspreis, auf den Sie noch die gültige Mehrwertsteuer addieren müssen. Zum Schluss erhalten Sie den **Bruttoverkaufs- oder Ladenpreis**.

Ein Beispiel für die Ermittlung des Ladenpreises finden Sie auf den Arbeitshilfen online.

Zweites Verfahren: Rückwärtskalkulation — maximalen Einkaufspreis berechnen

Nicht immer können Sie den Verkaufspreis selbst festlegen. Ist der Preis durch den Markt vorgegeben, hilft Ihnen die beschriebene Vorwärtskalkulation nur bedingt weiter. In der Praxis müssen Sie dann vom bestehenden bzw. gegebenen Marktpreis aus rückwärts statt wie bisher vorwärts rechnen.

Ihre Kalkulation beginnt jetzt also mit dem **Bruttoverkaufspreis** (Marktpreis). Von diesem ziehen Sie Mehrwertsteuer, Rabatt, Skonto, Gewinn und Handelskosten ab und gelangen so zum maximalen **Bezugs- oder Einkaufspreis** Ihrer Produkte.

Auf den Arbeitshilfen online finden Sie ein Berechnungsschema für die Rückwärtskalkulation.

Drittes Verfahren: Differenzkalkulation — Restgewinn ermitteln

Können Sie sich mit Ihrem Lieferanten nicht auf den maximalen Bezugspreis einigen, müssen Sie prüfen, ob es sich für Sie noch lohnt, das Produkt zu verkaufen. Hier hilft Ihnen die Differenzkalkulation.

Berechnen Sie zuerst die **Selbstkosten**, indem Sie auf den Bezugs- bzw. Einkaufspreis die Handelskosten mittels der Vorwärtskalkulation aufschlagen und ermitteln Sie danach den **Barverkaufspreis** (mit Positionen Rabatt, Skonto, Mehrwertsteuer) mithilfe der Rückwärtskalkulation.

Würden Sie einen Verlust erzielen, lohnt sich Verkauf des Produktes nur, wenn es Ihnen gelingt, den Bezugspreis zumindest teilweise zu senken. Dies kann z. B. in Verhandlungen mit dem aktuellen Anbieter oder durch einen Wechsel des Lieferanten geschehen. Oder Sie müssen versuchen, Ihre Kosten zu senken (Kostensteuerung). Kritisch wird die Situation, wenn Ihr Lieferant sogar eine eigene Preiserhöhung durchsetzen möchte und Sie keine Alternativen durchsetzen können. Dann müssen Sie überlegen, ob es nicht günstiger ist, das Produkt vom Markt zu nehmen.

Ein Berechnungsschema für die Differenzkalkulation finden Sie auf den Arbeitshilfen online.

Alternative Möglichkeiten

Neben den beschriebenen drei Kalkulationsverfahren gibt es auch zwei vergleichsweise einfache Alternativen.

Erste Alternative: den Kalkulationsfaktor nutzen

Damit Sie nicht für jedes Produkt eine neue Kalkulation erstellen müssen, können Sie mit dem Kalkulationsfaktor arbeiten. Damit ersparen Sie sich bei der Durchführung der Kalkulation viel Arbeit. Voraussetzung für die Bestimmung des Kalkulationsfaktors ist, dass Sie den Bezugspreis für einen (neuen) Artikel kennen.

Den Kalkulationsfaktor erhalten Sie, wenn Sie den Listenverkaufspreis durch den Bezugspreis dividieren. Nehmen Sie jetzt ein neues Produkt in Ihr Sortiment auf, genügt es für eine erste Orientierung, wenn Sie den Bezugspreis mit dem Faktor multiplizieren.

Diese Berechnung funktioniert nur, wenn Sie bei allen Produkten mit den gleichen Prozentsätzen für Handelskosten, Gewinn und Nachlässen arbeiten. Wenn es je nach Produkt unterschiedliche Sätze gibt, etwa bei den Nachlässen, funktioniert diese schnelle Berechnung nicht bzw. ergibt zu hohe oder zu niedrige Preise. Zudem sind Rundungsdifferenzen möglich.

Ohnehin sollten Sie eine derart überschlägige Berechnung nur vornehmen, um sich eine erste Orientierung zu verschaffen. Sie müssen sich die Frage stellen, ob der so „ermittelte" Preis sich voraussichtlich am Markt durchsetzen können wird.

Beispiel: Ein Lampenhändler möchte eine neue Lampe „Augenfreude" ins Programm aufnehmen. Der Bezugspreis beträgt 89,70 EUR. Der Händler arbeitet bei allen Produkten mit den gleichen Zuschlagssätzen für Kosten, Gewinn und Nachlässe. Um schnell einen ersten Nettoverkaufspreis zu berechnen, möchte er mit einem Kalkulationsfaktor rechnen. Diesen ermittelt er, indem er den Listenpreis von 98 EUR für die Lampe „Bürolicht" ins Verhältnis zum Bezugspreis von 46 EUR setzt. Als Kalkulationsfaktor ergibt sich demnach 2,13. Für die neue Lampe „Augenfreude" ergäbe sich so ein Orientierungswert für einen ersten Listenpreis von 191,06 EUR. Der Ladenpreis würde bei einem Mehrwertsteuersatz von 19 % 227,36 EUR betragen. Der Händler sollte aber noch überlegen, ob sich mit einem optisch günstigen Preis von 219 EUR bessere Verkaufszahlen erreichen lassen.

Zweite Alternative: die Handelsspanne

Alternativ können Sie auch mit der Handelsspanne arbeiten. Als Handelsspanne wird die Differenz zwischen dem Einkaufs- und dem Verkaufspreis einer Ware bezeichnet. Sie wird in Prozent ausgedrückt. Mit der Handelsspanne müssen Sie Kosten, Gewinn und Nachlässe abdecken.

Die Handelsspanne berechnen Sie nach folgender Formel:

$$\text{Handelsspanne} = \frac{(\text{Listenverkaufspreis} - \text{Bezugspreis}) \times 100}{\text{Listenverkaufspreis}}$$

Bezogen auf das Beispiel der Vorwärtskalkulation (vgl. Arbeitshilfen online) ergibt sich eine Handelsspanne von 51,53 % [(32,99 – 15,99) × 100 / 32,99]. Für jedes Produkt, das Sie verkaufen, müssen Sie also mindestens eine Handelsspanne von knapp 52 % realisieren, damit Sie alle Kosten decken, Ihren geplanten Gewinn realisieren und auch die Nachlässe abdecken können. Ist die Handelsspanne bei anderen Produkten niedriger, müssen Sie z. B. nach Möglichkeiten der Kostensenkung suchen oder auf Teile Ihres Gewinns verzichten.

Ein ausführliches Praxisbeispiel zur Handelskalkulation finden Sie auf den Arbeitshilfen online.

2.5.4 Kalkulation im Handwerk und in Dienstleistungsbetrieben

Anders als Produktionsunternehmen stellen die meisten kleineren Handwerksbetriebe oder Dienstleister, etwa Architekturbüros, Berater oder Gutachter, einem Kunden Stunden in Rechnung. Hinzu kommen bei einem Handwerksbetrieb in der Regel Materialkosten, die einem Kunden separat berechnet werden und nicht Bestandteil des Stundensatzes sind. Auch Dienstleister stellen ihren Kunden häufig Materialkosten oder ähnliche Kosten in Rechnung, z. B. EDV-Programme oder Computer.

Für wen eignet sich die Lohnstundensatzrechnung?

Dieses Verfahren ist speziell für Dienstleistungsbetriebe sowie für kleinere Handwerksbetriebe ohne größeren Maschinenpark geeignet. Im Vordergrund steht die Berechnung der Kosten für eine Arbeitsstunde sowie die Berechnung von Auftragspreisen inklusive der Möglichkeit des getrennten Ausweises der Material- und Fahrtkosten.

TIPP

Wenn Sie als Handwerksbetrieb regelmäßig größere Maschinen, etwa Dreh-, Fräs- oder Schleifautomaten einsetzen, um Ihre Aufträge zu erledigen, sollten Sie prüfen, ob es für Sie günstiger ist, die Maschinenstundensatzrechnung statt der Lohnstundensatzrechnung einzusetzen. Dies ist z. B. bei größeren Schreinereien oder Möbelbauern sinnvoll. Die Lohnstundensatzrechnung eignet sich vor allem für kleinere Unternehmen, die im Betrieb selbst keine größeren Anlagen betreiben, etwa Fliesen- oder Teppichleger.

Verfahren und Vorgehensweise

Für die Berechnung des Lohnstundensatzes können Sie überwiegend auf interne Daten, etwa aus der Buchhaltung, zurückgreifen. Sie benötigen Informationen zu den Kosten, die in Ihrem Betrieb entstehen, z. B. Personalkosten, Materialkosten, Mieten, Werbung, Abschreibungen oder Versicherungen.

Außerdem benötigen Sie zur Berechnung der Arbeitszeiten einen Kalender sowie die für Ihre Branche gültigen Tarifverträge, insbesondere die Passagen mit den Angaben zu Lohn- bzw. Gehaltskosten und Arbeitszeiten.

Die Lohnstundensatzrechnung Schritt für Schritt

Am einfachsten ermitteln Sie Ihren Stundensatz, indem Sie die Zahlen eines ganzen Jahres zugrunde legen. Dies hat den Vorteil, dass Sie unterjährige Schwankungen nicht berücksichtigen und Einmalzahlungen nicht aufteilen müssen. Sie können den Jahresbetrag für z. B. das Weihnachts- und Urlaubsgeld, Versicherungen, Abgaben oder Steuern ansetzen. Sie können den Lohnstundensatz auf Basis der Ist-Daten des vergangenen Jahres oder der Planzahlen für das kommende Jahr berechnen.

Schritt 1: Jahresarbeitszeit pro Mitarbeiter ermitteln

Zunächst müssen Sie ermitteln, wie lange Sie und Ihre Mitarbeiter pro Jahr arbeiten (vgl. Schema zur Berechnung der Jahresarbeitszeit auf den Arbeitshilfen online). Dazu benötigen Sie die sogenannte Regel- oder Sollarbeitszeit, nicht die Zeit, die Sie oder Ihre Beschäftigten tatsächlich arbeiten, weil Sie ansonsten den Stundensatz künstlich reduzieren. Schließlich ist die Regelarbeitszeit die Zeit, in der Sie Ihre Kosten decken und den gewünschten Gewinn erwirtschaften müssen. Wenn Sie mehr arbeiten, ist das also eigentlich Ihr Problem. Vor allem als Geschäftsführer werden Sie meist deutlich mehr Zeit in der Firma verbringen als „normale" Beschäftigte. Dies zu berücksichtigen, würde zu Verzerrungen und auch Fehlentscheidungen führen.

TIPP

Am einfachsten ermitteln Sie die Jahresarbeitszeit, indem Sie von der Anzahl der Tage eines Jahres die Samstage, Sonn- und Feiertage, die Urlaubstage sowie die durchschnittlichen weiteren Fehlzeiten abziehen. Dann multiplizieren Sie diese Tage mit der tariflich zu leistenden Stundenzahl pro Tag.

Ein Schema zur Berechnung der Jahresarbeitszeit finden Sie auf den Arbeitshilfen online.

Schritt 2: Produktive Jahresarbeitszeit pro Mitarbeiter ermitteln

Die Anwesenheitszeit ist nicht gleichbedeutend mit der produktiven Zeit, die Ihnen zur Verfügung steht, um Kundenaufträge zu bearbeiten. Daher müssen Sie die unproduktive Zeit von den Anwesenheitsstunden pro Jahr abziehen (vgl. Schema zur Berechnung der produktiven Jahresarbeitszeit auf den Arbeitshilfen online). Unproduktive Zeit ist die Zeit, die z. B. für administrative Aufgaben, für Kundengespräche oder das Anlernen von Mitarbeitern benötigt wird. In den meisten Fällen genügt es, diese Zeiten zu schätzen und einen Prozentwert für die unproduktive Zeit anzusetzen.

TIPP

Gängige Werte für unproduktive Zeiten liegen etwa zwischen 20 und 35 (!) %. Für einen ersten Ansatz mag es genügen, wenn Sie 20 % wählen. Wenn Sie später Erfahrungen mit der Kalkulation gesammelt haben, können Sie die Schätzungen, z. B. durch eine Zeiterfassung, konkretisieren und die Berechnung so noch genauer durchführen.

Ein Schema zur Berechnung der produktiven Jahresarbeitszeit finden Sie auf den Arbeitshilfen online.

Schritt 3: Produktive Jahresarbeitszeit für den Gesamtbetrieb ermitteln

Wenn diese Zahlen für alle Beschäftigen zutreffen, können Sie die so ermittelten Stunden mit der Anzahl aller Mitarbeiter multiplizieren (vgl. Schema zur Berechnung der produktiven Jahresstunden auf den Arbeitshilfen online).

Beachten Sie:

- Teilzeitmitarbeiter fließen entsprechend ihrer Arbeitszeit in die Berechnung ein.
- Arbeitet in Ihrem Betrieb z. B. eine Halbtagskraft, wird diese mit 0,5 in der Berechnung berücksichtigt.

Wenn Sie oder einzelne Beschäftige überhaupt nicht oder nur zu geringeren Teilen produktiv, also an Kundenaufträgen, mitarbeiten, sollten Sie diese Beschäftigten nur anteilig berücksichtigen. Es kommt z. B. vor, dass Aushilfen nicht oder nur zu einem geringen Teil bei der Bearbeitung von Kundenaufträgen mithelfen. Dies sollten Sie dann entsprechend berücksichtigen.

TIPP

Gängige Werte liegen etwa zwischen 15 und 20 %. Für einen ersten Ansatz mag dies genügen. Wenn Sie später Erfahrungen mit der Kalkulation gesammelt haben, können Sie die Schätzungen, z. B. durch eine Zeiterfassung, konkretisieren und die Berechnung so noch genauer durchführen.

Schritt 4: Lohn- und Gehaltskosten ermitteln

Als nächstes ermitteln Sie die jährlichen Lohn- und Gehaltskosten Ihrer Firma, einschließlich Weihnachtsgeld, Sozialkosten oder Zulagen. Diese können Sie entweder aus dem Arbeitsvertrag ersehen, aus Ihrer Ergebnisplanung übernehmen oder von der Buchhaltung bzw. von Ihrem Steuerberater erhalten.

Schritt 5: Restliche betriebliche Kosten als Summe ermitteln

Addieren Sie die restlichen jährlichen Kosten, z. B. für Mieten, Energien, Werbung, EDV, Kommunikation, KFZ, Instandhaltung, Beratung, Abschreibungen, Abgaben, Versicherungen, Zinsen und Steuern (vgl. Ermittlung der restlichen betrieblichen Kosten auf den Arbeitshilfen online). Auch hier können Sie entweder auf Ihre Ergebnisplanung oder auf Ihre Buchhaltung bzw. Ihren Steuerberater zurückgreifen.

TIPP

Handwerksbetriebe sollten bedenken, dass sie die Materialkosten sowie die Kosten für Werkzeuge nicht in diese Summe einbeziehen. Denn im Normalfall wird das Material dem Kunden gesondert in Rechnung gestellt (vgl. unten „Materialkosten berechnen").

Sehen Sie hierzu das Berechnungsschema zur Ermittlung der restlichen betrieblichen Kosten auf den Arbeitshilfen online.

Schritt 6: Kalkulatorische Kosten berücksichtigen

Kalkulatorische Kosten können Sie ansetzen, wenn Sie z. B. für sich selbst einen Unternehmerlohn berücksichtigen oder wenn Sie Ihr eingesetztes Kapital (Eigenkapital) verzinsen möchten. Bei diesen Kostenpositionen entstehen Ihnen keine „echten" Ausgaben, sondern sie sind eine rechnerische Größe, deren Ansatz in der Kalkulation Ihnen aber Ihr persönliches unternehmerisches Risiko vergüten soll (vgl. Kapitel 2.2.4 „Kalkulatorische Kosten").

Schritt 7: Nur für Handwerksbetriebe — Materialkosten berechnen

Handwerksbetriebe stellen Ihren Kunden Materialien und Werkzeuge gesondert in Rechnung. Diese Kosten, sowie einen Aufschlag für die Nebenkosten der Beschaffung wie z. B. Fracht und Versicherungen oder Kleinteile müssen Sie in der Kalkulation separat ausweisen.

Wie Sie die Materialkosten berechnen, zeigt das Berechnungsschema auf den Arbeitshilfen online.

Soweit diese Nebenkosten bereits in Ihren zuvor ermittelten sonstigen Betriebskosten enthalten sind, müssen Sie diese Positionen wieder heraus rechnen. Die Gesamtkosten errechnen sich dann wie in derselben Datei auf den Arbeitshilfen online gezeigt.

Schritt 8: Stundensatz berechnen

Dividieren Sie die abzurechnenden Kosten durch die zuvor ermittelte Stundenzahl und Sie erhalten den Stundensatz, den Sie Ihren Kunden für eine Arbeitsstunde in Rechnung stellen (vgl. Schema zur Berechnung des Netto-Stundensatzes auf den Arbeitshilfen online).

Schritt 9: Gewinnzuschlag benennen

Nachdem Sie die Kosten ermittelt haben, legen Sie fest, welchen Gewinn Sie dem Stundensatz zuschlagen möchten. Es genügt, wenn Sie einen Prozentsatz bestimmen, den Sie als Gewinn pro Stunde realisieren möchten. Mit dem Gewinn decken Sie Ihr allgemeines unternehmerisches Risiko. Er sollte daher „angemessen" sein. Was im Einzelfall „angemessen" ist, hängt von Ihren Vorstellungen und den Rahmenbedingungen ab, die für Ihren Betrieb gelten.

Als Orientierungs- und Rechengröße können Sie 10 % ansetzen. Diese Größe müssen Sie noch anpassen, wenn Sie feststellen, dass der Stundensatz zu hoch wird und Sie mit den Angeboten Ihrer Wettbewerber nicht mehr mithalten können. Dann müssen Sie Ihre Kostenstruktur überprüfen und nach Einsparpotenzialen suchen.

TIPP

Die Stundensätze auf Kosten Ihrer Gewinnspanne zu reduzieren, sollten Sie nur als kurzfristige Möglichkeit in Betracht ziehen. Langfristig müssen Sie ausreichende Gewinne erzielen, um Ihre Selbstfinanzierung, d. h. Finanzierung aus Gewinnen, aufrechtzuerhalten.

Schritt 10: Brutto-Stundensatz ermitteln

Den Brutto-Stundensatz ermitteln Sie, indem Sie zum Netto-Stundensatz den Gewinn sowie die Mehrwertsteuer addieren (vgl. Schema zur Ermittlung des Brutto-Stundensatzes auf den Arbeitshilfen online).

Schritt 11: Kosten für Kundenauftrag berechnen

Für die Kalkulation eines Kundenauftrags müssen Sie zudem noch wissen, wie viele Stunden Sie für dessen Erledigung benötigen. Dann können Sie Stunden und Stundensatz multiplizieren und kennen Ihre Auftragskosten (vgl. „Berechnungsschema: Auftragswertberechnung" unten).

Handwerksbetriebe müssen anschließend noch die Material- und Werkzeugkosten sowie die Aufwendungen für die Nebenkosten separat in Rechnung stellen.

Sehen Sie dazu das folgende Beispiel für eine Auftragswertberechnung:

Berechnungsschema: Auftragswertberechnung	
Zu leistende Stunden nach Angebot	7,00 Std.
x Netto-Stundensatz inkl. Gewinnzuschlag	57,29 EUR
= **Stundenkosten/Auftrag**	**401,03 EUR**
+ Materialkosten	350,00 EUR
+ Materialzuschlag 5 %	17,50 EUR
+ Gewinnzuschlag für Material und Nebenkosten 10 %	36,75 EUR
= **Auftragswert netto**	**805,28 EUR**
+ Mehrwertsteuer 19 %	153,00 EUR
= **Auftragswert brutto**	**958,28 EUR**

TIPP

Als Eigentümer eines Handwerksbetriebes sollten Sie auf die Materialkosten und den Materialzuschlag den gleichen Gewinnzuschlag wie für die Stunden erheben. Nur so können Sie durchgängig für den gesamten Auftrag Ihre Gewinnvorstellungen realisieren. Verzichten Sie beim Material auf den Zuschlag, fällt der Gewinn für einen Auftrag niedriger aus.

Fazit

Jetzt wissen Sie, wie Sie mit einfachen Mitteln einen realistischen Stundensatz kalkulieren können. Damit ist Ihre Kalkulationsarbeit aber noch nicht beendet:

Mit Wettbewerbern vergleichen

Da Sie sich wahrscheinlich in einer mehr oder weniger starken Wettbewerbssituation befinden, müssen Sie Ihren Stundensatz mit dem der Konkurrenz vergleichen. Ist Ihr Stundensatz höher oder niedriger als der des Wettbewerbs?

Bieten Sie Ihre Arbeitsstunde derzeit zu einem Preis an, der in etwa dem der Konkurrenz entspricht und zeigt Ihnen die Kalkulation, dass Ihr berechneter Preis inklusive Gewinn deutlich unter dem der Konkurrenz liegt, können Sie den Preis einerseits beibehalten. Sie erzielen so einen höheren Gewinn pro Stunde. Andererseits können Sie den Preis senken, um mehr Kunden zu gewinnen.

Kosten reduzieren

Im umgekehrten Fall ist es erforderlich, dass Sie sich Gedanken darüber machen, wie Sie Ihre Kosten reduzieren können. Bis Sie wirkungsvolle Maßnahmen gefunden haben bzw. bis deren Umsetzung greift, müssen Sie wahrscheinlich den Gewinnzuschlag reduzieren, um keine Kunden zu verlieren.

Sollten Sie nach Absenkung des Gewinnzuschlags bis auf „0" immer noch deutlich über den Preisen Ihrer Wettbewerber liegen und daraufhin den Stundensatz weiter absenken, realisieren Sie je „verkaufter" Stunde einen Verlust, den Sie aus der Substanz Ihres Unternehmens decken müssen. Kostensteuerung ist neben dem Verkauf, der Liquiditätsplanung und der Produkt-Neuentwicklung eine der wichtigsten Aufgaben neben Ihrem Tagesgeschäft. Kostensteuerung sollten Sie immer betreiben, auch für den Fall, dass Sie günstiger anbieten können als die Konkurrenz. Denn auch diese wird sich ständig fragen, an welchen Stellen sie Kosten einsparen kann, um wieder einen Vorteil im Kampf um Kunden und Marktanteile zu erlangen. Spätestens dann müssen Sie Lösungen bereithalten, um hier „mitgehen" zu können.

Regelmäßige Kontrolle der Planzahlen

Nehmen Sie sich die Zeit und überprüfen Sie regelmäßig, z. B. nach Ablauf eines Quartals, ob die Stundensätze, die Sie auf Basis der Plandaten ermittelt haben, noch der Realität entsprechen. Prüfen Sie Ihre Planzahlen auf mögliche Veränderungen: Hat es bei den Personalkosten ungeplante Erhöhungen gegeben (z. B. bei Neueinstellungen oder die Tariferhöhung fiel höher aus als erwartet)? Hat es in anderen Bereichen ungeplante Erhöhungen gegeben, z. B. bei den Mieten, der Energie oder der Werbung? Sind die Materialpreise gestiegen oder gefallen? Sind die Nebenkosten gestiegen oder gefallen?

Regelmäßige Überprüfung der Aufträge

Auch die Aufträge selbst sollten Sie regelmäßig überprüfen:

- Haben Sie immer die richtige Anzahl Stunden eingesetzt?
- Haben Sie die richtige Materialmenge eingesetzt?
- Sind unvorhergesehene Kosten angefallen?
- Waren die Abweichungen eher positiv oder eher negativ?
- Welche Ursachen hat es hierfür gegeben?

Die Kontrolle der Aufträge bietet Ihnen die Möglichkeit zu lernen, um beim nächsten Auftrag Ihre Kalkulation zu verbessern.

TIPP

Kalkulieren Sie in jedem Fall zuerst Ihren eigenen Stundensatz und vergleichen Sie diesen dann mit Ihren wichtigsten Wettbewerbern. So kennen Sie in jedem Fall Ihre eigene Situation und wissen, ob Sie konkurrenzfähig sind und ob Sie mit dem aktuellen Stundensatz einen Gewinn erwirtschaften können. Nur wenn Sie mit Ihrem Wert deutlich über oder unter dem der Konkurrenten liegen, müssen Sie aktiv werden und Steuerungsmaßnahmen einleiten.

Ein ausführliches Praxisbeispiel zur Lohnstundensatzrechnung finden Sie auf den Arbeitshilfen online.

Retrograde Variante der Lohnstundensatzrechnung

Sie können den Stundensatz und somit den notwendigen Tagessatz und Ihre Auftragskosten auch retrograd berechnen. Gehen Sie dazu wie folgt vor.

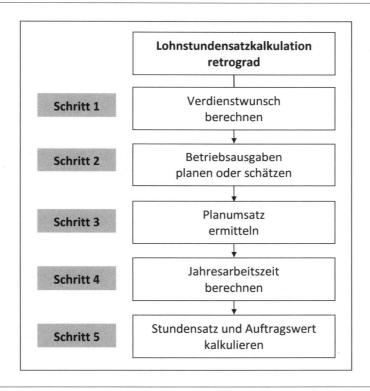

Abb. 8: Die einzelnen Schritte der retrograden Lohnstundensatzkalklation

Schritt 1: Verdienstwunsch berechnen

Berechnen oder schätzen Sie zunächst, wie hoch Ihre jährlichen Privatausgaben sind bzw. nehmen Sie einen Betrag, von dem Sie ausgehen, dass Sie ihn pro Jahr benötigen. Dazu sollten Sie noch die jährlichen privaten Steuern sowie Ihre Sozialabgaben ansetzen. Ebenso Beträge, die Sie für Vorsorge und private Rücklagen brauchen. Addieren Sie diese Werte und Sie erhalten Ihren Verdienstwunsch pro Jahr. Im Beispiel beträgt dieser Verdienstwunsch 90.000 EUR.

Schritt 2: Betriebsausgaben planen oder schätzen

Dann planen oder schätzen Sie, wie zuvor beschrieben, die Kosten, die Ihnen in einem Jahr voraussichtlich entstehen werden. Im Beispiel belaufen sich die Kosten auf 700.000 EUR.

Schritt 3: Planumsatz ermitteln

Aus der Summe von Verdienstwunsch und Betriebsausgaben ergibt sich der Planumsatz, den Sie pro Jahr benötigen, hier also 790.000 EUR.

Schritt 4: Jahresarbeitszeit berechnen

Um aus dem Planumsatz einen Stunden- bzw. Tagessatz berechnen zu können, müssen Sie, ebenfalls wie zuvor beschrieben, ausgehend von den Kalender-, den Abzugstagen und dem Abzug für unproduktive Arbeiten die Jahresarbeitszeit pro Person und für alle Mitarbeiter berechnen. Im Beispiel beläuft sich die Arbeitszeit pro Mitarbeiter auf 1.344 Stunden. Jetzt setzen Sie die Anzahl produktiver Mitarbeiter in das Tool ein und erhalten die Gesamtzahl produktiver Arbeitsstunden für Ihren Betrieb pro Jahr, hier sind es 10.349 Stunden.

Schritt 5: Stundensatz und Auftragswert kalkulieren

Aus dem Planumsatz dividiert durch die produktiven Stunden ergibt sich der Nettostundensatz, den Sie benötigen, um Kostendeckung zu erreichen und den Gewinn zu erzielen, den Sie sich vorstellen. Im Beispiel beläuft er sich auf netto 76,34 EUR und Brutto 90,84 EUR.

Der Tagessatz ergibt sich, wenn Sie den Stundensatz mit der Anzahl der tariflichen Arbeitszeit multiplizieren. Netto beträgt er im Beispiel 610,72 EUR, brutto 726,76 EUR.

Im letzten Schritt können Sie auf Basis der geplanten Zahlen den Wert bzw. das Volumen von Aufträgen berechnen, wenn Sie die notwendigen Stunden realistisch planen. Im Beispiel wurde ein Auftrag mit acht Stunden veranschlagt, sodass sich ein Nettowert für die Arbeitsstunden von 610,72 EUR ergibt.

Wenn Sie ein Handwerksunternehmen betreiben oder als Dienstleister Ihren Kunden — so, wie das auch Handwerker tun — zusätzlich Material berechnen, müssen Sie diese Position ebenfalls ansetzen. Nehmen Sie zunächst den reinen Materialwert zum Einkaufspreis. Falls möglich, sollten Sie dann auf den Materialwert noch einen Zuschlag für die Bearbeitung und Bestellung sowie einen Aufschlag für den Gewinn ansetzen. Im Beispiel wurden 5 % bzw. 10 % angesetzt. Diese Vorgehensweise ist natürlich nur möglich, wenn der Kunde den Einkaufspreis nicht kennt. Falls in Ihrer Branche üblich, müssen Sie noch Skonto oder Rabatte in der Kalkulation ansetzen. Im Beispiel wurden keine Nachlässe berücksichtigt.

Stunden- und Materialkosten zusammen, zuzüglich eventueller Nachlässe und der Mehrwertsteuer, ergeben dann den Auftragswert bzw. den Angebotspreis für den Kunden. Im Bespiel beläuft er sich auf 1.411,01 EUR.

Das vollständige Beispiel mit Kalkulationshilfe finden Sie auf den Arbeitshilfen online.

Mehrstufige Lohnstundensatzkalkulation

Viele Dienstleistungsbetriebe bieten ihren Kunden unterschiedliche Leistungen an und benötigen hierfür auch verschiedene Stundensätze. Beispielsweise gibt es in Beratungsunternehmen oft den Fall, dass Kunden für Juniorberater einen geringeren Stundensatz zahlen müssen als für erfahrene Seniorberater. Auch Firmen, die z. B. Sanitär, Heiz- oder Klimatechnik aufbauen, warten und reparieren, müssen entsprechend angepasste Stundensätze kalkulieren, wenn z. B. die Kosten für den Aufbau höher oder niedriger sind als die Wartung oder Reparatur.

Diese und andere Firmen haben oft Kostenstellen und zudem mehr oder weniger große administrative Bereiche wie die Geschäftsleitung und Buchführung sowie eine Verkaufsabteilung und ggf. andere Abteilungen (z. B. EDV, Entwicklung oder Qualitätssicherung), die nicht im vorher genannten Sinn produktiv für den Kunden arbeiten. Also müssen die Kosten dieser „Overhead-Kostenstellen" von den produktiven Stellen, eben z. B. Aufbau, Wartung, Reparatur oder Junior- und Seniorberater, mitgetragen werden.

Auch diese Anforderungen lassen sich mithilfe einer etwas komplexeren Stundensatzkalkulation abbilden. Es ist möglich, unterschiedliche Stundensätze zu bilden und so den Kunden nur die Kosten zu berechnen, die tatsächlich anfallen. Im Folgenden wird Ihnen Schritt für Schritt gezeigt, wie dieses Verfahren funktioniert.

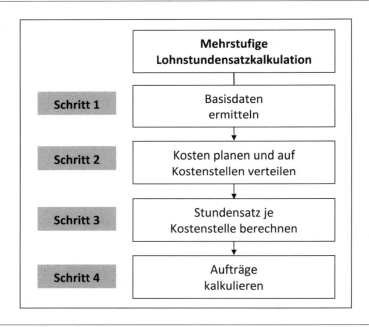

Abb. 9: Die einzelnen Schritte der mehrstufigen Lohnstundensatzkalklation

Schritt 1: Basisdaten ermitteln

Der erste Arbeitsschritt besteht wie auch bei der klassischen Stundensatzkalkulation darin, die produktive Jahresarbeitszeit für einen Mitarbeiter zu berechnen. Wie zuvor gehen Sie von den Kalendertagen aus, ziehen Ausfallzeiten und unproduktive Zeiten, z. B. 20 %, ab. Mit den dann verbleibenden Stunden, im Beispiel sind das 1.344 Stunden, können Sie später die unterschiedlichen Stundensätze berechnen.

Zuvor aber ist es noch notwendig, die Anzahl der Mitarbeiter je Kostenstelle zu planen. Dazu müssen die Kostenstellen definiert werden, deren Mitarbeiter im Sinne der Definition vollständig unproduktiv arbeiten, und die Kostenstellen, in denen die Beschäftigten produktiv tätig sind.

Typische „unproduktive" Bereiche sind u. a. Verwaltung, Vertrieb, Einkauf, Qualitätssicherung oder Entwicklung. Produktiv sind im Kern nur die Abteilungen oder Kostenstellen, deren Mitarbeiter für den Kunden aktiv arbeiten, also z. B. Montage, Wartung, Reparatur, Service, Beratung mit unterschiedlichen Qualitätsstufen usw. Mit den Stunden, die die Mitarbeiter der produktiven Bereiche leisten, müssen alle Kosten und der Gewinn des Unternehmens erwirtschaftet werden. Die Kosten der administrativen Bereiche müssen somit auf die produktiven Stellen verteilt und über den Stundensatz jeder Stelle den Kunden berechnet werden. Im Beispiel gibt es im administrativen Bereich die Möglichkeit, drei Kostenstellen einzurichten; im produktiven Bereich können bis zu fünf Kostenstellen genutzt werden. Je Kostenstelle müssen dann die Mitarbeiter geplant werden, die dort arbeiten sollen (Spalten „Real"). In den Spalten daneben („Produktiv") kann dann eingegeben werden, in welchem Umfang die „realen" Mitarbeiter produktiv arbeiten.

Beispiel Kostenstelle „Seniorberater": Hier ist der Leiter der Kostenstelle nicht nur zu 20 % unproduktiv; dieser Faktor wurde bei allen Mitarbeitern berechnet und berücksichtigt. Von den verbleibenden 80 % ist der Leiter nur zu 50 % produktiv, weil er stärker als andere Beschäftigte mit administrativen und leitenden Aufgaben betraut ist. Es besteht die Möglichkeit, jedem Mitarbeiter in den Spalten „Produktiv" einen individuellen Faktor zuzuordnen. Beispielsweise könnte der Leiter auch als zu 70 % oder nur zu 20 % produktiv tätig geführt werden. Die Stundensätze werden später auf Basis der Zahlen in den Spalten „Produktiv" gebildet.

Je mehr Mitarbeiter mit geringeren Werten als in der Spalte „Real" angesetzt werden, desto weniger Stunden verbleiben, um die Kosten und den Gewinn zu erwirtschaften bzw. umso höher fällt der Stundensatz aus, der hierfür notwendig ist.

Die Mitarbeiter der administrativen Bereiche werden immer als vollständig „unproduktiv" angesetzt.

Schritt 2: Kosten planen und auf Kostenstellen verteilen

Jetzt müssen für alle Kostenstellen, egal ob administrativ oder produktiv, die Kosten geplant werden. Um die Lohnstundensätze berechnen zu können, ist es notwendig, die Gemeinkosten zu planen. Eventuelle Einzelkosten, z. B. Material, Software oder Computer, werden hier nicht berücksichtigt, sondern später direkt in einem Auftrag angesetzt. Geplant werden müssen u. a. Personalkosten, Mieten, Abschreibungen, Werbung usw. Anschließend stellt sich die Frage, wie man die Kosten verursachungsgerecht auf die Kostenstellen verteilt. Bei den Personalkosten ist das z. B. anhand der Gehaltslisten möglich, bei den Abschreibungen kann das Anlageverzeichnis hinzugezogen werden, Mieten und Energiekosten können nach Quadratmetern verteilt werden usw. Bestimmte Kostenarten, für die nur ein Bereich oder eine Abteilung verantwortlich ist, können diesem vollständig ohne Verteilung belastet werden. Das ist im Beispiel u. a bei Werbung (Vertrieb), Versicherungen oder Zinsen (Verwaltung) der Fall.

Sind alle Kosten geplant, müssen die Kosten der administrativen Bereiche auf die Leistungsbereiche verteilt werden. Das ist am einfachsten möglich, wenn als Verteilbasis die produktiv arbeitenden Mitarbeiter den Maßstab bilden.

Beispiel: Für die Kostenstelle „Verwaltung" wurden insgesamt 345.700 EUR Kosten geplant. Diese müssen auf die Leistungsbereiche verteilt werden. Als Verteilschlüssel werden die „Mitarbeiter produktiv" verwendet. Die 345.700 EUR werden durch 12,50 Mitarbeiter dividiert. Je Mitarbeiter werden also 27.656 EUR verrechnet. Dieser Betrag wird jetzt mit der Anzahl der produktiven Mitarbeiter je produktiver Kostenstelle multipliziert, sodass die z. B. die Kostenstelle „Juniorberater" mit einer Umlage für die Verwaltung von 55.312 EUR belastet wird (2 Mitarbeiter x 27.656 EUR). Beim Vertrieb wird analog verfahren, sodass auf der Kostenstelle „Juniorberater" neben den direkt geplanten Gemeinkosten noch Umlagen in Höhe von rund 135.500 EUR hinzukommen. Am Ende betragen die Gesamtkosten dieser Kostenstelle 268.368 EUR.

! HINWEIS

Die Kostensumme wird nicht verändert, sondern die Kosten werden lediglich anders verteilt. Die Kostensumme muss nach der Umlage also gleich hoch sein wie vor der Verteilung.

Schritt 3: Stundensatz je Kostenstelle berechnen

Aus den Daten können nun die Kosten je Stunde der produktiven Kostenstellen berechnet werden, indem die Summe der Kosten durch die Anzahl der Arbeitsstunden dividiert werden. Für die Kostenstelle „Juniorberater" im Beispiel ergibt sich ein Kostensatz je Stunde von 99,84 EUR, für die Kostenstelle „Standard" beläuft sich der Kostensatz auf 114,33 EUR usw. Auf alle Stundensätze müssen jetzt, wie bei den anderen Kalkulationsverfahren, der Gewinn, eventuelle Nachlässe und die Mehrwertsteuer aufgeschlagen werden. Im Beispiel wurden 10 % Gewinn sowie ein Skonto von 3 % addiert. Der Kunde muss für einen Juniorberater am Ende pro Stunde 134,73 EUR, für einen Standardberater 154,28 EUR bezahlen usw.

Schritt 4: Aufträge kalkulieren

Mithilfe der unterschiedlichen Stundensätze können Sie jetzt Aufträge planen und abrechnen, bei denen der Kunde Leistungen aus verschiedenen Unternehmensbereichen erhält. Im Excel-Arbeitsblatt müssen lediglich die allgemeinen Daten, wie Kunde und Auftrag eingegeben werden.

Dann werden die Stunden geplant, die von jeder Kostenstelle voraussichtlich geleistet werden müssen. Die Anzahl der Stunden wird mit den zuvor berechneten Stundensätzen multipliziert. Im Beispiel fallen Kosten von 4.906,94 EUR für die Arbeitsstunden der Mitarbeiter an. Kommen Materialkosten hinzu, können diese ebenfalls angesetzt werden. Ggf. sollte überlegt werden, auf diesen Wert noch einen Zuschlag für zusätzliche Arbeiten und Gewinn zu nehmen. Im Beispiel wurde so verfahren und es wurden 5 % bzw. 10 % aufgeschlagen. Der Auftragswert inklusive Gewinn beläuft sich damit auf 10.599,44 EUR. Dann müssen noch eventueller Skonto, Rabatte und die allgegenwärtige Mehrwertsteuer kalkuliert werden und dem Kunden kann ein Preis für den Auftrag genannt werden. Im Beispiel sind dies 13.003,44 EUR.

Das vollständige Beispiel mit allen Kalkulationshilfen finden Sie auf den Arbeitshilfen online.

2.5.5 Zuschlagskalkulation – flexibles Verfahren für zahlreiche Branchen und Anwendungen

Die Zuschlagskalkulation ist ein weit verbreitetes Verfahren, das in vielen Betrieben nach wie vor Anwendung findet. Der Hauptgrund liegt darin, dass man sie in zahlreichen Branchen anwenden und entsprechend den jeweiligen Anforderungen meist sehr flexibel anpassen kann.

Der Nachteil ist, dass die Durchführung zumindest der mehrstufigen oder differenzierenden Variante voraussetzt, dass der Betrieb in Kostenstellen eingeteilt ist (wird) und dass die Kosten auf die Kostenstellen verteilt werden müssen. Diese Verteilung erfolgt mithilfe des Betriebsabrechnungsbogens (BAB). Der Einsatz dieses Verfahrens ist mit vergleichsweise viel Arbeit verbunden. Vorteilhaft ist, wenn der Anwender über grundlegende Kenntnisse der Kostenrechnung verfügt. Auf eine Kostenstellenunterteilung kann bei der einstufigen oder summarischen Form verzichtet werden.

Für wen eignet sich die Zuschlagskalkulation?

Die Zuschlagskalkulation eignet sich im Grunde für fast alle Betriebe und Branchen. Besonders häufig wird sie in Produktions- und Handwerksunternehmen eingesetzt. Für die Kalkulation von Dienstleistungspreisen ist sie nur bedingt geeignet. Auf Grund des großen Arbeitsaufwands und der erforderlichen Unterteilung des Betriebes in mehrere Bereiche oder Kostenstellen ist die Zuschlagskalkulation vor allem für größere Betriebe mit mehr als vier bis fünf eigenständigen Bereichen und mehr als 15 bis 20 Mitarbeitern zu empfehlen. Die hier dargestellte Variante bietet Ihnen auch die Möglichkeit, die Kosten für Maschinenstundensätze zu errechnen.

Mehrstufige oder differenzierende Zuschlagskalkulation

Als Produzent oder Handwerksbetrieb bearbeiten Sie überwiegend individuelle Kundenaufträge oder fertigen kleine Serien. Ihren Kunden müssen Sie nicht nur das Material, sondern auch die Kosten für Fertigungslöhne bzw. Arbeitsstunden, die Kosten für Maschinenstunden sowie Gemeinkosten berechnen.

Nachdem Sie die Kosten für die Durchführung eines Auftrags oder die Herstellung eines Produktes ermittelt haben, müssen Sie noch Ihre Gewinnvorstellungen, evtl. Nachlässe und die jeweils aktuelle Mehrwertsteuer in die Kalkulation einbeziehen.

Die differenzierende Zuschlagskalkulation Schritt für Schritt

Die folgende Abbildung zeigt die einzelnen Schritte zur Durchführung einer Zuschlagskalkulation:

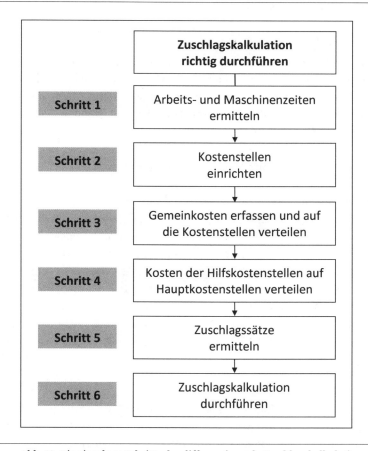

Abb. 10: Die einzelnen Schritte der differenzierende Zuschlagskalkulation

TIPP

Die differenzierende oder mehrstufige Zuschlagskalkulation ist vergleichsweise komplex und setzt voraus, dass Sie sich relativ intensiv mit dem Verfahren und der Vorgehensweise befassen. Dies lohnt sich nur, wenn Sie einen Betrieb haben, der bereits in Kostenstellen oder Bereiche untergliedert ist oder wenn Sie ohnehin vorhaben, dies künftig zu tun. Kleinere produzierende Betriebe ohne Kostenstelleneinteilung, aber mit Maschinen, oder kleine Handwerksbetriebe mit einer ähnlichen Ausprägung sollten prüfen, ob die einfachere Form der Maschinenstundensatzrechnung oder die summarische Variante der Zuschlagskalkulation nicht besser geeignet ist.

HINWEIS

Die im Folgenden besprochene Variante der Zuschlagskalkulation bietet Ihnen bereits die Möglichkeit, die Kosten für einzelne Maschinen zu berechnen und in die Kalkulation einzubauen. Dennoch ist das Verfahren tendenziell für größere Betriebe geeignet und in jedem Fall müssen Sie Kostenstellen einrichten.

Schritt 1: Arbeits- und Maschinenzeiten ermitteln

Ihren Kunden müssen Sie für einen Auftrag neben Material- und Lohnkosten auch anteilige Gemeinkosten, etwa Gehälter, Mieten oder Abschreibungen in Rechnung stellen. Schließlich muss jeder Auftrag grundsätzlich alle Kosten „verdienen", die er verursacht hat. Da sich die Gemeinkosten einem Auftrag nicht direkt zurechnen lassen, müssen Sie diese über einen Umweg mithilfe eines Verteilschlüssels verrechnen — eben verteilen. Gängige Verteilschlüssel im Rahmen der Zuschlagskalkulation sind Materialkosten, Löhne und/oder Maschinenstunden. Daher sollten Sie in einem ersten Schritt die Ihnen in Ihrem Betrieb pro Jahr zur Verfügung stehenden Arbeits- und/oder Maschinenzeiten ermitteln. Zudem können Sie auf diese Weise die Kapazität Ihres Betriebes während einer Periode ermitteln.

Um Stundensätze für Ihre Arbeitszeit oder Ihre Maschinen berechnen zu können, müssen Sie zunächst also wissen, wie viele Arbeits- bzw. Maschinenstunden pro Jahr anfallen. Ausführliche Erläuterungen zur Berechnung der

Arbeitsstunden finden Sie bei der Dienstleistungskalkulation und zur Berechnung der Maschinenstunden bei der Maschinenstundensatzrechnung.

Auf den Arbeitshilfen online finden Sie ein ausführliches Formular zur Zuschlagskalkulation.

Schritt 2: Kostenstellen einrichten

Nachdem Sie wissen, wie viele Arbeits- und/oder Maschinenstunden Ihnen zur Verfügung stehen, um produktiv für Ihre Kunden arbeiten zu können, müssen Sie die Frage beantworten, wie Sie Ihre Gemeinkosten möglichst genau auf die Bereiche Ihres Betriebes verteilen können. Von dort aus werden sie später mithilfe von Zuschlagssätzen auf die Produkte verteilt, daher auch der Name Zuschlagskalkulation.

Für die Verteilung der Gemeinkosten wird in der Praxis der sogenannte Betriebsabrechnungsbogen (BAB) verwendet. Der BAB ist eine Matrix, in die auf der einen Seite die Kosten und auf der anderen Seite die Kostenstellen eines Unternehmens eingetragen werden. Die Zusammenstellung der Gemeinkosten können Sie in der Regel mit Ihrem Steuerberater oder der Buchhaltung vornehmen.

Einteilung des Betriebes in Kostenstellen: Für die Arbeit mit dem BAB müssen Sie Ihren Betrieb also in Kostenstellen einteilen. Im Normalfall sind die Kostenstellen identisch mit den Bereichen eines Betriebes. In der Praxis werden Hilfs- und Hauptkostenstellen unterschieden. Die Begriffe Kostenstellen und Bereiche werden im weiteren Verlauf synonym verwendet.

Hilfskostenstellen: Hilfskostenstellen erbringen Leistungen für den gesamten Betrieb, ohne die die spätere Produktion überhaupt nicht möglich wäre. Zu den Hilfskostenstellen gehören allgemeine Funktionen wie z. B.

- Empfang,
- EDV,
- KFZ,
- Instandhaltung oder
- Sicherheit.

Eine Sonderstellung bei den Hilfskostenstellen nehmen die Arbeitsvorbereitung oder andere produktionsnahe Kostenstellen wie z. B. Konstruktion, Qualitätssicherung oder Reparaturstellen ein. Diese unterstützen nur die reinen Produktionsbereiche und Maschinenplätze. Ob bzw. wie viele Hilfskostenstellen es gibt, hängt von den organisatorischen und sonstigen Bedingungen in Ihrem Betrieb ab.

Je kleiner Ihr Betrieb, desto weniger eigenständige Hilfskostenstellen oder Bereiche wird es geben. Beispielsweise lohnt sich ein eigener Empfang für Sie wahrscheinlich nur, wenn Sie regelmäßigen direkten Kontakt zu Kunden im eigenen Haus haben.

Wenn die EDV von einem Mitarbeiter der Verwaltung übernommen wird, sollten Sie auch hier keine separate Betrachtung vornehmen. Grundsätzlich ist das Vorhandensein von Hilfskostenstellen nicht zwingend, es ermöglicht aber eine bessere und genauere Verteilung der Gemeinkosten.

Da Hilfskostenstellen Leistungen für Hauptkostenstellen erbringen, werden die Gemeinkosten der Hilfskostenstellen später mithilfe von Schlüsseln auf die Hauptkostenstellen verteilt. Die Gemeinkosten der Arbeitsvorbereitung werden auf Fertigungsstellen und/oder Maschinenplätze verteilt.

Hauptkostenstellen: Bei der Wahl der Hauptkostenstellen folgen viele Unternehmen folgender Einteilung:

- Zunächst gibt es einen Bereich, der sich mit den Fragen des Einkaufs bzw. der Materialbeschaffung auseinandersetzt.
- Darüber hinaus sind ein oder mehrere produzierende Bereiche oder Stellen vorhanden, die unterschieden werden können in manuelle Arbeitsstellen, etwa einen Montage- oder einen Lackierplatz.
- Außerdem gibt es in vielen Betrieben Bereiche oder Räume, in denen vorwiegend maschinelle Arbeiten erledigt werden, z. B. Fräsen oder Drehen. In diesen Fällen spricht man von Maschinenplätzen.
- Zudem besitzen viele kleinere Betriebe Bereiche wie Verwaltung (z. B. Buchführung, Geschäftsleitung) und Vertrieb (z. B. Vertriebsinnendienst, Außendienstmitarbeiter).

TIPP

Wichtig ist, dass Sie sich strikt an die Regel halten, nur die Gemeinkosten den Bereichen Ihres Betriebes zuzuordnen, da Sie nur diese indirekt auf Ihre Produkte oder Aufträge zurechnen müssen. Die Einzelkosten hingegen können Sie einem Auftrag oder einem Produkt in der Kalkulation direkt ohne den Umweg BAB zurechnen.

Die Einzelkosten sollten Sie im BAB dennoch nachrichtlich aufführen, da Sie diese später als Verteilschlüssel benötigen.

Die nachstehende Abbildung zeigt beispielhaft, welche Möglichkeiten Sie haben, Ihren Betrieb in Kostenstellen zu untergliedern.

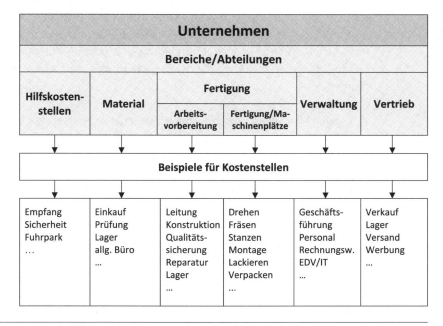

Abb. 11: Gliederung der Kostenstellen

Viele Handwerksbetriebe sind ähnlich strukturiert wie kleinere Fertigungsunternehmen. Daher können die Unterteilungen in der Regel analog vorgenommen werden.

Schritt 3: Gemeinkosten erfassen und auf Kostenstellen verteilen

Im nächsten Schritt geht es um die Erfassung und Verteilung der Gemeinkosten auf die Kostenstellen. Dazu werden zunächst die Gesamtgemeinkosten einer Periode als Summe erfasst und in den BAB aufgenommen. So haben Sie noch einmal Gelegenheit, sich einen Überblick über die Höhe und Zusammensetzung der Gemeinkosten Ihres Betriebes zu verschaffen.

Auf den Arbeitshilfen online finden Sie ein Beispiel eines BAB. Diese Datei können Sie an Ihre Unternehmensstruktur anpassen und dann für Ihre eigene Kalkulation nutzen.

Erfassung von Jahreswerten verhindert Schwankungen und Verzerrungen: Sie sollten je Kostenart Jahreswerte in den BAB eintragen. Auf Jahres-, statt auf Quartals- oder Monatswerte sollten Sie deshalb zurückgreifen, weil Sie so Schwankungen und Verzerrungen, die z. B. durch Einmalzahlungen wie Weihnachts- oder Urlaubsgeld oder Versicherungen entstehen, vermeiden können.

Sie können Planzahlen oder die Zahlen des Vorjahres verwenden. Im zweiten Fall sollten Sie prüfen, ob und in welchem Umfang sich Veränderungen für das laufende Jahr ergeben werden. Stellen Sie sich dazu u. a. folgende Fragen:

- Erhöhen sich die Personalkosten etwa durch Einstellung neuer Mitarbeiter und/oder Tariferhöhungen?
- Ist mit deutlichen Veränderungen bei Mieten oder Energien zu rechnen?
- Erhöhen sich die Abschreibungen und Zinsen, etwa weil Sie eine neue Maschine oder andere Anlagegüter anschaffen?
- Planen Sie Veränderungen im Bereich Werbung?
- Kommen Beratungskosten hinzu oder sollen diese erhöht werden?
- Welche Fremdleistungen, z. B. für Entwicklung, Beratung oder Reinigung, kommen hinzu oder entfallen?
- Sind Veränderungen bei der Instandhaltung angedacht?
- usw.

Nur durch die Aktualisierung der Kosten können Sie später auch zu realistischen Produktpreisen gelangen.

Besser ist es, wenn Sie Ihre Kosten planen und dann diese Zahlen für die Erstellung des BAB nutzen. Wichtig ist, dass Sie versuchen, so realistisch wie möglich zu schätzen oder zu planen. Betrügen Sie sich nicht selbst. Ihr Ziel ist es schließlich, zu Preisen zu gelangen, die so nah wie möglich an der betrieblichen Wirklichkeit liegen. Liegen Sie mit Ihren Schätzungen deutlich zu hoch, kalkulieren Sie später zu hohe Produktpreise, mit der Folge, dass Sie entweder Aufträge verlieren oder ein falsches Signal zur Kostensenkung erhalten. Liegen Sie mit Ihren Schätzungen zu niedrig, gehen Sie irrtümlich davon aus, dass Sie mehr Gewinn realisieren können als zunächst vorgesehen. Oder, was besonders fatal ist: Sie senken in der Annahme, bei Ihren Kosten noch Luft zu haben, die Preise und erzielen einen Verlust.

Tragen Sie Ihre Werte wieder in den Beispiel-BAB, den wir Ihnen auf den Arbeitshilfen online zur Verfügung stellen, ein.

Zudem sollten Sie während des Jahres prüfen, ob sich Ihre Annahmen bestätigen oder verändern. Aktualisieren Sie Ihre Daten z. B. im Abstand von 3 bis 6 Monaten.

Entscheidung über die Einteilung des Betriebes in Kostenstellen: Spätestens jetzt müssen Sie sich entscheiden, wie Sie Ihren Betrieb sinnvoll in Kostenstellen einteilen und ob Sie von der Möglichkeit, Hilfskostenstellen separat darzustellen, Gebrauch machen wollen. Es wäre z. B. folgende Einteilung denkbar:

Beispiel für eine Einteilung in Kostenstellen									
Hilfskostenstellen			Hauptkostenstellen						
Empfang	KFZ	Konstrukt.	Material	Fertig. I	Fertig. II	Masch. I	Masch. II	Verwalt.	Vertrieb

● TIPP

Bei der Struktur des BAB im Beispiel, das Sie auf den Arbeitshilfen finden, handelt es sich um einen Vorschlag, an dem Sie sich orientieren können. Wenn Sie in Ihrem Betrieb keine Hilfskostenstellen haben oder diese Bestandteile der hier aufgeführten produktiven Bereiche sind, können Sie auf eine separate Darstellung verzichten. Gleiches gilt für die produktiven Bereiche.

Die vorgeschlagene Detaillierung dient vor allen Dingen der übersichtlicheren Darstellung und ist sinnvoll, weil Sie so die Kosten von Hilfskostenstellen genauer auf die Hauptkostenstellen und anschließend Ihren Produkten zurechnen können.

Kostenarten (Gemeinkosten, GK)	Zahlen der Buchhaltung	Verrechnungsschlüssel	Kostenstellen/Bereiche				
			Empfang	KFZ	...	Vertrieb	Kontrolle
Personalkosten (ohne Löhne)	530.500	Mitarbeiter/ Belege	20.000	39.000	...	101.000	530.500
Mieten	42.000	Quadratmeter	2.000	2.800	...	8.000	42.000
Abschreibungen	110.500	Anlagenkartei	500	1.000		8.000	110.500
Werbung	120.000	Vertrieb	0	0	...	120.000	120.000
Reparaturen	22.000	Vorjahr	0	500	...	1.500	22.000
Instandhaltung	20.000	Aufträge	0	0	...	2.000	20.000
Energiekosten	13.000	Quadratmeter	600	900	...	2.600	13.000
Büromaterial	3.000	Verwaltung/ Vertr.	0	0	...	1.000	3.000
KFZ-Kosten	15.000	Nur auf KFZ	0	15.000	...	0	15.000
Fachliteratur	2.000	Verwaltung/ Vertr.	0	0	...	500	2.000
Abgaben	21.000	Quadratmeter	1.000	1.400	...	4.000	21.000
Gebühren	16.000	Quadratmeter	900	1.200	...	2.900	16.000
Steuern	32.000	Verwaltung	0	0	...	0	32.000
Betriebsstoffe	22.000	Schätzung	0	0	...	0	22.000
Aushilfen	29.000	Belege	0	0	...	0	29.000
...	...	...		...	...	...	...	...
Sonstige Kosten, z. B. Bank	2.000	Verwaltung	0	0	...	0	2.000
Gemeinkosten der Kostenstellen	1.000.000		25.000	61.800		251.500	1.000.000

Abb. 12: Beispiel: Kosten auf Kostenstellen verteilen

Kosten auf Kostenstellen verteilen: Haben Sie sich für eine aus Ihrer Sicht sinnvolle Struktur entschieden, müssen Sie sich fragen, wie Sie die Gemeinkosten möglichst verursachungsgerecht auf die Kostenstellen verteilen können. Nicht immer ist eine direkte Zuordnung, z. B. anhand von Belegen, möglich. In vielen Fällen müssen Sie Schätzungen vornehmen oder auf sinnvolle Verteilschlüssel zurückgreifen.

Das vollständige Beispiel finden Sie auf den Arbeitshilfen online.

In der Spalte „Verrechnungsschlüssel„ sehen Sie Vorschläge für eine Verteilung der jeweiligen Gemeinkostenarten. Allerdings sollten Sie die Vorschläge nicht ungeprüft übernehmen, sondern sich bei jeder einzelnen Kostenart fragen, ob die vorgeschlagene Verteilung für Sie sinnvoll ist.

In der letzten Spalte (Kontrolle) können Sie sehen, ob die Summe der verteilten Kosten je Kostenart auf die Bereiche den Zahlen der Buchhaltung entspricht. Ist das nicht der Fall, müssen Sie die Verteilung noch einmal prüfen und anpassen. Nachdem Sie die Gemeinkosten verteilt haben, erhalten Sie für jeden Bereich eine Gemeinkosten-Gesamtsumme (Zeile Gemeinkosten der Kostenstellen).

Schritt 4: Kosten der Hilfskostenstellen auf Hauptkostenstellen verteilen

Die Kosten der Hilfskostenstellen müssen Sie im nächsten Schritt auf die Hauptkostenstellen verteilen. Denn nur deren Kosten werden mithilfe der Zuschlagssätze auf die Produkte verteilt. Die Hilfskostenstellen werden so vollständig von ihren Kosten entlastet. Auf ihnen stehen nach der Verteilung also keine Kosten mehr. Die grundlegenden Zusammenhänge sind in der nachstehenden Abbildung dargestellt.

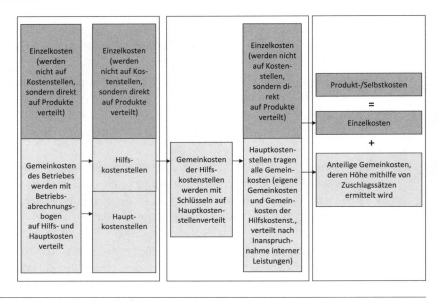

Abb. 13: Verteilung der Hilfskostenstellen auf Hauptkostenstellen

Die Entlastung erfolgt dabei ebenfalls mit Verrechnungsschlüsseln und im Betriebsabrechnungsbogen immer nur von links nach rechts. Hilfskostenstellen, die sich bereits entlastet haben, werden nicht mehr weiter berücksichtigt.

Verteilschlüssel für Hilfskostenstellen wählen: Sie müssen sich bei jeder Hilfskostenstelle fragen, welcher Schlüssel eine möglichst genaue Verteilung der Kosten erlaubt. Die Frage, die sich stellt, lautet: Mithilfe welcher Größe kann die von den Hauptkostenstellen in Anspruch genommene interne Leistung am besten gemessen und verteilt werden?

TIPP

Sie müssen wissen, dass es keine absolut genaue Schlüssel gibt und es bei der Verteilung der Gemeinkosten daher immer zu Unschärfen und Verzerrungen kommt. Zudem sind häufig mehrere durchaus geeignete Schlüssel möglich. Daher kann es von Unternehmen zu Unternehmen andere Ergebnisse geben, je nachdem, wie man sich im Betrieb entscheidet. Der später kalkulierte Preis ist daher immer nur ein Richtwert. Zudem ist der Preis nur dann hinreichend genau, wenn die Annahmen, die der Kalkulation zugrunde liegen, im Wesentlichen stimmen. Ändert sich die Situation nachhaltig, steigen z. B. die Kosten oder verändern sich die geplanten Verkaufsmengen um mehr als +/− 10 % sollten Sie die Kalkulation überarbeiten und anpassen.

Beispiel zum Verteilungsschlüssel für Hilfskostenstellen

Empfang: Das Beispielunternehmen hat insgesamt 19 Mitarbeiter. In Empfang und KFZ-Stelle ist jeweils ein Mitarbeiter beschäftigt, in der Konstruktion zwei usw. Die Kosten in Höhe von 25.000 EUR des Empfangs werden nun durch die Anzahl der Mitarbeiter — abzüglich des Empfangsmitarbeiters — dividiert und mit der Anzahl der Beschäftigten in den restlichen Bereichen multipliziert. Je Mitarbeiter ergibt sich im Beispiel so eine Umlage von gerundet 1.389 EUR. Diese Umlage wird auf die Gemeinkosten der restlichen Kostenstellen aufgeschlagen. So werden beispielsweise die ursprünglichen Gemeinkosten der KFZ-Stelle von 61.800 EUR um diesen Betrag auf 63.189 EUR erhöht. Die Kosten der Arbeitsvorbereitung steigen von 67.600 EUR auf 70.378 EUR usw.

KFZ-Stelle: Dann werden die (erhöhten) Kosten der KFZ-Stelle verteilt. Verteilgrundlage ist die Kilometerleistung in Höhe von z. B. 90.000 km. Der Mitarbeiter des Empfangs hat davon 500 km genutzt, die KFZ-Stelle selbst 1.500 km, die Arbeitsvorbereitung 800 km, der Einkauf 1.900 km usw. Die Kosten der KFZ-Stelle werden zunächst durch die Gesamtleistung (90.000 km) dividiert und dann mit der entsprechenden Fahrtleistung eines Bereiches multipliziert. Bei der Verteilung der Kilometer bleibt der Empfang, der sich bereits vollständig verrechnet und entlastet hat, aus Vereinfachungsgründen außen vor. Ebenso wie die KFZ-Stelle selbst. Die Kosten der Hilfskostenstellen werden also stets nur auf die verbleibenden Kostenstellen bezogen. Einmal entlastete Kostenstellen oder die betreffende Stelle selbst werden nicht wieder angesprochen.

Arbeitsvorbereitung: Anders als die Hilfskostenstellen zuvor entlastet sich die Arbeitsvorbereitung nur auf Fertigungsstellen oder Maschinenplätze. Ausgangspunkt sind die - jetzt zweifach erhöhten — Gemeinkosten. Verteilschlüssel sind die Arbeits- bzw. Maschinenstunden.

Am Ende werden so alle Gemeinkosten der Hilfskostenstellen vollständig auf die Hauptkostenstellen verteilt. Die Summe der Gesamtgemeinkosten darf sich natürlich nicht erhöhen, da die Kosten lediglich umverteilt, aber nicht verändert worden sind. Falls dies nicht der Fall ist, müssen Sie Ihre Eingaben überprüfen und anpassen.

Sehen Sie hierzu den „BAB Teil II" auf den Arbeitshilfen online.

Schritt 5: Zuschlagssätze ermitteln

Die schwierigsten Arbeiten haben Sie jetzt hinter sich. In einem weiteren Arbeitsschritt ist es erforderlich, die Zuschlagssätze zu berechnen, um die Gemeinkosten anteilig auf Produkte oder Aufträge zu verteilen (vgl. für die weiteren Arbeitsschritte das Formular Zuschlagskalkulation Blatt „BAB Teil III" auf den Arbeitshilfen online).

Materialgemeinkostenzuschlagssatz (MGK): Wenn Sie bei einem Auftrag Rohstoffe, Material, Komponenten oder Fertigwaren einsetzen, müssen Sie Ihrem Kunden auch anteilige Gemeinkosten berechnen. Diese entstehen Ihnen z. B. für die Bestellung, die Qualitätskontrolle, die Eingangserfassung oder für die Lagerung und Entnahmen. Da Sie diese Kosten nicht für jeden Vorgang exakt ermitteln können, werden die Gemeinkosten mithilfe von Zuschlagssätzen anteilig und prozentual auf die Einzelkosten, hier das Material, zugeschlagen. Oder anders ausgedrückt: Jeder Euro Material- oder Wareneinsatz zieht einen bestimmten Prozentsatz „Folgekosten" nach sich. Diese Folgekosten können vereinfachend auch als Bestellkosten angesehen werden. Das eingesetzte Material muss bestellt werden und hierfür fallen X % an weiteren (Gemein-)Kosten an.

Zuschlagsbasis für den Materialbereich sind daher die Gesamtmaterialkosten (Einzelkosten) eines Jahres. Um den Zuschlagssatz zu ermitteln, werden die Gemeinkosten des Materialbereichs ins Verhältnis zu den Gesamtmaterialkosten gesetzt.

$$\text{Materialkostenzuschlagssatz} = \frac{\text{Materialgemeinkosten} \times 100}{\text{Materialkosten}}$$

Fertigungs- und Maschinengemeinkostenzuschlagssatz (FGK, MAGK): Im Fertigungsbereich werden die Fertigungslöhne (Einzelkosten) als Zuschlagsbasis gewählt. Werden die Fertigungsgemeinkosten jetzt ins Verhältnis zu den Löhnen gesetzt, erhalten Sie den Fertigungsgemeinkostenzuschlagssatz für jede Fertigungskostenstelle. Mit dem FGK-Zuschlagssatz wird ausgedrückt, dass die Mitarbeiter in der Produktion weitere Kosten verursachen, damit sie arbeiten können. Schließlich benötigen die Mitarbeiter eine Halle, für die u. a. Abschreibungen und Energiekosten anfallen.

$$\text{Fertigungsgemeinkostenzuschlagssatz} = \frac{\text{Fertigungsgemeingemeinkosten} \times 100}{\dfrac{\text{Fertigungslöhne}}{\text{Arbeitsstunden}}}$$

Der BAB bietet Ihnen auch die Möglichkeit, mehrere Maschinenplätze einzurichten. Zuschlagsgrundlage für die Berechnung der Maschinenkosten sind die Maschinenstunden, die Sie ja bereits errechnet haben. Die Gesamtgemeinkosten der Maschinenstellen werden dann ins Verhältnis zu den Stunden gesetzt und Sie erhalten den Zuschlagssatz für diese Kostenstellen. Der MASCH-GK-Zuschlagssatz zeigt, welche Kosten für den Betrieb der Maschinen anfallen, z. B. in Form von Abschreibungen oder Energien. Im Beispiel wird ein Prozentsatz ermittelt. In der Praxis findet sich ebenso der Fall, dass je Stunde ein EUR-Wert berechnet wird.

$$\text{Maschinengemeinkostenzuschlagssatz} = \frac{\text{Maschinengemeinkosten} \times 100}{\text{Maschinenstunden}}$$

Normalerweise fallen auch bei Maschinenplätzen Fertigungslöhne an, z. B. für die Maschinenbedienung oder für Wartungs- oder Instandhaltungsarbeiten. Diese Fertigungslöhne werden später separat in der Kalkulation aufgeführt und gehen auf diese Weise in die Herstellkosten ein.

Verwaltungs- und Vertriebsgemeinkostenzuschlagssatz (VWGK, VTGK):
Selbstverständlich muss ein Produkt auch einen Teil der Kosten für Verwaltung (z. B. Ihr Gehalt oder Steuern) und Vertrieb (z. B. Außendienst oder Werbung) tragen. Anders als im Material- bzw. Fertigungsbereich gibt es für Verwaltung und Vertrieb aber keine direkten Schlüssel oder Bezugsgrößen wie Material, Löhne oder Stunden. Daher wählt man für die Ermittlung der Zuschlagssätze für die Verwaltung und den Vertrieb die **Herstellkosten** des Umsatzes oder der hergestellten Produkte als Verrechnungsschlüssel. Die Material- und Fertigungskosten entstehen im Rahmen der eigentlichen Herstellung Ihrer Produkte. Wenn Sie diese Positionen zusammenfassen, erhalten Sie die für die betrachtete Periode entstandenen Herstellkosten der von Ihnen produzierten Artikel. Diese Kosten werden als Herstellkosten der Erzeugung bezeichnet und könnten somit bereits als Verrechnungsbasis für die Verwaltungskosten dienen.

Die Vertriebsgemeinkosten hingegen hängen nicht von der Zahl der hergestellten, sondern von der Menge der verkauften Produkte ab. Sie beziehen sich also auf die verkauften Stücke einer Periode. Schließlich kann ein Unternehmen viele Produkte herstellen, aber nicht verkaufen, und muss sie somit auf Lager legen. Daher müssen die Herstellkosten der Erzeugung noch um eventuelle Bestandsveränderungen korrigiert werden. Dabei werden Bestandsmehrungen (Sie verkaufen weniger als Sie hergestellt haben) von den Herstellkosten der Erzeugung abgezogen. Die Herstellkosten des Umsatzes sind also niedriger als die der Erzeugung. Bei Bestandsminderungen (Sie verkaufen mehr als Sie hergestellt haben) verhält es sich umgekehrt. Haben Sie keine Bestandsveränderungen, entsprechen sich die Herstellkosten der Erzeugung und des Umsatzes.

Die Herstellkosten des Umsatzes dienen aus Vereinfachungsgründen sowohl für die Verwaltung als auch den Vertrieb als Verrechnungsschlüssel. Auf den Schlüssel Herstellkosten der Erzeugung für die Verwaltungskosten wird daher verzichtet. Eine genaue Verrechnung der Verwaltungsgemeinkosten ist mit der Zuschlagskalkulation nicht möglich; hierfür benötigt man die Prozesskostenrechnung, die aber wesentlich aufwendiger und komplexer ist als die Zuschlagskalkulation.

Beispiel: Die Herstellkosten des Umsatzes könnten sich folgendermaßen zusammensetzen:

Position	Betrag in €
Materialkosten	500.000
+ Materialgemeinkosten	66.042
+ Fertigungslöhne	200.000
+ Fertigungsgemeinkosten	362.708
= **Herstellkosten der Erzeugung**	**1.128.750**
+ Bestandsminderungen	3.000
− Bestandserhöhungen	0
= **Herstellkosten des Umsatzes**	**1.131.750**

Abb. 14: Beispiel zur Zusammensetzung der Herstellkosten des Umsatzes

---

● TIPP

Da Sie bei der Erstellung des BAB mit Jahreswerten arbeiten, ist es am einfachsten, wenn Sie nicht mit Bestandsveränderungen arbeiten. Dann entsprechen die Herstellkosten der Erzeugung denen des Umsatzes. Damit entfällt ein Rechenschritt und Sie erleichtern sich die Arbeit. Denn wenn Sie das gesamte Jahr als Grundlage nehmen, gleichen sich Bestandserhöhungen und -minderungen meist wieder aus. Wenn Sie planen und sich Gedanken über die mögliche Verkaufsmenge des nächsten Jahres machen, gehen Sie ja grundsätzlich auch davon aus, dass Sie alle hergestellten Produkte verkaufen können und nicht lagern müssen.

Nur wenn es bei Ihnen häufiger vorkommt, dass es zum Jahresende größere Bestandsveränderungen gibt, sollten Sie diese bei der Ermittlung der Herstellkosten berücksichtigen. Sehen Sie sich dann mit Ihrem Steuerberater oder der Buchhaltung die Abschlüsse der letzten 3 bis 4 Jahre an: Haben Sie im Schnitt mehr oder weniger verkauft als produziert? Nehmen Sie den Durchschnittswert dieser Jahre und setzen Sie ihn als Bestandsminderung oder -erhöhung ein.

Mit den folgenden Formeln berechnen Sie die die Verwaltungsgemeinkosten- und Vertriebsgemeinkostenzuschlagssätze:

$$\text{Verwaltungsgemeinkostenzuschlagssatz} = \frac{\text{Verwaltungsgemeinkosten} \times 100}{\text{Herstellkosten des Umsatzes}}$$

$$\text{Vertriebsgemeinkostenzuschlagssatz} = \frac{\text{Vertriebsgemeinkosten} \times 100}{\text{Herstellkosten des Umsatzes}}$$

Schritt 6: Zuschlagskalkulation durchführen

Nach Erledigung aller vorbereitenden Arbeiten können Sie nun die eigentliche Zuschlagskalkulation durchführen. Bei der Preisfindung für ein Produkt müssen Sie natürlich auch Ihren anteiligen Gewinn sowie mögliche Nachlässe (Rabatte) und Skonto sowie den aktuellen Mehrwertsteuersatz berücksichtigen.

Das grundlegende Schema der Zuschlagskalkulation ist in der folgenden Abbildung zu sehen:

Position		Wert
1	Fertigungsmaterial (inkl. Rohstoffe, Komponenten, Halbfertigerzeugnisse. usw.)	
2	+ Materialgemeinkostenzuschlag in %	
3	**= Materialkosten (1 + 3)**	
4	Fertigungslöhne	
5	+ Fertigungsgemeinkosten in %	
6	= Fertigungskosten (4 + 5)	
7	Maschinenlöhne	
8	+ Maschinengemeinkosten in % (Aufschlag auf Maschinenstunden)	
9	**= Maschinenkosten (7 + 8)**	
10	+ Sondereinzelkosten der Fertigung	
11	= Fertigungskosten Gesamt (6 + 9 + 10)	
12	**= Herstellkosten (3 + 11)**	
13	+ Verwaltungsgemeinkosten in %	
14	+ Vertriebsgemeinkosten in %	
15	+ Sondereinzelkosten des Vertriebs	
16	**= Selbstkosten des Auftrags**	
17	+ Gewinnzuschlag in %	
18	= Barverkaufspreis	
19	+ Skonto in %	
20	**= Zielverkaufspreis**	
21	+ Rabatt in %	
22	**= Listenverkaufspreis (Netto)**	
23	+ Mehrwertsteuer in %	
24	**= Bruttoverkaufs- oder Ladenpreis**	

Abb. 15: Das grundlegende Schema der Zuschlagskalkulation

Die Schwierigkeit bei der Zuschlagskalkulation besteht für Sie wahrscheinlich in erster Linie darin, realistische Annahmen zu einem Auftrag zu tätigen. Sie müssen in der Lage sein, aus den Kundenanforderungen möglichst genau zu schätzen,

- wie hoch der Materialeinsatz (Mengen x Preise) sein wird,
- wie viel Fertigungslohn anfällt (Stunden x Lohnsatz),

- welchen Gewinn (Prozent) Sie realisieren können und
- welche Nachlässe Sie Ihren Kunden gewähren wollen oder müssen (Prozent).

Vor allem bei individuellen Aufträgen ist es häufig schwierig, hier genaue Schätzungen vorzunehmen, da Ihnen im Vorfeld nicht immer alle erforderlichen Daten zur Verfügung stehen. Möglicherweise sind Sie sich unsicher in Bezug auf die Zahl der Arbeits- und Maschinenstunden. Oder Sie haben von Ihrem Lieferanten noch keine endgültigen Materialpreise erhalten. Trotzdem müssen Sie Ihren Kunden einen verbindlichen Preis für ein Produkt oder einen Auftrag nennen. Versuchen Sie daher z. B., sich soweit möglich an ähnlichen Aufträgen der Vergangenheit zu orientieren. Fragen Sie bei Ihren Lieferanten mündlich an und lassen Sie sich einen Preis für benötigte Materialien nennen.

Unter Umständen können Sie einen kleinen „Puffer" in Form leicht erhöhter Kosten einbauen, wenn ein Auftrag weniger preissensibel ist (vgl. Arbeitshilfen online: Formular Zuschlagskalkulation, Arbeitsblatt „Kalkulation").

Nach Abwicklung eines Auftrags sollten Sie sich in jedem Fall die Mühe machen und die Zeit nehmen, eine Nachkalkulation vorzunehmen. Diese hilft Ihnen dabei, zu überprüfen, ob Ihre im Vorfeld gemachten Annahmen realistisch waren und Sie können sehen, ob und in welchen Fällen es Korrekturbedarf gibt.

Ein ausführliches Praxisbeispiel zur differenzierenden Zuschlagskalkulation finden Sie auf den Arbeitshilfen online.

Einstufige oder summarische Zuschlagskalkulation

Wie Sie soeben erfahren haben, ist die mehrstufige Variante der Zuschlagskalkulation relativ komplex und tendenziell für größere Unternehmen, die auch Kostenstellen eingerichtet haben, geeignet. Kleinere Unternehmen, die keine Kostenstellen brauchen oder eingerichtet haben, können prüfen, ob sie die einstufige oder summarische Form der Zuschlagskalkulation einsetzen möchten.

Die einstufige Form der Zuschlagskalkulation ist in Aufbau und Anwendung deutlich einfacher, aber auch ungenauer. Die gesamten Gemeinkosten werden mit nur einem Zuschlagssatz auf die Kostenträger verteilt. Alle Gemeinkosten werden also immer so behandelt, als gäbe es einen direkten Zusammenhang zwischen ihnen und der gewählten Bezugsgröße. Diese Bezugsgröße können die gesamten Einzelkosten, Teile der Einzelkosten oder auch Maschinen- oder Arbeitsstunden sein.

Die Voraussetzungen für den Einsatz dieser Form der Zuschlagskalkulation sind:

- Eine Unterteilung der Kosten in Einzel- und Gemeinkosten,
- ein relativ geringer Gemeinkostenanteil an den Gesamtkosten, um größere Ungenauigkeiten zu vermeiden (Faustregel: < 30—50 %) und
- das Unternehmen sollte nur über wenige Produkte mit relativ homogener Kostenverursachung verfügen (alle Produkte haben einen annähernd gleichen Beitrag bei der Kostenverursachung oder es gibt zumindest keine deutlichen Unterschiede).

Vor- und Nachteile gegenüber der mehrstufigen Zuschlagskalkulation

Die folgende Tabelle stellt die Vor- und Nachteile der einstufigen bzw. summarischen Zuschlagskalkulation gegenüber:

Vorteile	Nachteile
Einfache Durchführung, transparent	Ein pauschaler Zuschlagssatz
Nur ein Zuschlagssatz erforderlich	Keine Differenzierungen
Keine Kostenstellen erforderlich	Relativ grob und ungenau
Eignung vor allem für sehr kleine Unternehmen aus Produktion, Handwerk und ggf. Dienstleistung	Wahl der als „richtig" erachteten Bezugsgröße beeinflusst das Ergebnis erheblich

Summarische Zuschlagskalkulation Schritt für Schritt

Die folgende Grafik zeigt die einzelnen Schritte der summarischen Zuschlagskalkulation:

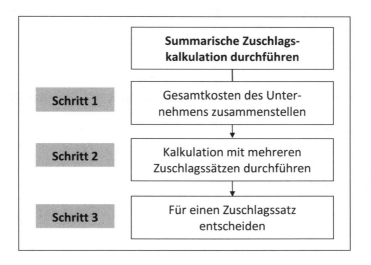

Abb. 16: Die einzelnen Schritte der summarischen Zuschlagskalkulation

Schritt 1: Gesamtkosten des Unternehmens zusammenstellen

Planen oder schätzen Sie zunächst, welche Kosten in welcher Höhe in Ihrem Betrieb für ein Jahr voraussichtlich anfallen werden. Unterteilen Sie die Kosten in Einzel- und Gemeinkosten, wobei Sie die Einzelkosten wenigstens in Material- und Lohnkosten untergliedern sollten. Die Gemeinkosten sollten Sie Kostenart für Kostenart planen.

Außerdem sollten Sie noch die Stunden der Lohnempfänger bzw. die Maschinenstunden planen oder schätzen.

Eine Arbeitshilfe zur Planung und Erfassung der Gemeinkosten und Stunden finden Sie auf den Arbeitshilfen online.

Schritt 2: Kalkulation mit mehreren Zuschlagssätzen durchführen

Mit der Eingabe der Jahreswerte aller Kosten und Stunden können Sie im nächsten Schritt die eigentliche Kalkulation durchführen. Da die Möglichkeit besteht, unterschiedliche Zuschlagsgrößen zu wählen, etwa die Summe aller Einzelkosten, die Materialkosten oder die Arbeitsstunden, empfiehlt es sich, für alle möglichen bzw. gängigen Varianten eine Preisberechnung für Aufträge oder Produkte durchzuführen, um zu sehen, wie groß die „Spannbreite" bei der Preisermittlung ausfällt.

Im Beispiel werden für den Bürostuhl „Ergonomic" die Einzelkosten mit 120 EUR für Material, 70 EUR für Fertigungslöhne und 25 EUR für Sondereinzelkosten angesetzt. Zudem wurden fünf unterschiedliche Zuschlagssätze berechnet. Zuschlagssatz 1 ergibt sich, wenn die Summe der Einzelkosten, hier 650.000 EUR, in Relation zur Summe der Gemeinkosten gesetzt wird. Der Zuschlagssatz beträgt 61,90 %. Für die Stunden werden keine Prozentsätze, sondern Euro-Werte ermittelt, indem die Summe der Gemeinkosten durch die Anzahl der Stunden dividiert wird.

Alle Zuschlagssätze sind in der nachstehenden Abbildung zu sehen:

Produkt/Auftrag:	Bürostuhl Ergonomic					
Datum:	30.07.2013	Auswahl Zuschlagsbasis				
	Stunden / Euro	Summe Einzelkosten	Material	Fertigungslöhne	Arbeitsstunden	Maschinenstunden
Arbeitsstunden	13.500,0				77,78 €	
Maschinenstunden	4.500,0					233,33 €
Material (Rohstoffe, Komponenten, Waren)	410.000,0		39,05%			
Fertigungslöhne	200.000,0			19,05%		
Sondereinzelkosten Fertigung 1	22.000,0					
Sondereinzelkosten Vertrieb 2	18.000,0					
Summe Einzelkosten	650.000,0	61,90%				
Summe Gemeinkosten	1.050.000,0					

Abb. 17: Übersicht Zuschlagssätze

Jetzt können Sie, wenn Sie die Einzelkosten für einen Auftrag oder ein Produkt kennen, den Preis berechnen. Je nach Zuschlagssatz ergeben sich deutliche Preisunterschiede bei der Kalkulation. Die Zuschlagssätze beziehen sich immer auf die Summe der Einzelkosten eines Produktes bzw. die Anzahl der angesetzten Stunden. Im Beispiel werden die 61,90 % auf die 215 EUR Einzelkosten bezogen. Und die 77,78 EUR je Arbeitsstunde beziehen sich auf die

2,00 Arbeitsstunden, die benötigt werden, um den Stuhl zu produzieren. Die Selbstkosten ergeben sich als Summe der Einzel- und Gemeinkosten. Anschließend wird die Kalkulation mit Zuschlägen für Gewinn, Nachlässe und Steuer wie bisher beendet.

Der höchste Preis ergibt sich, wenn Maschinenstunden angesetzt werden bzw. die Gemeinkosten auf die Maschinenstunden bezogen werden, und das, obwohl nur 45 Minuten Maschinenzeit benötigt wird. Diese Variante kann gewählt werden, wenn im Betrieb ein hoher Automatisierungsgrad vorherrscht und somit sehr viele Maschinenstunden anfallen. Im Beispielunternehmen ist das nicht der Fall, daher sollte von dieser Variante Abstand genommen werden.

Der zweithöchste Preis ergibt sich, wenn man die Gemeinkosten auf die Arbeitsstunden verteilt. Von dieser Variante sollte Gebrauch gemacht werden, wenn im Betrieb so gut wie ausschließlich manuell gearbeitet wird. Das ist hier nicht der Fall, womit auch diese Möglichkeit eher nicht genutzt werden sollte.

I. Gesamtdaten/Ausgangswerte							
Produkt/Auftrag:	Bürostuhl Ergonomic						
Datum:	20.09.2013	Auswahl Zuschlagsbasis					
	Stunden / Euro	Summe Einzelkosten	Material	Fertigungslöhne	Arbeitsstunden	Maschinenstunden	
Arbeitsstunden	13.500,0				77,78 €		
Maschinenstunden	4.500,0					233,33 €	
Material (Rohstoffe, Komponenten, Waren)	410.000,0		39,05%				
Fertigungslöhne	200.000,0			19,05%			
Sondereinzelkosten Fertigung 1	22.000,0						
Sondereinzelkosten Vertrieb 2	18.000,0						
Summe Einzelkosten	650.000,0	61,90%					
Summe Gemeinkosten	1.050.000,0						
II. Produkt-/Auftragskalkulation							
Materialkosten		120,00	120,00	120,00	120,00	120,00	
+ Fertigungslöhne		70,00	70,00	70,00	70,00	70,00	
+ Sondereinzelkosten Fertigung		10,00	10,00	10,00	10,00	10,00	
+ Sondereinzelkosten Vertrieb		15,00	15,00	15,00	15,00	15,00	
= Summe Einzelkosten		215,00	215,00	215,00	215,00	215,00	
Anzahl Stunden					2,00	0,75	
+ Gemeinkosten		133,10	83,95	40,95	155,56	175,00	
= Selbstkosten		323,10	273,95	230,95	345,56	365,00	
+ Gewinn	10,00%	32,31	27,40	23,10	34,56	36,50	
= Barverkaufspreis	97,00%	355,41	301,35	254,05	380,11	401,50	
+ Skonto	3,00%	10,99	9,32	7,86	11,76	12,42	
= Zielverkaufspreis	90,00%	366,40	310,67	261,91	391,87	413,92	
+ Rabatt	10,00%	40,71	34,52	29,10	43,54	45,99	
= Listenverkaufspreis		407,11	345,19	291,01	435,41	459,91	
+ Mehrwertsteuer	19,00%	77,35	65,59	55,29	82,73	87,38	
= Bruttoverkaufspreis		484,46	410,78	346,30	518,14	547,29	

Abb. 18: Preisermittlung mit Zuschlagsätzen

Am realistischsten scheint Möglichkeit eins zu sein, bei der die Gemeinkosten auf die Summe der Einzelkosten verteilt werden. Eine Verteilung auf Material oder Löhne kann gewählt werden, wenn diese Kostenarten einen besonders hohen Anteil haben. Welche Ergebnisse bzw. Unterschiede sich ergeben, je nachdem, welche Zuschlagsbasis man wählt, zeigt die Abbildung oben. Die Endpreise schwanken zwischen 346 EUR und immerhin 547 EUR. Eine Spanne von mehr als 100 %!

TIPP

Wenn Sie die summarische Zuschlagskalkulation nutzen wollen, sollten Sie bei der Berechnung des Zuschlagssatzes grundsätzlich von der Variante 1 Gebrauch machen, da hier alle Einzelkosten für die Berechnung berücksichtigt werden. Nur wenn Sie den Kunden überwiegend Arbeits- oder Maschinenstunden berechnen, sollten Sie auch diese Variante prüfen.

Schritt 3: Für einen Zuschlagssatz entscheiden

Wenn Sie sich einen Überblick über die Preisspannen verschafft haben, müssen Sie sich für eine Variante entscheiden. Im Beispiel sollten Sie Möglichkeit eins wählen, weil der Anteil der Einzelkosten relativ hoch ist und Sie mit den Stunden zu sehr hohen Zuschlagswerten gelangen (vgl. Tipp oben). Der Preis von gut 484 EUR liegt in etwa in der Mitte der Spannbreite und erscheint auch aus diesem Grund am wenigsten ungenau.

TIPP

Das Beispiel zeigt, dass das Kalkulationsverfahren recht ungenau und eine realistische Preisberechnung kaum möglich ist. Daher sollten Sie die summarische Kalkulation nur nutzen, wenn Sie einen kleinen Betrieb haben, keine Kostenstellen einführen wollen, der Gemeinkostenanteil relativ zu den Gesamtkosten gering ist und Ihr Produktprogramm relativ homogen ist, die Gemeinkosten je Produkt also verhältnismäßig gleich anfallen. Als Alternative zur summarischen Zuschlagskalkulation sollten Sie sich die Lohnstundensatzkalkulation noch einmal genau ansehen.

Das vollständige Beispiel zur summarischen Zuschlagskalkulation finden Sie auf den Arbeitshilfen online.

Die Maschinenstundensatzrechnung

Die Maschinenstundensatzrechnung ist eigentlich als Erweiterung bzw. Alternative der Zuschlagskalkulation gedacht. Da Sie mit der vorgestellten relativ komplexen Version der Zuschlagskalkulation bereits die Möglichkeit haben, neben den Kosten für manuelle Produktionsstellen die Kosten für Maschinenstundensätze zu berechnen, zeigt Ihnen diese Variante der Maschinenstundensatzrechnung, wie Sie mit sehr einfachen Mitteln ebenfalls zu realistischen Stundensätzen für Arbeits- und Maschinenzeiten gelangen können.

Für wen eignet sich die Maschinenstundensatzrechnung?

Das im Folgenden beschriebene Verfahren soll in erster Linie kleineren Betrieben ohne Kostenstellen die Möglichkeit geben, die Kosten pro Maschinenstunde zu berechnen. Es eignet sich z. B. für Produktionsbetriebe mit mehreren größeren Maschinen sowie Handwerksbetriebe, die ihre Aufträge ebenfalls mithilfe mehrerer Maschinen abwickeln. Sie können die Kosten für Arbeits- und Maschinenstunden berechnen und Aufträge einschließlich der erforderlichen Materialkosten kalkulieren.

> **TIPP**
>
> Setzen Sie als Handwerksbetrieb keine größeren Maschinen, sondern vor allem mobile Geräte (z. B. Bohrmaschine, Kreissäge, Betonmischer) ein, sollten Sie prüfen, was es für Sie günstiger ist: die summarische Zuschlagskalkulation oder die Lohnstundensatzrechnung einzusetzen.

Für die Durchführung der Maschinenstundensatzrechnung ist es notwendig, die Arbeitszeiten und Maschinenlaufzeiten zu berechnen oder zumindest zu überschlagen. Darüber hinaus müssen Sie natürlich Ihre Kosten kennen und diese in Material-, Maschinen- und sonstige Kosten unterteilen können.

> **TIPP**
>
> In der Regel verursachen unterschiedliche Maschinen unterschiedliche Kosten. Bei der einen Maschine ist der Kostensatz niedriger, bei der anderen höher. Sie müssen daher, damit Sie bei allen Maschinen kostendeckend arbeiten können, für jede Maschine einen eigenen Kostensatz

pro Stunde ermitteln. Wenn Sie Ihren Kunden einen allgemeinen Satz für alle Maschinen berechnen, besteht die Gefahr, dass Sie in einem Fall pro Stunde überproportional hohe Gewinne und im anderen Fall Verluste erwirtschaften. Und natürlich müssen Sie einen Kostensatz für Ihre eigene Arbeit bzw. für die Ihrer Mitarbeiter berechnen, da Sie ja auch die nicht maschinengebundenen Kosten in Rechnung stellen müssen. Zudem besteht das Risiko, dass Sie Aufträge verlieren, wenn Sie z. B. bei einem Auftrag, der mit einer Maschine mit niedrigen Kosten umgesetzt werden kann, einen höheren Durchschnittssatz berechnen und Ihren Kunden ein zu teures Angebot unterbreiten.

Die Maschinenstundensatzrechnung Schritt für Schritt

Schritt 1: Arbeitszeiten ermitteln

Ihre Kosten stellen Sie Ihren Kunden in Form von Arbeitsstunden oder Maschinenstunden in Rechnung. Meist werden Sie eine Kombination aus Arbeits- und Maschinenstunden berechnen, da ja für fast alle Aufträge auch nicht maschinengebundene Arbeiten anfallen. Hinzu kommen je nach Auftrag noch Materialkosten in unterschiedlicher Höhe. Um Stundensätze für Ihre Arbeitszeit oder Ihre Maschinen berechnen zu können, müssen Sie zunächst also wissen, wie viele Arbeits- bzw. Maschinenstunden pro Jahr anfallen. Denn Ihre gesamten Kosten müssen Sie über die für Ihre Kunden leistbare Arbeits- bzw. Maschinenzeit wieder „hereinholen".

Daher sollten Sie in einem ersten Schritt zunächst ermitteln, wie viele Arbeitsstunden Sie und Ihre Mitarbeiter leisten können. Gehen Sie hierzu folgendermaßen vor:

- Nehmen Sie als Ausgangsbasis die Kalendertage eines Jahres.
- Ziehen Sie von den Kalendertagen die Tage ab, an denen Sie grundsätzlich nicht arbeiten, etwa Samstage, Sonntage und Feiertage (Regelungen der Bundesländer beachten).
- Ziehen Sie von den verbleibenden Tagen die tariflich vereinbarten Urlaubstage und sonstige Fehlzeiten, etwa für Krankheit oder Fortbildung, ab.

- Multiplizieren Sie diese Anwesenheitstage mit der täglichen tariflichen Arbeitszeit und Sie erhalten die Anwesenheitsstunden pro Jahr und Mitarbeiter.
- Schätzen Sie nun, wie hoch der Anteil der unproduktiven Zeit ist. Als unproduktiv gelten alle Zeiten, die Sie nicht für Ihre Kunden arbeiten können, z. B. wenn Sie Kunden akquirieren oder administrative Aufgaben erledigen. Ein guter Ansatz für eine erste Schätzung sind 20 %. Später können Sie diesen Wert durch Aufschreibungen noch präzisieren. In der Praxis liegen die Werte oft bei 30—35 %.
- Am Ende steht die Anzahl produktiver Stunden, die Sie und jeder Mitarbeiter für Ihre Kunden leisten können.

Mithilfe des Schemas zur Berechnung der Arbeitszeit auf den Arbeitshilfen online können Sie die Arbeitsschritte gut nachvollziehen.

Im Normalfall können alle Mitarbeiter die so berechnete Anzahl an Stunden für Kunden arbeiten. Allerdings gibt es Personen, die auch in diesen Stunden nicht produktiv arbeiten können. Beispielsweise sind Sie als Geschäftsführer oder Inhaber des Betriebes meist mehr als nur 20 % unproduktiv. Denn eine wichtige Aufgabe ist die Akquise neuer Kunden. Auch Aushilfen oder Azubis sind meist nicht, oder nur in geringeren Teilen als zuvor ermittelt, produktiv tätig. Prüfen Sie bei sich oder anderen Mitarbeitern, von denen Sie annehmen, dass die unproduktive Zeit größer ist als bei der überwiegenden Zahl der Beschäftigten, wie groß die Zahl der unproduktiven Zeit tatsächlich ist.

Wenn Sie als Geschäftsführer z. B. etwa 40 % des Tages mit Kundenakquise und weitere 10 % mit administrativen Arbeiten beschäftigt sind, setzen Sie für sich 50 % produktive Zeit ein. Für Azubis, die u. U. gar nicht für Kunden arbeiten, setzen Sie null an. Alle anderen Beschäftigten setzen Sie mit 100 % oder „1" an (vgl. Schema zur Berechnung der produktiven Jahresstunden auf den Arbeitshilfen online).

Schritt 2: Maschinenlaufzeiten ermitteln

Bei der Berechnung der Maschinenstunden gehen Sie wie folgt vor:

- Auch hier greifen Sie zunächst auf das Schema zur Berechnung der Arbeitsstunden zurück. Von den Kalendertagen ziehen Sie die Wochenenden und Feiertage sowie evtl. Urlaubszeiten ab, wenn Sie Ihren Betrieb schließen. Ansonsten können Ihre Maschinen auch während der Urlaubszeit laufen. Bei Maschinen gibt es aber noch andere Gründe für planbare Stillstandszeiten, z. B. Wartungs- und Instandhaltungszeiten. Am Ende erhalten Sie die Anzahl Tage, die eine Maschine in Ihrem Betrieb pro Jahr laufen kann.

- Dann geben Sie die normale Arbeits- bzw. Laufzeit pro Schicht an. Eine Schicht dauert in der Regel 8 Stunden.
- Multiplizieren Sie anschließend die Zahl der Schichten pro Tag mit den zuvor ermittelten Tagen. So erhalten Sie die maximal **mögliche Kapazität pro Maschine und Jahr**.

HINWEIS

Alternativ können Sie an Stelle der Schicht die Arbeitsstunden eingeben, etwa 10 Stunden, wenn Ihre tägliche Arbeitszeit so hoch ist und Sie nicht im Schichtbetrieb arbeiten.

- Die maximale Kapazität müssen Sie um ungeplante bzw. schwer planbare zum Teil individuelle Stillstandszeiten, z. B. für Reparaturen, Wartung, Instandhaltung oder Umrüstungen, nach unten korrigieren. Meist müssen Sie diesen Wert schätzen. Setzen Sie zunächst z. B. 15 % als durchschnittliche Stillstandszeiten an und prüfen Sie, ob diese realistisch sind. Notieren Sie sich z. B. die Stillstandszeiten je Maschine über einen bestimmten Zeitraum und korrigieren den Wert bei Bedarf.

TIPP

Zudem kann es vorkommen, dass Sie nicht alle Maschinen ständig bzw. gleich intensiv nutzen. Auch das sollten Sie entsprechend berücksichtigen. Fragen Sie sich, ob Sie jede Maschine täglich die maximal mögliche Zeit nutzen oder ob Sie bestimmte Maschinen haben, die Sie z. B. nur an 2 oder 3 Tagen in der Woche benötigen. Nutzen Sie beispielsweise eine Maschine an 2 Tagen in der Woche nicht, sind dies 40 % der möglichen Laufzeit. Erhöhen Sie in diesem Fall einfach den Prozentsatz für die Ausfallzeiten auf 40 %. Hier genügt es, wenn Sie die durchschnittliche Laufzeit schätzen.

Ein Schema zur Berechnung der Maschinenstunden finden Sie auf den Arbeitshilfen online.

Sie wissen nun, auf wie viele Arbeits- bzw. Maschinenstunden Sie die Kosten Ihres Unternehmens verteilen müssen, um zu realistischen Stundensätzen zu gelangen.

Schritt 3: Kosten erfassen

Jetzt geht es darum, die Gesamtkosten Ihres Betriebes zu erfassen und darzustellen. Dabei müssen Sie darauf achten, dass Sie die Kosten in Einzel- und Gemeinkosten unterteilen. Diese Unterteilung ist notwendig, weil Sie Einzel- und Gemeinkosten anders behandeln bzw. verrechnen müssen.

Einzel- und Gemeinkosten: Die Einzel- und Gemeinkosten wurden bereits detailliert auf Seite 16 beschrieben.

TIPP

Sie sollten aus Vereinfachungsgründen nur die Materialkosten sowie die Werkzeuge und Transportkosten uneingeschränkt als Einzelkosten betrachten. Zwar zählen grundsätzlich auch Löhne zu den Einzelkosten, oft ist eine Unterteilung der Personalkosten in Löhne, Gehälter und Sozialkosten aber relativ arbeitsaufwendig. Daher sollten Sie alle Personalkosten als einen Block betrachten und sie wie Gemeinkosten behandeln und entsprechend auf Ihre Maschinen bzw. den restlichen Betrieb verteilen.

Kostenerfassung: Hinsichtlich der Kostenerfassung gilt im Grunde dasselbe Verfahren, das im Abschnitt „Schritt 3: Gemeinkosten erfassen und auf Kostenstellen verteilen" im Kapitel 2.5.5 über die Zuschlagskalkulation beschrieben wurde — allerdings entfällt die Eintragung in den BAB, da Sie für diese Variante der Maschinenstundensatzrechnung keinen BAB verwenden müssen.

TIPP

Wenn Sie sich in Bezug auf mögliche Veränderungen bei einzelnen Kostenarten unsicher sind, sollten Sie überlegen, ob es Sinn macht, hier einen pauschalen Steigerungssatz zu wählen. Orientieren Sie sich hierbei z. B. an der aktuellen Inflationsrate von derzeit rund 2 % und erhöhen Sie die Kostenpositionen des Vorjahres entsprechend. So sichern Sie sich zumindest teilweise gegen unerwartete Kostensteigerungen ab. Deutlich höhere pauschale Erhöhungen sollten Sie vermeiden, da Sie ansonsten die Kosten unnötig „aufblähen", ohne konkret zu wissen, ob eine Steigerung tatsächlich realistisch ist.

Gehen Sie bei der Kostenerfassung wie folgt vor:

- Zunächst sollten Sie die **Material- und sonstigen Einzelkosten auf Jahresbasis** erfassen, aber nur nachrichtlich und nicht zu Verrechnungszwecken. Der Ausweis der Einzelkosten ist zwar nicht erforderlich, aber sinnvoll, weil Sie so einen besseren Überblick über die Gesamtkosten Ihres Betriebes bekommen. Die Einzelkosten werden später bei der Durchführung der Kalkulation direkt auf die Produkte verrechnet und nicht auf dem „Umweg" der Stunden.
- Dann stellen Sie die **Gemeinkosten** auf. Überlegen Sie, ob es Sinn macht, mehrere Kostenarten zu einer Position zusammenfassen, etwa die Gehälter, Löhne und Sozialkosten zu Personalkosten oder Mieten, Energien und Grundabgaben zu Gebäudekosten oder Reparaturen, Wartung und Instandhaltung zu Instandhaltungen. So behalten Sie leichter den Überblick.

Auf den Arbeitshilfen online finden Sie jeweils eine Übersicht, wie Sie die Einzel- bzw. die Gemeinkosten auf Jahresbasis erfassen können.

Schritt 4: Kosten auf Betrieb und Maschinen verteilen

Die Gemeinkosten müssen Sie jetzt auf die Maschinen und den „Restbetrieb" verteilen. In der Tabelle finden Sie Vorschläge für Verrechnungsschlüssel. Dazu einige Beispiele:

Gemeinkosten	Verteilschlüssel
Personalkosten (inkl. Sozialabgaben)	Stunden (Arbeits-/Maschinenzeiten)
Mieten	Quadratmeter

Gemeinkosten	Verteilschlüssel
Abschreibungen	Anlagegüter
Energien	Zähler/Quadratmeter
KFZ	Fahrtenbuch
Reise/Bewirtung	Belege
Werbung ...	Betrieb ...

Gehen Sie bei der Kostenverteilung folgendermaßen vor:

- Bei den **Personalkosten** sollten Sie die Arbeitszeit schätzen, die Sie oder Ihre Mitarbeiter benötigen, um die Maschinen über das Jahr hinweg zu bedienen und wie viel Zeit Sie mit manuellen Arbeiten verbringen. Ein Anhaltspunkt können die zuvor errechneten Stunden sein.
  - Addieren Sie hierzu die bereits berechneten Arbeits- und Maschinenstunden.
  - Dividieren Sie dann Ihre Personalkosten durch die Gesamtstunden. Sie bekommen einen „gemischten" Stundenwert.
  - Multiplizieren Sie diesen Wert jetzt zunächst mit der Anzahl der leistbaren Arbeitsstunden. Als Ergebnis erhalten Sie einen Näherungswert für die Personalkosten des Betriebes ohne die Maschinenplätze.
  - Um deren Personalkosten zu erhalten, multiplizieren Sie den gemischten Stundenwert mit der Anzahl der Maschinenstunden.

! **WICHTIG**

Alternativ können Sie in einem solchen Fall auch eine grobe Schätzung der Aufteilung der Personalkosten vornehmen.

- Bei den **Mieten** können Sie die Quadratmeter als Verrechnungsschlüssel nehmen. Steht eine Maschine z. B. in einem separaten Raum und wird dieser Raum alleine durch die Maschine in Anspruch genommen, multiplizieren Sie die Anzahl der Quadratmeter mit dem jeweiligen Preis/Quadratmeter. Stehen mehrere Maschinen in einem Raum, sollten Sie einfach grob schätzen. Die verbleibenden Mietkosten werden dem „Restbetrieb" (Betrieb/Produktion) zugeschlagen.

- Die **Abschreibungen** können Sie recht genau ermitteln, da Sie im Normalfall ein Anlageverzeichnis führen müssen und sich die Abschreibungen vom Wert der Maschinen berechnen. Hier kann Ihnen auch Ihr Steuerberater Auskunft erteilen.
- **Andere Kostenarten**, die mit den Maschinen nichts zu tun haben, rechnen Sie vereinfachend dem Restbetrieb zu, etwa Werbung, Reisekosten, Büroaufwendungen oder Fachliteratur. Umgekehrt sollten Sie bestimmte Kosten nur Ihren Maschinen zuordnen, etwa die Kosten für Konstruktion. Hier helfen Ihnen wieder Schätzungen oder auch Aufschreibungen.
- Gehen Sie so bei jeder Kostenart vor und prüfen Sie, welche Verteilung für Sie günstig ist. Halten Sie ggf. auf einem separaten Blatt fest, wie Sie die Verteilung vorgenommen haben, damit Sie beim nächsten Mal noch wissen, warum Sie so und nicht anders vorgegangen sind.

Wie Sie die Gemeinkosten erfassen und verteilen können, veranschaulicht die Übersicht auf den Arbeitshilfen online.

Schritt 5: Kostensätze für Maschinen und Betrieb berechnen

Die für die Kalkulation notwendigen Sätze für Arbeits- und Maschinenstunden ermitteln Sie, indem Sie die Summe der jeweiligen Gemeinkosten durch die produktiven Stunden/Jahr bzw. die Maschinenstunden teilen (vgl. Arbeitshilfen online: Übersicht Zuschlags- und Stundensätze).

Ein Durchschnitts- oder Einheitssatz über alle Maschinen würde nur dann gerechtfertigt sein, wenn Sie für alle Aufträge alle Maschinen in etwa gleich stark beanspruchen, was in der Praxis eher unrealistisch sein dürfte.

Schritt 6: Kalkulation von Aufträgen vornehmen

Ein Auftrag in einem Fertigungs- oder Handwerksbetrieb setzt sich im Normalfall aus den Positionen

- Material- und sonstige Einzelkosten
- Arbeitszeiten
- Maschinenzeiten
- Gewinn

- ggf. Nachlässe und/oder Skonto und
- Mehrwertsteuer

zusammen.

Ihre Aufgabe ist es nun, die richtigen Annahmen zu einem Auftrag zu tätigen. Sie müssen in der Lage sein, aus den Kundenanforderungen realistische Schätzungen zu tätigen:

- zum Materialeinsatz (Mengen und Preise),
- zu den Arbeits- und Maschinenstunden (Mengen/Anzahl),
- zum Gewinn (Prozent) und
- der Höhe evtl. Nachlässe (Prozent).

Dies ist in der Praxis oft ein Problem, da Ihnen im Vorfeld nicht immer alle erforderlichen Daten zur Verfügung stehen. Möglicherweise bleiben Unsicherheiten bei Arbeits- und Maschinenzeiten oder Sie kennen die genauen Preise des Materials noch nicht. Dennoch müssen Sie Ihren Kunden gegenüber eine verbindliche Aussage machen. Soweit möglich, sollten Sie sich an ähnlichen Aufträgen der Vergangenheit orientieren. Wenn es um Materialpreise geht, fragen Sie bei Ihren Lieferanten mündlich an und bitten Sie ihn, eine qualifizierte Aussage zu tätigen.

- Schätzen Sie zunächst die Mengen und die Preise für Materialien, Komponenten oder Rohstoffe (vgl. folgende Tabelle, Teil I).
- Multiplizieren Sie dann die voraussichtliche Anzahl der Arbeitsstunden bzw. die Stunden je Maschine mit den im Schritt „Kostensätze für Maschinen und Betrieb berechnen" ermittelten Zuschlagssätzen (vgl. folgende Tabelle, Teil II).
- Fallen außer Material oder Rohstoffen noch andere Einzelkosten an, können Sie diese separat erfassen (vgl. folgende Tabelle, Teil III). Hier sind von Ihnen wieder Angaben zu Mengen und Preisen gefordert.

Wenn Sie alle Kosten addieren, erhalten Sie die **Selbstkosten Ihres Produktes** oder Ihres Auftrags, im folgenden Beispiel 879,28 EUR. Wenn Sie Ihrem Kunden diesen Preis — zuzüglich Mehrwertsteuer — in Rechnung stellen, arbeiten Sie kostendeckend, erzielen aber keinen Gewinn. Und wenn Sie Ihrem Kunden Nachlässe oder Skonto gewähren müssen, entsteht sogar ein Verlust. Zum Selbstkostenpreis kommen also Ihre Gewinnvorstellungen sowie übliche Nachlässe und die Mehrwertsteuer hinzu. Am Ende steht dann der **Bruttoverkaufspreis**.

Das folgende Beispiel zeigt eine Kalkulation. Die Zahlen sind fiktiv.

	Mengen/Std.	Preis	Gesamt
I. Material/Komponenten			
Material/Komponente 1	2,0	211,19 €	422,38 €
Material/Komponente 2	5,0	23,68 €	118,40 €
Material/Komponente 3	0,0	– €	– €
Material/Komponente 4	0,0	– €	– €
Material/Komponente 5	0,0	– €	– €
= Materialkosten			540,78 €
II. Produktions- und Maschinenkosten			
+ Betrieb/Produktion	4,0	34,74 €	138,95 €
+ Maschine 1	0,5	44,02 €	22,01 €
+ Maschine 2	2,0	38,06 €	76,13 €
+ Maschine 3	1,0	29,97 €	29,97 €
+ Maschine 4	1,5	35,63 €	53,45 €
+ Maschine 5	0,0	30,18 €	– €
+ ...	0,0		
= Produktions- und Maschinenkosten			320,50 €
III. Sondereinzelkosten			
+ Spezialwerkzeug für Artikel/Auftrag	0,0	– €	– €
+ Fracht, Verpackung	1,0	18,00 €	18,00 €
= Sondereinzelkosten			18,00 €
= Selbstkosten Auftrag			**879,28 €**
+ Gewinnzuschlag		15,00 %	131,89 €
= Barverkaufspreis		97,00 %	1.011,17 €
+ Skonto		3,00 %	31,27 €
= Zielverkaufspreis		90,00 %	1.042,44 €
+ Rabatte		10,00 %	115,83 €
= Listenpreis		100,00 %	1.158,27 €
+ Mehrwertsteuer		19,00 %	220,07 €
= Bruttoverkaufspreis			**1.378,34 €**

Abb. 19: Beispiel einer Kalkulation mit Maschinenstundensätzen

---

> **HINWEIS**
>
> Am einfachsten ist es, wenn Sie zur **Ermittlung des Gewinns** mit einem Prozentsatz rechnen. Überlegen Sie, wie viel Prozent Gewinn Sie im Schnitt mit einem Auftrag erzielen möchten — und natürlich, was realistisch ist und sich am Markt durchsetzen lässt. Im Beispiel wird davon ausgegangen, dass sich 15 % Gewinn realisieren lassen. Als Massen- oder Serienfertiger sollten Sie immer den gleichen Prozentsatz wählen. Als Hersteller von individuellen Gütern empfiehlt es sich, hier von Auftrag zu Auftrag zu entscheiden. Wichtig ist, dass Sie möglichst bei jedem Auftrag einen Gewinn einplanen.
>
> Bei der Berechnung von **Skonto und Rabatten** müssen Sie, anders als bei Gewinn oder Mehrwertsteuer, im Hundert rechnen. Das heißt, dass die Basis für die Berechnung nicht 100 %, sondern der um Skonto oder Rabatt reduzierte Wert ist. Wie Sie Rabatte und Skonto richtig berechnen, zeigt Ihnen der Beitrag Rabatte.

Wenn Sie Ihre Schätzdaten erfasst haben, liegt Ihnen ein erster Angebotspreis vor. Wenn Sie immer noch ein Gefühl der Unsicherheit hinsichtlich bestimmter Annahmen, etwa den Stunden, haben, prüfen Sie, ob ggf. noch Spielraum nach oben besteht. Wenn Sie z. B. bei Ihren Arbeitsstunden das Gefühl haben, dass Sie um ein, 2 oder sogar 3 Stunden zu niedrig liegen, sollten Sie jetzt die Stunden entsprechend erhöhen und schauen, welcher Angebotspreis sich nun ergibt. Ist er Ihrer Meinung nach immer noch im Rahmen dessen, was am Markt üblich ist, unterbreiten Sie das Angebot Ihrem Kunden oder besprechen es mit ihm. Ist der Preis dem Kunden jetzt zu hoch, können Sie die Stundenzahl immer noch auf den alten Stand zurücknehmen.

Nachdem Sie den Auftrag erledigt haben, sollten Sie sich in jedem Fall die Zeit nehmen zu prüfen, ob Ihre Annahmen realistisch waren oder ob und in welchen Fällen es Korrekturbedarf gibt (Nachkalkulation).

Ein ausführliches Praxisbeispiel zur Maschinenstundensatzrechnung finden Sie auf den Arbeitshilfen online.

2.6 Verhindern Sie, dass nicht geplante Rabatte Ihren Gewinn aufzehren

Zwar sind Rabatte im Geschäftsleben üblich, doch wenn Sie nicht richtig mit ihnen umgehen, können Sie leicht in wirtschaftliche Schwierigkeiten kommen. In günstigeren Fällen reduziert sich Ihr geplanter Gewinn. In ungünstigen Fällen entsteht Ihnen sogar ein Verlust. Daher sollten Sie Rabatte nicht nur gezielt und sparsam einsetzen, sondern auch um deren Risiken und Stolpersteine wissen.

Rabatte richtig einsetzen Schritt für Schritt

Die folgende Grafik zeigt, wie Sie Rabatte sinnvoll einsetzen können:

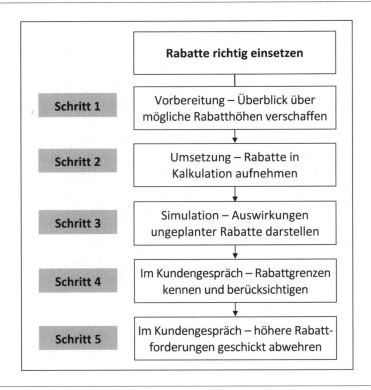

Abb. 20: Rabatte richtig einsetzen

Schritt 1: Vorbereitung — Überblick über mögliche Rabatthöhen verschaffen

Sie sollten sich in jedem Fall frühzeitig Gedanken darüber machen, ob und in welcher Höhe Sie Ihren Kunden Nachlässe gewähren wollen. Dabei spielen mehrere Faktoren eine Rolle.

- Zunächst sollten Sie sich an den Gepflogenheiten Ihrer Branche orientieren: Ist es üblich, dass Sie Ihren Kunden Nachlässe gewähren (müssen)?
- Dann sollten Sie versuchen, in Erfahrung zu bringen, in welcher Höhe Ihre Konkurrenten Nachlässe gewähren. Führen Sie bzw. eine Person Ihres Vertrauens mit Ihren schärfsten Wettbewerbern (fingierte) Verkaufsgespräche und stellen Sie fest, bis zu welchem Punkt Ihre Konkurrenten gehen.
- Bilden Sie sich eine eigene Meinung: Bis zu welcher Höhe sind Sie maximal bereit, einen Rabatt zu gewähren? Zum jetzigen Zeitpunkt genügt durchaus eine Schätzung.
- Berücksichtigen Sie auch, dass es je nach Produkt Nachlässe und Rabatte in unterschiedlicher Höhe geben kann.

Auf diese Weise sind Sie zunächst in der Lage, zumindest eine Größenordnung für mögliche Nachlässe zu bestimmen. Wie hoch der Nachlass konkret ausfallen kann, müssen Sie im nächsten Schritt in der Kalkulation ermitteln.

● TIPP

Skonto zählt aus betriebswirtschaftlicher Sicht zwar nicht zu den Nachlässen. Er wird den Kunden aber oft zusätzlich gewährt, wenn sie kurzfristig zahlen, etwa direkt beim Kauf oder innerhalb 1 Woche. Falls Sie Skonto gewähren, müssen Sie diese Größe in der Kalkulation ebenfalls berücksichtigen.

Schritt 2: Umsetzung — Rabatte in Kalkulation aufnehmen

Mithilfe der Kalkulation berechnen Sie zunächst mit dem in Ihrem Betrieb üblichen Kalkulationsverfahren die Kosten für ein Produkt oder eine Dienstleistung. Da Sie auch einen Gewinn erreichen möchten, ist es notwendig, auf die Selbstkosten den absoluten oder Prozentwert aufzuschlagen, den Sie als Gewinn erzielen möchten. Im Beispiel wurden 15 % Gewinnzuschlag oder 64,13 EUR gewählt.

Selbstkosten und Gewinn ergeben den Barverkaufspreis (491,68 EUR), der für Sie die Ausgangsbasis für die Berechnung von Skonto und Rabatten darstellt. Der Skonto wird zuerst in den Preis eingerechnet, da Sie diesen dem Kunden ja auch zuletzt gewähren. Denn Sie kommen ja, wenn Sie einem Kunden Rabatt gewähren, vom Ladenpreis. Wenn Ihr Kunde Skonto verlangt, berechnen Sie diesen vom jetzt niedrigeren (Listen-)preis. Barverkaufspreis und Skonto ergeben den Zielverkaufspreis, auf den Sie Ihre Nachlässe aufschlagen.

Im Beispiel ist zu erkennen, dass der Verkäufer einen maximalen Nachlass von 10 % gewähren will. Zielverkaufspreis und Nachlässe ergeben den Nettolistenpreis, auf den Sie die aktuelle Mehrwertsteuer addieren müssen. Zum Schluss erhalten Sie den Bruttoverkaufs- oder Ladenpreis. Im Beispiel beträgt er 666,78 EUR.

ACHTUNG

Berücksichtigen Sie bei der Berechnung von Skonto und Rabatten, dass Sie im Hundert kalkulieren müssen. Das heißt, dass die Basis für die Berechnung nicht 100 %, sondern der um Skonto oder Rabatt reduzierte Wert ist.

Der Barverkaufspreis beläuft sich im Beispiel auf 97,5 % und der Zielverkaufspreis auf 90 %. Ihr Kunde berechnet sich seinen Nachlass ja vom Bruttoverkaufspreis, wohingegen Sie Ihre Kalkulation von den Selbstkosten aus weiterführen. Würden Sie auf den Barverkaufspreis 2,5 % normal aufschlagen, ergäbe sich ein Zielverkaufspreis von nur 503,97 EUR. Ihr Kunde hingegen kennt den Zielverkaufspreis und zieht sich hiervon 2,5 % ab.

Mit der vorgestellten Berechnung im Hundert stellen Sie sicher, dass der Kunde sein Skonto von diesem „erhöhten" Wert berechnet und so auf den „richtigen" Barverkaufspreis kommt. Ebenso verfahren Sie bei den Rabatten.

Skonto und Rabatt können Sie einfach mittels folgender Formeln selbst ermitteln:

$$\text{Skonto} = \frac{\text{Barverkaufspreis} \times \text{Skonto}}{(100 - \text{Skonto})} = \frac{491,68 \times 2,50}{97,50} = 12,61 \text{ €}$$

$$\text{Rabatt} = \frac{\text{Listenverkaufspreis} \times \text{Rabatt}}{(100 - \text{Skonto})} = \frac{504,29 \times 10,00}{90,00} = 56,03 \text{ €}$$

Sie wissen jetzt, wie Sie Skonto und mögliche Nachlässe in Ihrer Kalkulation berücksichtigen, und das unabhängig davon, mit welchem Kalkulationsverfahren Sie Ihre Selbstkosten berechnen! Denn ab den Selbstkosten ist der Rechenweg, der zum Ladenpreis führt, bei allen Verfahren gleich.

● TIPP

Jeder Nachlass, egal ob geplant oder ungeplant, reduziert Ihren möglichen Gewinn. Wie das Beispiel zeigt, machen Skonto und Rabatt fast 69 EUR aus. Dieser Betrag ist höher als der Gewinn, den der Verkäufer im Beispiel erzielen möchte.
Versuchen Sie also immer, Ihre Kunden nicht von sich aus auf dieses Thema aufmerksam zu machen. Und wenn ein Kunde nach Rabatten fragt, sollten Sie versuchen, möglichst geringe Abschläge auszuhandeln.

Schritt 3: Simulation — Auswirkungen ungeplanter Rabatte darstellen

Mithilfe der Kalkulation haben Sie Ihren Laden- bzw. Verkaufspreis unter Einbeziehung der Rabatte berechnet, die Sie Ihren Kunden maximal gewähren wollen. Höhere Rabatte als die, die Sie in der Kalkulation angesetzt haben, sollten Sie nicht gewähren. Denn dann vernichten Sie überproportional viel Gewinn. Der Grund hierfür ist, dass Sie Ihren Ladenpreis beibehalten müssen. Denn diesen kennt der Kunde ja in aller Regel.

Im Beispiel wird von 666,78 EUR Ladenpreis für das Produkt ausgegangen. Auch die restlichen Daten bleiben erhalten. Stellen Sie sich jetzt vor, sie würden Kundenforderungen nachgeben und Ihren Rabatt von 10 % auf 13 % erhöhen. Dadurch reduziert sich der Gewinnzuschlag von 15 % auf gut 11 % und der absolute Gewinn für dieses Produkt bzw. diesen Auftrag sinkt um immerhin mehr als 16 EUR.

Das folgende Beispiel finden Sie auf den Arbeitshilfen online als Excel-Datei. Sie können mit dieser Datei — angepasst an Ihre Erfordernisse — arbeiten.

Die Auswirkung eines ungeplanten Rabattes auf den Gewinn zeigt folgende Tabelle:

Auftrags-/Produktkalkulation		Preisberechnung mit kalkulierten Nachlässen		Preisberechnung mit zusätzlichen nicht kalkulierten Nachlässen	
1	= Selbstkosten des Auftrags/Produkts		427,55		427,55
2	+ Gewinnzuschlag	15,00 %	64,13	11,17 %	47,74
3	= Barverkaufspreis	97,50 %	491,68	97,50 %	475,29
4	+ Skonto	2,50 %	12,61	2,50 %	12,19
6	= Zielverkaufspreis	90,00 %	504,29	87,00 %	487,48
7	+ Rabatt/Nachlass	10,00 %	56,03	13,00 %	72,84
8	= Listenpreis	100,00 %	560,32	100,00 %	560,32
9	+ Mehrwertsteuer	19,00 %	106,46	19,00 %	89,65
10	= Bruttoverkaufspreis/Ladenpreis		666,78		666,78
11	Gewinnreduktion pro Stück/Auftrag				16,81
12	Geplante Verkaufszahl				1.000
13	Gewinn mit kalkulierten Nachlässen				64.133
14	Anzahl Aufträge mit höheren Nachlässen				300
15	Gewinn mit zusätzlich gewährten nicht kalkulierten Nachlässen				59.213
16	Gewinnreduktion insgesamt				4.917
17	Notwendiger Mehrverkauf, wenn höherer Rabatt bestehen bleibt, in Stück (gerundet)				103

Abb. 21: Die Auswirkung eines ungeplanten Rabattes auf den Gewinn

Betrachtet man allerdings, wie hoch die Gewinnreduktion insgesamt ausfällt, zeigen sich die Auswirkungen ungeplanter Rabatte noch deutlicher. Im Beispiel ist zu erkennen, dass voraussichtlich nur 300 Produkte verkauft werden können, wenn den Kunden ein höherer Nachlass gewährt wird. Dies führt dann zu voraussichtlichen Gewinneinbußen von fast 5.000 EUR.

Wann Sie doch höhere Rabatte gewähren können: Ein höherer Rabatt als geplant lässt sich nur in wenigen Situationen rechtfertigen. Beispielsweise, wenn er dazu beiträgt, **dauerhaft** mehr Produkte zu verkaufen als ursprünglich angenommen. Als dauerhaft sollten Sie mindestens einen Zeitraum von 2 bis 3 Jahren ansehen. Sie müssen dabei sicher sein, mindestens so viele Stücke mehr verkaufen zu können, dass sich die Gewinnschmälerung ausgleicht.

Um zu berechnen, wie viele Artikel Sie hierfür mehr verkaufen müssten, dividieren Sie die voraussichtliche Gesamt-Gewinnreduktion (hier 4.917 EUR)

durch den reduzierten Gewinn (im Beispiel 47,74 EUR). Dann müssten Sie also mindestens 103 Artikel dauerhaft mehr verkaufen als bisher geplant, um auf den gleichen Gewinn zu kommen, den Sie zuvor geplant hatten. Nur wenn Sie mit hoher Wahrscheinlichkeit davon ausgehen können, dass Ihnen das gelingt, sollten Sie Ihren Kunden höhere Nachlässe anbieten.

TIPP

Wenn Sie Mitarbeiter im Verkauf beschäftigten, sollten Sie Ihnen die Folgen ungeplanter Rabatte für den Unternehmensgewinn deutlich vor Augen führen. Denn gerade Vertriebsmitarbeiter versuchen häufig, durch Gewährung zusätzlicher Nachlässe die Verkaufszahlen zu erhöhen. Dass dies im Zweifel kontraproduktiv für Ihren Betrieb ist, ist den meisten Beschäftigten nicht bewusst, da immer noch überwiegend in Umsatzzahlen und nicht in Gewinndimensionen gedacht wird. Vor allem bei Produkten mit geringen Margen können zusätzliche Rabatte schnell zu Verlusten führen.

Eine andere Situation, in der Sie – ausnahmsweise – einen höheren Rabatt als geplant gewähren können, ist, wenn Sie einen Neukunden unbedingt akquirieren möchten, etwa weil er für Sie einen sehr guten Referenzkunden darstellen würde. Hier sollten Sie allerdings von Beginn an klarmachen, dass der höhere Nachlass ein einmaliges „Willkommensangebot" ist und es ab dem zweiten Kauf keine weiteren Sonderbehandlungen mehr geben wird.

Schritt 4: Im Kundengespräch – Rabattgrenzen kennen und berücksichtigen

Sie wissen nun um die grundsätzlichen Chancen und Risiken von Rabatten: Auf der einen Seite aktive Verkaufsförderung, auf der anderen Seite die Möglichkeit, mit hohen Nachlässen Gewinnanteile zu vernichten.

Dieses Wissen gibt Ihnen im Verkaufsgespräch die Möglichkeit, schnell auf Kundenwünsche und -fragen bezüglich Rabatten zu reagieren. Wenn Sie für ein Produkt die Obergrenze für einen Nachlass berechnet haben und kennen, können Sie Ihrem Kunden ein konkretes reduziertes Angebot machen, wenn er Sie danach fragt.

Wenn Sie wissen, wie viel Prozent Nachlass (Rabatt und Skonto) Sie Ihrem Kunden maximal geben können, ohne dass Sie auf der Gewinnseite ungeplante Einbrüche hinnehmen müssen, können Sie den Mindestverkaufspreis einfach berechnen, indem Sie vom Nettopreis Rabatt und Skonto subtrahieren.

Beispiel: Sie verkaufen einen Bürostuhl mit einem regulären **Nettolistenpreis** von 430 EUR. Sie wissen, dass Sie maximal 10 % Rabatt gewähren können, zuzüglich ggf. 2 % Skonto. In diesem Fall können Sie ebenso vorgehen, wie es Ihr Kunde tun würde: Ziehen Sie zunächst von den 430 EUR 10 % ab und Sie können Ihrem Kunden einen Endpreis von 387 EUR (430 EUR x 0,9) anbieten. Wenn er dann noch auf Skonto besteht, ziehen Sie von den 387 EUR noch die 2 % Skonto ab und Sie können ihm einen Endpreis von 379,26 EUR bieten (387 x 0,98). Sie müssen allerdings daran denken, dass Sie auf diesen Preis noch die Mehrwertsteuer addieren müssen. Der Bruttopreis würde in diesem Fall also 451,32 EUR betragen (379,26 x 1,19).

Im Beispiel ist der Ladenpreis von 451,32 EUR Ihre Schmerzgrenze. Jeder weitere Euro Nachlass schmälert überproportional Ihren Gewinn.

TIPP

Damit Sie nicht jedes Mal, wenn Sie sich im Kundengespräch befinden, einen Preis berechnen müssen, sollten Sie für alle wichtigen Produkte den Bruttopreis ermitteln, den Sie mindestens erzielen müssen, damit Sie Ihren geplanten Gewinn erreichen. Notieren Sie sich die Preise und geben Sie auch Ihren Mitarbeitern diese Information weiter. Noch besser ist es, wenn Sie und Ihre Beschäftigten die Preisgrenzen im Kopf haben und in Gegenwart eines Kunden nicht in einer Liste nachsehen müssen.

Schritt 5: Im Kundengespräch — höhere Rabattforderungen geschickt abwehren

Wenn Sie mit Ihrem Geschäft starkem Wettbewerb ausgesetzt sind oder wenn Sie einen neuen Kunden gewinnen wollen, kann es vorkommen, dass Sie über Ihre zuvor festgelegten Grenzen hinausgehen und weitere Zugeständnisse machen müssen. Dabei sollten Sie aber immer versuchen, der Forderung nach noch höheren Preisnachlässen zu begegnen. Überlegen Sie sich frühzeitig, mit welchen Angeboten und Argumenten Sie einen Kunden doch noch zu einem Kauf bewegen können, ohne noch weiter beim Preis nachgeben zu müssen. Legen Sie sich für solche Fälle einen Argumentationskatalog zurecht, auf den Sie im Falle eines Falles zurückgreifen können.

Einige Beispiele:

- Bieten Sie möglichst nicht von sich aus an, den Preis nach unten anzupassen. Das weckt zusätzliche Erwartungen, vor allem, wenn der Kunde noch gar nicht auf diesen Punkt zu sprechen gekommen ist.
- Wenn Sie nach Rabatten gefragt werden, versuchen Sie erst, einen geringeren Nachlass zu nennen. So haben Sie noch „Luft" nach unten.
- Besteht ein Kunde auf einem höheren Nachlass als von Ihnen geplant, sollten Sie überlegen, ob der Kunde es Ihnen „wert" ist. Handelt es sich um einen guten Kunden, der regelmäßig und viel kauft? Verdienen Sie trotz des höheren Rabattes noch an diesem Produkt? Bitten Sie Ihren Kunden um eine kurze Auszeit und ermitteln Sie den noch übrig bleibenden Gewinn.
- Bei kleineren Kunden oder Kunden, mit denen Sie trotz hoher Umsätze und ebensolcher Nachlässe keine Gewinne mehr erzielen, sollten Sie hart bleiben und auf dem zuvor errechneten Preis bestehen bleiben.
- Versuchen Sie, auch guten Kunden nur in Teilen entgegenzukommen. Bieten Sie ihnen beispielsweise an, nur für diesen konkreten Auftrag einen weiteren Nachlass zu gewähren und diesen, wenn möglich, nur im symbolischen Bereich von 1 bis 2 %. Teilen Sie ihm mit, dass für weitere Aufträge kein Spielraum nach unten besteht.
- Begründen Sie gegenüber hartnäckig feilschenden Kunden, warum Sie den Preis nicht weiter reduzieren können. Gute Argumente sind z. B. ein ausgezeichneter Service, eine kulante Umtauschregelung, eine Gratisberatung oder eine kostengünstige Hotline.
- Bieten Sie im Zweifel lieber eine zusätzliche Beigabe, z. B. ein kleines Accessoire, an Stelle eines weiteren Geldnachlasses an. So erhalten Sie sich zumindest das nominelle Preisniveau und treten keine Preislawine los.

Und noch ein Aspekt ist bei der Gewährung von Rabatten wichtig: Zum einen spricht sich schnell herum, dass und von wem besonders hohe Nachlässe gewährt werden. Hierdurch entsteht schnell die Situation, dass Sie von Ihren Kunden mehr und mehr unter Druck gesetzt werden, höhere Rabatte zu gewähren. Daher sollten Sie mit Nachlässen möglichst sparsam umgehen und möglichst häufig weniger Rabatte gewähren, als Sie es nach Ihrer Kalkulation könnten. Diese Vorgehensweise hat noch einen weiteren Vorteil: Jeder Kunde, der die Rabatte nicht (vollständig) ausreizt, trägt entweder dazu bei, dass Ihr Gewinn höher ausfällt als geplant oder aber er hilft, die negativen Auswirkungen von ungeplanten höheren Rabatten zu begrenzen.

Beispiel: Im vergangenen Monat haben Sie beim Verkauf eines Artikels 10 Kunden insgesamt 1.000 EUR mehr Rabatt gewähren müssen als geplant. 20 anderen Kunden konnten Sie das Produkt vollständig ohne Nachlass verkaufen. Dadurch mussten Sie ebenfalls 1.000 EUR an Rabatten nicht gewähren. Unter dem Strich stimmt Ihre Kalkulation jetzt also wieder.

2.7 Nachkalkulation – So optimieren Sie Ihre Angebotskalkulation

Voraussetzung für eine Nachkalkulation ist, dass Sie eine Angebotskalkulation erstellt haben. Dabei spielt es keine Rolle, welches Kalkulationsverfahren Sie anwenden, da der Weg von den Kosten bis hin zum Verkaufspreis stets gleich ist. Für die Durchführung der Nachkalkulation verwenden Sie das gleiche Schema wie zuvor bei der Angebotskalkulation, etwa die Maschinenstundensatzrechnung oder die Handelskalkulation. Bei den folgenden Ausführungen wird auf ein einfaches Grundkalkulationsschema zurückgegriffen, mit dem Sie einen Preis für ein Produkt, einen Auftrag oder ein Projekt berechnen können.

Das Schema finden Sie auf den Arbeitshilfen online.

> **● TIPP**
>
> Eine Nachkalkulation sollten Sie auch vornehmen, wenn Sie Massenwaren herstellen. Auch hier ist es wichtig, dass Sie regelmäßig prüfen, ob Ihre Annahmen in der Angebotskalkulation stimmen. Im Normalfall genügt es, wenn Sie die Überprüfung alle 3 bis 6 Monate oder bei größeren Veränderungen der Rahmenbedingungen, etwa Materialpreis- oder Lohnerhöhungen, durchführen.

Die Nachkalkulation Schritt für Schritt

Die folgende Grafik zeigt das Grundschema, um eine Nachkalkulation richtig durchzuführen:

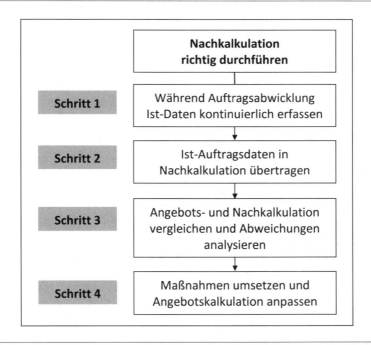

Abb. 22: Die einzelnen Schritte zur richtigen Durchführung einer Nachkalkulation

Schritt 1: Während der Auftragsabwicklung — Ist-Daten kontinuierlich erfassen

Um eine Nachkalkulation sach- und fachgerecht vornehmen zu können, ist es erforderlich, dass Sie während der Auftragsabwicklung oder der Produktion so viele Kostenarten wie möglich detailliert und zeitnah zu ihrer Entstehung erfassen. Dabei sollten Sie in einem Auftrag/Produkt variable und fixe Kosten unterscheiden.

Einfache und klare Verrechnungsschlüssel wählen: Damit Ihr Arbeitsaufwand insgesamt gering bleibt, sollten Sie für die Verrechnung der anteiligen fixen Kosten nur wenige und einfach nachvollziehbare Schlüssel wählen. Ohnehin ist eine genaue Verrechnung der fixen Kosten nahezu unmöglich.

In Betracht kommt z. B. das jährlich geplante Auftragsvolumen (Umsatz). Das geplante Jahresvolumen jeder mittelbaren Kostenposition setzen Sie einfach zum entsprechenden Jahresumsatz in Relation und übernehmen es anteilig für den anstehenden Auftrag.

Beispiel: Sie möchten einen Jahresumsatz von 200.000 EUR erzielen. Bei den fixen Kosten fallen für Mieten und Raumkosten voraussichtlich 10.000 EUR/ Jahr an. Pro Euro Umsatz sind das 5 Cent. Für einen Kunden wollen Sie ein Produkt kalkulieren. Der voraussichtliche Preis beträgt 5.000 EUR. Demnach würden Sie bei diesem Auftrag 250 EUR anteilige Miete ansetzen.

Da der Preis für einen Auftrag oder ein Produkt aber oft erst feststeht, nachdem Sie die Kalkulation fertig gestellt haben, eignet sich dieser Schlüssel nicht für alle Aufträge. Alternativ können Sie daher auch die variablen Kosten als Bezugsgröße wählen. Auch hier benötigen Sie als Planungsgrundlage die voraussichtliche Gesamtsumme der variablen und fixen Kosten für ein Jahr. Wie zuvor ermitteln Sie die anteiligen fixen Kosten, indem Sie sie ins Verhältnis zu den variablen Kosten setzen.

Beispiel: Sie rechnen für das laufende Jahr mit 180.000 EUR an variablen Kosten. Die Mieten aus dem vorherigen Beispiel setzen Sie jetzt ins Verhältnis zu diesen Kosten. Pro Euro variable Kosten fallen gerundet 5,6 Cent Mieten an. Für die Abwicklung des nächsten Kundenauftrags rechnen Sie mit 3.500 EUR variabler Kosten. Die anteilige Miete macht rund 196 EUR aus.

Zwar ist diese Vorgehensweise nicht sehr genau, da die Höhe der verrechneten fixen Kosten auch davon abhängt, wie hoch die variablen Kosten oder der Umsatz später tatsächlich ausfallen. Dennoch müssen Sie bei jedem Auftrag anteilige indirekte Kosten ansetzen. Denn schließlich wollen Sie nicht nur die Gesamtkosten Ihres Betriebes decken, sondern möglichst auch noch einen Gewinn erzielen. Bei der Nachkalkulation eines konkreten Auftrags sollte daher die Gegenüberstellung und Analyse der variablen Kosten im Mittelpunkt stehen.

● TIPP

Den Fokus bei der Nachkalkulation und bei möglichen Steuerungsmaßnahmen sollten Sie auf die Kosten legen, die Sie direkt beeinflussen können. Dies sind vor allem die Lohn- und Materialkosten. Sie machen oft bereits 80 und mehr Prozent der Gesamtkosten aus. Dennoch sollten Sie die fixen Kosten nicht vollkommen außer Acht lassen. Denn grundsätzlich können Sie auch diese Kosten positiv beeinflussen. Beispielsweise ist es möglich, Abschreibungen und Zinsen zu senken, indem Sie nicht benötigte Vermögensgegenstände (z. B. Rohstoffe, Maschinen) verkaufen und bei Neuanschaffungen auf Leasing ausweichen. Zudem besteht häufig die Möglichkeit, Leistungen günstiger von Dritten erbringen zu lassen (Eigen- oder Fremdbezug).

Schritt 2: Ist-Auftragsdaten in die Nachkalkulation übertragen

Spätestens nach Auftragsende sollten Sie die erfassten Istkosten in das Schema der Nachkalkulation übertragen und der Angebotskalkulation gegenüberstellen. Achten Sie dabei darauf, dass Sie sowohl die Struktur als auch die Positionen bzw. deren Bezeichnungen wie in der Angebotskalkulation beibehalten.

● TIPP

Um den Arbeitsaufwand bei der Dateneingabe möglichst gering zu halten, sollten Sie die Erfassung der Ist-Daten unmittelbar in Ihrem betriebsindividuellen Kalkulationsschema vornehmen. So vermeiden Sie Doppelerfassungen bzw. Mehrarbeit und Sie reduzieren Fehlermöglichkeiten (Übertragungsfehler). Wenn Sie die Excel-Datei aus den Arbeitshilfen online verwenden wollen, sollten Sie umgekehrt auch die Angebotskalkulation mithilfe dieses Musters erstellen.

Auf den Arbeitshilfen online finden Sie ein Beispiel einer Nachkalkulation, das Sie an Ihre Erfordernisse anpassen können.

Im Beispiel auf den Arbeitshilfen online ist zu sehen, dass insbesondere die Lohnkosten gegenüber der Angebotskalkulation stark gestiegen sind. Als Ursache wurden hier zu wenig angesetzte Arbeitsstunden ermittelt. Bei den

Fremdleistungen hat es eine geringfügige Ersparnis gegeben. Ansonsten sind alle Beträge weit gehend gleich geblieben.

Da Sie den End- bzw. Ladenpreis nicht mehr anpassen können, geht eine ungeplante Erhöhung der Kosten zulasten Ihres Plangewinns, wie Sie dem reduzierten Gewinnzuschlag entnehmen können (siehe Arbeitshilfen online). Umgekehrt führen Einsparungen natürlich zu einer Erhöhung des Plangewinns.

TIPP

Statt die Nachkalkulation mithilfe des Schemas der Excel-Anwendung vorzunehmen, können Sie auch das Verfahren verwenden, mit dem Sie die Angebotskalkulation durchgeführt haben und hier die Plandaten durch Ist-Zahlen ersetzen. Wenn Sie z. B. die Zuschlagskalkulation verwenden, füllen Sie den BAB und die Zuschlagskalkulation mit Istdaten und führen so die Nachkalkulation durch.

Schritt 3: Angebots- und Nachkalkulation vergleichen und Abweichungen analysieren

Aus Ihrer Erfahrung wissen Sie wahrscheinlich, dass Planung (Angebotskalkulation) und Ist (Nachkalkulation) fast nie exakt übereinstimmen. Auch wenn Sie noch so sorgfältig agieren, wird es Abweichungen zwischen der Angebots- und Nachkalkulation geben. Abweichungen sollten Sie grundsätzlich nicht irritieren, zumindest solange es sich um geringe Werte handelt. Stellen Sie beim Vergleich beider Kalkulationen fest, dass es größere Abweichungen gibt, ist Ihr Eingreifen jedoch zwingend.

TIPP

Legen Sie für sich fest, ab welcher Grenze Sie bei einer Abweichung aktiv werden wollen. Dabei sollten Sie darauf achten, dass Sie sowohl eine prozentuale als auch eine absolute Grenze festlegen. Beispielsweise kann eine Abweichung von 1.000 EUR bei einem großen Auftrag nur wenige Prozent ausmachen. Absolut gesehen lohnt sich eine Analyse aber vielleicht schon. Und umgekehrt ist eine Abweichung von 300 % bei den Frachtkosten unkritisch, wenn der Basisbetrag z. B. lediglich 10 EUR ausmacht.

Eine genaue Analyse lohnt sich auch, wenn die Gesamtabweichung gering ist: Bei der Analyse sollten Sie zudem nie allein auf das Endergebnis sehen und die Gesamtabweichung betrachten, sondern zumindest die größeren Kalkulationspositionen genauer beleuchten. Denn in der Praxis kommt es immer wieder vor, dass sich größere positive und negative Abweichungen wieder aufheben. Dann besteht, trotz geringer Gesamtabweichung, dennoch Handlungsbedarf. Denn Sie müssen feststellen, warum sich eine wichtige Kalkulationsgröße besser und eine andere schlechter entwickelt hat als von Ihnen geplant.

Beispiel: Sie haben Ihrem Kunden ein Angebot über einen Kaminofen in Höhe von 1.900 EUR netto gemacht. Die zwei wichtigsten Kalkulationspositionen, Lohn- und Materialkosten, haben Sie mit 500 EUR bzw. 800 EUR angesetzt. Die restlichen Kosten, z. B. anteilige Abschreibungen, Werbung und Mieten machen 200 EUR aus. Der Restbetrag ist Ihr Gewinn. Die Nachkalkulation ergibt, dass Ihnen 600 EUR Personalaufwand und 680 EUR Materialkosten entstanden sind. Die restlichen Kosten lagen in der von Ihnen vorgesehenen Größenordnung. Obwohl sich in der Summe also nur ein geringfügig veränderter Gesamtbetrag von 1.480 EUR ergibt, sollten Sie näher untersuchen, warum Sie bei den Lohnkosten 20 % Mehraufwand und bei den Materialkosten einen um 15 % geringeren Aufwand hatten.

Suchen Sie auch nach Ursachen für positive Abweichungen: In der Praxis ist immer wieder zu beobachten, dass man sich mit negativen Abweichungen, also höheren Kosten und/oder niedrigeren Erlösen, intensiv auseinander setzt. Im umgekehrten Fall, also wenn Sie einen höheren Gewinn erzielt haben, passiert dies nur selten. Doch auch niedrigere Kosten oder höhere Erlöse haben Ihre Ursachen, denen Sie unbedingt nachgehen sollten. Denn so finden Sie u. U. Möglichkeiten, diese positiven Entwicklungen weiter zu unterstützen und so Ihren wirtschaftlichen Erfolg (Gewinn) zu vergrößern. Wenn Sie im Beispiel den Grund für die niedrigeren Lohnkosten finden, können Sie diesen Vorteil über den Preis entweder an Ihre Kunden weitergeben. Oder Sie können einen höheren Gewinn realisieren. Voraussetzung ist, dass es Ihnen gelingt, die Ursachen für die höheren Materialkosten zu finden und hier für Abhilfe zu sorgen.

Schritt 4: Maßnahmen umsetzen und die Angebotskalkulation anpassen

Wenn es häufiger vorkommt, dass Sie größere Abweichungen zwischen Angebots- und Nachkalkulation haben, sollten Sie zwingend nach Maßnahmen zur Abhilfe suchen und diese umsetzen. Zwar gibt es eine Fülle von Abweichungsursachen und somit auch Maßnahmen, sodass es kaum möglich ist, auf alle Aspekte einzugehen. Dennoch lohnt es sich für Sie, immer über folgende Punkte nachzudenken:

- Wurde die richtige Anzahl Arbeitsstunden angesetzt? In der Praxis ergeben sich hier oft die größten Abweichungen, weil es vor allem bei Aufträgen immer wieder zu nicht geplanten Verzögerungen oder Mehrarbeiten kommt, etwa bei der Montage beim Kunden oder bei Testläufen.
- Wurden die richtigen Stundensätze berechnet (z. B. Geselle, Meister, Azubi)?
- Wurden alle relevanten Kosten berücksichtigt, z. B. Material, Lohn, Betriebsstoffe, Werkzeug, Transport, Abschreibungen, Zinsen, Mieten und EDV oder haben Sie Positionen vergessen?
- Ist es möglich Materialien und/oder Lieferanten zu substituieren?
- Lassen sich die Abläufe verbessern, z. B. Verringerung der Rüstzeiten, Verkürzung der Transportwege?
- Ist es möglich, mit Lieferanten und Zulieferanten nachzuverhandeln, etwa über Preise und Konditionen?
- Ist es möglich, bestimmte Leistungen durch Dritte erbringen zu lassen und so die eigene Wertschöpfungstiefe zu verringern?
- Wird regelmäßig überprüft, welche Kostensenkungsmaßnahmen möglich sind?
- Passen die gewählten Verteilschlüssel oder Schätzungen?
- Muss ggf. die Rabatt- und Preispolitik angepasst werden?
- Sind Verbesserungen in der Zeit- und Meilensteinplanung notwendig?

Ein ausführliches Praxisbeispiel bieten Ihnen die Arbeitshilfen online.

2.8 So ermitteln Sie Ihre Preisuntergrenzen

Nicht immer wird es Ihnen möglich sein, den Preis zu erzielen, den Sie sich vorstellen. Vor allem in einem starken Wettbewerbsumfeld können Kunden ihre eigenen Preisvorstellungen leichter durchsetzen als Sie. Vielleicht haben auch Sie schon einmal die Erfahrung gemacht, dass Ihnen Kunden sagen, dass sie zu einem Wettbewerber gehen, wenn Sie ihnen im Preis nicht entgegenkommen wollen? Auch Kunden, die mit großen Abnahmemengen planen, sind selten bereit, den vollen Preis für ein Produkt zu bezahlen.

Jetzt stellt sich die Frage, wie Sie reagieren sollen: Lassen Sie einen Kunden zur Konkurrenz gehen? Können oder wollen Sie auf einen Großkunden verzichten? Was passiert mit Ihrem Gewinn, wenn Sie den Preis um X Prozent reduzieren? Und wie hoch muss der Preis für ein bestimmtes Produkt sein, damit Sie mit einem Verkauf zumindest keinen Verlust erwirtschaften?

2.8.1 Kalkulierter Jahresgewinn auch mit niedrigeren Preisen erreichbar

Wenn Sie Ihre Preise kalkulieren, wissen Sie inzwischen, dass Sie nicht immer und unbedingt den vollen berechneten Ladenpreis erhalten müssen, um noch einen Gewinn zu erwirtschaften. Ihr Gewinnaufschlag bzw. Ihr Gesamtgewinn bezogen auf das Jahr basiert ja auf einer bestimmten Anzahl zu verkaufender Produkte pro Jahr.

Können Sie z. B. durch einen Großauftrag eine höhere Verkaufszahl realisieren, dafür aber mit einem kleineren anteiligen Gewinn pro verkaufter Einheit, sollten Sie einen solchen Auftrag in der Regel annehmen. Vorausgesetzt natürlich, Sie haben noch Produktionskapazitäten frei. Und natürlich müssen Sie bei einem solchen Schritt überlegen, wie Sie möglichen Forderungen nach einer Preisabsenkung Ihrer anderen Kunden entgegentreten, wenn sich herumspricht, dass Sie einem anderen Abnehmer einen möglicherweise deutlich günstigeren Preis gewährt haben.

Kurzfristig kann es sogar Sinn machen, einen oder mehrere Aufträge anzunehmen, bei denen Sie überhaupt keinen Gewinn erzielen, bei denen Sie aber zumindest Ihre Kosten vollständig oder teilweise decken können.

Wenn Ihre aktuelle Auftragslage zu wünschen übrig lässt, kann es sinnvoll sein, Aufträge anzunehmen, die Ihre Einzelkosten vollständig und Ihre Gemeinkosten aber nur teilweise abdecken. Denn die Gemeinkosten fallen in der Regel ohnehin an, auch wenn Sie nicht produzieren. Daher ist es aus betriebswirtschaftlicher Sicht trotz fehlender vollständiger Kostendeckung zumindest über einen kürzeren Zeitraum von z. B. einigen Wochen zu vertreten, wenn Sie Aufträge annehmen, bei denen Sie keinen Gewinn oder sogar keine vollständige Kostendeckung erreichen können.

2.8.2 Verschiedene Preisuntergrenzen

In Theorie und Praxis gibt es drei unterschiedliche Preisuntergrenzen.

Die langfristige Preisuntergrenze

Die langfristige Preisuntergrenze eines Produktes ist der Verkaufspreis, bei dem gerade noch alle Kosten gedeckt werden. Theoretisch können Sie bei Kostendeckung die Produktion bzw. den Verkauf Ihrer Produkte über einen unbegrenzten Zeitraum fortführen. Auch Ersatzinvestionen sind möglich, die ja über die Abschreibungen gedeckt werden.

Lediglich Erweiterungen können Sie nicht vornehmen, da diese grundsätzlich über den Gewinn finanziert werden. Zudem müssen Sie entweder vollständig (wenn Sie kein Gehalt beziehen oder kalkulatorischen Unternehmerlohn angesetzt haben) oder teilweise (auf den Teil des Einkommens, den Sie aus dem Gewinn erzielen) auf eigene Einkünfte verzichten.

$$\text{Langfristige Preisuntergrenze} = \frac{\text{Gesamtkosten eines Produktes}}{\text{Absatzmenge des Produktes}}$$

Die langfristige Preisuntergrenze eines Produktes können Sie vergleichsweise leicht ermitteln, und zwar unabhängig davon, welches Kalkulationsverfahren Sie nutzen. Denn sie entspricht den Selbstkosten eines Produktes. Wenn Sie, aus welchen Gründen auch immer, Ihren kalkulierten Preis nicht realisieren können, sollten Sie stets und auf jeden Fall versuchen, die langfristige Preisuntergrenze nicht zu unterschreiten. Nur so ist sichergestellt, dass Sie dauerhaft keinen Substanzverlust mit Ihrem Betrieb erleiden.

Die kurzfristige Preisuntergrenze

Neben der langfristigen gibt es die kurzfristige Preisuntergrenze. Die kurzfristige Preisuntergrenze entspricht dem Verkaufspreis, der genau die Einzelkosten bzw. die variablen Kosten eines Produktes deckt. Zu den Einzelkosten gehören zunächst die Materialkosten sowie die Kosten, die bei der Materialbeschaffung anfallen.

TIPP

Auch wenn Sie noch ausreichend Material auf Lager haben, und damit auch keine neuen Bestellungen für die Abwicklung eines Auftrags erforderlich sind, müssen Sie die Materialkosten in jedem Fall in der Preisberechnung berücksichtigen. Denn das Material haben Sie ja bereits früher bezahlt.

Hinzu kommen Löhne, sowie die Sondereinzelkosten, die nur für die Herstellung und den Verkauf eines Produktes anfallen, etwa für Spezialwerkzeuge, Frachten oder Versicherungen. Die restlichen Kosten im Betrieb sind in der Regel Gemeinkosten, die bei der Berechnung der kurzfristigen Preisuntergrenze nicht berücksichtigt werden. Auch die kurzfristige Preisuntergrenze können Sie leicht ermitteln, wenn Sie kalkulieren. Ihre Einzelkosten können Sie z. B. mithilfe von Entnahmescheinen beim Material und Stundenaufschreibungen bei den Löhnen berechnen. Bei den Sondereinzelkosten ist es meist möglich, auf Belege zurückzugreifen, z. B. Rechnungen für Werkzeuge oder Frachtquittungen.

$$\text{Kurzfristige Preisuntergrenze} = \frac{\text{Einzelkosten eines Produktes}}{\text{Absatzmenge des Produktes}}$$

Auf das Niveau der kurzfristigen Preisuntergrenze dürfen Sie einen Preis aber nicht oder nur in einer echten Notlage absinken lassen. Denn dann werden sämtliche Gemein- bzw. Fixkosten nicht gedeckt. Somit entsteht Ihnen ein Verlust in Höhe Ihrer Gemein-/Fixkosten. Das bedeutet, dass Sie diese Kosten aus der Substanz bzw. Reserve Ihres Betriebes bezahlen müssen. Sie können sich also ausrechnen, wann sie Pleite machen und ihren Betrieb schließen müssen. Belaufen sich Ihre Fixkosten pro Jahr beispielsweise auf 150.000 EUR, müssen Sie, wenn Sie stets nur Ihre Einzelkosten decken, diese Summe aus Ihrem Geschäfts- oder Privatvermögen finanzieren.

Einen Auftrag, bei dem Sie lediglich einen Preis erzielen können, der gerade die Einzelkosten deckt, sollten Sie nur annehmen, wenn Sie damit rechnen, dass sich Ihre Auftragslage in absehbarer Zeit wieder deutlich und langfristig verbessern wird. Denn dann können Sie Ihre Mitarbeiter beschäftigen und Entlassungen und spätere Wiedereinstellungen vermeiden.

Beispiel: Die Selbstkosten eines Produktes liegen bei 100 EUR. Die Einzelkosten betragen 60 EUR. Die langfristige Preisuntergrenze liegt in diesem Fall bei 100 EUR. Wenn ein Unternehmer in einer Notsituation die langfristige Preisuntergrenze unterschreiten muss und den Preis beispielsweise auf 80 EUR absenkt, realisiert er pro Stück einen Verlust von 20 EUR. Diese 20 EUR muss er langfristig aus der Substanz seines Unternehmens, letztendlich also aus Eigenmitteln, bezahlen.

Allerdings entsteht dieser Verlust in der Regel nicht sofort in vollständiger Höhe, da in den Gemeinkosten auch Positionen enthalten sind, die nicht unmittelbar zu Auszahlungen führen, etwa die Abschreibungen (Auszahlungen erst bei Neuanschaffungen), die kalkulatorischen Kosten, Energien (bei quartalsweiser Zahlung) oder Versicherungen (Jahreszahlungen). Sinkt der Preis aber unter die Einzelkosten von 60 EUR, fallen meist direkt Auszahlungen an. Schließlich muss ein Lieferant in der Regel sofort bzw. nach Ablauf des Zahlungsziels bezahlt werden. Und auch die Gemeinkosten werden überhaupt nicht mehr gedeckt.

Die liquiditätsorientierte Preisuntergrenze

Die liquiditätsorientierte Preisuntergrenze berücksichtigt zudem, dass nicht nur die Einzelkosten sofort zu Auszahlungen führen, sondern dass Sie monatlich auch bestimmte Gemein-/Fixkosten zahlen müssen, etwa Gehälter, Mieten oder Abgaben. Wenn Sie einen Preis unterhalb der langfristigen Preisuntergrenze wählen müssen bzw. realisieren können, sollten Sie sich immer an der liquiditätsorientierten und nicht an der kurzfristigen Preisuntergrenze ausrichten.

Ansonsten können Sie zwar die Einzelkosten abdecken, durch die ebenfalls monatlich fälligen Zahlungen für Gehälter usw. geraten Sie aber sehr schnell in Zahlungsschwierigkeiten, wenn Sie nicht über ausreichende Rücklagen verfügen.

Liquiditätsorientierte Preisuntergrenze =

$$\frac{\text{Einzelkosten eines Produktes + ausgabewirksame Fix-/Gemeinkosten}}{\text{Absatzmenge des Produktes}}$$

Einfache Berechnung der liquiditätsorientierten Preisuntergrenze

Die liquiditätsorientierte Preisuntergrenze können Sie ebenfalls mit den beschriebenen Kalkulationsverfahren ermitteln. Allerdings lässt sich der Preis nicht wie bisher einfach aus den bereits vorhandenen Informationen ablesen.

Schritt 1: Nicht ausgabewirksame Kostenarten ermitteln

In einem ersten Schritt sollten Sie die Kostenarten identifizieren, die nicht direkt ausgabewirksam sind. Als nicht ausgabewirksam können Sie alle Kosten ansehen, für die Zahlungen in Abständen von mehr als einem Monat anstehen, z. B.:

- Abschreibungen
- Versicherungen
- Bestimmte Steuern, z. B. Grundsteuern

- Abgaben (bei Quartalszahlungen)
- Energien (bei Quartalszahlungen)
- Bestimmte Sozialleistungen, etwa Urlaubs- und Weihnachtsgeld
- Kalkulatorische Kosten
- Sonstige Jahreszahlungen, z. B. bei Instandhaltungsverträgen oder Wartungen

TIPP

Gehen Sie zusammen mit Ihrem Steuerberater oder Buchhalter alle Kostenarten durch und prüfen Sie, in welchen Abständen Ihnen bei welchen Kostenarten Zahlungsverpflichtungen entstehen. Stellen Sie eine Liste mit den nicht unmittelbar ausgabewirksamen Positionen zusammen, um sich einen Überblick zu verschaffen. Überprüfen Sie diese Liste einmal pro Quartal und ergänzen Sie sie falls notwendig.

Schritt 2: Gesamtkostenübersicht des Betriebes anpassen

Wesentliche Voraussetzung für die Kalkulation ist u. a., dass Sie sich vor der Durchführung eine Gesamtkostenübersicht bzw. eine separate Einzelkosten- und Gemeinkostenübersicht erstellen, um später die Selbstkosten Ihrer Produkte berechnen zu können. Um die liquiditätsorientierte Preisuntergrenze zu ermitteln, ziehen Sie von den Gemeinkosten die nicht ausgabewirksamen Kosten ab bzw. setzen Sie die Jahreswerte auf null. Übrig bleiben die tatsächlich ausgabewirksamen Kosten.

Sehen Sie dazu folgendes Beispiel. Die Zahlen sind fiktiv gewählt:

Einzelkosten	Gesamtsummen Betrieb
Materialkosten	400.000
Löhne	290.000
Spezialwerkzeuge	5.000
Transport und Frachten	5.000
Summe Einzelkosten	**700.000**

Gemeinkosten	Gesamtsummen Betrieb
Personalkosten (inkl. Sozialabgaben), (Gesamt 184.000, davon nicht ausgabewirksam 30.000)	154.000
Mieten	74.000
Abschreibungen (nicht ausgabewirksam 10.000)	0
Energien	10.000
KFZ	16.000
Reise/Bewirtung	9.000
Werbung	90.000
Reparaturen	25.000
Versicherungen (nicht ausgabewirksam 3.000)	0
Abgaben (nicht ausgabewirksam 5.000)	0
Wartung/Instandhaltung (Gesamt 14.000, davon 6.000 nicht ausgabewirksam)	8.000
Hilfsstoffe	8.000
Betriebsstoffe	3.000
Kommunikation	1.500
Fachliteratur	1.700
Büromaterial	2.800
Zinsen (2.000, Quartalszahlungen, nicht ausgabewirksam)	0
Werkzeuge	9.000
Ersatzteile	13.000
Beratung	26.000
Konstruktion	15.000
Betriebliche Steuern	40.000
Sonstige Kosten, z. B. Bank	4.000
Summe direkt ausgabewirksamer Gemeinkosten	**510.000**
Gesamtsumme direkt ausgabewirksamer Kosten Betrieb (Einzel- und Gemeinkosten)	**1.210.000**

Abb. 23: Gesamtkostenübersicht des Betriebes anpassen

Das Beispiel zeigt, dass oft auch ein Großteil der Gemeinkosten direkt ausgabewirksam ist. Lediglich 56.000 EUR oder knapp 10 % der Gemeinkosten bzw. 4,4 % der Gesamtkosten sind nicht direkt ausgabewirksam. Die liquiditätsorientierte Preisuntergrenze würde sich in einem solchen Fall also sehr nah an der langfristigen Preisuntergrenze bewegen.

Schritt 3: Liquiditätsorientierte Preisuntergrenze berechnen

Jetzt können Sie die liquiditätsorientierte Preisuntergrenze berechnen. Je nachdem, welches Kalkulationsverfahren Sie nutzen, setzen Sie zur Preisberechnung die Einzelkosten sowie die anteiligen ausgabewirksamen Gemeinkosten je Produkt an.

TIPP

Auch die liquiditätsorientierte Preisuntergrenze stellt immer nur eine Notlösung dar. Denn auch mit diesem Preis decken Sie noch nicht einmal Ihre Gesamtkosten, von der Realisierung eines Gewinns ganz zu schweigen. Wenn Sie Ihren Preis unter die langfristige Preisuntergrenze absenken müssen, sollten Sie immer versuchen, ihn oberhalb der liquiditätsorientierten Preisuntergrenze zu halten. Jeder Cent mehr hilft Ihnen, den entstehenden Verlust zu begrenzen!

Schritt 4: Mehrwertsteuer berücksichtigen

Auch bei der Berechnung von Preisuntergrenzen dürfen Sie die aktuelle Mehrwertsteuer nicht vergessen. Diese müssen Sie **bei jeder Preisuntergrenze hinzurechnen**. Für die Ermittlung der Preisuntergrenzen sollten Sie in jedem Fall „Ihr" Kalkulationsschema verwenden, das alle Komponenten zur Berechnung der Verkaufspreise enthält. So können Sie auch die Mehrwertsteuer nicht vergessen.

TIPP

Wenn Sie mehrere Produkte herstellen, müssen Sie sich Gedanken über die Preisuntergrenze jedes einzelnen Artikels machen. Schließlich hat jedes Produkt seine eigenen Preisuntergrenzen. Und es besteht immer das Risiko, dass Sie in eine Situation kommen, in der Sie entscheiden müssen, ob Sie einen Auftrag für ein bestimmtes Produkt zu niedrigeren als den von Ihnen geplanten und gewünschten Preisen realisieren müssen.

2.8.3 Angebote an der Preisuntergrenze bergen hohe Risiken

Das Absenken der Preise auf das Niveau egal welcher Preisuntergrenze ist immer kritisch und sollte von Ihnen möglichst vermieden werden. Im Fall der langfristigen Preisuntergrenze verliert Ihr Betrieb zwar keine Substanz, Sie erzielen aber auch keinen Gewinn mehr und können so weder die eigenen Einkommensvorstellungen realisieren noch Ihren Betrieb erweitern. Zudem lösen Sie u. U. Begehrlichkeiten bei Ihren Kunden aus. Diese wollen in der Regel auch künftig nur noch einen niedrigeren Preis für Ihre Produkte oder Leistungen zahlen.

Auch Ihre Wettbewerber werden möglicherweise reagieren und ihrerseits die Preise senken. Dadurch erhöht sich der Preisdruck weiter und Sie müssen ggf. neue Zugeständnisse machen. Es besteht die Gefahr, dass Sie eine Preisspirale nach unten auslösen und große Verluste einfahren. Und wenn Ihre Wettbewerber Verluste länger aushalten können als Sie, müssen Sie vielleicht Konkurs anmelden und Ihr Geschäft vollständig aufgeben.

Wenn Sie es nicht vermeiden können, Ihre Preise zu senken, müssen Sie sich parallel überlegen, wie es möglich ist, mit einem niedrigeren Preis dennoch Gewinne zu erzielen. Eine Möglichkeit sind Kostensenkungsmaßnahmen. Prüfen Sie z. B., ob

- Sie mit Ihren Lieferanten einen Preisnachlass aushandeln können. Dies ist vor allen Dingen möglich, wenn Sie — evtl. bedingt durch einen oder mehrere Großaufträge — ebenfalls höhere Mengen abnehmen.
- Sie mit neuen Lieferanten bessere Konditionen aushandeln können.
- es möglich ist, teure Materialien gegen preiswertere auszutauschen (Achtung: Qualität und sonstige Konditionen, z. B. Lieferfristen, Nebenkosten vergleichen).
- Sie die Personalkosten senken können, indem Sie auf Zeitarbeiter oder Aushilfskräfte zurückgreifen. Möglicherweise kann auch ein flexibles Ar-

beitszeitmodell (z. B. Arbeitszeiten mit einer Bandbreite von 5 bis 10 Stunden pro Tag ohne Aufschläge) helfen, Kosten zu senken.

- Sie mit Ihrem Vermieter über eine Senkung der Mieten verhandeln können.

2.8.4 Annahme von Zusatzaufträgen

Die Kenntnis von Preisuntergrenzen ist für Sie noch aus einem anderen Grund wichtig. Wenn Sie über **freie Kapazitäten** verfügen, können Sie weitere Aufträge annehmen. Oftmals wird Ihnen das nicht gelingen, wenn Sie dies mit regulären Preisen versuchen. Sie müssen hinsichtlich Ihrer Preise Zugeständnisse machen, um neue Kunden zu gewinnen. Oder Sie können gezielt einen größeren Abnehmer ansprechen und diesem einen Preis anbieten, der mehr oder weniger deutlich unter Ihrem üblichen Marktpreis liegt.

Die Frage, die sich stellt, lautet: Welchen Preis müssen Sie mindestens erzielen, damit sich die Annahme eines solchen Auftrags lohnt? Bei freien Kapazitäten lohnt sich die Annahme eines Zusatzauftrages immer, wenn der Preis die variablen Kosten übersteigt. In diesem Fall spricht man von einem (**absoluten**) positiven **Deckungsbeitrag**. Der die variablen Kosten übersteigende Teil des Preises hilft Ihnen, einen Teil der Gemein- bzw. Fixkosten zu decken (daher Deckungsbeitrag). Denn die Fixkosten fallen auch an, wenn Sie gar nichts verkaufen.

Erreichen Sie mit den von Ihnen bisher bereits geplanten Verkäufen den vorgesehenen Gewinn, trägt jedes zusätzlich verkaufte Stück bzw. jeder Deckungsbeitrag dazu bei, Ihren Plangewinn um genau diesen Betrag zu erhöhen.

Beispiel zur Annahme eines Zusatzauftrags: Ein Unternehmer verkauft zwei Produkte A und B. Von A sollen im Jahr 10.000 Stück abgesetzt werden. Bei einem Preis von 100 EUR möchte er 10 EUR Gewinn realisieren, insgesamt plant der Unternehmer also 100.000 EUR Gewinn bei Produkt A ein. Von B sollen 5.000 Einheiten zu einem Preis von 120 EUR mit einem Stückgewinn von 20 EUR verkauft werden. Zusammen will der Unternehmer 200.000 EUR Gewinn erzielen. Die Einzelkosten für A und B betragen 60 EUR und 90 EUR.

Ein Kunde möchte zusätzlich 2.000 Stück B kaufen. Allerdings will er nur 95 EUR pro Einheit zahlen. Da der Preis die Einzelkosten übersteigt und die Gemeinkosten bereits durch den Verkauf der ursprünglichen Planmenge gedeckt sind, würde der Unternehmer pro zusätzlich verkauftem Stück einen Gewinn von 5 EUR erzielen. Da der Betrieb über freie Kapazitäten verfügt, sollte der Auftrag bei sonst unveränderten Rahmenbedingungen trotz geringerem Preis angenommen werden.

TIPP

Achtung: Auch im Fall freier Kapazitäten müssen Sie sich darüber klar sein, dass Sie bei Ihren alten und neuen Kunden u. U. Begehrlichkeiten hinsichtlich der langfristigen Preisgestaltung wecken. Spricht sich herum, dass Sie bereit sind, Zugeständnisse beim Preis zu machen und bestehen auch andere Kunden auf niedrigeren Preisen, reduziert sich zunächst Ihr Gewinn. Möglicherweise entsteht dadurch ein Verlust.

Stellen Sie niedrigere Preise daher als einmalige und nicht wiederholbare Gelegenheit heraus. Weisen Sie einen neuen Kunden z. B. darauf hin, dass es sich um einen „Kennenlern-Preis" handelt. Bei großen Kunden sollten Sie zwar nicht unbedingt auf dem eigentlichen Ladenpreis für Ihre „Normalkunden" bestehen.

Dennoch sollten Sie dafür sorgen, dass Sie bei der nächsten Bestellung einen höheren Preis verlangen. Betonen Sie, dass Sie beim ersten Auftrag z. B. als Willkommensgeste, bereit sind, ein Produkt zu einem Preis anzubieten, an dem Sie nichts verdienen und dass der Preis für den Folgeauftrag zumindest geringfügig höher sein muss.

2.8.5 Preisuntergrenze bei einem Kapazitätsengpass

In der Praxis gibt es noch eine andere, für Sie grundsätzlich erfreulichere, Notwendigkeit für die Berechnung einer Preisuntergrenze: Die Nachfrage nach einem Produkt (A) ist so groß, dass Sie mehr verkaufen können als Sie derzeit herstellen. Bei freien Kapazitäten ist dies kein Problem, wenn Sie wie gesehen einen Preis realisieren können, der oberhalb der Einzelkosten von Produkt A liegt.

Allerdings ändert sich die Sachlage, wenn Sie an der Kapazitätsgrenze arbeiten. Dann können Sie von Produkt A nur mehr verkaufen, wenn Sie die Produktion und den Verkauf bei einem anderen Produkt Ihres Sortiments reduzieren. In diesem Fall spricht man von einem (Kapazitäts-)Engpass. Engpässe treten vor allen Dingen bei Arbeits- und Maschinenzeiten sowie bei der Materialbeschaffung auf.

Die Frage, die sich bei einem Engpass stellt, lautet: Wie hoch muss der Preis für das Produkt A mindestens sein, damit es sich für Sie lohnt, auf den Verkauf eines Teils der anderen Produkte zu verzichten?

Grundsätzlich gilt, dass die Preisuntergrenze mindestens so hoch sein muss, wie die Einzelkosten von A plus der Deckungsbeitrag von B zusammen.

In der Praxis ist es meist so, dass der Engpass von den Produkten in unterschiedlichem Ausmaß beansprucht wird. Die Bearbeitung eines Produktes an einer Maschine dauert z. B. länger als die des anderen. Dann ist das Entscheidungskriterium nicht der absolute, sondern der **relative Deckungsbeitrag**. Der relative Deckungsbeitrag ergibt sich, wenn der absolute Deckungsbeitrag durch die Anzahl der Produktionsminuten geteilt wird.

Beispiel: Ein Unternehmen stellt auf einem Drehautomaten mit einer Kapazität von 150.000 Minuten die Produkte A und B her. Die Verkaufspreise belaufen sich auf 20 EUR und 15 EUR, die variablen Kosten auf 10 EUR bzw. 6 EUR. Die absoluten Deckungsbeiträge betragen 10 EUR und 9 EUR. Es ist geplant, von A 15.000 und von B 10.000 Stück zu verkaufen. Der Gesamt-Deckungsbeitrag macht 240.000 EUR aus (15.000 x 10 EUR plus 10.000 x 9 EUR). Für die Fertigung von einem Stück A wird der Automat 8 Minuten beansprucht. Für die Produktion eines Stücks B werden 3 Minuten benötigt. Die relativen Deckungsbeiträge betragen 1,25 EUR für A und 3,00 EUR für B. (10 / 8 und 9 / 3).

Ein Kunde fragt an, ob er zusätzlich 1.000 Stück A erwerben kann und möchte den Preis hierfür wissen. Wenn das Unternehmen 1.000 Stück A zusätzlich herstellen möchte, benötigt es hierfür 8.000 weitere Produktionsminuten. Da diese Zeit nicht mehr verfügbar ist, müsste auf einen Teil der Fertigung von B verzichtet werden.

Von B könnten in diesem Zeitraum 2.667 Stück hergestellt werden (8.000 Min. / 3 Min.), wobei der Betrieb einen Deckungsbeitrag von 24.000 EUR erwirtschaften würde (8.000 Min. x 3,00 EUR Deckungsbeitrag). Der Kunde muss bereit sein, für A pro Stück mindestens 34,00 EUR zu zahlen (10 EUR Einzelkosten A plus 24 EUR entgangener Deckungsbeitrag B). Nur dann erreicht der Betrieb ebenfalls einen Deckungsbeitrag von rd. 240.000 EUR (15.000 Stück A x 10 EUR, plus 7.333 Stück B x 9 EUR, plus 1.000 zusätzliche Stück A x 24 EUR). Will der Kunde diesen Preis nicht zahlen, sollte die Anfrage abschlägig beschieden werden, da sich sonst das Ergebnis verschlechtert.

Sie müssen beachten, dass es nicht immer möglich ist, nur aus betriebswirtschaftlicher Sicht zu entscheiden: Der Deckungsbeitrag, den der Betrieb mit B erzielen könnte, ist größer als der von A. Dann lohnt es sich aus betriebswirtschaftlicher Sicht immer, B bevorzugt herzustellen und zu verkaufen. Das beste Ergebnis würde das Unternehmen erzielen, wenn es 50.000 Stück von B herstellt (150.000 vorhandene Produktionskapazität / 3 Minuten pro Stück B) und A ganz aus dem Programm nimmt. Und das, obwohl der Betrieb mit A einen positiven Deckungsbeitrag erwirtschaftet.

Allerdings müssen Sie immer auch die Marktverhältnisse berücksichtigen. Wenn Ihre Kunden 15.000 Stück A verlangen und Sie können diese Menge nicht anbieten, verlieren Sie u. U. Marktanteile, weil diese Kunden zum Wettbewerb gehen. Daher sollten Sie bei einer solchen Entscheidung immer auch das Umfeld und die aktuelle Situation im Hinblick auf den Wettbewerb beachten und analysieren.

TIPPS

Tipp 1: Häufig ist es möglich, an Stelle einer Programmoptimierung, bei der Sie auf den Verkauf eines Teils der möglichen Absatzmenge verzichten müssten, ein Produkt vollständig oder teilweise fremd zu beziehen. Dabei sollte der Bezugspreis inklusive Nebenkosten nicht oder nur unwesentlich höher liegen als Ihre Selbstkosten. Durch die so frei werdenden Kapazitäten haben Sie die Möglichkeit, die Produktionszahlen bei den restlichen Erzeugnissen zu erhöhen und können zudem mit den fremd bezogenen Produkten noch den ursprünglich geplanten Gewinn zu großen Teilen realisieren.

Tipp 2: Oft stellt die Arbeitszeit einen Engpass dar. Und mindestens ebenso oft ist es möglich, diesen Engpass über einen begrenzten Zeitraum durch Mehrarbeit zu beseitigen. Die Kosten für diese Mehrarbeit, z. B. Überstundenzuschläge oder Zusatzlöhne, addieren Sie zu den „normalen" Selbstkosten bzw. zur „normalen" liquiditätsorientierten Preisuntergrenze und Sie erhalten die Preisuntergrenzen, für die Sie einen zusätzlichen Auftrag mindestens anbieten müssen, um keine Verluste zu erzielen.

Ähnliches gilt, wenn die Transportkapazität den Engpass darstellt. In diesem Fall muss der Kunde bereit sein, die Zusatzkosten, z. B. für die Spedition oder die Anmietung eines LKW, zu bezahlen.

3 Angebote richtig erstellen – So kommen Sie ins Geschäft

Damit das von Ihnen gestellte Angebot inhaltlich bzw. rechtlich einwandfrei ist, müssen Sie eine Reihe von Regeln beachten. In diesem Kapitel erhalten Sie dazu alle relevanten Informationen.

3.1 Kennen Sie die Rechtswirkungen von Angeboten?

Bevor Sie ein Angebot erstellen, sollten Sie sich über die rechtlichen Folgen, die sich aus der Angebotserstellung ergeben, im Klaren sein. Es geht dabei um folgende Fragen, auf die Sie in diesem Abschnitt Antworten erhalten werden:

Frage	Ja	Nein
Halten Sie Ihr Angebot für unverbindlich?		
Glauben Sie, vor Vertragsschluss können keine Rechtswirkungen entstehen?		
Können Sie Ihr Angebot ohne Weiteres zurückziehen?		
Nutzen Sie allgemeine Geschäftsbedingungen?		
Sind Sie für jeden Auftrag dankbar?		
Wissen Sie, was zu tun ist, wenn Sie Mängel in der Kundenanfrage entdecken?		
Verfügen Sie über die wichtigen Informationen über Ihren Kunden?		
Denken Sie bei Ihrem Angebot daran, dass Sie Probleme mit Ihrem Kunden bekommen könnten?		
Kennen Sie die richtige Rechtsform Ihres Kunden?		
Haben Sie daran gedacht, was Ihr Kunde beisteuern muss?		
Können Sie angegebene Liefer- und Leistungszeiten auch einhalten?		

Frage	Ja	Nein
Brauchen Sie eine Versicherung?		
Wissen Sie, wie Sie Ihre Haftung und Ihre Gewährleistung wirksam begrenzen?		
Kennen Sie die Möglichkeiten, mit denen Sie Ihr Eigentum schützen können?		
Machen Sie Unterschiede zwischen Unternehmer- und Verbraucherkunden?		

Nicht alles, was man im Geschäftsleben äußert, hat rechtliche Bedeutung. Vieles dient allein der Information. Bedeutsam wird es erst, wenn Sie einen Willen äußern, mit dem Sie bewusst ein Rechtsverhältnis begründen, ändern oder beenden wollen. Man spricht dann von einem Vertrag.

Diese Äußerung kann in einer ausdrücklichen Erklärung bestehen oder in einem Verhalten, das ein anderer ebenfalls als solche Erklärung verstehen kann. Man spricht ganz allgemein von Willenserklärung.

Beispiel: Jeder Kellner weiß, dass er ein Bier bringen soll, wenn Sie Ihr leeres Bierglas in seine Richtung hochhalten. Ihr Verhalten hat Erklärungswert.

Versenden Sie auf Anfrage eines Kunden Prospekte oder Informationsmaterial, so ist das zwar eine Äußerung. Sie dient aber nicht (schon) der Begründung eines Rechts**geschäfts**, sondern soll ein solches vielleicht vorbereiten. Es handelt sich insofern noch nicht um eine Willenserklärung, sondern um eine Information.

Das bedeutet nicht, dass Sie durch diese Äußerung noch keine Rechtsbeziehung begründet hätten. Diese Rechts**beziehung** ist aber eine vorvertragliche. Sie führt zwar nicht zu Leistungspflichten für Sie, dennoch dürfen Sie den anderen nicht schädigen.

Geben Sie ein Angebot ab, wollen Sie den Kunden nicht nur informieren oder unterhalten. Sie wollen ein Geschäft in Gang bringen und auch möglichst den „Zuschlag", also den Auftrag bekommen. Sie wollen mit dem Kunden also ein

Geschäft abschließen. Ihr Wille soll Rechtsfolgen haben, Ihr Angebot ist also eine Willenserklärung.

Und die Kundenanfrage? Schließlich ist das auch eine Äußerung, die zu einem Geschäft führen soll. Durch die Anfrage will der Kunde sich aber gerade noch nicht binden. Er will noch entscheiden können, nachdem er Ihr Angebot geprüft hat, ob er überhaupt mit Ihnen oder einem anderen Anbieter ein (Rechts-) Geschäft abschließen will. Er will also, dass Sie sich als erster festlegen. Würde er sich festlegen wollen, weil er bereits sämtliche Informationen hat, würde er Sie nicht auffordern ein Angebot abzugeben, sondern bei Ihnen bestellen. Dann hätten Sie die Freiheit, der Bestellung etwa durch eine Auftragsbestätigung nachzukommen oder sie abzulehnen. Die Anfrage ist also

- keine bindende Erklärung des Kunden, sondern
- die Aufforderung zur Abgabe einer verbindlichen Erklärung des Anbieters.

So nutzen Sie Ihre unternehmerische Freiheit

Angebote sind der Einstieg ins Geschäft. Nur vor Vertragsabschluss können Sie frei entscheiden, ob Sie mit dem Kunden ein Vertragsverhältnis eingehen wollen oder nicht. Es besteht also Vertragsfreiheit. Durch die Annahme Ihres Angebots, also den Auftrag des Kunden, kommt ein rechtswirksamer Vertrag zustande. Daran sind Sie erst einmal „ohne Wenn und Aber" gebunden. Man spricht von Vertragstreue. Sie müssen den Vertrag erfüllen und nach dem Gesetz sogar in Vorleistung treten. Nur in wenigen Ausnahmefällen, etwa wenn erkennbar wird, dass der Kunde nicht mehr zur Zahlung fähig sein wird (Vermögensverschlechterung, § 321 BGB), können Sie die Leistung verweigern oder sich vom Vertrag lösen.

Achtung Falle — Drum prüfe, wer sich (ewig) bindet: Es kann Ihnen passieren, dass Sie vom Kunden auf Vertragserfüllung in Anspruch genommen werden, obwohl Ihr Kunde tatsächlich vermögenslos ist. Sie können aber diesbezügliche Beweise nicht führen. Verweigern Sie Ihre Leistung trotzdem, kann der andere den Auftrag möglicherweise anderweitig vergeben und bei schlechteren Konditionen von Ihnen Ersatz verlangen. Ob Sie sich hiergegen mit der Aufrechnung aus Vergütungsansprüchen zur Wehr setzen können, ist nicht selten im Prozess ebenfalls eine Beweisfrage.

Deshalb gilt es, die Zeit vor Vertragsabschluss richtig zu nutzen:

- Bei besonders wichtigen und umsatzträchtigen Aufträgen sollten Sie vorher genau prüfen, ob Sie den Auftrag wirklich bearbeiten können.
- Bei weniger lukrativen Aufträgen sollten Sie überlegen, ob sich eine Angebotserstellung für Sie überhaupt lohnt oder ob Sie darauf nicht besser verzichten sollten.
- Vermeiden Sie Haftungsrisiken durch richtiges Verhalten während der Geschäftsanbahnung.
- Prüfen Sie, ob Ihr Kunde ein guter Kunde ist. Jeder Fehler bei der Auswahl des Geschäftspartners kann die gesamte Kalkulation über den Haufen werfen.

In diesem Kapitel erfahren Sie:

- welchen Risiken Sie in der Angebotsphase ausgesetzt sind und wie Sie sie vermeiden,
- wie Sie mit Auskünften über Ihren Kunden ein erfolgreiches Geschäft vorbereiten können,
- welchen Inhalt Ihre Angebote mindestens haben müssen,
- welchen Inhalt Ihre Angebote haben sollten,
- wie Sie Ihre Angebote am besten aufbauen.

3.2 Noch gar kein Auftrag und schon Probleme?

Nach dem Gesetz entstehen bei einer Geschäftsanbahnung schon vor Vertragsschluss Pflichten für die Parteien. Sie müssen gemäß dem Inhalt des beabsichtigten Auftrags auf die Rechte, Rechtsgüter und Interessen des anderen Rücksicht nehmen.

Entsprechend sollten Sie sich bereits vor Vertragsschluss über folgende Fragen Gedanken machen:

Frage	Ja	Nein
Wissen Sie, wann Sie Ihren Kunden beraten müssen?		
Können Sie in der Angebotsphase haften?		
Können Sie auf Prospekte Ihrer Lieferanten vertrauen?		
Können Sie in Ihren Angeboten auf Herstellerangaben verweisen?		

Am Ende dieses Abschnitts werden Sie die Antworten auf die oben formulierten Fragen kennen.

Gesetzliche Grundlagen

§ 311 BGB — Rechtsgeschäftliche und rechtsgeschäftsähnliche Schuldverhältnisse

(1) Zur Begründung eines Schuldverhältnisses durch Rechtsgeschäft sowie zur Änderung des Inhalts eines Schuldverhältnisses ist ein Vertrag zwischen den Beteiligten erforderlich, soweit nicht das Gesetz ein anderes vorschreibt.

(2) Ein Schuldverhältnis mit Pflichten nach § 241 Abs. 2 entsteht auch durch

1. die Aufnahme von Vertragsverhandlungen,

2. die Anbahnung eines Vertrags, bei welcher der eine Teil im Hinblick auf eine etwaige rechtsgeschäftliche Beziehung dem anderen Teil die Möglichkeit zur Einwirkung auf seine Rechte, Rechtsgüter und Interessen gewährt oder ihm diese anvertraut, oder

3. ähnliche geschäftliche Kontakte.

(3) Ein Schuldverhältnis mit Pflichten nach § 241 Abs. 2 kann auch zu Personen entstehen, die nicht selbst Vertragspartei werden sollen. Ein solches Schuldverhältnis entsteht insbesondere, wenn der Dritte in besonderem Maße Vertrauen für sich in Anspruch nimmt und dadurch die Vertragsverhandlungen oder den Vertragsschluss erheblich beeinflusst.

§ 241 BGB — Pflichten aus dem Schuldverhältnis

(1) Kraft des Schuldverhältnisses ist der Gläubiger berechtigt, von dem Schuldner eine Leistung zu fordern. Die Leistung kann auch in einem Unterlassen bestehen.

(2) Das Schuldverhältnis kann nach seinem Inhalt jeden Teil zur Rücksicht auf die Rechte, Rechtsgüter und Interessen des anderen Teils verpflichten.

Werden solche Pflichten von Ihnen verletzt, müssen Sie gegebenenfalls Schadensersatz leisten, § 280 BGB. Das gilt auch bei unverbindlichen Gesprächen, wenn sie in einen Vertragsschluss münden können.

Gesetzliche Grundlagen

§ 280 BGB — Schadensersatz wegen Pflichtverletzung
(1) Verletzt der Schuldner eine Pflicht aus dem Schuldverhältnis, so kann der Gläubiger Ersatz des hierdurch entstehenden Schadens verlangen. Dies gilt nicht, wenn der Schuldner die Pflichtverletzung nicht zu vertreten hat.

3.2.1 An diese Pflichten müssen Sie vor Vertragsschluss unbedingt denken

Brechen Sie keine Vertragsverhandlungen treuwidrig ab

Bis es tatsächlich zum Abschluss eines Vertrages kommt, sind Sie frei, auch wenn der andere Teil in Erwartung der Auftragsvergabe an Sie bereits Ausgaben gemacht hat. Haben Sie allerdings beim Kunden Vertrauen auf das Zustandekommen des Vertrages geweckt, dürfen Sie die Verhandlungen nicht mehr ohne triftigen Grund abbrechen. Sonst verletzen Sie Ihre Rücksichtnahmepflichten und der Auftraggeber kann dann von Ihnen Ersatz für nutzlose Aufwendungen verlangen.

Verursachen Sie keine Unwirksamkeit von Verträgen durch unwirksame Bedingungen

Haben Sie die Unwirksamkeit des Vertragsabschlusses verursacht, können Sie dem Kunden dafür haften, zum Beispiel, falls der Vertrag wegen nicht vollständiger Einigung nicht zustande kommt und dies darauf beruht, dass Sie sich unklar ausgedrückt haben (siehe § 305c Abs. 2 Nr. 3 BGB).

Was Sie sagen, muss stimmen

Sie müssen immer genau prüfen, ob die Informationen, die Sie dem Kunden geben, richtig sind. Sonst kann der Kunde unter Umständen verlangen, dass der Vertrag rückgängig gemacht wird. Selbst das schließt aber vorvertragliche Schadensersatzansprüche nicht aus.

Aus der Rechtsprechung

Unrichtige tatsächliche Informationen sind auch dann als Verschulden bei Vertragsschluss zu werten, wenn keine Offenbarungspflicht bestand (BGH NJW-RR 1997, 144).

Berufen Sie sich nicht auf ungeprüfte Prospektangaben

Grundsätzlich findet die von der Rechtsprechung entwickelte sogenannte „Prospekthaftung" nur im Rahmen von Anlagegeschäften Anwendung. Bei Prospekten des normalen Geschäftsverkehrs bleibt es bei den allgemeinen Regelungen (BGH NJW 1981, 2810). Danach haften Sie für etwaige unzutreffende Prospektangaben eines Herstellers nur, wenn Sie sich diese zu Eigen gemacht haben.

Achtung Falle: Seit dem 01.01.2002 kann sich der Kunde in seinen Erwartungen auch auf öffentliche Äußerungen des Verkäufers oder Herstellers insbesondere in der Werbung oder Etikettierung stützen, § 434 Abs. 1 S. 3 BGB. Das kann im Fall von Prospekten zu Gewährleistungs- und damit nach neuem Recht auch zu Schadensersatzansprüchen des Käufers führen, § 437 Nr. 3 BGB.

Kommen Sie Ihren Aufklärungs- und Beratungspflichten nach

Insbesondere, wenn Sie an der Anfrage erkennen, dass der Kunde weiteren Beratungsbedarf hat, ist Vorsicht geboten. Denn dann könnte eine Aufklärungspflicht bestehen.

Grundsätzlich trifft den Anbieter zwar weder vor oder bei Vertragsabschluss noch bei Erfüllung des Vertrages die Pflicht, den Kunden zu beraten, ihn zu warnen oder sonst zu belehren. Etwas anderes gilt allein für die den verkauften Gegenstand betreffenden rechtlichen Verhältnisse.

In besonderen Fällen können Sie aber zur Beratung und Aufklärung verpflichtet sein, nämlich wenn:

- von dem Gegenstand des Auftrags Gefahren ausgehen, die der Kunde nicht kennen kann (Produktbeobachtungs- und Instruktionspflicht).

Aus der Rechtsprechung

Auf mögliche Gesundheitsgefährdung durch Körperpflegemittel muss ein Anbieter hinweisen, wenn eine allergische Reaktion zu befürchten ist (BGH NJW 1975, 824).

Auch wenn der Verkäufer weiß, dass bestimmte Mängel herstellerbedingt gehäuft auftreten, muss er nicht ungefragt darauf hinweisen (OLG Hamm, Urteil vom 19.11.2012 – I-2 U 71/12).

- Sie eine Beratungspflicht vertraglich übernommen haben. Dies kann sinnvoll sein, um den Kunden an sich zu binden. Denn durch die Beratung bei Vertragsschluss, kann die Entscheidung erleichtert werden, den Auftrag zu erteilen.

● TIPP

Indem Sie in der Folgezeit noch Hilfestellung leisten, kann die Kundenzufriedenheit gesteigert und Folgegeschäfte können vorbereitet werden. Auch spätere Gewährleistungsfragen können so reduziert werden, jedenfalls über solche vermeintlichen Mängel, die auf einen unsachgemäßen Umgang mit dem gekauften Gegenstand zurückzuführen sind. Außerdem kann Schadensersatzforderungen des Auftraggebers leichter entgegengetreten werden, wenn eine ausführliche Beratung und Belehrung vorangegangen ist.

- eine Verkehrssitte oder ein Handelsbrauch Beratungspflichten begründet. Ob solche Bräuche bestehen, erfahren Sie bei den für Sie zuständigen Kammern oder Berufsverbänden.

Aus der Rechtsprechung

Ungefragt besteht eine Aufklärungspflicht eines Verkäufers nur für solche Umstände, die für dessen Kaufentschluss erkennbar von wesentlicher Bedeutung sind, und von denen er nach der Verkehrsauffassung erwarten kann aufgeklärt zu werden, BGH NJW 2010, 858).

- der Kunde ersichtlich auf Ihre besondere Sach- und Fachkunde vertraut.

Kommen Sie Ihren Verkehrssicherungspflichten nach

Wer seine Angebote ausstellt und Kunden Zugang gewährt, ist vorvertraglich verpflichtet, diese vor Gefahren in den eigenen Räumlichkeiten zu schützen.

Aus der Rechtsprechung

Wer Verkaufsräume unterhält muss dafür sorgen, dass seine Kunden möglichst gefahrlos eintreten und sich Waren aussuchen können (LG Konstanz NJW-RR 2013, 399).

In diesen Fällen und auch dann, wenn Sie Ihren Kunden beraten, ohne dazu verpflichtet zu sein, muss die Beratung richtig und vollständig sein. Erkennen Sie später die Unrichtigkeit der erteilten Auskunft, so müssen Sie sie unverzüglich richtig stellen.

Andernfalls haften Sie möglicherweise für Schäden, die Ihrem Kunde aus der fehlerhaften Beratung oder Aufklärung entstehen, obwohl noch gar kein Vertrag zustande gekommen ist. Dasselbe gilt für Dritte, wenn sie in den Schutz des beabsichtigten Vertrages einbezogen sind.

● TIPP

Erteilen Sie nur über solche Umstände Auskunft, die Ihnen sicher bekannt sind. Anderenfalls weisen Sie besser auf Ihre mangelnde Kenntnis hin und schließen dadurch die Schadensersatzpflicht aus.

3.2.2 Welche Schäden könnte ein Kunde geltend machen?

Grundsätzlich haften Sie bei einer Pflichtverletzung auf „Schäden aller Art".

Gesetzliche Grundlagen

§ 249 BGB — Art und Umfang des Schadensersatzes
(1) Wer zum Schadensersatze verpflichtet ist, hat den Zustand herzustellen, der bestehen würde, wenn der zum Ersatze verpflichtende Umstand nicht eingetreten wäre.
(2) Ist wegen Verletzung einer Person oder wegen Beschädigung einer Sache Schadensersatz zu leisten, so kann der Gläubiger statt der Herstellung den dazu erforderlichen Geldbetrag verlangen. Bei der Beschädigung einer Sache schließt der nach Satz 1 erforderliche Geldbetrag die Umsatzsteuer nur mit ein, wenn und soweit sie tatsächlich angefallen ist.

§ 251 BGB — Schadensersatz in Geld ohne Fristsetzung
(1) Soweit die Herstellung nicht möglich oder zur Entschädigung des Gläubigers nicht genügend ist, hat der Ersatzpflichtige den Gläubiger in Geld zu entschädigen.
(2) Der Ersatzpflichtige kann den Gläubiger in Geld entschädigen, wenn die Herstellung nur mit unverhältnismäßigen Aufwendungen möglich ist. Die aus der Heilbehandlung eines verletzten Tieres entstandenen Aufwendungen sind nicht bereits dann unverhältnismäßig, wenn sie dessen Wert erheblich übersteigen.

§ 252 BGB — Entgangener Gewinn
Der zu ersetzende Schaden umfasst auch den entgangenen Gewinn. Als entgangen gilt der Gewinn, welcher nach dem gewöhnlichen Laufe der Dinge oder nach den besonderen Umständen, insbesondere nach den getroffenen Anstalten und Vorkehrungen, mit Wahrscheinlichkeit erwartet werden konnte.

In den Fällen der vorvertraglichen Haftung hat der Kunde Anspruch auf Ersatz des Schadens, der ihm dadurch entstanden ist, dass er auf

- die ihm gegebenen unrichtigen Erklärungen,
- das Zustandekommen oder
- die Rechtswirksamkeit des Rechtsgeschäfts

vertraut hat („Vertrauensschaden" oder „negatives Interesse"). Der Kunde wäre dann so zu stellen, als hätte er nie etwas von dem Vertragsschluss gehört.

Beispiel: Der Kunde hätte, wenn er nicht auf Ihre unzutreffende Erklärung vertraut hätte, bei einem Dritten einen günstigeren Vertrag abschließen können. Jetzt muss er anderswo einkaufen. Die Differenz kann er bei Ihnen geltend machen.

Dieser Anspruch kann im Einzelfall sogar höher sein, als wenn der Käufer so gestellt werden müsste, als sei die Leistung tatsächlich erbracht worden („Erfüllungsinteresse"). Daher müssen Sie als Anbieter im vorvertraglichen Bereich besonders aufmerksam prüfen, wann der Bereich der reklamehaften Anpreisung verlassen und der verbindliche oder haftungsbegründende Bereich betreten wird.

3.2.3 Wer muss für Fehler vor Vertragsschluss geradestehen?

Da Sie das Angebot für Ihr Unternehmen abgeben, also nicht für sich selbst, wird durch Ihre Angaben grundsätzlich Ihr Unternehmen verpflichtet, § 164 Abs. 1 BGB. Aber Vorsicht:

- Haben Sie eine Kapitalgesellschaft, etwa eine GmbH, sind Sie fein raus: Nur die GmbH haftet in ihrem Geschäftsverkehr, nicht deren Gesellschafter, § 13 Abs. 2 GmbHG.
- Sind Sie Gesellschafter einer Personengesellschaft, etwa eine OHG oder KG, so haften Sie neben der Gesellschaft auch als deren Gesellschafter, § 128 HGB.
- Sind Sie Einzelunternehmer haften allein Sie für Ansprüche, die gegen Ihr Unternehmen gerichtet sind.
- Selbst als Angestellter Ihres Unternehmens können Sie noch persönlich haften, wenn Sie am Vertragsschluss ein unmittelbar eigenes wirtschaftliches Interesse oder ein besonderes persönliches Vertrauen in Anspruch genommen und hierdurch die Vertragsverhandlungen beeinflusst haben. Allein die Aussicht auf Provision genügt als nur „mittelbares Interesse" allerdings nicht.

Beispiel 1: Sie führen das Geschäft Ihrer Ehefrau, treten aber nach außen als Inhaber auf.

Beispiel 2: Sie übernehmen eine über das normale Verhandlungsvertrauen hinaus gehende persönliche Gewähr für die Seriosität und die Erfüllung des Vertrages.

3.3   Der richtige Kunde: Trau, schau, wem

Häufig ist die Freude über einen erhaltenen Auftrag angesichts der immer stärker werdenden Konkurrenz und der konjunkturbedingt schwierigen Lage so groß, dass nicht mehr geprüft wird, mit wem man es eigentlich zu tun hat. Nicht jeder Auftrag trägt automatisch zum wirtschaftlichen Erfolg eines Betriebes bei. Für jeden Forderungsausfall gilt: Der Unternehmer hätte besser auf das „Geschäft" verzichtet und sich während der Zeit unnützer Aufwendungen entweder mit lukrativen Aufträgen oder mit etwas anderem, etwa mit Marketingaktivitäten, befasst.

Daher sollten Sie sich regelmäßig folgende Fragen stellen:

Frage	Ja	Nein
Kennen Sie Ihren Kunden?		
Warum glauben Sie, dass Ihr Kunde seine Leistungen erbringen wird?		
Haben Sie die Zahlungsfähigkeit Ihres Kunden geprüft?		
Wissen Sie, welche Informationen Sie über Ihre Kunden brauchen?		
Wissen Sie, welche Informationsquellen Ihnen zur Verfügung stehen?		

Aus der Werbung für eine bekannte Rechtsschutzversicherung kennt man die Frage des Schauspielers Manfred Krug, der einen Rechtsanwalt darstellt: „Na, ob der sich mich überhaupt leisten kann?", um dann ins Spiel zu bringen, dass eine Versicherung für den Auftraggeber einspringt. Dieses einfache Beispiel macht zwei Grundbeziehungen im Bereich der Auswahl des richtigen Geschäftspartners deutlich:

- Wie jeder Unternehmer, der den Eingang seiner Vergütung erwartet, brauchen Sie die gesunde Skepsis, ob die Rechnung tatsächlich bezahlt werden kann.
- Es ist besser, wenn nicht nur der Kunde für die Vergütung geradesteht, sondern noch jemand anderes notfalls für die Forderung einspringt.

Daraus folgt für Ihre Auswahl des richtigen Geschäftspartners, dass

- der Kunde möglichst selbst in der Lage sein sollte, Sie zu bezahlen,
- wenn dies nicht möglich ist, jedoch ein anderer an dessen Stelle die Leistung erbringt (Haftpartner).

Natürlich sind nicht sämtliche Kunden von vornherein darauf aus, die Vergütung später schuldig zu bleiben. Dies wäre Betrug und strafbar. Tatsache bleibt jedoch, dass das Risiko, auch einmal einem solchen Kunden gegenüber zu stehen, im Ergebnis allein Sie tragen. Auf ein solches Risiko dürfen Sie sich jedoch aus Verantwortung gegenüber Ihrem Geschäftsbetrieb, vielleicht auch sogar gegenüber Ihrer Familie und Ihren Angehörigen, die auf die Versorgung aus dem Betrieb angewiesen sind, keinesfalls einlassen. Und — Hand aufs Herz — wer steht Ihnen schließlich näher, Ihre Familie oder der Kunde?

TIPP

Wichtig: Im betrieblichen Bereich sind die Vermögenssphären der Eheleute vollkommen getrennt. Der Ehegatte kommt nicht für Verbindlichkeiten des anderen Ehegatten auf. Anders bei privaten Kunden: Im Bereich sogenannter Geschäfte des angemessenen Familienlebensbedarfs kann auch der Ehegatte in Anspruch genommen werden, § 1357 BGB, § 739 ZPO. Muttergesellschaften bezahlen nicht die Schulden ihrer Tochtergesellschaften.

Konsequenz: Schon bei Angebotserstellung muss immer dann, wenn nicht sofort die Gegenleistung erbracht wird (Kaufladensituation), definitiv feststehen, wer der Auftraggeber ist.

In zweifelhaften Fällen müssen Sie deshalb daran denken, Dritte mitzuverpflichten, etwa durch

- Schuldbeitritt
- Patronatserklärung

So kann auch eine Liquidationsgesellschaft (z. B. „GmbH i. L.") Aufträge vergeben, die ihrer Abwicklung dienen. Hier könnte man sich über die Gesellschafter absichern:

Formulierungsmuster: Patronatserklärung

Sehr geehrter Herr ...,

hiermit bestätigen wir Ihnen, dass wir uns verpflichten, dafür zu sorgen, dass die ... GmbH i. L. als unsere 100 prozentige Tochtergesellschaft bis auf Widerruf jederzeit finanziell so ausgestattet wird, dass sie jederzeit in der Lage ist, ihre Verpflichtungen Dritten gegenüber pünktlich zu erfüllen. Wir ermächtigen Sie hiermit, diese Erklärung Dritten gegenüber vorzulegen.

Mit freundlichen Grüßen

... AG/GmbH
Der Vorstand/Geschäftsführer (in vertretungsberechtigter Anzahl)

3.3.1 Welche Auskünfte brauchen Sie, damit das Geschäft ein Erfolg wird?

Wer ist Ihr Geschäftspartner, wie steht es um seine Bonität, ist er überhaupt zahlungsfähig? Um solche Fragen klären zu können, ist es wichtig, entsprechende Auskünfte über den künftigen Kunden zu erhalten.

Sie müssen wissen, mit wem Sie es zu tun haben

Nicht selten tritt auch der Fall ein, dass jemand zugleich als Privatperson und geschäftlich tätig wird. Man denke nur an den Geschäftsführer einer Einmann-GmbH. Klären Sie in diesen Fällen, ob der Kunde in seiner Eigenschaft als GmbH-Organ (Geschäftsführer) für die GmbH oder in seiner Stellung als Privatperson tätig wird. Im Beitreibungsfall ist entscheidend, **wer** der Vertragspartner geworden ist.

Beispiel: Sie verklagen einen Kunden unter seiner Firma, die ist jedoch vermögensmäßig nicht in der Lage, die Forderung zu befriedigen. Dann stellen Sie fest, der Kunde hätte privat in Anspruch genommen werden können, ohne dass sich dieser auf eine Haftungsbegrenzung berufen kann. Jetzt ist aber bereits so viel Zeit verloren, dass der Kunde in der Lage ist, die Verjährung der Forderung geltend zu machen.

Unternehmen fassen häufig unter einer gemeinsamen Konzernbezeichnung juristisch selbstständige Tochtergesellschaften, nur unterschieden durch bestimmte Namenszusätze, zusammen.

Beispiel: XY-Z Werke AG, XY-Z GmbH, XY-Z Beteiligungsgesellschaft mbH, XY-Z Industrietechnik GmbH, XY-Z Contracting and Technologie GmbH, XY-Z CPC-International GmbH ...

Auch wenn diese Gesellschaften durch Beteiligungen und Schachtelbeteiligung miteinander verbunden sind, sind sie rechtlich selbstständig und nur die konkret bezeichnete Gesellschaft ist Ihr Vertragspartner. Das gilt auch dann, wenn für diese Gesellschaft ein Manager einer anderen Schwester- oder Muttergesellschaft nach Außen auftritt. Denn häufig gibt es gerade in Konzernen Beherrschungsverträge, die aber im Außenverhältnis zu Dritten grundsätzlich ohne Bedeutung sind. Wer hier im Vertrauen auf traditionelle Namen unpräzise ist, kann durchaus sein blaues Wunder erleben: Auch große Konzerne schrecken nicht davor zurück, sich ihrer Verpflichtungen aus Verträgen durch Schließung ihrer Tochtergesellschaften zu entziehen.

Sie müssen wissen, ob der Kunde sich Sie „leisten" kann

Ihr Kunde kann zwar zahlungs**willig** (subjektiv) aber nicht zahlungs**fähig** (objektiv) sein. Wäre der Kunde nicht zahlungswillig, wäre eine Bestellung oder ein Auftrag bereits ein sogenannter versuchter Eingehungsbetrug.

Beide Gesichtspunkte, Zahlungsfähigkeit und Zahlungswilligkeit, bedürfen einer Prüfung **bevor** Sie ein Angebot abgeben. Kann in diesem Stadium bereits Klarheit geschaffen werden, kann unter Umständen von einem problematischen Auftrag Abstand genommen und damit vermeidbarer und später nicht beitreibbarer Aufwand vermieden werden. Sie brauchen also Auskünfte über

- **Bankverbindungen/Bankkonten der Kunden:** Solche können den Geschäftspapieren, etwa der Anfrage des Kunden, entnommen werden. Verfügt der Kunde nicht über solche Papiere, kann im Rahmen der Vertragsanbahnung das Gespräch auf die Banken gebracht werden, auch in einem ganz außergeschäftlichen Bereich. Spricht man zum Beispiel mit dem Kunden über bestimmte Bankpraktiken, Klischees über zu hohe Zinsen und zu niedrige Erträge o. Ä. kann man gut und beiläufig die Frage einfließen lassen, ob der Kunde auch bei dieser oder jener Bank Konten unterhält oder man lässt sich *dessen* Bank für bessere Konditionen empfehlen. Hinweise über Bankverbindungen und -konten erleichtern im Beitreibungsfall ganz erheblich die Vollstreckung durch Zugriff auf die Konten des Kunden (Kontenpfändung).
- **Das Geburtsdatum des Kunden:** Auch dieses Datum ist wesentlich für eine etwaige spätere Kontenpfändung, da die Bank im Rahmen ihrer Auskunftspflicht (§ 840 ZPO) Verwechslungsgefahren ausschließen will und deshalb regelmäßig nach dem Geburtsdatum des Schuldners fragt.
- **Anderweitige Geschäftstätigkeit des Kunden:** Gerade im geschäftlichen Bereich ist es ein wesentliches Anzeichen, ob der Kunde ein erfolgreiches Geschäft betreibt oder nicht. Je nach Volumen des beabsichtigten Geschäfts kann es daher sinnvoll sein, sich nach Kunden, Lieferanten oder anderen Geschäftspartnern des Kunden — ebenfalls in einem beiläufigen Gespräch im Rahmen der Vertragsanbahnung — zu erkundigen. Möglicherweise ist dem Unternehmer eine dieser Geschäftsbeziehungen persönlich bekannt. Eine kurze Nachfrage kann schwerwiegende Enttäuschungen ersparen.

Welche sonstigen Erkenntnisse sind noch hilfreich?

Bei der Beurteilung der Frage der Zahlungsfähigkeit können Sie sich ein Beispiel an denjenigen nehmen, „die sich mit Geld auskennen", also den Kreditinstituten. Mit ihnen kann ein Geschäft nur geschlossen werden, wenn sich das Kreditinstitut von der Bonität des Antragstellers überzeugt hat. Welchen Grund gibt es, die vom Unternehmer zu erbringende Leistung geringer zu schätzen, als die vom Kreditinstitut zu erbringende Leistung? Soweit der Unternehmer vorleistungspflichtig ist, erbringt auch er einen Kredit, zum Teil unter erheblichen vorgeleisteten Aufwendungen. Die Tatsache, dass das Geldinstitut Geld als Vorleistung erbringt und der Unternehmer eine Sache oder Dienstleistung, rechtfertigt im Grundsatz jedenfalls keine unterschiedliche Behandlung.

Nimmt man sich das Geschäftsverhalten der Geld- und Kreditinstitute als Beispiel, so stellt man fest, dass die Bonität umso besser beurteilt wird, je

- größer die Sicherheiten sind,
- geringer die Haftungsbeschränkungen sind,
- besser sich die wirtschaftliche Struktur darstellt (Umsatz),
- verwertbarer das Vermögen des Kunden ist,
- mehr Personen zusammen mit dem Kunden mithaften.

Es gibt keinen Grund, diese Kriterien nicht auch für eine Beurteilung im allgemeinen kaufmännischen Verkehr zugrunde zu legen.

3.3.2 Wo bekommen Sie die relevanten Auskünfte?

Auskünfte zu der Frage, mit welchem Geschäftspartner Sie es zu tun haben, sind von vielerlei Stellen zu erhalten:

- **Kunden/Besteller**: Über Zahlungsfähig- und -willigkeit erhält man in der Regel von dem Kunden selbst keine hinreichenden Informationen. Gerade problematische Kunden neigen dazu, diese Gesichtspunkte geschickt zu übergehen oder den Eindruck zu erwecken, sie seien unproblematisch. Trotzdem ist der Kunde in der Phase der Geschäftsanbahnung in der Regel erstaunlich auskunftsfreudig. Denn zu diesem Zeitpunkt ahnt er nicht, dass bereits späteren Komplikationen vorgebeugt werden soll und in Erwartung des Geschäftsabschlusses, der ja regelmäßig für ihn einen Vorteil bringen soll, ist er psychologisch in einer Situation, die Sie für Ihre Zwecke nutzen können.

In vielen geschäftlichen Zusammenhängen ist es durchaus üblich, dass der Auftragnehmer bestimmte Daten des Kunden abfragt, möglichst in einem Datenerfassungsblatt oder Fragebogen. Man denke etwa an die Angaben, die man bei einem Arztbesuch vor einer Behandlung zu machen hat. Fragen Sie die Angaben nicht selbst ab, sondern lassen sie — „zur Vorbereitung einer Besprechung" — prophylaktisch durch die Sekretärin oder einen anderen Mitarbeiter abfragen, so erhöht sich der psychologische Druck auf den Kunden. In dieser Phase ist er in vielen Fällen bereit, freimütig Auskünfte zu erteilen.

Verweigert der Kunde Auskünfte, so prüfen Sie unbedingt, wie diese Verweigerung zu werten ist. Selbstverständlich ist der Kunde nicht verpflichtet, Angaben zu machen. Unter Risikovorsorgegesichtspunkten sollte Ihnen jedoch eines klar sein: Der Kunde nimmt zulasten der Verfolgung Ihrer Rechte eigene Rechte wahr (Verweigerung von Auskünften). Unter dem Gesichtspunkt des Forderungsmanagements muss dies negativ bewertet werden. Eine andere Frage ist es, ob Sie allein daran den Vertragsabschluss scheitern lassen und erst gar kein Angebot abgeben wollen. In jenem Falle ist es jedoch wichtig zu wissen, dass verweigerte Angaben das Risiko einer erfolgreichen, später etwa erforderlich werdenden Beitreibung erheblich erhöhen.

- **Gewerbeamt/-register**: Im geschäftlichen Bereich bedarf es in der Regel einer Gewerbeanmeldung. Dies betrifft nur Freiberufler nicht. Beim Gewerbeamt können Sie sich über den Inhalt der angemeldeten Tätigkeit, den Zeitpunkt der Anmeldung, die Rechtsform und die Eintragung im Handelsregister informieren. Auskunft erhält grundsätzlich jedermann, der privatrechtliche Ansprüche geltend macht.
- **Post/Einwohnermeldeamt**: Die Anschrift, an der der Kunde/Besteller gemeldet oder postalisch zu erreichen ist, erfährt man über die Post oder das Einwohnermeldeamt. Diese Angaben sind von Bedeutung, wenn es später darum geht, wirksam in einem gerichtlichen Mahn- oder Klagever-

fahren Zustellungen vornehmen zu können. Es kommt nicht selten vor, dass Kunden/Besteller lediglich Lieferanschriften angeben, unter denen sie aber selber nicht zu erreichen sind. Soweit Sie vorleistungspflichtig sind, ist Vorsicht dann geboten, wenn der Kunde für sich nur eine Postfachanschrift angibt. Denn gerichtliche Zustellungen lassen sich unter einer Postfachanschrift nicht bewirken. Auch die Angabe „c/o" deutet darauf hin, dass der Kunde/Besteller unter dieser Anschrift selbst nicht zu erreichen ist. Zustellungsversuche gehen auch hier oft fehl.

- **Schuldnerverzeichnis beim Amtsgericht**: Eine ganz wesentliche Erkenntnisquelle bietet das Schuldnerverzeichnis bei den Amtsgerichten, zu dem auch jedermann Einsicht erhält. Seit dem 01.01.2013 gelten die Vorschriften über das Schuldnerverzeichnis vollständig. Sie können dadurch feststellen, ob ein Kunde bereits auf Anordnung eines Gerichtsvollziehers, einer Vollstreckungsbehörde oder des Insolvenzgerichts als kreditunwürdig vermerkt ist. Insbesondere ist ersichtlich, wenn er seiner Pflicht zur Abgabe der Vermögensauskunft nicht nachgekommen ist oder so wenig Vermögen angegeben hat, dass ein Gläubiger nicht befriedigt werden konnte. Es kommt erfahrungsgemäß immer wieder vor, dass Unternehmer auch auf solche Kunden/Besteller „hereinfallen". Bei Zweifeln fragen Sie daher in jedem Fall dort nach. Die Eintragungen können online im Internet (kostenpflichtig) über das Gemeinsame Vollstreckungsportal der Länder eingesehen werden. Die früheren Schuldnerverzeichnisse, die bei den Vollstreckungsgerichten geführt wurden, werden hier allerdings nicht integriert und für eine Übergangszeit von maximal fünf Jahren fortgeführt. Man sollte also in beide Verzeichnisse Einsicht nehmen. Dargelegt werden muss allerdings, dass wirtschaftliche Nachteile abgewendet werden sollen, die daraus entstehen würden, dass der Kunde seinen Zahlungsverpflichtungen nicht nachkommt.

- **Schufa/Bankenanfrage**: Sie haben grundsätzlich keinen Anspruch, von der Schufa Auskünfte über Not leidende Kredite oder ähnliche Belastungen zu erhalten. Berechtigt hierzu ist nur die angeschlossene Kredit- und Versicherungswirtschaft. Wer nicht über gute Kontakte zum Kundenberater seiner Hausbank und über diesen Umweg über diesbezügliche Auskunftsmöglichkeiten verfügt, für den kann im Rahmen größerer Geschäfte angezeigt sein, eine Selbstauskunft des Kunden zu verlangen. Der Kunde selbst kann nämlich Auskunft verlangen, ob über ihn in der Datenbank der Schufa Angaben gespeichert sind.

Gerade bei größeren Aufträgen/Bestellungen haben seriöse Kunden hiergegen nichts einzuwenden. Im Verweigerungsfalle sind Schlussfolgerungen des Unternehmers jedenfalls zulässig. Das Risiko, später eventuelle Forderungen nicht beitreiben zu können, steigt.

- **Handelsregister**: Auch das Handelsregister kann wertvolle Auskünfte über die richtige Rechtsform und die Vertretungsbefugnisse des Kunden geben. Solche Auskünfte können im Falle gerichtlicher Geltendmachung von Forderungen von Bedeutung werden. Das Handelsregister kann ebenfalls im Internet online (kostenpflichtig) eingesehen werden. Einer Begründung dafür bedarf es nicht.

> ● **TIPP**
>
> **Zu den Handelsregistern hat jedermann Zugang: www.handelsregister.de.**

- **Wirtschaftsauskunfteien/Informationsdienste**: Bei größeren Geschäftsabschlüssen ist es in jedem Fall empfehlenswert, sich einer Auskunft bei einer Wirtschaftsauskunftei, etwa den Firmen Creditreform, Brad & Dunstad/Schimmelpfeng, Bürgel oder anderen zu versichern. Hier erhalten Sie wichtige Aufschlüsse über die Kreditwürdigkeit und Bonität Ihres Kunden/Bestellers. Insbesondere erfahren Sie dort, wenn von Geschäftsbeziehungen abgeraten wird.
- **Internet**: Das weltweite Netz ist ebenfalls eine Fundgrube von Informationen, die über den Kunden gespeichert sind. Die genaue Firma lässt sich in der Regel dem Impressum seiner Homepage ebenso entnehmen wie das zugehörige Registergericht und eine vorhandene Handelsregisternummer. Auch erste Hinweise darauf, wer als vertretungsberechtigt gilt, finden Sie hier. Genaueres — insbesondere zum Umfang der Vertretungsberechtigung — erfahren Sie jedoch meist nur aus dem Handelsregister. In einigen Ländern werden Geschäftspartner durch einen staatlichen Hinweis auf der Homepage gewarnt, wenn der Kunde etwa seine Steuern noch nicht gezahlt hat. Auch das bietet Anhaltspunkte über das Zahlungsverhalten.

Diese Auskünfte leisten Ihnen bei der Angebotserstellung wertvolle Dienste

Je besser die Auskünfte sind, das heißt, je weniger Anlass sie zur Skepsis hinsichtlich der Erfüllung der Unternehmerforderung geben, desto großzügiger kann sich der Unternehmer verhalten. Der Verhandlungsspielraum für den Geschäftsabschluss lässt sich damit erweitern, ohne dass Sie zusätzliche Risiken eingehen. Dies kann sich etwa in erweiterten Zahlungszielen, besonderen Rabatten, besonderen Zusagen hinsichtlich der Leistungen und Einräumung von Garantien, oder sonstigen einen Abschluss fördernden Konditionen niederschlagen.

> **TIPP**
>
> **Je weniger Anlass Sie haben, an der Erfüllung Ihrer Forderungen zu zweifeln, desto größer ist der Spielraum, der Ihnen verbleibt, um dem Kunden aus akquisitorischen Gründen entgegenzukommen.**

Auch dieser Spielraum birgt natürlich Gefahren. Diese Gefahren sind jedoch kalkuliert und können zum Zwecke des Vertragsabschlusses oder aus Wettbewerbsgründen eingegangen werden, weil die sonstigen Gefahren durch rechtzeitige Informationsaufnahme weitgehend ausgeschlossen sind. Je unvollständiger jedoch die Informationsaufnahme im Vorfeld war, desto weniger verträgt es der Geschäftsabschluss, durch bessere Konditionen weitere Gefahren aufzunehmen.

„Aus Erfahrung wird man klug": Hat ein Kunde bereits früher Probleme bereitet, besteht kaum noch Anlass, ihm mit besonderen vertraglichen Konditionen entgegenzukommen. Die Verhandlungsbereitschaft wird im Gegenteil eingeschränkt. Für Ihre Kalkulation bei einem Neuauftrag/Bestellung müssen Sie berücksichtigen, wenn

- es bereits früher einmal erheblichen Mahnaufwand gab,
- Zahlungsziele unbegründet überschritten wurden,
- falsche mündliche Zusagen erteilt wurden („Scheck ist unterwegs"),
- unberechtigte Mängelrügen erhoben wurden,
- die Abwicklung dadurch verzögert wurde, dass ständig jemand anderes für die Angelegenheit zuständig war.

Die Bearbeitung eines solchen Auftrags verursacht mehr Kosten als die eines anderen, sodass die Möglichkeit für weitere Zugeständnisse im Bereich von Konditionen aus wirtschaftlicher Sicht nur noch eingeschränkt gegeben ist.

Auch mittelständische Betriebe sollten ihre Kunden nach Bonitätskriterien in sogenannte Bonitätsklassen nach folgenden Kriterien einteilen:

- pünktlicher Zahler,
- Sicherheiten,
- Zuverlässigkeit,
- Einhaltung von Abreden,
- gute Auskunft,
- persönliche Haftung.

3.4 Achtung: Ihr Angebot kann sofort Vertragsbestandteil werden

Ein Angebot kann sofort Vertragsbestandteil werden. Am Ende dieses Abschnittes werden Sie folgende Fragen dazu beantworten können:

Frage	Ja	Nein
Wissen Sie, ob Ihr Angebot Rechtswirkungen erzeugt oder unverbindlich ist?		
Wissen Sie, wie vorzugehen ist, wenn Sie einen Irrtum bemerken?		
Was gilt, wenn Sie bei einer Position vergessen haben, den Preis anzugeben?		
Wissen Sie, wie lange Ihr Kunde Sie an (ungünstigen) Angeboten festhalten kann?		
Müssen Sie sich an einen Kostenvoranschlag festhalten lassen?		

Verträge werden grundsätzlich dadurch geschlossen, dass das Angebot, das der eine Vertragspartner unterbreitet, durch den anderen Vertragspartner angenommen wird. Man spricht auch von „zwei übereinstimmenden Willenserklärungen der Parteien".

Ihr Angebot muss also so beschaffen sein, dass es Ihr Kunde durch „bloßes Kopfnicken" annehmen könnte. In der Regel bedarf es jedoch einer bestimmten, konkreten Äußerung darüber, dass ein Angebot angenommen werden soll. Nur dann kommt ein Auftrag für Sie verbindlich zustande. Stets bedarf es einer Einigung über die wesentlichen Vertragsbestandteile, nämlich

- die zu erbringende Leistung (Kaufgegenstand, Werkleistung etc.),
- die zu erbringende Gegenleistung (i. d. R. Geld).

Zwar bestimmen einige Vorschriften des BGB, dass eine Vergütung als stillschweigend vereinbart gilt, wenn etwa eine Dienstleistung oder die Herstellung eines Werks den Umständen nach nur gegen eine Vergütung zu erwarten ist.

Gesetzliche Grundlagen

§ 612 BGB — Vergütung (bei Dienstvertrag)
(1) Eine Vergütung gilt als stillschweigend vereinbart, wenn die Dienstleistung den Umständen nach nur gegen eine Vergütung zu erwarten ist.
(2) Ist die Höhe der Vergütung nicht bestimmt, so ist bei dem Bestehen einer Taxe die taxmäßige Vergütung, in Ermangelung einer Taxe die übliche Vergütung als vereinbart anzusehen.
§ 632 BGB — Vergütung (bei Werkvertrag)
(1) Eine Vergütung gilt als stillschweigend vereinbart, wenn die Herstellung des Werkes den Umständen nach nur gegen eine Vergütung zu erwarten ist.
(2) Ist die Höhe der Vergütung nicht bestimmt, so ist bei dem Bestehen einer Taxe die taxmäßige Vergütung, in Ermangelung einer Taxe die übliche Vergütung als vereinbart anzusehen.
(3) Ein Kostenanschlag ist im Zweifel nicht zu vergüten.

Häufig ist es im Vertragsverhältnis aber üblich, Serviceleistungen zu erbringen, sodass der Streit über die Frage absehbar ist, was „nach den Umständen ... zu erwarten ist" und welche Vergütung „üblich" ist.

Aus der Rechtsprechung

Es gibt keine Vermutung dafür, dass umfangreiche Leistungen nur im Rahmen eines Vertrages erbracht werden (OLG Frankfurt, Urteil vom 07.12.2012 — 10 U 183/11).

Vermeiden Sie erhebliches Risikopotenzial, das durch sorgloses Verhalten im Bereich des Vertragsschlusses entstehen kann! Schließen Sie Verträge grundsätzlich **schriftlich** (außer Bargeschäfte des täglichen Lebens), auch wenn das rechtlich nicht vorgeschrieben ist. Sie dienen als Gedächtnisstütze und haben Beweiskraft (§ 416 ZPO).

Achtung: Sie sind an Ihr Angebot gebunden

An Ihr Angebot sind Sie bis zu seiner Annahme durch einen entsprechenden Auftrag gebunden. Das gilt allerdings nur dann, wenn der Auftrag innerhalb einer Zeitspanne erklärt wird, in der mit einer Antwort unter regelmäßigen Umständen gerechnet werden kann (§ 147 BGB). Dies ist bei Anwesenden sofort, bei Schriftverkehr müssen Zugangs- und Verarbeitungszeiten oder vereinbarte Fristen berücksichtigt werden.

Beispiel: Sie geben Ihr Angebot per Fax auf eine telefonische Anfrage Ihres Kunden ab. Eine angemessene Annahmefrist ist damit verbunden, da Sie nicht erwarten können, dass Ihr Fax sofort gelesen wird. Nach zwei Tagen ohne Antwort sind Sie frei, wenn Ihr Angebot nicht so umfangreich ist, dass Ihr Kunde zur Prüfung längere Zeit benötigt. Wissen Sie, dass Urlaubszeit ist, müssen Sie die Frist angemessen verlängern.

Hat Ihr Kunde gesagt, er warte am Fax, kommt es nur noch auf die Bearbeitungszeit an, sodass Sie schon am selben Abend frei sein können.

Die Annahmefrist bestimmt sich also danach,

- wie lange der Kommunikationsweg zum Kunden dauert,
- wie lange Ihr Kunde zur angemessenen Prüfung braucht,
- wie lange der Kommunikationsweg zu Ihnen zurück dauert.

Gesetzliche Grundlagen

§ 145 BGB — Bindung an den Antrag

Wer einem anderen die Schließung eines Vertrags anträgt, ist an den Antrag gebunden, es sei denn, dass er die Gebundenheit ausgeschlossen hat.

§ 146 BGB — Erlöschen des Antrags

Der Antrag erlischt, wenn er dem Antragenden gegenüber abgelehnt oder wenn er nicht diesem gegenüber nach den §§ 147 bis 149 rechtzeitig angenommen wird.

§ 147 BGB — Annahmefrist

(1) Der einem Anwesenden gemachte Antrag kann nur sofort angenommen werden. 2Dies gilt auch von einem mittels Fernsprechers oder einer sonstigen technischen Einrichtung von Person zu Person gemachten Antrag.

(2) Der einem Abwesenden gemachte Antrag kann nur bis zu dem Zeitpunkt angenommen werden, in welchem der Antragende den Eingang der Antwort unter regelmäßigen Umständen erwarten darf.

§ 148 BGB — Bestimmung einer Annahmefrist

Hat der Antragende für die Annahme des Antrags eine Frist bestimmt, so kann die Annahme nur innerhalb der Frist erfolgen.

§ 149 BGB — Verspätet zugegangene Annahmeerklärung

Ist eine dem Antragenden verspätet zugegangene Annahmeerklärung dergestalt abgesendet worden, dass sie bei regelmäßiger Beförderung ihm rechtzeitig zugegangen sein würde, und musste der Antragende dies erkennen, so hat er die Verspätung dem Annehmenden unverzüglich nach dem Empfange der Erklärung anzuzeigen, sofern es nicht schon vorher geschehen ist. Verzögert er die Absendung der Anzeige, so gilt die Annahme als nicht verspätet.

§ 150 BGB — Verspätete und geänderte Annahme

(1) Die verspätete Annahme eines Antrags gilt als neuer Antrag.

(2) Eine Annahme unter Erweiterungen, Einschränkungen oder sonstigen Änderungen gilt als Ablehnung verbunden mit einem neuen Antrag.

§ 130 BGB — Wirksamwerden der Willenserklärung gegenüber Abwesenden

(1) Eine Willenserklärung, die einem anderen gegenüber abzugeben ist, wird, wenn sie in dessen Abwesenheit abgegeben wird, in dem Zeitpunkt wirksam, in welchem sie ihm zugeht. Sie wird nicht wirksam, wenn dem anderen vorher oder gleichzeitig ein Widerruf zugeht.

Wann werden Sie von Ihrem Angebot wieder frei?

Sie werden von Ihrem Angebot nur unter folgenden Umständen frei:

- Der Kunde verpasst die Annahmefrist.
  Haben Sie in Ihrem Angebot eine Annahmefrist festgelegt und der Kunde meldet sich nicht innerhalb dieser Frist, erlischt Ihre Bindung an das Angebot.
  Beispiel: Der Kunde bestellt einen Tag nach Ablauf der Angebotsfrist, inzwischen haben sich die Rohstoffpreise erhöht, so dass Sie den angebotenen Preis nicht mehr halten können.
  Sie können die Frist selbst bestimmen. Dabei können Sie jede Frist angeben. Soweit Sie dazu aber allgemeine Geschäftsbedingungen verwenden, darf sie nicht unangemessen kurz sein.

Formulierungsmuster

„An unser Angebot halten wir uns bis zum 15. des kommenden Monats gebunden."
oder
„An unser Angebot halten wir uns 10 Tage gebunden."
oder
„Dieses Angebot ist befristet bis zum ...."

Die Frist beginnt ab Datum des Angebots, nicht des Zugangs beim Kunden! Bei einer Frist bis zu einem bestimmten Tag gehört der Tag noch zur Frist!

- Sie haben dem Kunden vor Zugang Ihres Angebots einen Widerruf zukommen lassen.
  Beispiel: Bevor Ihr Angebot mit Unterlagen Ihren Kunden auf dem Postwege erreicht, faxen Sie ihm zu einer Position korrigierte Preise.
- Der Kunde geht auf Ihr Angebot nicht 100-prozentig ein, sondern bringt Änderungswünsche vor. Nun gilt dessen Vorschlag als für ihn bindendes Vertragsangebot, auf das Sie sich einlassen können.
  Beispiel: Ihr Kunde ist mit Ihrem Angebot „einverstanden", will aber eine erweiterte Gewährleistung.
- Ihr Kunde meldet sich nicht innerhalb der vorgenannten Fristen. Erfolgt auf ein Angebot keine Rückäußerung, so kann grundsätzlich nicht davon ausgegangen werden, dass der Vertrag zustande gekommen ist (Grund-

satz des wirkungslosen Schweigens). Das gilt auch bei Nachtragsangeboten über Zusatz- oder Ergänzungsarbeiten.
Beispiel: Der Kunde fragt telefonisch zusätzliche Komponenten als Eilieferung an. Auf Ihr Angebot erfolgt kein schriftlicher Auftrag. Wegen der Kürze der Zeit liefern Sie bereits und die Komponenten werden von Monteuren verarbeitet. Wirksamer Auftrag?

- Sie schränken die Bindung ein oder schließen sie aus.

Formulierungsmuster

„Alle Angaben dieses Angebots sind unverbindlich. Wir verweisen auf den Inhalt unserer Auftragsbestätigung."
„Änderungen vorbehalten."
„Wir bieten Ihnen freibleibend nachfolgendes an: ...."

Aus der Rechtsprechung

Ein „freibleibendes" Angebot ist eine Aufforderung an den Besteller zur Abgabe eines eigenen Angebots, die Bestellung oder den Auftrag zu denselben Bedingungen des freibleibenden Angebots abzugeben (BGH NJW 1996, 919).

Hat der Kunde in seiner Anfrage eine Bindefrist vorgegeben, kann Ihr Angebot, das hierzu keine Angaben macht, unter Umständen so zu verstehen sein, dass Sie ihm diese Frist gewähren. Bestimmen Sie daher Bindefristen! Sie schaffen damit Klarheit über die Verbindlichkeit Ihres Angebots.

Kein bindendes Angebot im Rechtssinne liegt aber vor, wenn Sie nur eine „gutachterliche Äußerung" über voraussichtliche Kosten abgeben. Dann handelt es sich um einen „Kostenanschlag" (Kostenvoranschlag).

Gesetzliche Grundlagen

§ 650 BGB — Kostenanschlag
(1) Ist dem Vertrag ein Kostenanschlag zugrunde gelegt worden, ohne dass der Unternehmer die Gewähr für die Richtigkeit des Anschlags übernommen hat, und ergibt sich, dass das Werk nicht ohne eine wesentliche Überschreitung des Anschlags ausführbar ist, so steht dem Unternehmer, wenn der Besteller den Vertrag aus diesem Grund kündigt, nur der im § 645 Abs. 1 bestimmte Anspruch zu.

(2) Ist eine solche Überschreitung des Anschlags zu erwarten, so hat der Unternehmer dem Besteller unverzüglich Anzeige zu machen.

Bei Anzeige der Überschreitung des Kostenvoranschlages hat der Besteller ein Kündigungsrecht, aber eine Preisbindung ergibt sich daraus nicht.

Aus der Rechtsprechung

Auch ein als „Angebot" bezeichnetes Dokument kann in Wahrheit ein Kostenvoranschlag sein, der auch bei gleich lautender Auftragserteilung nicht zur Festpreisvereinbarung wird, wenn darin zugleich erwähnt ist, dass eine Abrechnung nach erbrachter Leistung vorgenommen wird (LG Köln TranspR 1994, 317).

Aber Achtung: Eine grob unzutreffende Kalkulation im Kostenanschlag, die der Auftraggeber zur Grundlage einer eigenen Kalkulation machen will, kann zu einem Schadensersatzanspruch des Anbieters führen. Überschreitet dann der endgültige Preis den Kostenvoranschlag, so kann der Auftraggeber insoweit mit seinem Schadensersatzanspruch aufrechnen.

Aus der Rechtsprechung

§ 650 BGB ist weder unmittelbar noch entsprechend anwendbar, wenn die Überschreitung einer Kostenangabe des Unternehmers darauf beruht, dass der Besteller falsche Angaben zum Umfang des herzustellenden Werks gemacht hat (BGH NJW 2011, 989).

3.5 Was in Ihrem Angebot immer enthalten sein muss

Angebote müssen bestimmte Angaben enthalten. Die folgenden Fragen fassen zusammen, worüber Sie sich diesbezüglich Gedanken machen müssen:

Frage	Ja	Nein
Haben Sie Ihren Kunden mit richtiger Rechtsform angegeben?		
Haben Sie Ihre Leistung/Lieferung genau beschrieben?		

Frage	Ja	Nein
Geht aus Ihrem Angebot klar hervor, ob Transport- oder Montageleistungen dazugehören?		
Können Sie für angegebene Mengen und Beschaffenheiten geradestehen?		
Haben Sie Ihren Preis eindeutig angegeben?		
Stimmen Ihre Berechnungen der Masse und Preise?		
Soll Ihr Kunde mitarbeiten, zum Beispiel Vorbereitungsmaßnahmen treffen?		
Haben Sie auf interessante Alternativen zur Anfrage hingewiesen?		
Haben Sie vorgegebene Formen eingehalten?		
Sind Ihre Anlagen vollständig?		

Da der Auftrag im Idealfall durch bloße Einverständniserklärung des Kunden zustande kommen kann, muss Ihr Angebot bereits alle wesentlichen Vertragspunkte enthalten. Sie legen Ihrem Kunden also — rechtlich gesehen — mit Ihrem Angebot einen vollständigen Vertragsentwurf vor. Entsprechend vollständig müssen die Angebotsunterlagen sein. Sie müssen damit rechnen, dass Sie Bedingungen später vielleicht nicht mehr ändern oder ergänzen können (zur Vertragstreue siehe Kapitel 3.1 „Kennen Sie die Rechtswirkungen von Angeboten?").

Manche Kunden, insbesondere öffentliche Auftraggeber, erstellen eigene Leitfäden für die Angebotserstellung. Diese allgemeinen Regeln, nach denen Angebote zu erstellen sind, sollen bei der Anfrage/Ausschreibung beachtet werden und sind dringend zu berücksichtigen. Fehler beim Angebotsinhalt können teils zwingend, teils im Einzelfall zum Ausschluss des Angebots führen. Auch formelle Anforderungen sind zu beachten:

Beispiel: Der „Leitfaden zur Angebotserstellung" des Beschaffungsamtes des Bundesministeriums des Inneren in Bonn verlangt: „Angebote sind auf der Basis der bereitgestellten Angebotsformulare zu erstellen. Angebote und die mit ihnen einzusendenden Formulare müssen eindeutige Angaben über Sie als Wirtschaftsteilnehmer (Firma, Adresse, Name der handelnden Person) [enthalten]. ... Schriftliche Angebote ... und Erklärungen in den Anlagen sind rechtsverbindlich zu unterschreiben."

Auch an **Nebenangebote** ist zu denken, es sei denn sie wären ausdrücklich ausgeschlossen. Es handelt sich dabei um solche Angebote, die zwar nicht den Ausschreibungs- oder Anfragebedingungen entsprechen, aber geeignet sind, das angefragte oder mit der Ausschreibung verfolgte Ziel zu erreichen.

Denken Sie daran, dass Ihr Angebot auch Ihre Visitenkarte ist, also ein Marketing-Instrument. Es soll sich deshalb von Mitbewerbern deutlich abheben.

Ihr Angebot richtet sich nach der Form der Anfrage:

- telefonische Anfrage eines unbekannten Kunden
- Vorabgespräche
- schriftliche Anfrage eines Stammkunden
- Ausschreibung

3.5.1 Achtung bei der Bezeichnung Ihres Kunden

Ein rechtsverbindliches Geschäft kommt (nur) mit demjenigen Kunden zustande, den Sie bezeichnet haben. Häufig sind Kunden Tochterunternehmen von größeren Unternehmen oder Schwesterunternehmen in Konzernen und treten nur unter ihrer Gruppenbezeichnung auf. Rechtlich sind solche Töchter oder Schwestern aber selbstständig. Wen die rechtlichen Verpflichtungen aus Ihrem Auftrag treffen sollen, muss gut überlegt und nötigenfalls geklärt sein.

Beispiel: Der Kunde meldet sich unter der Firma Peters GmbH & Co. KG und fragt Leistungen an. Es kommt zur Präsentation beim Geschäftsführer der Firma Peters GmbH. Mit ihm wird die Korrespondenz geführt. Ein Vertrag kommt zwar zustande, aber nicht schriftlich. Mit wem? Gegen wen müsste geklagt werden, wenn die Vergütung ausbliebe? Ist das Unternehmen, an das geliefert wurde, Vertragspartner?

3.5.2 Beschreiben Sie Ihre Leistung in jedem Fall ganz genau

Bei Ausschreibungen werden detaillierte Anfragen nach Mengen, Qualitäten, Leistungszeiten usw. vorgegeben. Bei veröffentlichten oder sonst bekanntgegebenen Leitfäden für die Angebotserstellung werden auch Rahmenbedingungen bestimmt.

Beispiel: Der „Leitfaden zur Angebotserstellung" des Beschaffungsamtes des Bundesministeriums des Inneren in Bonn verlangt: „Das Angebot muss den Leistungsgegenstand, die Preise (in EUR) und die sonstigen geforderten Angaben und Erklärungen enthalten. An den vorgegebenen Texten in den Verdingungsunterlagen dürfen **keine Zusätze** angebracht oder Änderungen vorgenommen werden."

In diesem Fall können Sie Ihre Leistung durch Bezug auf die Anfrageunterlagen beschreiben.

Sind die Anfragen allgemeinerer Natur, müssen Sie aufpassen: Sie kennen Ihre Leistung. Sie haben auch eine Vorstellung, was zur Leistung gehört und was nicht (mehr). Ihr Kunde muss das nicht wissen. Besonders, wenn seine Anfrage undifferenziert oder erkennbar unkonkret ist, liegt es an Ihnen, Klarheit zu schaffen. Sie bestimmen so die von Ihnen zu erbringende **Hauptleistung**.

Beispiel: Der Kunde fragt bei Ihnen eine bestimmte Sorte Bolzen an, ohne aber Mengenangaben zu machen. Hier können mengenmäßig gestaffelte Alternativen oder bestimmte Qualitäten angeboten werden.

Hierzu können auch **Beschaffenheitsangaben** der Ware, zugesicherte Eigenschaften oder Mengentoleranzen gehören. Auch Leistungsvorbehalte für höhere Gewalt oder Selbstbelieferungen gehören hierher.

Von besonderer Bedeutung ist deshalb die genaue Beschreibung des **Umfangs** der Leistung.

Beispiel: Liefern Sie nur das Regalsystem oder montieren Sie es auch? Nach dem Gesetz haften Sie auch für fehlerhafte Montage. Es wäre schade, wenn

Sie die Monatge wegen unklarer Bestimmungen vielleicht sogar ohne Vergütung vornehmen müssten.

Neben den sogenannten Hauptleistungen werden bei der Leistungsbeschreibung auch die **Nebenleistungen** beschrieben, die der Vorbereitung, Durchführung oder Sicherung der Hauptleistung dienen und die der Verkäufer ebenfalls zu erbringen hat. Dies können beispielsweise Verpackungsregelungen, Konfektionierungen o. Ä. sein, wie etwa Angaben dazu, wo die Erfüllung eintreten soll, ob die Versendung der Ware gewünscht wird, auf wessen Kosten etc.

Beispiel: Damit Sie einerseits Ihre Leistung erbringen können, andererseits aber auch vorhersehbare Schäden beim Kunden vermieden werden, bestimmt Ihr Angebot, dass Sie gewisse Schutzvorkehrungen treffen, etwa Sicherungsnetze am Gerüst anbringen.

Ebenfalls hierher gehören die **Obliegenheiten**, die zwar keine selbstständigen Leistungspflichten darstellen, aber die bei Nichtberücksichtigung zum Rechtsverlust führen, etwa wenn der Einkäufer die Ware nicht ordnungsgemäß der Wareneingangskontrolle unterwirft.

Beispiel: Sie liefern Computersoftware. Nach dem Vertrag soll Ihr Kunde, der Einkäufer eines Betriebes, verpflichtet sein, regelmäßige Datensicherungen vorzunehmen. Im Falle eines Fehlers der Software kann er sich dann nicht darauf berufen, einen Datenverlust erlitten zu haben und dadurch zu Schaden gekommen zu sein. Er verletzt nämlich eigene Vertragspflichten, die er mit vertretbarem Aufwand leicht hätte erfüllen können. Dafür müssen Sie nicht haften.

Ähnliches gilt bei **Mitwirkungspflichten** des Kunden.

Beispiel: Damit Sie Ihre Ware anliefern können, soll der Kunde Lagerfläche bereitstellen. Verstößt der Kunde gegen diese Mitwirkungspflicht, kann er sich später nicht darauf berufen, wenn Sie Ihre Fertigstellungstermine nicht einhalten können, weil Sie die Materialien anderswo lagern und erst unter Zeitverzug beschaffen konnten.

Handelt es sich um komplexere Sachen, wie Industrieanlagen oder ganze Unternehmensteile, so kann das Angebot später zur Anlage des Vertrages werden.

3.5.3 Bestimmen Sie klipp und klar, welchen Preis Sie verlangen

Bei den Preisen kann es sich um Festpreise, Preisrahmen, eine Vergütung nach Aufwand, Teilzahlungsabreden oder Preisgleitklauseln mit oder ohne Wertsicherung (Indexierung) handeln. Auch hinsichtlich der Umsatzsteuer sind klare Angaben zu machen.

Formulierungsmuster

(1) ... verkauft die Vertragsprodukte an ... zu ihren im Zeitpunkt des Abschlusses des Kaufvertrages jeweils geltenden Listenpreisen. Die zurzeit geltenden Listenpreise von ... sind in der als Anlage II beigefügten Preisliste aufgeführt.
(2) Alle Preise von ... verstehen sich ausschließlich der jeweiligen gesetzlichen Umsatzsteuer. Sie gelten ab Werk von ... und beinhalten keine Versendungskosten, die gesondert berechnet werden.
(3) Jede Rechnung von ... wird innerhalb von 30 Tagen ab Zahlungseingang bei ... seitens der Kunden fällig.

Wird der Preis in **fremder Währung** vereinbart, ist dies nur dann genehmigungsfrei möglich, wenn der Kunde „gebietsfremd", also Ausländer, ist, § 49 AWG.

Wollen Sie den Preis vor der künftigen Preisentwicklung mit einer sogenannter „**Wertsicherungsklausel**" sichern (Indexierung), so ist nach § 2 des Preisangaben- und Preisklauselgesetzes das grundsätzliche Indexierungsverbot zu beachten. Es besteht allerdings die Möglichkeit, Ausnahmen zuzulassen. Die Preisangaben und Preisklausel VO vom 23.09.1998 (BGBl. I 1998, S. 3043) ist das Ausführungsgesetz dazu. Zuständig ist das Bundesamt für Wirtschaft und Ausfuhrkontrolle in Eschborn (Anschrift: Frankfurter Str. 29–35, 65760 Eschborn, Tel. 06196/908-0, Fax 06196/908-35).

Nach § 2 Preisklausel VO werden Preisklauseln **nicht genehmigt,** die eine Partei unangemessen benachteiligen.

Seit dem 01.01.2003 ermittelt das Statistische Bundesamt nur noch den „Verbraucherpreisindex für Deutschland", also den Preisindex für die Lebenshaltung aller privaten Haushalte in Gesamtdeutschland (das Basisjahr 2000 = 100). Das Statistische Bundesamt rechnet den aktuellen Index 2000 = 100 gegebenenfalls zurück (zu den aktuellen Index-Werten und deren Rückrechnung sowie zu Umrechnungshilfen können Sie sich unter www.destatis.de informieren).

3.6 Was immer in Ihrem Angebot enthalten sein sollte

Es gibt Angaben, die zwar nicht zwingend Bestandteil eines Angebots sein müssen, aber dennoch enthalten sein sollten. Dazu zunächst die wesentlichen Fragen, die wir Ihnen in diesem Kapitel beantworten werden:

Frage	Ja	Nein
Wussten Sie, dass das Gesetz Ihre sofortige Leistung verlangt?		
Wissen Sie, wann Ihr Kunde leisten (zahlen) muss?		
Kann sich Ihr Kunde darauf herausreden, trotz Abnahme keine Rechnung von Ihnen vorliegen zu haben?		
Wissen Sie, ab wann Sie in Verzug geraten?		
Wissen Sie, welche Konsequenzen Ihr Verzug haben kann?		
Können Sie auf Einhaltung Ihrer Zahlungsziele pochen?		
Kennen Sie die Wirkungen des Gefahrübergangs?		
Wie können Sie sich bei Verzug Ihrer Vorlieferanten absichern?		
Wissen Sie, wann „höhere Gewalt" vorliegt?		
Kennen Sie die Möglichkeiten wirksamer Haftungsbegrenzungen?		

Frage	Ja	Nein
Wissen Sie, wann und in welchem Maß Sie Ihre Gewährleistungs- frist abkürzen können?		
Wissen Sie, wie Sie sich schützen, wenn Ihr Kunde insolvent wird?		
Haben Sie schon einmal daran gedacht, im Streitfall ein Schiedsge- richt entscheiden zu lassen?		

3.6.1 Schaffen Sie Klarheit, wann Sie die Zahlung erwarten

Grundsätzlich muss Ihr Kunde seine Vertragspflichten, also die Zahlung, sofort erfüllen, jedoch nicht vor Ihrer Leistung. Die gegenseitigen Leistungen sind grundsätzlich sofort fällig.

Gesetzliche Grundlagen

§ 271 BGB — Leistungszeit
(1) Ist eine Zeit für die Leistung weder bestimmt noch aus den Umständen zu entnehmen, so kann der Gläubiger die Leistung sofort verlangen, der Schuldner sie sofort bewirken.
(2) Ist eine Zeit bestimmt, so ist im Zweifel anzunehmen, dass der Gläubiger die Leistung nicht vor dieser Zeit verlangen, der Schuldner aber sie vorher bewirken kann.

„Aus den Umständen" bedeutet, dass beim Kauf der Verkäufer vorleistungspflichtig ist, wenn er ein Zahlungsziel vereinbart hat. Bei Werkaufträgen ist dies nach dem Gesetz der Werkhersteller. Ihr Kunde braucht also erst zu zahlen, wenn Sie ihm die Ware anbieten oder bei Abnahme der Werkleistung.

Gesetzliche Grundlagen

§ 641 BGB — Fälligkeit der Vergütung
(1) Die Vergütung ist bei der Abnahme des Werkes zu entrichten. Ist das Werk in Teilen abzunehmen und die Vergütung für die einzelnen Teile bestimmt, so ist die Vergütung für jeden Teil bei dessen Abnahme zu entrichten.

> (2) Die Vergütung des Unternehmers für ein Werk, dessen Herstellung der Besteller einem Dritten versprochen hat, wird spätestens fällig, wenn und soweit der Besteller von dem Dritten für das versprochene Werk wegen dessen Herstellung seine Vergütung oder Teile davon erhalten hat. Hat der Besteller dem Dritten wegen möglicher Mängel des Werkes Sicherheit geleistet, gilt dies nur, wenn der Unternehmer dem Besteller Sicherheit in entsprechender Höhe leistet.

Die Abnahme konkretisiert die Werkleistung. Sie ist die ausdrückliche oder stillschweigende Erklärung, dass es sich um das bestellte Werk handelt. Verweigert werden kann sie daher nur, wenn wesentliche Mängel vorliegen. Wird sie trotzdem verweigert, können Sie als Unternehmer eine angemessene Frist setzen, nach deren Ablauf das Werk als abgenommen gilt.

Für die Fälligkeit kommt es dagegen grundsätzlich nicht darauf an, dass Sie eine **Rechnung** übermitteln, auch wenn Ihr Kunde aus umsatzsteuerlichen Gründen oder aus Gründen der Verkehrssitte darauf einen Anspruch haben mag. Davon abweichende gesetzliche Vorschriften gehen natürlich vor, wie zum Beispiel, wenn Sie die Verdingungsordnung für Bauleistungen (VOB) vereinbart haben.

Gesetzliche Grundlagen

§ 16 VOB/B Nr. 3 — Zahlung
(1) Der Anspruch auf die Schlusszahlung ist alsbald nach Prüfung und Feststellung der vom Auftragnehmer vorgelegten Schlussrechnung zu leisten, spätestens innerhalb von 2 Monaten nach Zugang. Die Prüfung der Schlussrechnung ist nach Möglichkeit zu beschleunigen. Verzögert sie sich, so ist das unbestrittene Guthaben als Abschlagszahlung sofort zu zahlen.

Längere Zahlungsziele stellen im Ergebnis nichts anderes als Lieferantenkredite dar. Sie behindern das Umsatzwachstum, drücken die Liquidität und zwingen nicht selten, das Kontokorrent bei der Hausbank gefährlich auszureizen. Nicht selten sind die entsprechenden Kosten und das Risiko kalkuliert und über den Preis abwälzbar.

Wird das Zahlungsziel nicht eingehalten, kommt der Kunde in Verzug.

Gesetzliche Grundlagen

§ 286 BGB — Verzug des Schuldners

(1) Leistet der Schuldner auf eine Mahnung des Gläubigers nicht, die nach dem Eintritt der Fälligkeit erfolgt, so kommt er durch die Mahnung in Verzug. Der Mahnung stehen die Erhebung der Klage auf die Leistung sowie die Zustellung eines Mahnbescheids im Mahnverfahren gleich.

(2) Der Mahnung bedarf es nicht, wenn

1. für die Leistung eine Zeit nach dem Kalender bestimmt ist,

2. der Leistung ein Ereignis vorauszugehen hat und eine angemessene Zeit für die Leistung in der Weise bestimmt ist, dass sie sich von dem Ereignis an nach dem Kalender berechnen lässt,

3. der Schuldner die Leistung ernsthaft und endgültig verweigert,

4. aus besonderen Gründen unter Abwägung der beiderseitigen Interessen der sofortige Eintritt des Verzugs gerechtfertigt ist.

(3) Der Schuldner einer Entgeltforderung kommt spätestens in Verzug, wenn er nicht innerhalb von 30 Tagen nach Fälligkeit und Zugang einer Rechnung oder gleichwertigen Zahlungsaufstellung leistet; dies gilt gegenüber einem Schuldner, der Verbraucher ist, nur, wenn auf diese Folgen in der Rechnung oder Zahlungsaufstellung besonders hingewiesen worden ist. Wenn der Zeitpunkt des Zugangs der Rechnung oder Zahlungsaufstellung unsicher ist, kommt der Schuldner, der nicht Verbraucher ist, spätestens 30 Tage nach Fälligkeit und Empfang der Gegenleistung in Verzug.

(4) Der Schuldner kommt nicht in Verzug, solange die Leistung infolge eines Umstandes unterbleibt, den er nicht zu vertreten hat.

§ 13 BGB — Verbraucher

Verbraucher ist jede natürliche Person, die ein Rechtsgeschäft zu einem Zweck abschließt, der weder ihrer gewerblichen noch ihrer selbständigen beruflichen Tätigkeit zugerechnet werden kann.

§ 14 BGB — Unternehmer

(1) Unternehmer ist eine natürliche oder juristische Person oder eine rechtsfähige Personengesellschaft, die bei Abschluss eines Rechtsgeschäfts in Ausübung ihrer gewerblichen oder selbständigen beruflichen Tätigkeit handelt.

(2) Eine rechtsfähige Personengesellschaft ist eine Personengesellschaft, die mit der Fähigkeit ausgestattet ist, Rechte zu erwerben und Verbindlichkeiten einzugehen.

Verzug ist eine Vertragsverletzung, die zum Schadensersatz führen kann, weil der Kunde seine Leistung nicht wie geschuldet, nämlich innerhalb der Zahlungsfrist, erbringt. Als Mindestschaden wird dabei ein Verzugszins fällig — im Geschäft unter Kaufleuten zusätzlich noch Fälligkeitszinsen.

Gesetzliche Grundlagen

§ 288 BGB — Verzugszinsen
(1) Eine Geldschuld ist während des Verzugs zu verzinsen. Der Verzugszinssatz beträgt für das Jahr fünf Prozentpunkte über dem Basiszinssatz.
(2) Bei Rechtsgeschäften, an denen ein Verbraucher nicht beteiligt ist, beträgt der Zinssatz für Entgeltforderungen acht Prozentpunkte über dem Basiszinssatz.
(3) Der Gläubiger kann aus einem anderen Rechtsgrund höhere Zinsen verlangen.
(4) Die Geltendmachung eines weiteren Schadens ist nicht ausgeschlossen.

§ 281 BGB — Schadensersatz statt der Leistung wegen nicht oder nicht wie geschuldet erbrachter Leistung
(1) Soweit der Schuldner die fällige Leistung nicht oder nicht wie geschuldet erbringt, kann der Gläubiger unter den Voraussetzungen des § 280 Abs. 1 Schadensersatz statt der Leistung verlangen, wenn er dem Schuldner erfolglos eine angemessene Frist zur Leistung oder Nacherfüllung bestimmt hat. Hat der Schuldner eine Teilleistung bewirkt, so kann der Gläubiger Schadensersatz statt der ganzen Leistung nur verlangen, wenn er an der Teilleistung kein Interesse hat. Hat der Schuldner die Leistung nicht wie geschuldet bewirkt, so kann der Gläubiger Schadensersatz statt der ganzen Leistung nicht verlangen, wenn die Pflichtverletzung unerheblich ist.
(2) Die Fristsetzung ist entbehrlich, wenn der Schuldner die Leistung ernsthaft und endgültig verweigert oder wenn besondere Umstände vorliegen, die unter Abwägung der beiderseitigen Interessen die sofortige Geltendmachung des Schadenersatzanspruchs rechtfertigen.

(3) Kommt nach der Art der Pflichtverletzung eine Fristsetzung nicht in Betracht, so tritt an deren Stelle eine Abmahnung.
(4) Der Anspruch auf die Leistung ist ausgeschlossen, sobald der Gläubiger statt der Leistung Schadensersatz verlangt hat.
(5) Verlangt der Gläubiger Schadensersatz statt der ganzen Leistung, so ist der Schuldner zur Rückforderung des Geleisteten nach den §§ 346 bis 348 berechtigt.

§ 353 HGB — Fälligkeitszinsen aus beiderseitigen Handelsgeschäften
Kaufleute untereinander sind berechtigt, für ihre Forderungen aus beiderseitigen Handelsgeschäften vom Tag der Fälligkeit an Zinsen zu fordern. Zinsen von Zinsen können auf Grund dieser Vorschrift nicht gefordert werden.

Sie haben also die Wahl:

- Sie können auf die Bestimmung eines Zahlungsziels verzichten.
  Dann tritt Verzug mit der Mahnung ein, § 286 Abs. 2 Nr. 1 BGB. Kosten entstehen dem Käufer aus der ersten Mahnung nicht. Anwaltsrechnungen hierfür kann er getrost in den Papierkorb werfen. Das gilt auch dann, wenn der Anwalt später noch einmal mahnt, denn seine Gebühr ist bereits mit der ersten Mahnung entstanden.
  Unabhängig davon tritt Verzug automatisch 30 Tage nach Fälligkeit und Zugang der Rechnung oder einer gleichwertigen Zahlungsaufforderung ein, § 286 Abs. 3 BGB. Spätestens 30 Tage nach Rechnungszugang kommt der Käufer in Verzug, wenn kein Zahlungsziel vereinbart ist. Bei Verbrauchern gilt das aber nur, wenn Sie auf diese Rechtsfolge besonders hinweisen.
- Bestimmen Sie das Zahlungsziel „kalendermäßig".
  In diesem Fall kommt der Kunde automatisch mit dem Ablauf der Frist in Verzug, § 286 Abs. 2 BGB. Ab diesem Zeitpunkt hat er sämtliche Kosten für die Forderungsbeitreibung, Mahnung etc. zu tragen. Kann der Leistungszeitpunkt, insbesondere das Zahlungsziel, aus Gründen, die in der Besonderheit des Geschäfts liegen, bei Vertragsabschluss nicht bestimmt werden, so kann vereinbart werden, dass der Verkäufer das Zahlungsziel nach Erfüllung gewisser Kriterien und in einem festgelegten Rahmen einseitig bestimmt, § 315 BGB. Sobald die Bestimmung vertragsgemäß ausgesprochen ist, gelten die Verzugsvorschriften nach Gesetz.

Beispiel 1: Wird keine kalendermäßige Bestimmung getroffen, ist die häufige Formulierung in der Rechnung: „Zahlbar netto Kasse innerhalb von 10 Tagen".

Beispiel 2: Kalendermäßig bestimmt wäre die Formulierung: „Zahlbar netto Kasse 30 Tage nach Ostern". Dies ist seit 2002 klargestellt in § 286 Abs. 2 Nr. 2 BGB. In der Rechnung sollte daher zum Beispiel formuliert werden: „Zahlbar netto Kasse bis zum 15.01.2014" und nicht „innerhalb von 10 Tagen".

Aus der Rechtsprechung

Soll eine Zahlung bis zu einem genau bezeichneten Tag erfolgen, frühestens jedoch 14 Tage nach Zugang der Eintragungsnachricht, ist die Leistung nicht nach dem Kalender bestimmt (LG Gießen, NJW-RR 1996, 589). „Sofort" i. S. von § 271 I Abs. 1 BGB heißt „in angemessener Zeit", nicht aber „auf der Stelle" oder „ohne schuldhaftes Zögern" (OLG München, NJW-RR 1992, 818). Vermeiden Sie erhebliches Risikopotenzial durch sorgloses Verhalten im Bereich des Vertragsschlusses!

Die einseitige Bestimmung auf der Rechnung „Wir bitten um Überweisung bis zum …" genügt nicht für eine kalendermäßige Bestimmung (BGH NJW 2008, 50).

- Belehren Sie den Käufer darüber, dass er innerhalb von 30 Tagen nach Fälligkeit und Zugang Ihrer Rechnung in Verzug gerät.
  Dann kommt Ihr Vertragspartner spätestens mit Ablauf der 30 Tage auch ohne Mahnung in Verzug.

3.6.2 Regeln Sie Ihre Liefer- oder Leistungszeit

Ist die Leistungszeit so wichtig, dass damit das gesamte Geschäft „stehen und fallen" soll (sog. Fixgeschäfte), so muss dies ausdrücklich festgehalten werden.

Gesetzliche Grundlagen

§ 376 HGB — Fixgeschäft
(1) Ist bedungen, dass die Leistung des einen Teiles genau zu einer festbestimmten Zeit oder innerhalb einer festbestimmten Frist bewirkt werden

soll, so kann der andere Teil, wenn die Leistung nicht zu der bestimmten Zeit oder nicht innerhalb der bestimmten Frist erfolgt, von dem Vertrag zurücktreten oder, falls der Schuldner im Verzug ist, statt der Erfüllung Schadensersatz wegen Nichterfüllung verlangen. Erfüllung kann er nur beanspruchen, wenn er sofort nach dem Ablauf der Zeit oder der Frist dem Gegner anzeigt, dass er auf Erfüllung bestehe.

In allgemeinen Geschäftsbedingungen ist eine solche Vereinbarung sogar bei Unternehmern problematisch.

Aus der Rechtsprechung

Ein Fixgeschäft erfordert nicht nur die Festlegung einer genauen Lieferzeit oder Lieferfrist, sondern die Einigkeit der Parteien, dass mit deren Einhaltung oder Nichteinhaltung der Vertrag „stehen oder fallen" soll. Bei Zweifeln hieran ist die Annahme eines Fixgeschäfts abzulehnen (BGH NJW 1990, 2065 ff.).

Die Angabe eines Anfangs- und Endtermins führen nicht zum Fixgeschäft, sondern können auch für die Planung und Kalkulation gedacht sein (OLG Düsseldorf ZfBR 2012, 388).

3.6.3 Regeln Sie, wer das Lieferrisiko trägt und wann die Gefahr übergehen soll

Grundsätzlich haben Sie als Leistungsanbieter dafür einzustehen, dass Ihr Kunde die Leistung auch erhält. Sie sind nach dem Gesetz vorleistungspflichtig. Andernfalls braucht Ihr Kunde keine Zahlung zu leisten. Man sagt: Sie tragen bis dahin die „Gefahr", liefern zu müssen.

Gesetzliche Grundlagen

§ 320 BGB — Einrede des nicht erfüllten Vertrags
(1) Wer aus einem gegenseitigen Vertrag verpflichtet ist, kann die ihm obliegende Leistung bis zur Bewirkung der Gegenleistung verweigern, es sei denn, dass er vorzuleisten verpflichtet ist.

Das ist aber nicht in allen Fällen gerecht, insbesondere dann nicht, wenn Sie dem Kunden schon ermöglichen, die Sache zu nutzen, auch wenn der Vertrag insgesamt noch nicht erfüllt wurde.

Beispiel: Die beim Kunden angelieferte Ware steht unter Eigentumsvorbehalt und wird noch vor Zahlung der Rechnung wegen eines Kurzschlusses zerstört. Der Kunde soll schließlich trotzdem den Kaufpreis zahlen müssen. Die Ware befand sich in seinem Einflussbereich, auch wenn sie — mangels Zahlung — noch nicht in sein Eigentum übergegangen und damit der Vertrag noch nicht vollständig erfüllt war.

In diesen Fällen soll die Gefahr bereits früher übergehen.

Mit der Einwirkungsmöglichkeit des Kunden auf die bestellte Ware oder das Werk, verlieren Sie zugleich die Ihre. Deshalb müssen Ware oder Werk ab diesem Zeitpunkt einwandfrei sein.

Der Gefahrübergang regelt also zweierlei:

- den Zeitpunkt, zu dem die Leistung einwandfrei zu sein hat, damit keine Gewährleistung eingreift,
- ab wann der Kunde zur Zahlung auch dann verpflichtet sein soll, wenn die Leistung vor Übergabe an bzw. Abnahme durch ihn — etwa auf dem Transport — ohne Ihr Verschulden beschädigt oder zerstört wird.

Gesetzliche Grundlagen

§ 446 BGB — Gefahr- und Lastenübergang (im Kaufrecht)
Mit der Übergabe der verkauften Sache geht die Gefahr des zufälligen Untergangs und der zufälligen Verschlechterung auf den Käufer über. Von der Übergabe an Gebühren dem Käufer die Nutzungen und trägt er die Lasten der Sache. Der Übergabe steht es gleich, wenn der Käufer im Verzug der Annahme ist.

§ 644 BGB — Gefahrtragung (im Werkrecht)
(1) Der Unternehmer trägt die Gefahr bis zur Abnahme des Werkes. Kommt der Besteller in Verzug der Annahme, so geht die Gefahr auf ihn über. Für den zufälligen Untergang und eine zufällige Verschlechterung des von

dem Besteller gelieferten Stoffes ist der Unternehmer nicht verantwortlich.

Diese Vorschriften sind für Ihre Risikokalkulation wichtiger, als es auf den ersten Blick scheint.

Beispiel: Wird die Ware bei einem angemieteten Außenlager des Kunden angeliefert, haben weder Sie noch der Kunde die Möglichkeit, zur Vermeidung von Kurzschlüssen unmittelbar einzugreifen. In diesem Fall ist die Ware nicht im Sinne des Gesetzes „übergeben". Für diesen Fall wäre eine Regelung sinnvoll, die trotzdem den Gefahrübergang eintreten lässt: Der Kunde hat schließlich einen näheren Kontakt zu seinem Lageristen als Sie.

Wer den Nutzen hat, soll auch die Lasten tragen. Deshalb behalten Sie Ihre Zahlungsansprüche ab Übergabe der Ware bzw. Abnahme des Werks.

3.6.4 Was aber, wenn Ihre Ware bei Ihrem Kunden erst gar nicht ankommt?

Dazu zunächst zwei Beispiele:

Beispiel 1: Ihr Kunde will, dass Sie die bestellten Glasscheiben zu ihm liefern. Sie sollen dort mit Rahmen versehen und dann zum Auftraggeber Ihres Kunden transportiert werden. Sie beauftragen einen Spediteur, der aber in einen Unfall verwickelt wird, bei dem alles zu Bruch geht. Ihr Kunde will nicht zahlen, da ihm die Ware nicht übergeben worden sei.

Beispiel 2: Ihr Kunde will, dass Sie die bestellten Glasscheiben nicht zu ihm, sondern direkt zum Betrieb seines Auftraggebers liefern. Sie beauftragen auch jetzt wieder einen Spediteur, Ihre Scheiben erleiden dasselbe Schicksal. Auch hier will Ihr Kunde nicht zahlen, da ihm die Ware nicht übergeben worden sei.

Es ist im Geschäftsleben üblich, dass Ihr Kunde bestellte Ware nicht bei Ihnen abholt, sondern Anlieferung verlangt, angeboten und schließlich vereinbart wird. Das entspricht aber nicht der gesetzlichen Regel.

Gesetzliche Grundlagen

§ 269 BGB — Leistungsort

(1) Ist ein Ort für die Leistung weder bestimmt noch aus den Umständen, insbesondere aus der Natur des Schuldverhältnisses, zu entnehmen, so hat die Leistung an dem Orte zu erfolgen, an welchem der Schuldner zur Zeit der Entstehung des Schuldverhältnisses seinen Wohnsitz hatte.

(2) Ist die Verbindlichkeit im Gewerbebetriebe des Schuldners entstanden, so tritt, wenn der Schuldner seine gewerbliche Niederlassung an einem anderen Orte hatte, der Ort der Niederlassung an die Stelle des Wohnsitzes.

Grundsätzlich haben Sie am Ort Ihrer gewerblichen Niederlassung zu leisten (sog. Leistungs- oder Erfüllungsort), Ihr Kunde hat also die Ware bei Ihnen abzuholen (sog. **Holschuld**). Vereinbaren Sie die Anlieferung beim Kunden, verlagern Sie den Erfüllungsort an den Ort des Kunden (sog. **Bringschuld**). Dann „übergeben" Sie erst dort und die Gefahr geht erst beim Kunden über. Im Beispiel 1 ist die Gefahr also noch bei Ihnen. Der Kunde kann die Zahlung verweigern und eine Neulieferung verlangen.

Vereinbaren Sie eine Anlieferung beim Auftraggeber des Kunden (sog. **Schickschuld**), dann übernehmen Sie damit schon eine Leistung Ihres Kunden gegenüber seinem Auftraggeber. Sie „lehnen" sich also ziemlich weit in deren Rechtsbeziehungen, die Sie aber regelmäßig nicht überblicken. Deswegen schützt Sie das Gesetz in diesem Fall:

Gesetzliche Grundlagen

§ 447 BGB — Gefahrübergang beim Versendungskauf

(1) Versendet der Verkäufer auf Verlangen des Käufers die verkaufte Sache nach einem anderen Ort als dem Erfüllungsort, so geht die Gefahr auf den Käufer über, sobald der Verkäufer die Sache dem Spediteur, dem Frachtführer oder der sonst zur Ausführung der Versendung bestimmten Person oder Anstalt ausgeliefert hat.

(2) Hat der Käufer eine besondere Anweisung über die Art der Versendung erteilt und weicht der Verkäufer ohne dringenden Grund von der Anweisung ab, so ist der Verkäufer dem Käufer für den daraus entstehenden Schaden verantwortlich.

---

§ 644 BGB — Gefahrtragung (im Werkrecht)
(1) Der Unternehmer trägt die Gefahr bis zur Abnahme des Werkes. Kommt der Besteller in Verzug der Annahme, so geht die Gefahr auf ihn über. Für den zufälligen Untergang und eine zufällige Verschlechterung des von dem Besteller gelieferten Stoffes ist der Unternehmer nicht verantwortlich. (2) Versendet der Unternehmer das Werk auf Verlangen des Bestellers nach einem anderen Orte als dem Erfüllungsorte, so finden die für den Kauf geltenden Vorschriften des § 447 entsprechende Anwendung.

§ 269 BGB — Leistungsort
(3) Aus dem Umstand allein, dass der Schuldner die Kosten der Versendung übernommen hat, ist nicht zu entnehmen, dass der Ort, nach welchem die Versendung zu erfolgen hat, der Leistungsort sein soll.

Im Beispiel 2 muss der Kunde also trotzdem zahlen. Mit der Übergabe an den Spediteur haben Sie Ihre Schuldigkeit getan. Etwas anderes ist es natürlich, wenn der Schaden durch Sie verursacht wurde, etwa durch unsachgemäße Verpackung o. Ä.

Es kommt also für die Risikoverteilung zwischen Ihnen und Ihrem Kunden ganz erheblich darauf an, wie Sie den Erfüllungsort und den Gefahrübergang bestimmen. Sie können den Zeitpunkt des Gefahrübergangs abweichend von den gesetzlichen Regelungen bestimmen. Machen Sie von dieser Möglichkeit Gebrauch! Wenn Sie nicht um Ihre Zahlung fürchten müssen, können Sie Ihrem Kunden einen besseren Preis machen und den Auftrag „an Land ziehen".

Achtung Falle: Bringschuld und Schickschuld sind streng zu unterscheiden.

Wenn Sie das Transportrisiko nicht tragen wollen, müssen Sie

- den Erfüllungsort an Ihrem oder dem Betrieb des Kunden bestimmen,
- festhalten, dass Sie auf Wunsch des Kunden an eine andere Lieferadresse liefern.

Gelingt es nicht, die Transportgefahr auf den Kunden zu verlegen, besteht immerhin die Möglichkeit,

- den Spediteur auf Schadensersatz in Anspruch zu nehmen,
- eine Transportversicherung abzuschließen.

> **TIPP**
>
> Die gesetzlichen Gefahrübergangsregelungen der Schickschuld können Sie bei Verträgen mit Verbrauchern nicht ändern, §§ 474 Abs. 2, 475 Abs. 1 BGB.

Häufig werden auch sogenannte Transportklauseln verwendet, insbesondere im Überseegeschäft, etwa „cif" oder „fob", die den Leistungsort etwa auf den Verschiffungshafen festlegen.

> **TIPP**
>
> Bei in internationalen Warenkäufen vereinbarten Incoterms® ist für die Bedeutung der einzelnen Klauseln auf die Anwendungshinweise der Internationalen Handelskammer (ICC) zurückzugreifen (BGH NJW-RR 2013, 309).

Von Bedeutung ist der Erfüllungsort als Leistungshandlungsort auch für

- den Annahmeverzug des Kunden: Bieten Sie ihm die Ware am Erfüllungsort ordnungsgemäß an, nimmt der Kunde sie aber nicht ab, sind Sie Ihre Gefahr los.

Gesetzliche Grundlagen

§ 300 BGB — Wirkung des Gläubigerverzugs
(1) Der Schuldner hat während des Verzugs des Gläubigers nur Vorsatz und grobe Fahrlässigkeit zu vertreten.
(2) Wird eine nur der Gattung nach bestimmte Sache geschuldet, so geht die Gefahr mit dem Zeitpunkt auf den Gläubiger über, in welchem er dadurch in Verzug kommt, dass er die angebotene Sache nicht annimmt.

- die Vermeidung eigenen Verzuges, § 286 BGB
- für die Konkretisierung bei Gattungsschulden, § 300 Abs. 2 BGB,
- den Gerichtsstand nach § 29 ZPO als Anknüpfungspunkt.

Gesetzliche Grundlagen

§ 29 ZPO — Besonderer Gerichtsstand des Erfüllungsorts
(1) Für Streitigkeiten aus einem Vertragsverhältnis und über dessen Bestehen ist das Gericht des Ortes zuständig, an dem die streitige Verpflichtung zu erfüllen ist.

3.6.5 Und wenn Sie selbst von Vorlieferanten „hängen" gelassen werden?

Grundsätzlich tragen Sie das Liefer- bzw. Herstellungsrisiko. Können Sie nicht leisten oder das Werk nicht herstellen, weil sie selbst nicht beliefert wurden, ändert das an Ihren Pflichten gegenüber Ihrem Kunden grundsätzlich nichts. Sie bleiben zur Lieferung verpflichtet, geraten in Verzug mit dem Risiko, Schadensersatz leisten zu müssen und erhalten keine Zahlung. Das können Sie vermeiden, wenn Sie Ihr Angebot „bedingt" abgeben, nämlich nur für den Fall, dass Sie selbst beliefert werden.

Gesetzliche Grundlagen

§ 158 BGB — Aufschiebende und auflösende Bedingung
(1) Wird ein Rechtsgeschäft unter einer aufschiebenden Bedingung vorgenommen, so tritt die von der Bedingung abhängig gemachte Wirkung mit dem Eintritt der Bedingung ein.
(2) Wird ein Rechtsgeschäft unter einer auflösenden Bedingung vorgenommen, so endigt mit dem Eintritt der Bedingung die Wirkung des Rechtsgeschäfts; mit diesem Zeitpunkt tritt der frühere Rechtszustand wieder ein.

Kommt es dann nicht zur eigenen Belieferung, so wird Ihr Vertrag mit dem Kunden gar nicht erst wirksam. Sie können zwar keine Zahlung verlangen, aber auch nicht in Verzug geraten und das Risiko, Schadensersatz leisten zu müssen, vermeiden.

TIPP

Um das Risiko der Selbstbelieferung zu begrenzen, vereinbaren Sie einen sog. Selbstbelieferungsvorbehalt.

3.6.6 Was, wenn Ihre Leistung durch Umstände behindert wird, auf die Sie keinen Einfluss haben?

Beispiel: Sie arbeiten für Ihren Kunden auf einer Baustelle im Iran. Dort ist es wegen der „Mohammed-Karikaturen" zu gewaltsamen Demonstrationen auch in und um Teheran gekommen. Weitere Proteste sind nicht ausgeschlossen. Überdies besteht in den Provinzen Kerman und Sistan-Balutschestan ein erhöhtes Entführungsrisiko. Dennoch gibt das Auswärtige Amt keine allgemeine Reisewarnung aus, weil der Iran grundsätzlich sicher sei. Es empfiehlt nur, sich von Demonstrationen fern zu halten und nicht notwendige Reisen in Kurdengebiete im Nordwesten Irans und entlang der türkischen, pakistanischen und afghanischen Grenze zu vermeiden. Ihre in Teheran tätigen Mitarbeiter und deren Familien sind wegen der Nachrichten über die politische Entwicklung und aufgrund der Anschläge von Fundamentalisten in Sorge. Deswegen erwägen Sie, sich gegenüber Ihrem Auftraggeber auf „höhere Gewalt" zu berufen. Der verweist auf die vereinbarte Pönale bei Überschreiten des vereinbarten Fristenplans.

Von Ihrer Leistungspflicht kommen Sie grundsätzlich, wenn der Vertrag wirksam geschlossen ist, nicht mehr los (Grundsatz der Vertragstreue, siehe Kapitel 3.1 „Kennen Sie die Rechtswirkungen von Angeboten?"). Etwas anderes gilt nur, wenn Ihnen die Leistung unmöglich ist.

Gesetzliche Grundlagen

§ 275 BGB — Ausschluss der Leistungspflicht
(1) Der Anspruch auf Leistung ist ausgeschlossen, soweit diese für den Schuldner oder für jedermann unmöglich ist.
(2) Der Schuldner kann die Leistung verweigern, soweit diese einen Aufwand erfordert, der unter Beachtung des Inhalts des Schuldverhältnisses und der Gebote von Treu und Glauben in einem groben Missverhältnis zu dem Leistungsinteresse des Gläubigers steht. Bei der Bestimmung der dem Schuldner zuzumutenden Anstrengungen ist auch zu berücksichtigen, ob der Schuldner das Leistungshindernis zu vertreten hat.
(3) Der Schuldner kann die Leistung ferner verweigern, wenn er die Leistung persönlich zu erbringen hat und sie ihm unter Abwägung des seiner Leistung entgegenstehenden Hindernisses mit dem Leistungsinteresse des Gläubigers nicht zugemutet werden kann.
(4) Die Rechte des Gläubigers bestimmen sich nach den §§ 280, 283 bis 285, 311a und 326.

In bestimmten Fällen der Unzumutbarkeit gilt dasselbe. Aber wer bestimmt, was unzumutbar ist?

Selbst, wenn Sie nicht mehr zur Leistung verpflichtet wären, müssten Sie unter Umständen Schadensersatz leisten, wenn das zugleich eine von Ihnen verschuldete Vertragsverletzung ist, §§ 275 Abs. 4, 280 Abs. 1 BGB. Würden Sie in dem Beispiel Ihre Monteure aus dem Iran abziehen, würden Sie Ihren Vertrag willentlich, also vorsätzlich, nicht wie vereinbart — insbesondere in Bezug auf den Fristenplan — erfüllen. Die Vertragsverletzung wäre von Ihnen verschuldet. Schadensersatz droht.

Dies können Sie durch eine „Höhere Gewalt-Klausel" vermeiden (bzw. „Force Majeure"). Gerade in Zweifelsfällen können Sie bestimmen, wann Ihre Vertragspflichten — und damit Haftungsansprüche — ausgesetzt sein sollen.

TIPP

Nehmen Sie in Ihr Angebot in schwerem Terrain (Unruhen, Streiks etc.) auf, dass Ihr Kunde keine Rechte aus Verzögerungen oder Nichtbelieferungen bei „höherer Gewalt" herleiten kann. Definieren Sie, was Sie darunter verstanden wissen wollen:

„Der Verkäufer haftet nicht in Fällen Höherer Gewalt, insbesondere bei Krieg, Naturkatastrophen, bürgerkriegsähnliche Unruhen, terroristischen Attentaten, ..."

oder (insbesondere international üblich):

„Die Parteien haften einander nicht für verspätete Erfüllung oder Nicht- bzw. nicht gehörige Erfüllung im Fall von ihnen nicht zu vertretenden Ereignissen, einschließlich aber nicht begrenzt auf: Streik oder andere Arbeitsunterbrechungen, Feuer, Flut, Krieg, staatsfeindliche Handlungen, höhere Gewalt, Aufruhr, Ausfall einer üblichen Versorgungsquelle, Knappheit, Rationierung oder anderen Beschränkungen der Verfügbarkeit von Öl, Petroleum, Plastik oder deren Derivaten, und Vorzüge, Zuweisungen, Beschränkungen oder andere Handlungen, die von Behörden, Quasi-behörden, Körperschaften oder Anstalten des öffentlichen Rechts auferlegt oder verlangt werden."

Im Beispielsfall ist fraglich, ob einige wenige gewaltsame Demonstrationen einen Fall der „Force Majeure" begründen. Grundsätzlich sind davon nur außergewöhnliche Ereignisse erfasst, die Ihre Leistung quasi unmöglich bzw. Ihnen nicht zumutbar machen. Sie müssen auch durch äußerste, billigerweise zu erwartende Sorgfalt nicht vorauszusehen sein und verhütet werden können.

Sind die deutschen Monteure in und um Teheran konkret nicht gefährdet, könnte auch eine bloße „Höhere-Gewalt-Klausel" allein nicht weiterhelfen, wenn nicht weiter beschrieben ist, was Sie darunter verstehen.

Mit Ablauf der Lieferfrist können Sie unter denselben Bedingungen wie Ihr Kunde in Verzug geraten. Dann tragen Sie das Lieferrisiko, auch ohne dass es auf Ihr Verschulden ankommt.

Gesetzliche Grundlagen

§ 287 BGB — Verantwortlichkeit während des Verzugs
Der Schuldner hat während des Verzugs jede Fahrlässigkeit zu vertreten. Er haftet wegen der Leistung auch für Zufall, es sei denn, dass der Schaden auch bei rechtzeitiger Leistung eingetreten sein würde.

3.6.7 Bestimmen Sie, ob Sie zu Teillieferungen berechtigt sein sollen

Können Sie nur teilweise liefern, könnte die Lieferung für Sie eine Entlastung sein. Der Kunde kann damit aber unter Umständen nichts anfangen und will dafür keine Lagerkapazitäten in Beschlag nehmen. Das Gesetz gibt ihm Recht:

Gesetzliche Grundlagen

§ 266 BGB — Teilleistungen
Der Schuldner ist zu Teilleistungen nicht berechtigt.

Die Teillieferung kann sogar eine Vertragsverletzung sein, die zum Schadensersatz verpflichtet, wenn der Kunde an der Teilleistung kein Interesse hat. Allerdings können Sie vom Gesetz abweichende Bestimmungen treffen:

TIPP

Sollten Sie ein Interesse daran haben, Teillieferungen erbringen zu können, müssen Sie das vereinbaren!

3.6.8   Bestimmen Sie die Zahlungsmodalitäten

Hierzu gehören insbesondere:

- Fälligkeitsregelungen,
- Rechtsfolgen bei Abschlagszahlungen und Vorschüssen,
- Boni/Skonti/Rabatte,
- Aufrechnungsregelungen,
- Zurückbehaltungs- und Leistungsverweigerungsrechte.

Aber Vorsicht bei Rabatten: Ein Unternehmen mit einer Handelsspanne von 35 % muss bei einem Preisnachlass von 10 % doppelt so viel umsetzen, um keinen Verlust zu machen.

TIPP

Keine Rabatte für alle! Steuern Sie gezielt Umsätze! Keine Rabatte ohne Gegenleistung!

Rabatte sind eine Vertragslenkungsmaßnahme. Sie nutzen nur etwas, wenn Sie gezielte Effekte erreichen wollen, zum Beispiel

- umsatzstarke Stammkunden motivieren (Kundenbindung),
- Neukunden gewinnen,
- Mindestumsätze prämieren,
- Kapazitäten auslasten,
- neue Kunden in neuen Märkten gewinnen,
- Kunden prämieren, die hochwertige Leistungen abnehmen,
- bestimmte Losgrößen oder Verpackungseinheiten belohnen,
- bestimmte Vertriebswege (E-Commerce, Selbstabholer) fördern.

Kontrollieren Sie die Einhaltung dieser Kriterien streng. Beachten Sie Ihre internen Ertragsstrukturen, orientieren Sie Ihre Rabattstrategie an Ihren Nettomargen, nicht am Umsatz!

Es kann in Ihrem Interesse sein, Ihrem Kunden zu verwehren, sich durch Aufrechnung aus einem anderen Rechtsgeschäft von seiner Zahlungspflicht Ihnen gegenüber zu befreien.

Beispiel: Ihr Kunde erklärt Ihnen, er rechne mit angeblichen Schadensersatzansprüchen Ihnen gegenüber auf.

Da die Aufrechnung von Gesetzes wegen aber nicht nur ein Hin und Her vermeiden soll, sondern auch eine Sicherungs- und Vollstreckungsfunktion hat, insbesondere, wenn der Aufrechnungsgegner in Vermögensverfall geraten ist, können Sie die Aufrechnung nicht vollständig vertraglich untersagen, insbesondere dann nicht, wenn es sich um unbestrittene oder rechtskräftig festgestellte Forderungen handelt. Denn solche Gegenforderungen wären auch sonst vollstreckbar.

Dasselbe gilt für Leistungsverweigerungs- bzw. Zurückbehaltungsrechte, zumindest für letztere, wenn sie auf demselben Vertrag beruhen.

Formulierungsmuster

1. Der Kaufpreis und die Entgelte für Nebenleistungen sind bei Übergabe des Liefergegenstandes zur Zahlung fällig.
2. Scheck- und Wechselhergaben gelten erst nach Einlösung als Zahlung. Die Wechselentgegennahme bedarf immer einer vorhergehenden schriftlichen Vereinbarung mit uns. Bei Hereinnahme von Wechseln werden die bankmäßigen Diskont- und Einziehungsspesen berechnet. Sie sind sofort in bar zu zahlen.
3. Ist der Besteller Unternehmer, eine juristische Person des öffentlichen Rechts oder ein öffentlich-rechtliches Sondervermögen, ist die Zurückhaltung von Zahlungen wegen irgendwelcher von uns nicht anerkannten Gegenansprüche des Bestellers nicht statthaft, ebenso wenig die Aufrechnung mit solchen.
4. Kommt der Besteller mit der Zahlung in Verzug, berechnet ... Verzugszins in Höhe von 8 Prozentpunkten über dem Basissatz, es sei denn, dass ... einen höheren oder der Kunde einen niedrigeren Schaden nachweist. Die Geltendmachung weiteren Schadens bleibt vorbehalten.
Für jede Mahnung, außer der Erstmahnung, wird pauschal 5,00 EUR Kostenersatz fällig.

3.6.9 Sichern Sie Ihre Leistungen ab

Je weniger Sie befürchten müssen, nach Ihrer Leistung noch einmal aus dem Vertrag in Anspruch genommen zu werden, desto mehr Verhandlungsspielraum haben Sie. Das Gesetz verpflichtet Sie aber zur Haftung aus Gewährleistungsrecht: Ist die gelieferte Ware oder das hergestellte Werk mangelhaft, kann der Kunde von Ihnen zunächst Nacherfüllung verlangen, danach Minderung oder vom gesamten Vertrag zurücktreten. Daneben kann er Schadensersatz beanspruchen.

Gesetzliche Grundlagen

§ 437 BGB — Ansprüche und Rechte des Käufers bei Mängeln
Ist die Sache mangelhaft, kann der Käufer, wenn die Voraussetzungen der folgenden Vorschriften vorliegen und soweit nicht ein anderes bestimmt ist,
1. nach § 439 Nacherfüllung verlangen,
2. nach den §§ 440, 323 und 326 Abs. 5 von dem Vertrag zurücktreten oder nach § 441 den Kaufpreis mindern und
3. nach den §§ 440, 280, 281, 283 und 311a Schadensersatz oder nach § 284 Ersatz vergeblicher Aufwendungen verlangen.

§ 634 BGB — Rechte des Bestellers bei Mängeln
Ist das Werk mangelhaft, kann der Besteller, wenn die Voraussetzungen der folgenden Vorschriften vorliegen und soweit nicht ein anderes bestimmt ist,
1. nach § 635 Nacherfüllung verlangen,
2. nach § 637 den Mangel selbst beseitigen und Ersatz der erforderlichen Aufwendungen verlangen,
3. nach den §§ 636, 323 und 326 Abs. 5 von dem Vertrag zurücktreten oder nach § 638 die Vergütung mindern und
4. nach den §§ 636, 280, 281, 283 und 311a Schadensersatz oder nach § 284 Ersatz vergeblicher Aufwendungen verlangen.

Diese Risiken sind im Angebot angemessen zu kalkulieren. Deshalb stellt sich die Frage, wie weit Sie dieses Risiko ausschließen oder begrenzen können:

Selbstverständlich kommt eine völlige Haftungsfreizeichnung nicht in Betracht, insbesondere nicht für eigenes grobes Verschulden und dasjenige von leitenden Angestellten (BGH NJW 1985, 3016). Auch bei einer betragsmäßigen

Begrenzung des Schadensersatzes ist darauf zu achten, dass die vertragstypischen, vorhersehbaren Schäden abgedeckt bleiben. Andernfalls ist die Freizeichnung nichtig.

Ohne eine Haftungsbegrenzung haftet der Verkäufer dem Käufer gegenüber automatisch in unbegrenzter Höhe für alle unmittelbaren Schäden aufgrund einer verschuldeten fehlerhaften Lieferung oder Leistung. Dies gilt auch dann, wenn der Mangel einer Dichtung im Wert von zwei Cent schließlich zur Zerstörung einer ganzen Industrieanlage führt. Auch der Käufer wird einsehen, dass dieses außerordentliche, existenzbedrohende Risiko für den Verkäufer in keiner Relation zu den Margen steht und der Käufer ohne eine angemessene Risikobegrenzung vorsorglich gezwungen wäre, lieber auf das Geschäft zu verzichten.

Da Sie als Verkäufer Ihre Haftung regelmäßig begrenzen müssen, sind solche Klauseln für eine Vielzahl von Verträgen vorgesehen und gelten deshalb als allgemeine Geschäftsbedingungen.

Gesetzliche Grundlagen

§ 305 BGB — Einbeziehung Allgemeiner Geschäftsbedingungen in den Vertrag
(1) Allgemeine Geschäftsbedingungen sind alle für eine Vielzahl von Verträgen vorformulierten Vertragsbedingungen, die eine Vertragspartei (Verwender) der anderen Vertragspartei bei Abschluss eines Vertrags stellt. Gleichgültig ist, ob die Bestimmungen einen äußerlich gesonderten Bestandteil des Vertrags bilden oder in die Vertragsurkunde selbst aufgenommen werden, welchen Umfang sie haben, in welcher Schriftart sie verfasst sind und welche Form der Vertrag hat. Allgemeine Geschäftsbedingungen liegen nicht vor, soweit die Vertragsbedingungen zwischen den Vertragsparteien im Einzelnen ausgehandelt sind.

Ein vorformulierter Haftungsausschluss ist aber nur in einem gewissen Umfang möglich:

Gesetzliche Grundlagen

§ 307 BGB — Inhaltskontrolle
(1) Bestimmungen in Allgemeinen Geschäftsbedingungen sind unwirksam, wenn sie den Vertragspartner des Verwenders entgegen den Ge-

boten von Treu und Glauben unangemessen benachteiligen. Eine unangemessene Benachteiligung kann sich auch daraus ergeben, dass die Bestimmung nicht klar und verständlich ist.

(2) Eine unangemessene Benachteiligung ist im Zweifel anzunehmen, wenn eine Bestimmung

1. mit wesentlichen Grundgedanken der gesetzlichen Regelung, von der abgewichen wird, nicht zu vereinbaren ist, oder

2. wesentliche Rechte oder Pflichten, die sich aus der Natur des Vertrags ergeben, so einschränkt, dass die Erreichung des Vertragszwecks gefährdet ist.

§ 309 BGB — Klauselverbote ohne Wertungsmöglichkeit

Auch soweit eine Abweichung von den gesetzlichen Vorschriften zulässig ist, ist in Allgemeinen Geschäftsbedingungen unwirksam

7. (Haftungsausschluss bei Verletzung von Leben, Körper, Gesundheit und bei grobem Verschulden)

a) (Verletzung von Leben, Körper, Gesundheit)

ein Ausschluss oder eine Begrenzung der Haftung für Schäden aus der Verletzung des Lebens, des Körpers oder der Gesundheit, die auf einer fahrlässigen Pflichtverletzung des Verwenders oder einer vorsätzlichen oder fahrlässigen Pflichtverletzung eines gesetzlichen Vertreters oder Erfüllungsgehilfen des Verwenders beruhen;

b) (grobes Verschulden)

ein Ausschluss oder eine Begrenzung der Haftung für sonstige Schäden, die auf einer grob fahrlässigen Pflichtverletzung des Verwenders oder auf einer vorsätzlichen oder grob fahrlässigen Pflichtverletzung eines gesetzlichen Vertreters oder Erfüllungsgehilfen des Verwenders beruhen;

die Buchstaben a und b gelten nicht für Haftungsbeschränkungen in den nach Maßgabe des Personenbeförderungsgesetzes genehmigten Beförderungsbedingungen und Tarifvorschriften der Straßenbahnen, Obusse und Kraftfahrzeuge im Linienverkehr, soweit sie nicht zum Nachteil des Fahrgastes von der Verordnung über die Allgemeinen Beförderungsbedingungen für den Straßenbahn- und Obusverkehr sowie den Linienverkehr mit Kraftfahrzeugen vom 27. Februar 1970 abweichen; Buchstabe b gilt nicht für Haftungsbeschränkungen für staatlich genehmigte Lotterie- oder Ausspielverträge;

8. (Sonstige Haftungsausschlüsse bei Pflichtverletzung)
a) (Ausschluss des Rechts, sich vom Vertrag zu lösen)
eine Bestimmung, die bei einer vom Verwender zu vertretenden, nicht in einem Mangel der Kaufsache oder des Werks bestehenden Pflichtverletzung das Recht des anderen Vertragsteils, sich vom Vertrag zu lösen, ausschließt oder einschränkt;
dies gilt nicht für die in der Nummer 7 bezeichneten Beförderungsbedingungen und Tarifvorschriften unter den dort genannten Voraussetzungen;
b) (Mängel)
eine Bestimmung, durch die bei Verträgen über Lieferungen neu hergestellter Sachen und über Werkleistungen
aa) (Ausschluss und Verweisung auf Dritte)
die Ansprüche gegen den Verwender wegen eines Mangels insgesamt oder bezüglich einzelner Teile ausgeschlossen, auf die Einräumung von Ansprüchen gegen Dritte beschränkt oder von der vorherigen gerichtlichen Inanspruchnahme Dritter abhängig gemacht werden;
bb) (Beschränkung auf Nacherfüllung)
die Ansprüche gegen den Verwender insgesamt oder bezüglich einzelner Teile auf ein Recht auf Nacherfüllung beschränkt werden, sofern dem anderen Vertragsteil nicht ausdrücklich das Recht vorbehalten wird, bei Fehlschlagen der Nacherfüllung zu mindern oder, wenn nicht eine Bauleistung Gegenstand der Mängelhaftung ist, nach seiner Wahl vom Vertrag zurückzutreten;
cc) (Aufwendungen bei Nacherfüllung)
die Verpflichtung des Verwenders ausgeschlossen oder beschränkt wird, die zum Zwecke der Nacherfüllung erforderlichen Aufwendungen, insbesondere Transport-, Wege-, Arbeits- und Materialkosten, zu tragen;
dd) (Vorenthalten der Nacherfüllung)
der Verwender die Nacherfüllung von der vorherigen Zahlung des vollständigen Entgelts oder eines unter Berücksichtigung des Mangels unverhältnismäßig hohen Teils des Entgelts abhängig macht;
ee) (Ausschlussfrist für Mängelanzeige)
der Verwender dem anderen Vertragsteil für die Anzeige nicht offensichtlicher Mängel eine Ausschlussfrist setzt, die kürzer ist als die nach dem Doppelbuchstaben ff zulässige Frist;

ff) (Erleichterung der Verjährung)
die Verjährung von Ansprüchen gegen den Verwender wegen eines Mangels in den Fällen des § 438 Abs. 1 Nr. 2 und des § 634a Abs. 1 Nr. 2 erleichtert oder in den sonstigen Fällen eine weniger als ein Jahr betragende Verjährungsfrist ab dem gesetzlichen Verjährungsbeginn erreicht wird; dies gilt nicht für Verträge, in die Teil B der Verdingungsordnung für Bauleistungen insgesamt einbezogen ist;

Für den Verkehr mit Verbrauchern sind diese Vorgaben zwingend!

TIPP

Ohne Haftungs- und Gewährleistungsbeschränkungen müssen Sie höhere Preise kalkulieren!
Verwenden Sie nur Klauseln, die unbedingt im Einklang mit dem Gesetz stehen. Eine nachträgliche „Reparatur" durch Auslegung auf das zulässige Maß ist nicht möglich!

Im unternehmerischen Verkehr können Sie Ihre Gewährleistung an Ihre Bedürfnisse anpassen, ohne Ihren Kunden zu benachteiligen. Sie können die Dauer Ihrer Einstandspflicht verkürzen.

3.6.10 Verkürzen Sie die Dauer Ihrer Einstandspflicht

Ihr Kunde kann sich nach dem Gesetz Zeit lassen, § 438 BGB:

- Er kann sich **grundsätzlich 2 Jahre** lang nach Übergabe bzw. Ablieferung der Sache auf Mängel berufen! War die mangelhafte **Sache für ein Bauwerk bestimmt und verwendet** worden, und führt sie zur Mangelhaftigkeit des Bauwerks, beträgt die Frist sogar **5 Jahre**.
  Beispiel: Der Installateur baut in einen Neubau eine Badewanne beim Bauherrn ein, dafür haftet er 5 Jahre. Kommt es nicht zum Einbau, haftet er 2 Jahre, wird die Wanne aber später, z. B. nach 1 Jahr, doch eingebaut, haftet er noch 4 Jahre.
  Ist die Wanne in einem Altbau jedoch nur Ersatz für eine alte und für das Gebäude nicht von wesentlicher Bedeutung, gilt die Zweijahresfrist. Der mangelhafte Einbau einer mangelfreien Wanne führt zur Frist von 2 Jahren.

Achtung Falle: Macht Ihr Kunde Mängel in den ersten 6 Monaten geltend, wird vermutet, dass sie bei Gefahrübergang bereits vorgelegen haben. Der Lieferant muss nun Mangelfreiheit beweisen, § 476 BGB (nicht bei Brötchen, s. zweiter Halbsatz).

- Bei **Arglist** des Lieferanten hat der Kunde **3 Jahre** nach Kenntnis vom Mangel Zeit, §§ 438 Abs. 3, 199 Abs. 1 Nr. 2 BGB.

Ihre Gewährleistungsfrist können Sie standardmäßig verkürzen, aber nur

- beim Verkauf gebrauchter Sachen an Unternehmer vollständig,
- beim Verkauf neuer Sachen an Unternehmer maximal auf 1 Jahr (§ 309 Nr. 8 b ff. BGB), allerdings nicht bei Bauwerken oder neuen Baumaterialien,
- beim Verkauf gebrauchter Sachen an Verbraucher maximal auf 1 Jahr!

Handeln Sie die Haftungsbegrenzung im Einzelnen aus

Beim Verkauf neuer Sachen an Verbraucher (sog. Gebrauchsgüterkauf) ist eine Haftungsbegrenzung über die Grenzen des Formularvertragsrechts hinaus nur möglich, wenn Sie im „Einzelnen ausgehandelt" wird.

TIPP

Kann die Gewährleistungsfrist nicht verkürzt werden, muss sich das im Preis niederschlagen, müssen Sie Mangelfreiheit bei Gefahrübergang durch eine Ausgangskontrolle sicherstellen.

Die Verjährung beginnt unabhängig von der Kenntnis des Mangels (Ausnahme: Arglist s. o.). Auch die Mängelanzeige ist keine Voraussetzung, um sich später auf die Verjährung berufen zu können. Wird Einrede gegen Kaufpreisklage erhoben, kann der Verkäufer zurücktreten, § 438 Abs. 4 S. 3 BGB.

Keinen Gewährleistungsanspruch hat Ihr Kunde, wenn er, ohne dass Sie diesbezüglich arglistig gewesen wären oder eine Garantie abgegeben haben,

- den Mangel bei Vertragsschluss schon kennt,
- den Mangel bei Vertragsschluss hätte erkennen müssen,
- als Kaufmann Ihre Ware nach Ablieferung nicht unverzüglich untersucht hat,

- als Kaufmann Ihre Ware nach Ablieferung zwar unverzüglich untersucht, aber einen erkennbaren Mangel Ihnen nicht angezeigt hat,
- als Kaufmann Ihre Ware unverzüglich untersucht und keinen Mangel festgestellt, sich aber später ein Mangel zeigt und er Ihnen diesen nicht unverzüglich angezeigt hat,
- mit Ihnen einen wirksamen Ausschluss nicht durch AGB, sondern durch „Aushandeln im Einzelnen" (§ 305 Abs. 1 BGB) vereinbart hat.

Gesetzliche Grundlagen

§ 442 BGB — Kenntnis des Käufers

(1) Die Rechte des Käufers wegen eines Mangels sind ausgeschlossen, wenn er bei Vertragsschluss den Mangel kennt. Ist dem Käufer ein Mangel infolge grober Fahrlässigkeit unbekannt geblieben, kann der Käufer Rechte wegen dieses Mangels nur geltend machen, wenn der Verkäufer den Mangel arglistig verschwiegen oder eine Garantie für die Beschaffenheit der Sache übernommen hat.

§ 444 BGB — Haftungsausschluss

Auf eine Vereinbarung, durch welche die Rechte des Käufers wegen eines Mangels ausgeschlossen oder beschränkt werden, kann sich der Verkäufer nicht berufen, soweit er den Mangel arglistig verschwiegen oder eine Garantie für die Beschaffenheit der Sache übernommen hat.

§ 377 HGB — Pflicht des Käufers zur Untersuchung und Mängelrüge

(1) Ist der Kauf für beide Teile ein Handelsgeschäft, so hat der Käufer die Ware unverzüglich nach der Ablieferung durch den Verkäufer, soweit dies nach ordnungsmäßigem Geschäftsgang tunlich ist, zu untersuchen und, wenn sich ein Mangel zeigt, dem Verkäufer unverzüglich Anzeige zu machen.

(2) Unterläßt der Käufer die Anzeige, so gilt die Ware als genehmigt, es sei denn, daß es sich um einen Mangel handelt, der bei der Untersuchung nicht erkennbar war.

(3) Zeigt sich später ein solcher Mangel, so muß die Anzeige unverzüglich nach der Entdeckung gemacht werden; anderenfalls gilt die Ware auch in Ansehung dieses Mangels als genehmigt.

(4) Zur Erhaltung der Rechte des Käufers genügt die rechtzeitige Absendung der Anzeige.

(5) Hat der Verkäufer den Mangel arglistig verschwiegen, so kann er sich auf diese Vorschriften nicht berufen.

§ 121 BGB — Anfechtungsfrist
(1) Die Anfechtung muss in den Fällen der §§ 119, 120 ohne schuldhaftes Zögern (unverzüglich) erfolgen, nachdem der Anfechtungsberechtigte von dem Anfechtungsgrund Kenntnis erlangt hat.

Insbesondere im unternehmerischen Verkehr ist der Verkäufer vor Gewährleistungsansprüchen durch Gesetz gut geschützt: Untersucht und rügt der Kunde nicht unverzüglich und richtig (!) bei Wareneingang, verliert er sämtliche Ansprüche wegen Mängel, Mengenabweichungen oder Falschlieferung, §§ 377 HGB.

„Unverzüglich" ist in § 121 BGB definiert als „ohne schuldhaftes Zögern". Damit soll individuellen Unterschieden nach Art der Handelsgeschäfte Rechnung getragen werden.

Beispiel: Die Untersuchung bei Ablieferung der Ware, wenn möglich bei Unterzeichnung des Lieferscheins, ist immer unverzüglich. Eine spätere Untersuchung und Rüge kann genügen, wenn die Ware komplexer ist, etwa eine Labor- oder Sachverständigenuntersuchung benötigt. Dann kann die Notwendigkeitsprüfung einer solchen Untersuchung eine Woche betragen, die Untersuchung selbst zwei Wochen, die „übliche" Rügedauer kann hinzukommen. Bis zu sieben Wochen kann deswegen „unverzüglich" sein.

Sie haben die Wahl: Sie können bestimmen,

- bis wann die Rüge bei Ihnen vorliegen muss. Konkretisieren Sie, was „unverzüglich" heißen soll, bestimmen Sie im Ergebnis die Eingangskontrolle des Kunden. So wissen Sie, ab wann Sie nicht mehr mit der Geltendmachung erkennbarer Mängel rechnen müssen.
- welche Untersuchungen gemacht werden müssen.
- in welcher Form Ihnen die Rüge zugehen muss.

Formulierungsmuster

Gewährleistungsrechte setzen voraus, dass Sie die gelieferten Vertragsprodukte bei Erhalt überprüft und Mängel spätestens zwei Wochen nach Erhalt schriftlich mitgeteilt haben; verborgene Mängel müssen unverzüglich nach ihrer Entdeckung schriftlich mitgeteilt werden.

3.6.11 Vermeiden Sie Garantiezusagen und Zusicherungen

Nicht eingehaltene Garantiezusagen und Zusicherungen führen bei Vorliegen der Voraussetzungen neben Gewährleistungsansprüchen zu Schadensersatzverpflichtungen.

TIPP: Tipp
Verwechseln Sie nie Gewährleistung und Garantie!

Das Gesetz selbst verpflichtet nicht zu Garantien. Garantien gelten nur bei vertraglicher Vereinbarung.

Achtung Falle: Garantien können auch stillschweigend abgegeben oder durch Auslegung ermittelt werden.

Gesetzliche Grundlagen

§ 443 BGB — Beschaffenheits- und Haltbarkeitsgarantie
(1) Übernimmt der Verkäufer oder ein Dritter eine Garantie für die Beschaffenheit der Sache oder dafür, dass die Sache für eine bestimmte Dauer eine bestimmte Beschaffenheit behält (Haltbarkeitsgarantie), so stehen dem Käufer im Garantiefall unbeschadet der gesetzlichen Ansprüche die Rechte aus der Garantie zu den in der Garantieerklärung und der einschlägigen Werbung angegebenen Bedingungen gegenüber demjenigen zu, der die Garantie eingeräumt hat.
(2) Soweit eine Haltbarkeitsgarantie übernommen worden ist, wird vermutet, dass ein während ihrer Geltungsdauer auftretender Sachmangel die Rechte aus der Garantie begründet.

§ 276 BGB — Verantwortlichkeit des Schuldners
(1) Der Schuldner hat Vorsatz und Fahrlässigkeit zu vertreten, wenn eine strengere oder mildere Haftung weder bestimmt noch aus dem sonstigen Inhalt des Schuldverhältnisses, insbesondere aus der Übernahme einer Garantie oder eines Beschaffungsrisikos zu entnehmen ist.

Bei Garantien kommt es — je nach deren Formulierung — regelmäßig nicht darauf an, ob Sie es verschuldet haben, dass Ihre Ware oder Ihre Werkleistung die garantierte Eigenschaft nicht aufweist (verschuldensunabhängige Haftung).

Sie haften in diesen Fällen auch dann, wenn die Gewährleistung wirksam ausgeschlossen ist, da die Garantie neben die Gewährleistung tritt. Das gilt auch für vereinbarte Haftungsausschlüsse oder -begrenzungen, § 444 BGB. Den Umfang der Garantie bestimmt die Garantiezusage aber selbst.

● TIPP

Wollen Sie keine Garantien übernehmen, vermeiden Sie unbedingt typische Formulierungen, die zu einer Haftung führen können, wie: „steht dafür ein", „garantiert", „gewährleistet" oder „sichert zu" oder alles, was auch nur entfernt so klingt.

Eine Eigenschaftszusicherung liegt im Kaufrecht nur dann vor, wenn der Verkäufer die Gewähr für das Vorhandensein einer Eigenschaft übernimmt und damit seine Bereitschaft zu erkennen gibt, für alle Folgen der fehlenden Eigenschaft einzustehen (BGHZ 170, 86), und das auch ohne Verschulden und ohne Rücksicht auf die Vorhersehbarkeit.

Aus der Rechtsprechung

Die Klausel „wesentliche verborgene Sachmängel sind nicht bekannt" ist keine Garantie, sondern eine einfache Willenserklärung (OLG Hamm ZfBR 2005, 267).

Dies gilt insbesondere auch, wenn eine Eigenschaft die Bezeichnung des Kaufgegenstandes und des vertragsmäßig vorausgesetzten Gebrauchs sein könnte, wie zum Beispiel beim Begriff „Super" an der Tankstelle.

3.6.12 Vorsicht bei verlangter Qualitätssicherungsvereinbarung!

Kunden, die ein Qualitätssicherungssystem unterhalten, müssen häufig auf die Geschlossenheit eines Systems auch bei ihren Lieferanten bestehen. In diesem Fall ist aber genau zu prüfen, ob die — in der Regel weiterreichenden — Befugnisse des Kunden in diesem Zusammenhang wirklich erforderlich sind. Sie enthalten regelmäßig weitreichende Garantien.

Formulierungsmuster

1. ... (Verkäufer) sichert zu, dass die Vertragsprodukte mit den Einschränkungen der Kennzeichnung gemäß Anhang I, Abs. 13 der Richtlinie 93/42/EWG identisch mit den unter das Zertifikat der Dekra AG, Prüf- und Zertifizierungsstelle ... fallenden Produkten mit der Zertifikatsnummer ... gemäß Anlage II der Richtlinie 93/42/EWG sind. ... (Verkäufer) sichert zu, dass die danach erforderlichen Dokumentationen für die Vertragsprodukte bei ihm vorliegen und erklärt sich bereit, autorisierten Behörden und zuständigen Stellen Einblick in die entsprechenden Teile der Dokumentationen zu gewähren, sofern ... (Käufer) zur Vorlage von Unterlagen von diesen aufgefordert wird.

2. Änderungen und Abweichungen von den Spezifikationen gemäß § ... dieses Vertrages bedürfen der vorherigen schriftlichen Zustimmung der Parteien. ... (Verkäufer) wird ... (Käufer) über alle Änderungen des Herstellungsverfahrens, der Einsatzstoffe oder von Qualitätssicherungsmaßnahmen, bei denen eine Auswirkung auf die Qualität der Vertragsprodukte nicht ausgeschlossen werden kann, informieren und Änderungen nicht ohne Zustimmung von ... (Käufer) vornehmen.

3. ... (Verkäufer) verpflichtet sich, für Betriebsstätten, in denen die Vertragsprodukte hergestellt werden, während der Laufzeit dieses Vertrages ununterbrochen ein Qualitätssicherungssystem gemäß international anerkannter Qualitätssicherungsstandards für ...-Produkte (ISO 9000 ff/EN 46.000 ff oder entsprechende internationale Standards) aufrecht zu erhalten und die Vertragsprodukte entsprechend den Regeln dieses Qualitätssicherungssystem herzustellen und zu prüfen. ... (Verkäufer) wird die technischen Dokumentationen über die Vertragsprodukte bis zum Ablauf von 6 Jahren nach Beendigung dieses Vertrages aufbewahren.

Soweit ... (Verkäufer) Einsatzstoffe, Zwischenprodukte, Produkte oder Dienstleistungen im Zusammenhang mit der Herstellung und Prüfung der Vertragsprodukte von Dritter Seite bezieht, wird ... (Verkäufer) die Vorlieferanten in ihr Qualitätssicherungssystem mit einbeziehen. Werden aufgrund eines Audits einer Behörde oder einer benannten Stelle oder anderweitig Mängel im Qualitätssicherungssystem von ... (Verkäufer) oder in seiner Anwendung bzw. die Nichterfüllung der gesetzlichen Anforderungen nach ... festgestellt, die zu einer Beeinträchtigung der Qualität oder der Verkehrsfähigkeit der Vertragsprodukte führen könnten, und werden diese Mängel im Rahmen der definierten Korrekturmaßnahmen nicht unverzüglich behoben, wird ... (Verkäufer) ... (Käufer) unverzüglich informieren.

4. ... (Verkäufer) wird spätestens bei der ersten Lieferung eine Konformitätsbescheinigung beifügen, in der die Übereinstimmung der einzelnen Vertragsprodukte mit den Anforderungen dieses Vertrages bescheinigt wird. Die Konformitätsbescheinigungen haben eine Gültigkeitsdauer von 6 Monaten und werden dann auf aktuelle Anforderungen von ... (Käufer) geprüft und neu ausgestellt. Lieferungen ohne ein solches Zertifikat gelten nicht als vertragsgemäß.

5. Beide Vertragsparteien benennen einander Personen, die bei Ihnen für die Fragen der Auslieferung, Herstellung und Kontrolle der Vertragsprodukte verantwortlich sind und über die die notwendigen Abstimmungen in verbindlicher Weise abgewickelt werden können. Die Vertragsparteien werden sich unverzüglich über jeden Wechsel der Personen schriftlich informieren.

6. ... (Verkäufer) wird ... (Käufer) nur mit solchen Vertragsprodukten beliefern, die innerhalb von 6 Monaten vor der Auslieferung hergestellt worden sind.

7. Die Parteien werden einander unverzüglich über eventuell auftretende oder bekannt werdende Funktionsstörungen, Qualitätsmängel oder sonstige Risiken des Vertragsprodukts einschließlich seiner Anwenderinformation, vor allem wenn diese zum Tode oder zu einer schwerwiegenden Verschlechterung des Gesundheitszustands eines Kunden oder Anwenders führen können oder geführt haben, sowie aufgrund dessen durchgeführte Rückrufe des Vertragsproduktes, informieren. ... (Verkäufer) verpflichtet sich, ... (Käufer) bei der Einhaltung ihrer Produkt-Monitoring-Verpflichtungen gemäß ...recht zu unterstützen, insbesondere zeitnah zu Kundenreklamationen Stellung zu nehmen und erforderliche Korrekturmaßnahmen im Falle von Produktrisiken oder -reklamationen durchzuführen. .... (Käufer) wird das Recht eingeräumt, in begründeten Fällen auf Kosten von ... (Käufer) die Betriebsstätten und das Qualitätssicherungssystem von ... (Verkäufer) durch eine unabhängige Zertifizierungsstelle nach Wahl von ... (Käufer) auditieren zu lassen, ... (Verkäufer) wird hieran in erforderlicher Weise mitwirken.

Verlangen Sie etwas von Ihrem Kunden

Eine angemessene Haftungsverteilung lässt sich auch durch die Vereinbarung von Obliegenheiten für den Käufer erreichen. Das sind keine einklagbaren direkten Handlungspflichten, ihre Nichtbeachtung lässt aber Ansprüche entfallen oder schränkt sie ein. Sie können aber nur im Rahmen des Zumutbaren wirksam sein:

Formulierungsmuster

Für den Verlust oder die Verfälschung aufgezeichneter Daten haftet der Hersteller in jedem Falle nur, wenn der Kunde durch geeignete Maßnahmen sichergestellt hat, dass diese Daten mit vertretbarem Aufwand aus maschinenlesbarem Datenmaterial rekonstruiert werden können und der Kunde seinen Pflichten nachgekommen ist, vor Inbetriebnahme der Vertragsprogramme oder neuer Programmversionen sämtliche aus dem Einsatz der vorher verwendeten Programme oder Programmversionen stammenden Daten auf gesonderten Datenträgern zu sichern und alle Unterlagen, auf deren Grundlage Dateneingaben beim Einsatz der Programme oder neuen Programmversionen erfolgen, solange aufzubewahren, bis feststeht, dass diese fehlerfrei arbeiten. Entsprechendes gilt, wenn aufgrund von Fehlerbehebungsarbeiten Änderungen an den vom Kunden benutzten Programmen vorgenommen werden.

3.6.13 Schützen Sie Ihr Eigentum

Nach deutschem Recht geht das Eigentum nicht sogleich mit Abschluss des Kaufvertrages über, hierin verpflichten sich die Parteien nur dazu (Verpflichtungsvertrag). Zum Eigentumsübergang bedarf es vielmehr einer weiteren Einigung der Parteien (Erfüllungsvertrag) und ein äußerlich dafür sichtbares Zeichen, in der Regel die Übergabe der Kaufsache, § 985 BGB (Abstraktionsprinzip). Insbesondere in Ländern der romanischen Rechtsordnung ist das anders: Hier gibt es nur einen Vertrag für beide Vorgänge. Dafür muss bei Verträgen mit Auslandsbeziehungen dem Eigentumsübergang besondere Aufmerksamkeit gewidmet werden.

Ist das Eigentum einmal übergegangen und der Kunde zahlt nicht, kann Rückgabe der Ware nicht mehr verlangt werden, wenn der Kunde zahlungsunfähig (geworden) ist. Deshalb müssen Sie einen Eigentumsübergang regelmäßig vermeiden, solange keine Zahlung feststellbar ist: Behalten Sie sich deswegen unbedingt das Eigentum an Ihrer Ware vor!

Gesetzliche Grundlagen

§ 449 BGB — Eigentumsvorbehalt

(1) Hat sich der Verkäufer einer beweglichen Sache das Eigentum bis zur Zahlung des Kaufpreises vorbehalten, so ist im Zweifel anzunehmen, dass das Eigentum unter der aufschiebenden Bedingung vollständiger Zahlung des Kaufpreises übertragen wird (Eigentumsvorbehalt).

(2) Auf Grund des Eigentumsvorbehalts kann der Verkäufer die Sache nur herausverlangen, wenn er vom Vertrag zurückgetreten ist.

(3) Die Vereinbarung eines Eigentumsvorbehalts ist nichtig, soweit der Eigentumsübergang davon abhängig gemacht wird, dass der Käufer Forderungen eines Dritten, insbesondere eines mit dem Verkäufer verbundenen Unternehmens, erfüllt.

- Haben Sie einen sog. **„einfachen" Eigentumsvorbehalt** zur Bedingung gemacht, können Sie in der Insolvenz des Kunden bei „unberechtigtem" Weiterverkauf an gutgläubige Dritten, die also nichts vom Vorbehalt wussten und nicht wissen mussten, verlangen, dass Ihnen der Kaufpreis des Dritten abgetreten wird. Bei bösgläubigen Dritten, also in der Praxis denjenigen, die mit Ihrem Vorbehalt rechnen mussten, oder, wenn die Ware noch nicht weiterveräußert ist, können Sie als Eigentümer Herausgabe der Ware verlangen.

Gesetzliche Grundlagen

§ 47 InsO — Aussonderung

Wer auf Grund eines dinglichen oder persönlichen Rechts geltend machen kann, dass ein Gegenstand nicht zur Insolvenzmasse gehört, ist kein Insolvenzgläubiger. Sein Anspruch auf Aussonderung des Gegenstands bestimmt sich nach den Gesetzen, die außerhalb des Insolvenzverfahrens gelten.

§ 985 BGB — Herausgabeanspruch
Der Eigentümer kann von dem Besitzer die Herausgabe der Sache verlangen.

§ 48 InsO — Ersatzaussonderung
Ist ein Gegenstand, dessen Aussonderung hätte verlangt werden können, vor der Eröffnung des Insolvenzverfahrens vom Schuldner oder nach der Eröffnung vom Insolvenzverwalter unberechtigt veräußert worden, so kann der Aussonderungsberechtigte die Abtretung des Rechts auf die Gegenleistung verlangen, soweit diese noch aussteht. Er kann die Gegenleistung aus der Insolvenzmasse verlangen, soweit sie in der Masse unterscheidbar vorhanden ist.

Es lohnt sich also, das Eigentum so lange zurückzubehalten, bis Sie die Zahlung erhalten haben.

Formulierungsmuster

Bis zur vollständigen Zahlung aller Forderungen, die uns gegenüber dem Kunden im Zusammenhang mit der Vertragsausführung zustehen, behalten wir uns das Eigentum an den dem Kunden zu übereignenden Gegenständen (Vertragsgegenstände) vor.
Für diese Zeit ist der Kunde ohne unsere ausdrückliche Zustimmung nicht befugt, die Vertragsgegenstände weiterzuverkaufen.
Bei Zahlungsverzug oder Verstoß des Kunden gegen seine Verpflichtung aus dem Eigentumsvorbehalt sind wir berechtigt, die Vertragsgegenstände herauszuverlangen und nach schriftlicher Ankündigung mit angemessener Frist bestmöglich unter Anrechnung auf die vertragliche Gegenleistung zu verwerten.
Bei Pfändungen oder sonstigen Eingriffen Dritter hat der Kunde uns unverzüglich schriftlich zu benachrichtigen, damit gegebenenfalls Drittwiderspruchsklage erhoben werden kann.

Das Insolvenzrecht führt allerdings zu einigen Unannehmlichkeiten: Nach § 107 InsO kann der Insolvenzverwalter die Herausgabe bis zu drei Monaten nach Insolvenzeröffnung verweigern. Allerdings liegt zwischen Insolvenzeröffnung und dem vorliegenden Antrag in der Praxis ein längerer Zeitraum, sodass sich die Frist de facto ohne Weiteres auf 10 bis 12 Monate verlängern kann.

Gesetzliche Grundlagen

§ 107 InsO — Eigentumsvorbehalt

(2) Hat vor der Eröffnung des Insolvenzverfahrens der Schuldner eine bewegliche Sache unter Eigentumsvorbehalt gekauft und vom Verkäufer den Besitz an der Sache erlangt, so braucht der Insolvenzverwalter, den der Verkäufer zur Ausübung des Wahlrechts aufgefordert hat die Erklärung nach § 103 Abs. 2 Satz 2 erst unverzüglich nach dem Berichtstermin abzugeben. Dies gilt nicht, wenn in der Zeit bis zum Berichtstermin eine erhebliche Verminderung des Wertes der Sache zu erwarten ist und der Gläubiger den Verwalter auf diesen Umstand hingewiesen hat.

- Wissen Sie, dass Ihr Kunde die Ware schnell umschlagen muss, können Sie ihm den Weiterverkauf gestatten. Dann müssen Sie aber sicherstellen, dass Sie auch in diesem Fall Ihre Rechte behalten und einen sog. **verlängerten Eigentumsvorbehalt** zur Bedingung machen.

  Durch die Einwilligung in den Weiterverkauf erwirbt der Dritte zwar vom Kunden wirksam das Eigentum an der von Ihnen gelieferten Ware. Zu Ihrer Absicherung erhalten Sie aber die Kaufpreisforderung, die Ihr Kunde gegen den Dritten hat.

Formulierungsmuster

Der Kunde ist berechtigt, den Vertragsgegenstand im ordentlichen Geschäftsgang weiter zu verkaufen, er tritt jedoch bereits jetzt alle Forderungen in Höhe des berechneten Endbetrages einschließlich Mehrwertsteuer an uns ab, unabhängig davon, ob der Vertragsgegenstand ohne oder nach Verarbeitung weiterverkauft worden ist. Der Kunde ist nach Abtretung zur Einziehung dieser Forderung auch angesichts unserer Befugnis, die Forderung selbst einzuziehen, ermächtigt. So lange der Kunde seinen Zahlungsverpflichtungen ordnungsgemäß nachkommt und nicht im Zahlungsverzug ist, verpflichten wir uns die Forderung nicht selbst einzuziehen.

Gleiches gilt, wenn Ihr Kunde zwar Ihre Ware nicht weiterverkauft, aber weiterverarbeitet. In diesen Fällen erwirbt er von Gesetzes wegen das Eigentum, Sie verlieren es.

Gesetzliche Grundlagen

§ 950 BGB — Verarbeitung

(1) Wer durch Verarbeitung oder Umbildung eines oder mehrerer Stoffe eine neue bewegliche Sache herstellt, erwirbt das Eigentum an der neuen Sache, sofern nicht der Wert der Verarbeitung oder der Umbildung erheblich geringer ist als der Wert des Stoffes. Als Verarbeitung gilt auch das Schreiben, Zeichnen, Malen, Drucken, Gravieren oder eine ähnliche Bearbeitung der Oberfläche.

(2) Mit dem Erwerb des Eigentums an der neuen Sache erlöschen die an dem Stoffe bestehenden Rechte.

In diesem Fall haben Sie Interesse daran, dass an die Stelle Ihres verlorenen Eigentums ein adäquater Anteil am Arbeitsprodukt tritt, auf das Sie nötigenfalls zu Ihrer Absicherung zugreifen können.

Formulierungsmuster

Die Verarbeitung oder Umbildung des Vertragsgegenstands durch den Kunden wird stets für uns vorgenommen. Wird der Vertragsgegenstand mit anderen uns nicht gehörenden Gegenständen verarbeitet, so erwerben wir das Miteigentum an den neuen Sachen im Verhältnis des Werts des Vertragsgegenstands zu den anderen verarbeiteten Gegenständen im Zeitpunkt der Verarbeitung. Dies gilt entsprechend für den Fall der untrennbaren Vermischung.

Achtung Falle: Wird Ware unter verlängertem Eigentumsvorbehalt verkauft, kann auch der Insolvenzverwalter weiterverkaufen. Nach § 171 InsO kann er aber vom Erlös in der Regel 28 % einbehalten, 4 % für Feststellung, 5 % für Verwertung und 19 % Mehrwertsteuer.

- Bei Stammkunden können Sie den **erweiterten Eigentumsvorbehalt** zur Bedingung machen. Dann behalten Sie sich das Eigentum so lange vor, bis alle Forderungen aus der Geschäftsbeziehung mit dem Kunden beglichen sind. Da das bei einer langen Geschäftsbeziehung zu einer „unendlichen Sicherung" führen könnte, müssen Sie einen Freigabeteil einplanen.

Formulierungsmuster

Bis zur vollständigen Zahlung aller Forderungen, die uns gegenüber dem Kunden im Zusammenhang mit der Geschäftsbeziehung zustehen, behalten wir uns das Eigentum an den dem Kunden zu übereignenden Gegenständen (Vertragsgegenstände) vor.

Wir verpflichten uns, die uns zustehenden Sicherheiten insoweit auf Verlangen des Kunden freizugeben, als der Wert die zu sichernden Forderungen, soweit diese noch nicht beglichen sind, um mehr als 20 % übersteigt.

Gegenüber Verbrauchern oder Kleingewerbetreibenden, die keinen in kaufmännischer Weise eingerichteten Gewerbebetrieb unterhalten müssen, ist das aber nur zulässig, wenn es im „Einzelnen ausgehandelt" ist. Als Standardklausel wäre sie bei diesen eine unangemessene Benachteiligung nach § 307 Abs. 1 Nr. 2 BGB.

- Nicht abhängig machen können Sie den Eigentumsübergang allerdings davon, dass Dritte Ihnen gegenüber ihre Forderungen erfüllen, auch nicht Konzernunternehmen, also Tochter- oder Schwestergesellschaften Ihres Kunden, § 448 Abs. 3 BGB.
- Denken Sie an die Möglichkeit, dem Kunden aufzuerlegen, Ihre Waren in seinem Lager (insbesondere bei Konsignationslagergeschäften) zu versichern.

Formulierungsmuster

... (Verkäufer) haftet ... (Käufer) für alle Schäden, die ... (Käufer)-Produkte im Lager von ... (Verkäufer) erleiden. ... (Verkäufer) wird die ... (Käufer)-Produkte auf eigene Kosten gegen sämtliche Risiken (einschließlich Feuer-, Diebstahl- und Wasserschaden) versichern und ... (Käufer) als während der Laufzeit dieses Vertrages namentlich Begünstigten einsetzen. Im Schadensfall infolge eines Umstandes, der gewöhnlich als höhere Gewalt betrachtet wird, haftet ... (Verkäufer) nur für solche Schäden an Vertrags-Produkten, die durch die vorstehende Allgefahrenversicherung gedeckt sind.

3.6.14 Beugen Sie Produktpiraterie vor

Angebotsunterlagen sind Geschäftsgeheimnisse:

Formulierungsmuster

1. ... (Käufer) verpflichtet sich, über sämtliche Umstände Stillschweigen zu bewahren, die ihr als Geschäftsgeheimnisse von ... (Verkäufer) bekannt geworden sind und die den Geschäftsbetrieb von ... (Verkäufer) betreffen, so lange diese Umstände nicht offenkundig sind. Diese Geheimhaltungsverpflichtung bezieht sich auch auf Marktinformation, Kenntnisse über die Marketing- und Vertriebsaktivitäten, Effizienz, Funktions- oder Gebrauchstauglichkeit der Verkäufer-Produkte.

Dieselbe Verpflichtung übernimmt im umgekehrten Verhältnis ... (Verkäufer), soweit es Geschäftsgeheimnisse der ... (Käufer) betrifft.

2. Ohne schriftliche Zustimmung durch die andere Partei wird weder ... (Verkäufer) noch ... (Käufer) Informationen über den Ein- und Verkauf sowie den Lagerbestand von ... (Verkäufer)-Produkten, über Mengen und Werte, über Preise, Sonderpreise und gewährte Rabatte bekanntgeben. Das gleiche gilt für Informationen über Kunden, Subunternehmer, Händler, Vertriebs-/Verkaufsagenten, Berater von ... (Verkäufer). Derartige Kenntnisse dürfen nicht an Dritte weitergegeben oder zum eigenen Nutzen und Wettbewerb gegen die andere Partei missbraucht werden.

3. Die Bestimmungen der Ziffern 1. und 2. bleiben auch über den Ablauf dieses Dienstleistungsvertrages hinaus so lange in Kraft, bis diese Informationen ... (Verkäufer)'s Wettbewerbern in Europa auch ohne ... (Käufer) bekannt geworden sind.

4. Für jeden Fall der Zuwiderhandlung verpflichten sich die Parteien, der jeweils anderen eine Vertragsstrafe von 10.000 EUR zu zahlen. Die Berufung auf einen Fortsetzungszusammenhang wird ausgeschlossen. Die Geltendmachung weitergehenden Schadensersatzes bleibt vorbehalten. Dem Zahlungspflichtigen bleibt nachgelassen, den Nachweis zu führen, dass dem Verletzten kein oder ein geringerer Schaden entstanden ist.

3.6.15 Klären Sie bei Dauergeschäften, wann sie beginnen und wann sie enden

Insbesondere bei andauernden Leistungsverhältnissen ist festzulegen, ab wann diese vorstehenden Regelungen in Kraft treten sollen und bis wann sie gelten. Hierbei können feste Laufzeiten oder eine unbestimmte Dauer mit Kündigungsfristen vereinbart werden. Je nach Vertragsart können Regelungen vorgesehen werden, die bestimmen, was mit halb ausgeführten Geschäften oder ausgetauschten Unterlagen, Papieren, Dokumentationen oder Materialien des jeweils anderen geschehen soll.

Formulierungsmuster

1. Dieser Vertrag tritt am ... in Kraft und endet am ..., ohne dass es einer Kündigung bedarf (Vertragslaufzeit).

2. Dieser Vertrag kann einvernehmlich verlängert werden. Darüber müssen sich die Vertragsparteien bis spätestens 6 Monate vor Ablauf dieses Vertrages schriftlich einigen.

3. Die Kündigung aus wichtigem Grund bleibt unberührt. Ein wichtiger Grund liegt insbesondere vor, wenn

3.1 die jeweils andere Partei ihre wesentlichen vertraglichen Pflichten nicht erfüllt und dem nicht innerhalb von 20 Tagen nach schriftlicher Abmahnung abhilft,

3.2 der Vertragspartner den Betrieb einstellt,

3.3 ein Antrag auf Eröffnung des Insolvenzverfahrens über das Vermögen des anderen gestellt, der andere eine Vermögensauskunft gemäß § 807 ZPO abgegeben hat oder ein Haftbefehl dazu ergangen ist, ein außergerichtliches oder der Schuldenregelung dienendes Verfahren eingeleitet wird oder er seine Zahlungen einstellt,

3.4 ... (Käufer) diesen Vertrag oder Rechte und Pflichten aus diesem Vertrag an Dritte abtritt oder übergibt,

3.5 ein Wettbewerber von ... (Verkäufer) ohne dessen Zustimmung mehr als 24 % der Geschäftsanteile an der ... (Käufer) kauft,

3.6 ... (Käufer) den Ort der Leistungserbringung verlegt oder die Art der Leistungserbringung ohne Zustimmung von ... (Verkäufer) ändert.

4. Die Kündigung des Vertragsverhältnisses nach Ziffer 3 dieses Vertrages bedarf der Schriftform.

5. ... (Käufer) erklärt sich bereit, seine Leistungen bis zum Ende der Vertragslaufzeit in gleicher Qualität und gleichem Umfang zu erbringen, auch wenn eine Verlängerung dieses Vertrages gem. Ziffer 2. nicht zustande kommt.

6. ... (Käufer) wird weder während der Laufzeit dieses Vertrages noch danach irgendwelche Rechte auf den Vertrieb oder Handel mit ... (Verkäufer)-Produkten geltend machen, die nicht von ... (Verkäufer) schriftlich eingeräumt wurden.

7. Im Falle der Beendigung dieses Vertrages gemäß Ziffer 1 wird ... (Käufer) ... (Verkäufer) auf Nachfrage eine Liste der Subunternehmer, Lieferanten, Berater, Behörden und anderer Kontaktpersonen übergeben, die ihr bei der Ausübung der Leistungen behilflich waren.

8. Im Falle vertragsgemäßer Beendigung dieses Vertrages gleichgültig aus welchem Grund wird ... (Käufer) ... (Verkäufer) die in ihrem Besitz befindlichen Daten, Informationen und Unterlagen über die Geschäftstätigkeit der ... (Verkäufer) — gleichgültig, in welcher Weise verkörpert, insbesondere auch auf Datenträger — zurückgeben und schriftlich versichern, dass nichts zurückbehalten wurde. Ein Zurückbehaltungsrecht ist in jedem Fall ausgeschlossen. ... (Käufer) wird auch — auf Anforderung von ... (Verkäufer) — Informationen und Unterlagen an ... (Verkäufer) in dem Umfang und der Aufmachung übergeben, wie sie ... (Käufer) zur Verfügung stehen und für den Geschäftsbetrieb der ... (Verkäufer) von Nutzen sein können.

3.6.16 Bestimmen Sie, wo und wie Sie notfalls Prozesse führen

Ohne vertragliche Regelung bestimmt das Gesetz, wo Klagen geführt werden müssen.

Gesetzliche Grundlagen

§ 13 ZPO — Allgemeiner Gerichtsstand des Wohnsitzes
Der allgemeine Gerichtsstand einer Person wird durch den Wohnsitz bestimmt.

§ 21 ZPO — Besonderer Gerichtsstand der Niederlassung
(1) Hat jemand zum Betrieb einer Fabrik, einer Handlung oder eines anderen Gewerbes eine Niederlassung, von der aus unmittelbar Geschäfte geschlossen werden, so können gegen ihn alle Klagen, die auf den Ge-

schäftsbetrieb der Niederlassung Bezug haben, bei dem Gericht des Ortes erhoben werden, wo die Niederlassung sich befindet.
§ 35 ZPO — Wahl unter mehreren Gerichtsständen
Unter mehreren zuständigen Gerichten hat der Kläger die Wahl.

In bestimmten Fällen kann der **Gerichtsstand** auch nach dem Gesetz ausgewählt werden. Allerdings können Sie das dann schwerlich bestimmen, wenn Sie von Ihrem Kunden verklagt werden. Dann entscheidet Ihr Kunde sich vermutlich für einen ihm günstigen Ort.

Das können Sie durch Gerichtsstandsklauseln vermeiden: Gerichtsstandsklauseln sind allerdings nur unter Kaufleuten (nicht: Verbraucher und Kleingewerbetreibende) wirksam. Wird dies bei der Formulierung von Standardklauseln nicht beachtet, ist die Klausel als Ganzes unwirksam.

Gesetzliche Grundlagen

§ 38 ZPO — Zugelassene Gerichtsstandsvereinbarung
(1) Ein an sich unzuständiges Gericht des ersten Rechtszuges wird durch ausdrückliche oder stillschweigende Vereinbarung der Parteien zuständig, wenn die Vertragsparteien Kaufleute, juristische Personen des öffentlichen Rechts oder öffentlich-rechtliche Sondervermögen sind.
(2) Die Zuständigkeit eines Gerichts des ersten Rechtszuges kann ferner vereinbart werden, wenn mindestens eine der Vertragsparteien keinen allgemeinen Gerichtsstand im Inland hat. Die Vereinbarung muss schriftlich abgeschlossen oder, falls sie mündlich getroffen wird, schriftlich bestätigt werden. Hat eine der Parteien einen inländischen allgemeinen Gerichtsstand, so kann für das Inland nur ein Gericht gewählt werden, bei dem diese Partei ihren allgemeinen Gerichtsstand hat oder ein besonderer Gerichtsstand begründet ist.
(3) Im übrigen ist eine Gerichtsstandsvereinbarung nur zulässig, wenn sie ausdrücklich und schriftlich
1. nach dem Entstehen der Streitigkeit oder
2. für den Fall geschlossen wird, dass die im Klageweg in Anspruch zu nehmende Partei nach Vertragsschluss ihren Wohnsitz oder gewöhnlichen Aufenthaltsort aus dem Geltungsbereich dieses Gesetzes verlegt oder ihr Wohnsitz oder gewöhnlicher Aufenthalt im Zeitpunkt der Klageerhebung nicht bekannt ist.

Für den Fall von Streitigkeiten aus dem Vertrag können Sie auch ein **Schiedsgericht** verlangen. Eine Klage Ihres Kunden vor einem Amts- oder Landgericht würde abgewiesen.

Gesetzliche Grundlagen

§ 1032 ZPO – Schiedsvereinbarung und Klage vor Gericht
(1) Wird vor einem Gericht Klage in einer Angelegenheit erhoben, die Gegenstand einer Schiedsvereinbarung ist, so hat das Gericht die Klage als unzulässig abzuweisen, sofern der Beklagte dies vor Beginn der mündlichen Verhandlung zur Hauptsache rügt, es sei denn, das Gericht stellt fest, dass die Schiedsvereinbarung nichtig, unwirksam oder undurchführbar ist.

Dabei können die Parteien sich auf die Besetzung des Gerichts vorher verständigen: Regelmäßig bestimmt daher jede Partei einen Schiedsrichter, ein Dritter wird von einer unabhängigen Stelle, etwa dem Präsidenten des Landgerichts oder der IHK bestimmt. Die Schiedsrichter können daher nach branchenspezifischen oder fachlichen Kriterien gewählt werden, sodass es möglich ist, gegenüber den staatlichen Zivilgerichten möglicherweise bessere fachliche Kompetenz zu verpflichten. Daneben sind Schiedsverfahren im Gegensatz zu ordentlichen Zivilprozessen nicht öffentlich. Dies kann von Vorteil sein, wenn es um die Klärung geheimhaltungsbedürftiger Umstände geht. In der Praxis ist das Interesse an den staatlichen Prozessen angesichts ihrer fast unübersehbaren Vielzahl jedoch gering, sodass die Befürchtung, ein Wettbewerber könnte hier brisanter Informationen gewahr werden, wohl eher theoretischer Natur ist. Das Verfahren vor den Schiedsgerichten ist jedoch kürzer, es dauert nämlich nur eine Instanz. Der Streit wird also schneller beendet.

Genau darin besteht jedoch auch das Risiko: Denn

- ein „kurzer Prozess" muss nicht stets die beste Lösung sein. Zwar kann bei den ordentlichen Zivilgerichten mit drei Instanzen und der Möglichkeit, zwischendurch noch an die Vorinstanz zurückzuverweisen, bis zum Ende des Streits einige Zeit verstreichen. Dies ist aber weniger ein Zeichen für eine zu langsame Bearbeitungsgeschwindigkeit, sondern eher für die tatsächliche oder rechtliche Schwierigkeit des Falles. Und denjenigen, dem hier der „kurze Prozess" zu Unrecht gemacht worden ist, wird dieses Ergebnis kaum erfreuen, sodass die Erreichung von Rechtsfrieden fraglich werden kann.

- Schiedsgerichte verursachen gemeinhin erhebliche Kosten, da die besonders qualifizierten Schiedsrichter nur gegen entsprechende Honorierung bereit sind, das Amt zu übernehmen.

- auch die Schiedsgerichtsvereinbarung ist kein Schutz davor, vor ordentlichen Gerichten im Wege der einstweiligen Verfügung in Anspruch genommen werden zu können.

Gesetzliche Grundlagen

§ 1031 ZPO — Form der Schiedsvereinbarung

(1) Die Schiedsvereinbarung muss entweder in einem von den Parteien unterzeichneten Dokument oder in zwischen ihnen gewechselten Schreiben, Fernkopien, Telegrammen oder anderen Formen der Nachrichtenübermittlung, die einen Nachweis der Vereinbarung sicherstellen, enthalten sein.

(2) Die Form des Absatzes 1 gilt auch dann als erfüllt, wenn die Schiedsvereinbarung in einem von der einen Partei der anderen Partei oder von einem Dritten beiden Parteien übermittelten Dokument enthalten ist und der Inhalt des Dokuments im Fall eines nicht rechtzeitig erfolgten Widerspruchs nach der Verkehrssitte als Vertragsinhalt angesehen wird.

(3) Nimmt ein den Formerfordernissen des Absatzes 1 oder 2 entsprechender Vertrag auf ein Dokument Bezug, das eine Schiedsklausel enthält, so begründet dies eine Schiedsvereinbarung, wenn die Bezugnahme dergestalt ist, dass sie diese Klausel zu einem Bestandteil des Vertrages macht.

(5) Schiedsvereinbarungen, an denen ein Verbraucher beteiligt ist, müssen in einer von den Parteien eigenhändig unterzeichneten Urkunde enthalten sein. Die schriftliche Form nach Satz 1 kann durch die elektronische Form nach § 126a des Bürgerlichen Gesetzbuchs ersetzt werden. Andere Vereinbarungen als solche, die sich auf das schiedsrichterliche Verfahren beziehen, darf die Urkunde oder das elektronische Dokument nicht enthalten; dies gilt nicht bei notarieller Beurkundung.

(6) Der Mangel der Form wird durch die Einlassung auf die schiedsgerichtliche Verhandlung zur Hauptsache geheilt.

§ 1033 ZPO — Schiedsvereinbarung und einstweilige gerichtliche Maßnahmen

Eine Schiedsvereinbarung schließt nicht aus, dass ein Gericht vor oder nach Beginn des schiedsrichterlichen Verfahrens auf Antrag einer Partei eine vorläufige oder sichernde Maßnahme in Bezug auf den Streitgegenstand des schiedsrichterlichen Verfahrens anordnet.

3.6.17 Schließen Sie alle Vereinbarungen vollständig schriftlich ab

Gesetzlich kann ein Vertrag grundsätzlich ohne Einhaltung bestimmter Formen geschlossen werden. Der legendäre Handschlag oder sogar gegenseitiges Kopfnicken kann genügen, wenn sich aus den Umständen der Inhalt der Vereinbarung schlüssig ergibt. Zu empfehlen ist dies freilich nicht. Denn Unklarheiten sind kaum zu vermeiden, Missverständnisse sind absehbar und Nachweise erhält man, falls man sie einmal braucht, so kaum.

In wichtigen Fällen schreibt das Gesetz bestimmte Formen, etwa Schriftform, notarielle Beurkundung oder Ähnliches vor. Dann wird der Vertrag nur bei Einhaltung der Formvorschriften wirksam.

Gesetzliche Grundlagen

§ 125 BGB – Nichtigkeit wegen Formmangels
Ein Rechtsgeschäft, welches der durch Gesetz vorgeschriebenen Form ermangelt, ist nichtig. Der Mangel der durch Rechtsgeschäft bestimmten Form hat im Zweifel gleichfalls Nichtigkeit zur Folge.

§ 126 BGB – Schriftform
(1) Ist durch Gesetz schriftliche Form vorgeschrieben, so muss die Urkunde von dem Aussteller eigenhändig durch Namensunterschrift oder mittels notariell beglaubigten Handzeichens unterzeichnet werden.
(2) Bei einem Vertrag muss die Unterzeichnung der Parteien auf derselben Urkunde erfolgen. Werden über den Vertrag mehrere gleich lautende Urkunden aufgenommen, so genügt es, wenn jede Partei die für die andere Partei bestimmte Urkunde unterzeichnet.
(3) Die schriftliche Form kann durch die elektronische Form ersetzt werden, wenn sich nicht aus dem Gesetz ein anderes ergibt.
(4) Die schriftliche Form wird durch die notarielle Beurkundung ersetzt.

§ 128 BGB – Notarielle Beurkundung
Ist durch Gesetz notarielle Beurkundung eines Vertrags vorgeschrieben, so genügt es, wenn zunächst der Antrag und sodann die Annahme des Antrags von einem Notar beurkundet wird.

Bestehen Sie auf eine Form, etwa die Schriftform, kommt das Geschäft ohne die Einhaltung der Form aber gleichfalls nicht zustande.

Gesetzliche Grundlagen

§ 127 BGB — Vereinbarte Form

(1) Die Vorschriften des § 126, des § 126a oder des § 126b gelten im Zweifel auch für die durch Rechtsgeschäft bestimmte Form.

(2) Zur Wahrung der durch Rechtsgeschäft bestimmten schriftlichen Form genügt, soweit nicht ein anderer Wille anzunehmen ist, die telekommunikative Übermittlung und bei einem Vertrag der Briefwechsel. Wird eine solche Form gewählt, so kann nachträglich eine dem § 126 entsprechende Beurkundung verlangt werden.

In vielen Fällen wird die Schriftform vereinbart: Sie gibt ausreichend Klarheit, was die Parteien bei Vertragsschluss wünschen, bei Vertragserfüllung haben sie zugleich eine Handlungsanleitung. Prüfen Sie deshalb, ob das auch bei Ihrem Geschäft die richtige Lösung ist.

Achtung Falle: Die vereinbarte Schriftform kann mündlich aufgehoben werden. Damit nutzt das einfache Schriftformerfordernis wenig, es ist praktisch wirkungslos. Deshalb muss auch die Aufhebung des Schriftformerfordernisses der Schriftform unterworfen werden.

Formulierungsmuster

Vertragliche Vereinbarungen sowie Änderungen und Ergänzungen hierzu bedürfen stets der Schriftform. Dies gilt unbeschadet des Vorrangs eines Aushandelns im Einzelfall auch für die Aufhebung dieser Schriftformklausel.

Aus der Rechtsprechung

Ein doppelte Schriftformklausel, die den irrigen Eindruck erweckt, jede spätere vom Vertrag abweichende mündliche Abrede sei unwirksam, berücksichtigt nicht, dass individuelle Vertragsabreden auch dann vorgehen, wenn sie mündlich getroffen werden, und ist als unangemessene Benachteiligung unwirksam (BAG NJW2009, 316; LAG Schleswig-Holstein, Urteil vom 23.05.2013 — 5 Sa 375/12).

3.6.18 Denken Sie daran, dass „etwas schief gehen" kann

Vereinbarungen können nachträglich als unwirksam erkannt werden, sei es, dass Sie sich in Punkten geirrt haben, sei es, dass die Rechtsprechung zu neuen Erkenntnissen gelangt ist.

Soll dies auf das Schicksal der übrigen nicht unwirksamen Vertragsbestimmungen keine Auswirkungen haben, können Sie das klarstellen. Das Gesetz schafft hier nicht immer Klarheit.

Gesetzliche Grundlagen

§ 139 BGB – Teilnichtigkeit
Ist ein Teil eines Rechtsgeschäfts nichtig, so ist das ganze Rechtsgeschäft nichtig, wenn nicht anzunehmen ist, dass es auch ohne den nichtigen Teil vorgenommen sein würde.

Formulierungsmuster

Sollten einzelne Bestimmungen dieses Vertrages unwirksam oder undurchführbar sein, so sind die Vertragsparteien verpflichtet, diese unverzüglich durch eine wirksame Vereinbarung zu ersetzen, die dem Sinn und dem wirtschaftlichen Zweck der ursprünglichen Bestimmungen am nächsten kommen und dem Wesen dieses Vertrages entsprechen. Entsprechendes gilt für die Ausfüllung von Vertragslücken. Die Wirksamkeit der sonstigen Bestimmungen des Vertrages bleibt durch die Unwirksamkeit oder Undurchführbarkeit einzelner Vertragsbestimmungen unberührt.

3.7 So rationalisieren Sie richtig mit AGB

Allgemeine Geschäftsbedingungen können durchaus ein heißes Eisen sein. Daher sollten Sie in diesem Zusammenhang folgende Fragen beantworten können:

Frage	Ja	Nein
Haben Sie eigene allgemeine Geschäftsbedingungen?		
Wissen Sie, wann Ihre allgemeinen Geschäftsbedingungen wirksam zum Vertragsbestandteil werden?		
Haben Sie für Unternehmerkunden andere allgemeine Geschäftsbedingungen als für Verbraucherkunden?		
Wissen Sie, was gilt, wenn der Kunde eigene allgemeine Geschäftsbedingungen verwendet?		
Müssen Sie Ihre allgemeinen Geschäftsbedingungen Ihren Kunden immer beifügen?		

All diese Bestimmungen in jedes Angebot zu schreiben, wäre nicht nur aufwendig, sondern auch schwerfällig und unübersichtlich.

TIPP

Erledigen Sie die für Sie günstigen und notwendigen Bestimmungen doch „nebenbei": Verweisen Sie einfach auf Ihre allgemeinen Geschäftsbedingungen.

Im Geschäftsleben ist es heute üblich, allgemeine Geschäftsbedingungen zu verwenden. Der Grund hierfür ist einfach: Im Rahmen des Forderungs- und Leistungsmanagements eines Betriebes können bestimmte Vorgänge standardisiert und damit Controllingkosten gesenkt werden. Verhält man sich in einer bestimmten Situation gleichförmig, so kann das Geschäft immer in der gleichen Weise durchgeführt werden. Der Rationalisierungseffekt liegt auf der Hand. Das hat Einfluss auf Ihre Angebotskalkulation.

Gerade kleinere oder mittlere Betriebe halten allgemeine Geschäftsbedingungen für überflüssig. Sie fürchten gar, dass die oft persönlichen Beziehungen zu ihren Kunden hierdurch leiden könnten, weil sich die Kunden wegen dieser gleichförmigen Behandlung durch AGB „auf Distanz gesetzt" fühlen könnten. Ob solche Befürchtungen begründet sind, ist fraglich. Unabhängig davon sind jedoch die Nachteile, die ohne Nutzung eigener allgemeiner Geschäftsbedingungen im Bereich des Forderungsmanagements entstehen, ganz erheblich. Denn gerade im gewerblichen Bereich müssen Sie damit rechnen, dass der

Kunde eigene allgemeine Geschäftsbedingungen, etwa im Bereich „allgemeiner Einkaufs- und Lieferbedingungen„ verwendet. Das Tückische daran ist, dass Unternehmer solche Bedingungen unter Umständen gegen sich gelten lassen müssen, auch wenn sie nicht eigens auf die Bedingungen hingewiesen wurden oder die Bedingungen gar nicht kennen.

Im Einzelnen ausgehandelte Bestimmungen gehen immer vor

Allgemeine Geschäftsbedingungen sind alle für eine Vielzahl von Verträgen — drei genügen (BGH WM 1984, 1610) — vorformulierten Vertragsbedingungen, die der Verwender der anderen Vertragspartei stellt.

Es reicht aus, dass die Vertragsbedingungen für eine Vielzahl von Verträgen bestimmt sind, selbst wenn sie letztlich nur in einem Fall oder wenigen Fällen verwendet werden. Allgemeine Geschäftsbedingungen sind Vertragsklauseln, die nur nicht in jedem Vertrag einzeln ausgehandelt werden. Zur Arbeitserleichterung für den Verwender sind sie vorformuliert. Deshalb gehen Individualabreden, die „im Einzelnen ausgehandelt", nicht bloß „verhandelt" worden sind, den allgemeinen Geschäftsbedingungen vor.

Gesetzliche Grundlagen
§ 305b BGB — Vorrang der Individualabrede
Individuelle Vertragsabreden haben Vorrang vor Allgemeinen Geschäftsbedingungen.

Es muss sich aber um ein richtiges Aushandeln handeln. Ihr Kunde muss Gelegenheit haben, Sie ernsthaft von einer Bestimmung in Ihren allgemeinen Geschäftsbedingungen abbringen zu können. Das ist nicht schon der Fall, wenn er in Formularen etwas ankreuzen oder ausfüllen soll. Dafür genügt es nicht, Ihrem Kunden die Begrenzung zu erläutern oder mit ihm zu erörtern. Der Kunde muss vielmehr die reale Möglichkeit haben, die inhaltliche Ausgestaltung der Klausel zu beeinflussen (BGH VersR 2013, 184). Das ist nicht der Fall, wenn Sie nur bereit sind, eine vorformulierte Beschränkung zu reduzieren (BGH NJW 2013, 1431). Sie können auch nicht durch eine inakzeptable Klausel zunächst eine Ablehnung des Kunden provozieren, um dann mit einer neuen einschränkenden Klausel, die Sie bereits in der Hinterhand hatten, eine scheinbare Verhandlung zu initiieren (planmäßiges Entgegenkommen). Vielmehr müssen Sie einen „Schriftwechsel" vorlegen können, aus dem sich ergibt, dass Gegenvorschläge Ihres Kunden möglichst in Teilbereichen Verwendung gefunden haben. Das dokumentiert seine Einflussmöglichkeiten.

Im Zweifel müssen Sie beweisen, dass die Parteien die Klausel im Einzelnen ausgehandelt haben.

Aus der Rechtsprechung

Sind Formulare durch Eintragungen zu vervollständigen, bleibt die Klausel eine allgemeine Bedingung, wenn die Ergänzung lediglich unselbstständig ist, sonst wird daraus eine vorrangige Individualabrede (OLG Karlsruhe, 01.12.1994, 12 U 253/94, VersR 95, 645).

Es muss sich aber um rechtlich verbindliche Bestimmungen handeln, nicht bloße Hinweise oder Bitten.

Aus der Rechtsprechung

Höfliche Bitten, die ein Supermarkt im Eingangsbereich an seine Kunden adressiert, sind in der Regel keine AGB (OLG Frankfurt, NJW-RR 95, 1330).

Machen Sie Ihre allgemeinen Geschäftsbedingungen verbindlich

Es handelt sich dabei also nicht um Rechtsnormen oder gar Gesetze, sondern um standardisierte Vereinbarungen. Vereinbarungen verpflichten, wenn sie Vertragsbestandteil sind. Allgemeine Geschäftsbedingungen werden nur Vertragsbestandteil mit Wirkung für die beiden Vertragsparteien, wenn sie wirksam einbezogen werden § 305 BGB ff.

Dabei unterscheidet das Gesetz zwischen der Einbeziehung von AGB gegenüber einem Verbraucher und der Einbeziehung in einen Vertrag mit einem Unternehmer § 310 Abs. 1 BGB. Es werden unterschiedliche Anforderungen gestellt, da der Gesetzgeber davon ausgeht, dass der Verbraucher im Zweifel im Geschäfts- und Rechtsverkehr nicht erfahren und mit den Gestaltungen von Verträgen nicht vertraut ist. Dem Unternehmer hingegen wird unterstellt, dass er im Umgang mit Verträgen geübt ist und die Gepflogenheiten im Geschäftsverkehr kennt.

Deshalb beachten Sie: Gegenüber **Verbrauchern** müssen Sie besondere Anforderungen erfüllen.

Gesetzliche Grundlagen

§ 305 BGB — Einbeziehung Allgemeiner Geschäftsbedingungen in den Vertrag

(2) Allgemeine Geschäftsbedingungen werden nur dann Bestandteil eines Vertrags, wenn der Verwender bei Vertragsschluss

1. die andere Vertragspartei ausdrücklich oder, wenn ein ausdrücklicher Hinweis wegen der Art des Vertragsschlusses nur unter unverhältnismäßigen Schwierigkeiten möglich ist, durch deutlich sichtbaren Aushang am Ort des Vertragsschlusses auf sie hinweist und

2. der anderen Vertragspartei die Möglichkeit verschafft, in zumutbarer Weise, die auch eine für den Verwender erkennbare körperliche Behinderung der anderen Vertragspartei angemessen berücksichtigt, von ihrem Inhalt Kenntnis zu nehmen,

und wenn die andere Vertragspartei mit ihrer Geltung einverstanden ist.

Nicht erforderlich ist, dass der Verbraucher tatsächlich Kenntnis von den Klauseln nimmt oder sie versteht. Das Einverständnis wird regelmäßig stillschweigend dadurch erteilt, dass der Verbraucher den Vertrag in Kenntnis der Einbeziehung der allgemeinen Geschäftsbedingungen abschließt.

Beispiel: Der Kunde unterschreibt einen Formularvertrag mit der Bemerkung: „Wird schon alles stimmen."

Eine wirksame Einbeziehung der AGB bei einem **Vertragsschluss am Telefon** setzt voraus, dass

- der Kunde entweder vorher Kenntnis von den AGB erhalten oder auf die Kenntnisnahme verzichtet hat.

● ■ TIPP

Die Kenntnisnahme durch den Kunden können Sie dadurch herstellen, dass Sie Ihre AGB in das Internet einstellen oder dem Kunden im Vorhinein übersenden.

Sollte der Kunde auf die Kenntnis nicht verzichten, so kann der Vertrag dennoch abgeschlossen werden und die Einbeziehung der AGB als aufschiebende Bedingung vereinbart werden. Der Vertrag wird allerdings erst dann wirksam, wenn der Kunde nach Kenntnisnahme nicht widerspricht.

- Sie den Kunden beim Telefonat ausdrücklich darauf hinweisen, dass dem Geschäft Ihre allgemeinen Geschäftsbedingungen zugrunde gelegt werden sollen.

  Beispiel: Bei der telefonischen Bestellung verweisen Sie auf Ihre allgemeinen Geschäftsbedingungen und bestätigen dies vorsorglich in Ihrer Auftragsbestätigung.

- Gegenüber **Unternehmern** erfolgt die Einbeziehung schon durch eine bloße Einigung. Es ist weder erforderlich, dass der Verwender den Unternehmer ausdrücklich auf die Einbeziehung hinweist, noch die Möglichkeit der Kenntnisnahme gibt. Kaufleute (müssen) wissen, dass Allgemeine Geschäftsbedingungen im Geschäftsverkehr zugrunde gelegt werden.

Deshalb ist die Einbeziehung gegenüber einem Unternehmer bei einem **telefonischen Vertragsschluss** unproblematisch. In dem Fall steht der wirksamen Einbeziehung nicht entgegen, dass dem Unternehmer nicht der Text der Klauseln zur Verfügung gestellt wurde. Es ist natürlich nicht auszuschließen, dass auch Ihr unternehmerischer Kunde zunächst die AGB studieren will, bevor er den Vertrag abschließt. Dann muss er aber darauf bestehen, Ihre Bedingungen erst zur Kenntnis zu nehmen.

Zum Teil bedarf es nicht mal der Erkennbarkeit der Einbeziehung von allgemeinen Geschäftsbedingungen in den Vertrag. In diesen Fällen ist die Verwendung von solchen Klauseln branchenüblich, das heißt die Klauseln werden üblicherweise und damit stillschweigend einbezogen, § 305a BGB. Dies gilt etwa für

- AGB der Banken
- ADSp (Allgemeine Deutsche Spediteurbedingungen)

- früher: AGB der Versicherer
- AGB der kommunalen Betriebe

Aus der Rechtsprechung

Der bloße Abdruck der AGB auf der Vertragsrückseite (hier: Kfz-Miete) reicht für eine wirksame Einbeziehung nach § 2 I Nr. 1 AGBG nicht aus. Der nach § 2 I Nr. 2 AGBG erforderliche Hinweis auf die Verwendung von AGB muß drucktechnisch — etwa durch Fett- oder Rotdruck — hervorgehoben werden (OLG Hamm, r + s 96, 22). Wird in einem Formularvertrag auf „umseitige AGB" Bezug genommen, werden diese nicht Vertragsbestandteil, soweit sie nicht mit abgedruckt oder ausgehändigt werden. Den Kunden trifft keine Pflicht zur Überprüfung der AGB auf ihre Vollständigkeit (OLG Frankfurt, NJW 89, 1095).

Wehren Sie sich gegen allgemeine Geschäftsbedingungen Ihres Kunden

Fragt Ihr Kunde unter Hinweis auf eigene Geschäftsbedingungen bei Ihnen an und enthalten diese unterschiedliche oder sich gar widersprechende Regelungen, so stellt sich die Frage, welche Klauseln denn nun Bestandteil des Vertrages werden (kreuzende AGB). Verschärft wird die Frage dann, wenn die Vertragsbedingungen Abwehrklauseln enthalten, durch die die Vertragsbedingungen des jeweils anderen Vertragspartners nicht Inhalt des Vertrages werden sollen.

Formulierungsmuster

Die nachfolgenden Vertragsbedingungen gelten ausschließlich für alle Angebote, Lieferungen und Leistungen von uns auch für künftige Geschäfte, soweit nicht ausdrücklich anderes vereinbart wird. Abweichende Bestimmungen und Geschäftsbedingungen des Kunden kommen nicht zur Anwendung, soweit wir deren Geltung nicht ausdrücklich zugestimmt haben. Dies gilt auch, soweit wir Leistungen oder Lieferungen vorbehaltlos an den Kunden in Kenntnis entgegenstehender oder abweichender Kundenbedingungen erbringen.

Beachten Sie bitte:

- Stimmen die Bestimmungen der beiden allgemeinen Geschäftsbedingungen überein, kommt der Vertrag mit diesen Bestimmungen zustande.
- Sind in den Klauseln des Verkäufers und des Käufers auch abweichende Bestimmungen enthalten, so ist nach der Rechtsprechung des BGH anzunehmen, dass die Klauseln nur insoweit Vertragsbestandteil geworden sind, als sie sich decken.
- Der Teil der Klauseln, der sich nicht deckt, kann mangels übereinstimmenden Willens der Parteien nicht Vertragsbestandteil werden. Insoweit gilt dann die gesetzliche Regelung.

Die einbezogenen Vertragsbedingungen werden somit auf den kleinsten gemeinsamen Nenner reduziert. Das hindert die Wirksamkeit des Vertrages im Übrigen aber nicht. Die Parteien müssen jedoch einverständlich mit der Durchführung des Vertrages begonnen haben. Sonst ist der Vertrag im Ganzen nichtig.

Es ist also vor der Durchführung des Vertrages für den Verkäufer zu überlegen, welche Bedeutung für ihn die Einbeziehung der eigenen Verkaufsbedingungen in den Kaufvertrag hat. Notfalls muss er auf den Abschluss des Vertrages verzichten, wenn er die Einbeziehung der eigenen Klauseln nicht mit dem Käufer aushandeln kann. Es kann aber wirtschaftlich sinnvoll sein, den Vertrag auch ohne Einbeziehung der eigenen Klauseln abzuschließen, wenn die wesentlichen Einzelheiten individuell ausgehandelt werden. Denn Individualabreden haben Vorrang.

Andererseits ist es schon die Abwehrklausel allein wert, eigene allgemeine Geschäftsbedingungen unbedingt zu verwenden. Denn dadurch schützen Sie sich gegen Bedingungen, die dem anderen nützen und erreichen damit zumindest das Niveau des gesetzlichen Standards wieder: Die Parteien müssen sich so behandeln lassen, als hätten sie diesbezüglich keine AGB-Bestimmung zugrunde gelegt.

TIPP

Bringen Sie deshalb in Ihren allgemeinen Geschäftsbedingungen eindeutig zum Ausdruck, dass Sie **nur zu Ihren** Bedingungen zum Vertragsschluss bereit sind und allgemeine Geschäftsbedingungen des Kunden nicht anerkennen, soweit diese nicht mit Ihren Bedingungen übereinstimmen.

Grundsätzlich sollten Sie in Ihren allgemeinen Geschäftsbedingungen alles regeln, was der rationellen Abwicklung des Vertrages dient und Klarheit bezüglich einzelner Positionen herbeiführt.

Formulierungsmuster im unternehmerischen Verkehr

Allgemeine Geschäftsbedingungen der ... GmbH, ... (Ort)

I. Anwendungsbereich
Die nachfolgenden Allgemeinen Verkaufsbedingungen gelten ausschließlich für alle unsere Angebote, Lieferungen und Leistungen, auch für künftige Geschäfte mit Kunden, soweit nicht ausdrücklich anderes vereinbart wird. Abweichende Bestimmungen in Geschäftsbedingungen des Kunden kommen nur zur Anwendung, soweit wir deren Geltung ausdrücklich schriftlich zugestimmt haben.

II. Angebote und Aufträge, Rücktritt
1. Unsere Angebote sind freibleibend und wie Katalogangaben, Abbildungen und Beschreibungen unverbindlich, sie beinhalten insbesondere keine Beschaffenheits- und Haltbarkeitsgarantien. Der Mindestbestellwert für einen Auftrag beträgt 100 EUR netto. Mit schriftlicher Auftragsbestätigung oder Ausführung der Lieferung oder Leistung gilt ein Auftrag des Kunden als angenommen.
2. Werden uns nach Vertragsschluss Umstände des Kunden bekannt, die geeignet sind, unsere Forderungen zu gefährden, sind wir zum Rücktritt vom Vertrag berechtigt, wenn eine von uns zuvor gesetzte angemessene Frist fruchtlos verstrichen ist.
3. Der Kunde ist außerhalb der gesetzlichen Bestimmungen nicht zum Rücktritt vom Vertrag berechtigt und trägt unsere Kosten für unberechtigte Retouren in Höhe von pauschal 75 EUR. Dem Kunden bleibt der Nachweis vorbehalten, dass uns kein oder ein wesentlich niedrigerer Schaden deswegen entstanden ist.

III. Preise, Zahlungsbedingungen, Zurückbehaltung, Aufrechnung
1. Unsere Preise sind Nettopreise ab Versandort zuzüglich Verpackung, Fracht und der jeweils geltenden gesetzlichen Umsatzsteuer.
2. Es gelten die Preise unserer allgemeinen Preisliste zum Zeitpunkt der Bestellung. Bei Lieferzeiten von mehr als 6 Wochen oder Dauerschuldver-

hältnissen in Form von Termin- oder Abruf-Lieferverträgen bleibt uns die Anpassung der Preise wegen unvorhergesehen eingetretener Erhöhungen der Kosten (Löhne, Roh-, Hilfs- oder Betriebsstoffe etc.) vorbehalten. Unsere Rechnungen sind sofort fällig. Bei Zahlungseingang bzw. Gutschrift auf einem unserer angegebenen Geschäftskonten innerhalb von 10 Tagen nach Rechnungsdatum gewähren wir 2 % Skonto.

3. Der Kunde ist zur Aufrechnung oder Zurückbehaltung nur berechtigt, wenn die Gegenforderungen unbestritten oder rechtskräftig festgestellt sind.

IV. Lieferung, Lieferzeiten

1. Eine schriftlich zugesagte Lieferfrist beginnt mit der Absendung der Auftragsbestätigung. Sie ist eingehalten, wenn bis zu ihrem Ablauf die Versandbereitschaft mitgeteilt ist oder die Ware den Versandort verlassen hat. Sie verlängert sich bei Maßnahmen im Rahmen von Arbeitskämpfen, insbesondere Streik und Aussperrung sowie beim Eintritt unvorhergesehener Hindernisse, die außerhalb unseres Einflusses liegen, z. B. Betriebsstörungen, Verzögerungen in der Anlieferung wesentlicher Materialien, soweit solche Hindernisse nachweislich auf die Lieferung der Ware von erheblichem Einfluss sind, entsprechend der Dauer derartiger Maßnahmen und Hindernisse. Dies gilt auch, wenn die Umstände bei Unterlieferern eintreten. Die vorbezeichneten Umstände sind auch dann nicht von uns zu vertreten, wenn sie während eines bereits vorliegenden Verzuges entstehen. Beginn und Ende derartiger Hindernisse werden dem Kunden baldmöglichst mitgeteilt.

2. Teillieferungen sind innerhalb der von uns angegebenen Lieferfristen zulässig, soweit sich Nachteile für den Gebrauch daraus nicht ergeben.

3. Konstruktions-, Form- oder sonstige Änderungen, die auf die Verbesserung der Technik bzw. auf Forderungen des Gesetzgebers zurückzuführen sind, bleiben während der Lieferzeit vorbehalten, sofern die Ware dadurch nicht erheblich geändert wird und die Änderungen für den Kunden zumutbar sind.

4. Die Wahl der Versandart erfolgt nach unserem Ermessen.

V. Abnahme und Gefahrübergang

1. Der Kunde ist verpflichtet, die Ware innerhalb von zehn Tagen nach Zugang der Bereitstellungsanzeige oder sonstiger Mitteilung von der Fer-

tigstellung am Übergabeort zu prüfen und abzunehmen, es sei denn, er ist unverschuldet vorübergehend an der Abnahme verhindert.

2. Bleibt der Kunde mit der Abnahme der Ware länger als zehn Tage ab Zugang der Bereitstellungsanzeige vorsätzlich oder grob fahrlässig im Rückstand, so sind wir nach Setzung einer Nachfrist von weiteren zehn Tagen berechtigt, vom Vertrag zurückzutreten und Schadensersatz zu verlangen. Der Setzung einer Nachfrist bedarf es nicht, wenn der Kunde die Abnahme ernsthaft oder endgültig verweigert oder offenkundig auch innerhalb dieser Zeit zur Zahlung des Kaufpreises nicht imstande ist.

3. Erklärt der Kunde, er werde die Ware nicht abnehmen, so geht die Gefahr eines zufälligen Untergangs oder einer zufälligen Verschlechterung der Ware im Zeitpunkt der Verweigerung über, spätestens jedoch nach den gesetzlichen Bestimmungen.

4. Eine Versendung der Ware erfolgt auf Wunsch, Kosten und Gefahr des Kunden.

VI. Eigentumsvorbehalt

1. Wir behalten uns das Eigentum an den Liefergegenständen bis zur Zahlung vor.

2. Bei vertragswidrigem Verhalten des Kunden, insbesondere bei Zahlungsverzug, sind wir zur Rücknahme nach Mahnung berechtigt und der Kunde ist zur Herausgabe verpflichtet.

3. Die Geltendmachung des Eigentumsvorbehaltes sowie die Pfändung der Liefergegenstände durch uns gelten nicht als Rücktritt vom Vertrag, sofern dies nicht ausdrücklich durch uns schriftlich erklärt wird.

4. Der Kunde ist berechtigt, die Liefergegenstände im ordentlichen Geschäftsgang weiterzuverkaufen; er tritt uns jedoch bereits jetzt alle Forderungen in Höhe des zwischen uns und dem Kunden vereinbarten Kaufpreises (einschließlich Mehrwertsteuer) ab, die dem Kunden aus der Weiterveräußerung erwachsen, und zwar unabhängig davon, ob die Liefergegenstände ohne oder nach Bearbeitung weiterverkauft werden. Zur Einziehung dieser Forderungen ist der Kunde nach deren Abtretung ermächtigt, solange er nicht zahlungsunfähig, im Verzug mit Zahlungen oder unsere Befriedigung sonst nicht gefährdet ist. Unbeschadet unserer Befugnis, die Forderungen selbst einzuziehen, verpflichten wir uns, solange die Forderungen nicht einzuziehen. Andernfalls können wir auch verlangen, dass der Kunde die abgetretenen Forderungen und deren

Schuldner bekanntgibt, alle zum Einzug erforderlichen Angaben macht, die dazugehörigen Unterlagen aushändigt und den Schuldnern (Dritten) die Abtretung mitteilt. Noch nicht weitergelieferte Ware ist uns in diesem Fall auf Verlangen fracht- und spesenfrei herauszugeben, aufgrund hiermit erteilter Einwilligung des Kunden sind wir zur Wegnahme und zur Verwertung durch Versteigerung oder freihändigen Verkauf durch eine von der Industrie- und Handelskammer bestimmte Person und Verrechnung des Erlöses auf den Nettopreis befugt.

5. Eine Verarbeitung oder Umbildung der Waren durch den Kunden wird stets für uns vorgenommen. Werden die Waren mit anderen, uns nicht gehörenden Gegenständen verarbeitet, so erwerben wir das Miteigentum an der neuen Sache im Verhältnis des Wertes der Waren zu den anderen verarbeiteten Gegenständen zur Zeit der Verarbeitung.

6. Werden die Waren mit anderen, uns nicht gehörenden Gegenständen untrennbar vermischt, so erwerben wir das Miteigentum an der neuen Sache im Verhältnis des Wertes der Waren zu den anderen vermischten Gegenständen. Der Vertragspartner verwahrt das Miteigentum für uns.

7. Der Kunde darf Waren weder verpfänden, noch zur Sicherung übereignen. Bei Pfändungen sowie Beschlagnahmen oder sonstigen Verfügungen durch Dritte hat der Kunde uns unverzüglich davon zu benachrichtigen und uns alle Auskünfte und Unterlagen zur Verfügung zu stellen, die zur Wahrung unserer Rechte erforderlich sind. Vollstreckungsbeamte bzw. Dritte sind auf unser Eigentum hinzuweisen.

8. Wir verpflichten uns, die uns zustehenden Sicherheiten insoweit auf Verlangen des Kunden freizugeben, als ihr Wert die zu sichernden Forderungen, soweit diese noch nicht beglichen sind, um mehr als 20 % übersteigt.

VII. Gewährleistung und Haftung

1. Für die Mangelfreiheit unserer Waren leisten wir Gewähr für den Zeitraum von einem Jahr ab Gefahrübergang. Die gelieferte Ware gilt als genehmigt, wenn offensichtliche Mängel nicht innerhalb von 10 Werktagen, sonstige Mängel nicht innerhalb von einem Jahr gerügt werden. § 377 HGB bleibt im Übrigen unberührt. Für gebrauchte Sachen ist die Gewährleistung ausgeschlossen.

2. Im Falle von Beanstandungen hat uns der Kunde Gelegenheit zu geben, uns vom Vorliegen des Mangels überzeugen zu können, insbesondere uns

auf Verlangen die beanstandete Ware oder Proben davon zur Verfügung zu stellen. Bei berechtigter fristgerechter Beanstandung hat der Kunde zunächst unter angemessener Wahrung seiner Interessen nur Anspruch auf Nacherfüllung. Sind für den Kunden weitere Nacherfüllungsversuche unzumutbar, so kann der Kunde anstelle dessen Rückgängigmachung des Vertrages oder Minderung der Vergütung verlangen. Unsere Gewährleistung berechtigt nicht zum Schadensersatz.

3. Natürlicher Verschleiß ist in jedem Fall von der Gewährleistung ausgeschlossen. Die Produkte sind, wenn nicht anders gekennzeichnet, zum Einmalgebrauch bestimmt und vor ihrer Anwendung auf Funktionssicherheit und ordnungsgemäßen Zustand zu prüfen. Wiederaufbereitung und -verwendung wird nicht empfohlen.

4. Wegen weitergehender Ansprüche und Rechte haften wir für Schäden, die nicht auf der Verletzung des Lebens, des Körpers oder der Gesundheit beruhen, im Falle einer lediglich fahrlässigen Pflichtverletzung durch uns oder unsere Erfüllungsgehilfen nur, soweit sie vertragstypisch und vorhersehbar sind.

VIII. Vertragsdauer und Kündigung

Dauerverträge beginnen mit Unterzeichnung und gelten für die Dauer eines Jahres, soweit nichts anderes vereinbart ist. Erklärt nicht eine der Parteien der anderen spätestens zwei Monate vor Ablauf des Vertrages schriftlich die Kündigung, verlängern sich solche Verträge je um ein weiteres Jahr, ohne dass es hierzu einer besonderen Erklärung bedarf. Uns steht auch in diesen Fällen ein ordentliches Kündigungsrecht mit einer Frist von 3 Monaten zu.

Die außerordentliche Kündigung ohne Einhaltung einer Frist aus wichtigem Grund bleibt vorbehalten. Als wichtiger Grund gilt für uns unter anderem die Anmeldung des Insolvenzverfahrens über das Vermögen des Kunden sowie Zahlungsverzug des Kunden von mehr als einem Monat.

IX. Erfüllungsort, Gerichtsstand, Rechtswahl

1. Erfüllungsort ist der jeweilige Ort, von dem aus die Ware versandt wird.

2. Bei allen sich aus dem Vertragsverhältnis ergebenden Streitigkeiten ist die Klage bei dem Gericht zu erheben, das für unseren Hauptsitz zuständig ist. Wir sind auch berechtigt, am Hauptsitz des Kunden zu klagen.

3. Es gilt ausschließlich deutsches Recht unter Ausschluss der Gesetze über den internationalen Kauf beweglicher Sachen, auch wenn der Kunde seinen Firmensitz im Ausland hat.

X. Sonstiges

1. Übertragungen von Rechten und Pflichten des Kunden aus dem mit uns geschlossenen Vertrag bedürfen zu ihrer Wirksamkeit unserer schriftlichen Zustimmung.

2. Sollte eine Bestimmung nichtig sein oder werden, so bleibt die Gültigkeit der anderen Bestimmungen hiervon unberührt.

Stand: (Datum)

Gegenüber Unternehmern gelten die gesetzlichen Regelungen der §§ 308, 309 BGB nicht unmittelbar, § 310 Abs. 1 BGB, aber die Angemessenheitsprüfung nach § 307 BGB gilt auch für sie. Im Einzelnen hat die Rechtsprechung zahlreiche Einzelfälle entschieden.

Aus der Rechtsprechung

Ein allgemeines Aufrechnungsverbot in allgemeinen Geschäftsbedingungen ist zwischen Unternehmern insoweit wirksam, als es sich auf bestrittene Gegenforderungen bezieht (LG Hannover, MDR 81, 497).

Dem Lieferanten steht der in seinen aAllgemeinen Geschäftsbedingungen vorgesehene verlängerte und erweiterte Eigentumsvorbehalt nicht zu, wenn die AGB des Käufers eine Abwehrklausel enthalten (BGH, NJW-RR 86, 984). Deshalb müssen diese Sicherheiten individuell ausgehandelt werden. Dann gehen sie den allgemeinen Geschäftsbedingungen vor, § 305b BGB. Ist ein Kaufvertrag wegen der Abwehrklausel in den Einkaufsbedingungen des Käufers ohne Einigung über die Geltung der AGB des Käufers und des Verkäufers zustande gekommen, so wird der in den allgemeinen Bedingungen des Verkäufers enthaltene Eigentumsvorbehalt aber trotzdem dann wirksam, wenn der Käufer von ihm Kenntnis hatte oder zumutbar hätte Kenntnis nehmen können (OLG Düsseldorf, ZIP 88, 1415).

Eine Klausel, „Offensichtliche Mängel sind innerhalb einer Woche anzuzeigen" sind eine unangemessene Benachteiligung, da sie keine Bestimmung über Fristwahrung und -lauf enthält (OLG Zweibrücken, MDR 1998, 28).

Der endgültige und gleichzeitige Ausschluss von Wandlung und Minderung ist auch bei Unternehmern unangemessen (BGH NJW 1991, 2631). Eine Transportversicherung ist in allgemeinen Geschäftsbedingungen nur auf Wunsch des Käufers, zulässig, sonst nach § 9 AGBG (heute § 307 BGB) unangemessen OLG Stuttgart NJW 95, 116 f.)

Formulierungsmuster gegenüber Verbraucher

Allgemeine Geschäftsbedingungen der ... GmbH, ... (Ort)

I. Anwendungsbereich
Die nachfolgenden allgemeinen Geschäftsbedingungen gelten ausschließlich für alle unsere Angebote, Lieferungen und Leistungen, auch für künftige Geschäfte mit Kunden, soweit nicht ausdrücklich anderes vereinbart wird. Abweichende Bestimmungen in Geschäftsbedingungen des Kunden kommen nur zur Anwendung, soweit wir deren Geltung ausdrücklich schriftlich zugestimmt haben.

II. Angebote und Aufträge, Rücktritt
1. Unsere Angebote sind freibleibend und wie Katalogangaben, Abbildungen und Beschreibungen unverbindlich, sie beinhalten insbesondere keine Beschaffenheits- und Haltbarkeitsgarantien. Der Mindestbestellwert für einen Auftrag beträgt 100 EUR netto. Mit schriftlicher Auftragsbestätigung oder Ausführung der Lieferung oder Leistung gilt ein Auftrag des Kunden als angenommen.
2. Werden uns nach Vertragsschluss Umstände des Kunden bekannt, die geeignet sind, unsere Forderungen zu gefährden, sind wir zum Rücktritt vom Vertrag berechtigt, wenn eine von uns zuvor gesetzte angemessene Frist fruchtlos verstrichen ist.
3. Der Kunde ist ohne besondere Veranlassung aufgrund gesetzlicher Bestimmungen nicht zum Rücktritt vom Vertrag berechtigt und trägt unsere Kosten für unberechtigte Retouren in Höhe von pauschal 75 EUR. Dem Kunden bleibt der Nachweis vorbehalten, dass uns kein oder ein wesentlich niedrigerer Schaden deswegen entstanden ist.

III. Preise, Zahlungsbedingungen, Zurückbehaltung, Aufrechnung
1. Unsere Preise sind Nettopreise ab Versandort zuzüglich Verpackung, Fracht und der jeweils geltenden gesetzlichen Umsatzsteuer.

2. Es gelten die Preise unserer allgemeinen Preisliste zum Zeitpunkt der Lieferung. Unsere Rechnungen sind sofort fällig. Bei Zahlungseingang bzw. Gutschrift auf einem unserer angegebenen Geschäftskonten innerhalb von 10 Tagen nach Rechnungsdatum gewähren wir 2 % Skonto.
3. Der Kunde ist zur Aufrechnung nur berechtigt, wenn die Gegenforderungen unbestritten oder rechtskräftig festgestellt sind. Die Zurückbehaltung wegen Ansprüchen außerhalb des betreffenden Vertragsverhältnisses ist ausgeschlossen.

IV. Lieferung, Lieferzeiten
1. Eine schriftlich zugesagte Lieferfrist beginnt mit der Absendung der Auftragsbestätigung, nicht jedoch vor Ablauf der Widerrufs- oder Rückgabefrist nach §§ 355 Abs. 1 und 2, 356 BGB. Sie ist eingehalten, wenn bis zu ihrem Ablauf die Versandbereitschaft mitgeteilt ist oder die Ware den Versandort verlassen hat. Sie verlängert sich bei Maßnahmen im Rahmen von Arbeitskämpfen, insbesondere Streik und Aussperrung sowie beim Eintritt unvorhergesehener Hindernisse, die außerhalb unseres Einflusses liegen, z. B. Betriebsstörungen, Verzögerungen in der Anlieferung wesentlicher Materialien, soweit solche Hindernisse nachweislich auf die Lieferung der Ware von erheblichem Einfluss sind, entsprechend der Dauer derartiger Maßnahmen und Hindernisse. Dies gilt auch, wenn die Umstände bei Unterlieferern eintreten. Die vorbezeichneten Umstände sind auch dann nicht von uns zu vertreten, wenn sie während eines bereits vorliegenden Verzuges entstehen. Beginn und Ende derartiger Hindernisse werden dem Kunden baldmöglichst mitgeteilt.
2. Teillieferungen sind innerhalb der von uns angegebenen Lieferfristen zulässig, soweit sich Nachteile für den Gebrauch daraus nicht ergeben.
3. Konstruktions-, Form- oder sonstige Änderungen, die auf die Verbesserung der Technik bzw. auf Forderungen des Gesetzgebers zurückzuführen sind, bleiben während der Lieferzeit vorbehalten, sofern die Ware dadurch nicht erheblich geändert wird und die Änderungen für den Kunden zumutbar sind.
4. Die nach gesetzlichen Vorschriften notwendigen Einweisungen nehmen wir nach Abstimmung mit dem Kunden vor.

V. Abnahme und Gefahrübergang

1. Der Kunde ist verpflichtet, die Ware innerhalb von 10 Tagen nach Zugang der Bereitstellungsanzeige oder sonstiger Mitteilung von der Fertigstellung am Übergabeort zu prüfen und abzunehmen.
2. Bleibt der Kunde mit der Abnahme der Ware länger als 10 Tage ab Zugang der Bereitstellungsanzeige vorsätzlich oder grob fahrlässig im Rückstand, so sind wir nach Setzung einer Nachfrist von weiteren 10 Tagen berechtigt, vom Vertrag zurückzutreten und Schadensersatz zu verlangen. Der Setzung einer Nachfrist bedarf es nicht, wenn der Kunde die Abnahme ernsthaft oder endgültig verweigert oder offenkundig auch innerhalb dieser Zeit zur Zahlung des Kaufpreises nicht imstande ist.
3. Erklärt der Kunde, er werde die Ware nicht abnehmen, so geht die Gefahr eines zufälligen Untergangs oder einer zufälligen Verschlechterung der Ware im Zeitpunkt der Verweigerung über, spätestens jedoch nach den gesetzlichen Bestimmungen.
4. Eine Versendung der Ware erfolgt auf Wunsch, Kosten und Gefahr des Kunden. Die Wahl der Versandart erfolgt nach unserem Ermessen.

VI. Eigentumsvorbehalt

1. Wir behalten uns das Eigentum an den Liefergegenständen bis zur Zahlung vor.
2. Bei vertragswidrigem Verhalten des Kunden, insbesondere bei Zahlungsverzug, sind wir zur Rücknahme nach Mahnung berechtigt und der Kunde ist zur Herausgabe verpflichtet.
3. Die Geltendmachung des Eigentumsvorbehaltes sowie die Pfändung der Liefergegenstände durch uns gelten nicht als Rücktritt vom Vertrag, sofern dies nicht ausdrücklich durch uns schriftlich erklärt wird.
4. Der Kunde ist berechtigt, die Liefergegenstände im ordentlichen Geschäftsgang weiterzuverkaufen; er tritt uns jedoch bereits jetzt alle Forderungen in Höhe des zwischen uns und dem Kunden vereinbarten Kaufpreises (einschließlich Mehrwertsteuer) ab, die dem Kunden aus der Weiterveräußerung erwachsen, und zwar unabhängig davon, ob die Liefergegenstände ohne oder nach Bearbeitung weiterverkauft werden. Zur Einziehung dieser Forderungen ist der Kunde nach deren Abtretung ermächtigt, solange er nicht zahlungsunfähig, im Verzug mit Zahlungen oder unsere Befriedigung sonst nicht gefährdet ist. Unbeschadet unserer Befugnis, die Forderungen selbst einzuziehen, verpflichten wir uns, so-

lange die Forderungen nicht einzuziehen. Andernfalls können wir auch verlangen, dass der Kunde die abgetretenen Forderungen und deren Schuldner bekanntgibt, alle zum Einzug erforderlichen Angaben macht, die dazugehörigen Unterlagen aushändigt und den Schuldnern (Dritten) die Abtretung mitteilt. Noch nicht weitergelieferte Ware ist uns in diesem Fall auf Verlangen fracht- und spesenfrei herauszugeben, aufgrund hiermit erteilter Einwilligung des Kunden sind wir zur Wegnahme und zur Verwertung durch Versteigerung oder freihändigen Verkauf durch eine von der Industrie- und Handelskammer bestimmte Person und Verrechnung des Erlöses auf den Nettopreis befugt.

4. Alternativ: Die Weiterveräußerung ist nur Wiederverkäufern im ordentlichen Geschäftsgang und nur unter der Bedingung gestattet, dass die Zahlung des Gegenwerts an uns erfolgt. Der Kunde hat mit seinem Abnehmer in diesem Fall auch zu vereinbaren, dass erst mit dieser Zahlung der Abnehmer das Eigentum erwirbt. Im Fall der Weiterveräußerung tritt der Kunde uns jedoch bereits jetzt alle Forderungen in Höhe des zwischen uns und dem Kunden vereinbarten Kaufpreises (einschließlich Mehrwertsteuer) ab, die dem Kunden aus der Weiterveräußerung erwachsen, und zwar unabhängig davon, ob die Liefergegenstände ohne oder nach Bearbeitung weiterverkauft werden. Zur Einziehung dieser Forderungen ist der Kunde nach deren Abtretung solange bevollmächtigt, wie er nicht zahlungsunfähig, im Verzug mit Zahlungen oder unsere Befriedigung sonst nicht gefährdet ist. Unbeschadet unserer Befugnis, die Forderungen selbst einzuziehen, verpflichten wir uns, solange die Forderungen nicht einzuziehen. Andernfalls können wir auch verlangen, dass der Kunde die abgetretenen Forderungen und deren Schuldner bekanntgibt, alle zum Einzug erforderlichen Angaben macht, die dazugehörigen Unterlagen aushändigt und den Schuldnern (Dritten) die Abtretung mitteilt. Noch nicht weitergelieferte Ware ist uns in diesem Fall auf Verlangen fracht- und spesenfrei herauszugeben, aufgrund hiermit erteilter Einwilligung des Kunden sind wir zur Wegnahme und zur Verwertung durch Versteigerung oder freihändigen Verkauf durch eine von der Industrie- und Handelskammer bestimmte Person und Verrechnung des Erlöses auf den Nettopreis befugt.

5. Eine Verarbeitung oder Umbildung der Waren durch den Kunden wird stets für uns vorgenommen. Werden die Waren mit anderen, uns nicht gehörenden Gegenständen verarbeitet, so erwerben wir das Miteigentum

an der neuen Sache im Verhältnis des Wertes der Waren zu den anderen verarbeiteten Gegenständen zur Zeit der Verarbeitung.

6. Werden die Waren mit anderen, uns nicht gehörenden Gegenständen untrennbar vermischt, so erwerben wir das Miteigentum an der neuen Sache im Verhältnis des Wertes der Waren zu den anderen vermischten Gegenständen. Der Vertragspartner verwahrt das Miteigentum für uns.

7. Der Kunde darf Waren weder verpfänden, noch zur Sicherung übereignen. Bei Pfändungen sowie Beschlagnahmen oder sonstigen Verfügungen durch Dritte hat der Kunde uns unverzüglich davon zu benachrichtigen und uns alle Auskünfte und Unterlagen zur Verfügung zu stellen, die zur Wahrung unserer Rechte erforderlich sind. Vollstreckungsbeamte bzw. Dritte sind auf unser Eigentum hinzuweisen.

8. Wir verpflichten uns, die uns zustehenden Sicherheiten insoweit auf Verlangen des Kunden freizugeben, als ihr Wert die zu sichernden Forderungen, soweit diese noch nicht beglichen sind, um mehr als 20 % übersteigt.

VII. Gebrauchsüberlassung

1. Werden dem Kunden vertragsgemäß Geräte zum Gebrauch überlassen, ohne dass ein Verkauf vereinbart ist, ist der Kunde verpflichtet, das Gerät bei Ablauf der Vertragsdauer in dem Zustand zurückzugeben, in dem sich das Gerät bei Beginn des Vertragsverhältnisses befand. Mit der Überlassung des Geräts erhält der Kunde eine Beschreibung des Gerätezustands im Sinne des § 536 b BGB. Die Weiterbenutzung der Geräte über das Vertragsende hinaus bewirkt keine Verlängerung des Gebrauchsüberlassungsvertrages.

2. Der Kunde ist ohne unsere Zustimmung nicht berechtigt, ein zum Gebrauch überlassenes Gerät Dritten zur Ausübung des bestimmungsgemäßen Gebrauchs weiterzuleiten.

3. Der Kunde haftet bei Beschädigung der überlassenen Geräte für die Reparaturkosten, bei Totalschaden und Verlust für den Wiederbeschaffungswert, es sei denn, ihn trifft kein Verschulden.

4. Unbeschadet Ziffer VIII. 4 haften wir nicht für den mit dem Gebrauch des überlassenen Geräts bezweckten medizinischen Erfolg.

5. Im Falle von Maßnahmen Dritter gilt Ziffer VI. 7 Satz 2 entsprechend.

VIII. Gewährleistung und Haftung

1. Für die Mangelfreiheit unserer gebrauchten Waren leisten wir Gewähr für den Zeitraum von einem Jahr ab Gefahrübergang. Die gelieferte Ware gilt als genehmigt, wenn offensichtliche Mängel nicht innerhalb von 10 Werktagen, sonstige Mängel nicht innerhalb von einem Jahr gerügt werden. Im Falle von Ziffer VII. 1. sind Ansprüche wegen Mängeln der überlassenen Geräte ausgeschlossen. § 536 d BGB und nachfolgende Ziffer 4. bleiben unberührt.

2. Im Falle von Beanstandungen hat uns der Kunde Gelegenheit zu geben, uns vom Vorliegen des Mangels zu überzeugen, insbesondere uns auf Verlangen die beanstandete Ware oder Proben davon zur Verfügung zu stellen. Bei berechtigter fristgerechter Beanstandung hat der Kunde zunächst unter angemessener Wahrung seiner Interessen nur Anspruch auf Nacherfüllung. Sind für den Kunden weitere Nacherfüllungsversuche unzumutbar, so kann der Kunde anstelle dessen Rückgängigmachung des Vertrages oder Minderung der Vergütung verlangen, nicht aber Schadensersatz.

3. Natürlicher Verschleiß ist kein Gewährleistungsfall. Die Produkte sind, wenn nicht anders gekennzeichnet, zum Einmalgebrauch bestimmt und vor ihrer Anwendung an Dritten auf Funktionssicherheit und ordnungsgemäßen Zustand vom Kunden zu prüfen. Wiederaufbereitung und -verwendung wird nicht empfohlen. Zeigen sich im Falle von Ziffer VII. 1. Mängel, werden wir versuchen, die überlassenen Geräte zu ersetzen oder instandzusetzen. Ziffern VII. 5. gilt entsprechend.

4. Wegen weitergehender Ansprüche und Rechte haften wir für Schäden, die nicht auf der Verletzung des Lebens, des Körpers oder der Gesundheit beruhen, im Falle einer lediglich (nicht grob-) fahrlässigen Pflichtverletzung durch uns oder unsere Erfüllungsgehilfen nur, soweit sie vertragstypisch und vorhersehbar sind. Wir haften allerdings uneingeschränkt, wenn und soweit eingetretene Schäden durch unsere Betriebshaftpflichtversicherung oder eine sonstige Versicherung gedeckt sind.

IX. Vertragsdauer und Kündigung bei Dauerverträgen

1. Dauerverträge beginnen mit Unterzeichnung und gelten für die Dauer eines Jahres, soweit nichts anderes vereinbart ist. Erklärt nicht eine der Parteien der anderen spätestens 3 Monate vor Ablauf des Vertrages schriftlich die Kündigung, verlängern sich solche Verträge je um ein wei-

teres Jahr, ohne dass es hierzu einer besonderen Erklärung bedarf. Uns steht auch in diesen Fällen ein ordentliches Kündigungsrecht mit einer Frist von 3 Monaten zu.

2. Die außerordentliche Kündigung ohne Einhaltung einer Frist aus wichtigem Grund bleibt vorbehalten. Als wichtiger Grund gilt für uns unter anderem die Anmeldung des Insolvenzverfahrens über oder die Zwangsvollstreckung in das Vermögen des Kunden, die Beschlagnahme unserer Ware durch Dritte (Ziffer VI. 7) sowie Zahlungsverzug des Kunden von mehr als einem Monat. Letzteres gilt im Falle von Ziffer III. 3 nur, wenn ein Einziehungsauftrag widerrufen oder nicht ausgeführt wird oder keine Einziehungsermächtigung erteilt wird.

X. Erfüllungsort, Rechtswahl
1. Erfüllungsort ist der jeweilige Ort, von dem aus die Ware versandt wird.
2. Es gilt ausschließlich deutsches Recht unter Ausschluss der Gesetze über den internationalen Kauf beweglicher Sachen, auch wenn der Kunde seinen Sitz im Ausland hat.

XI. Sonstiges
1. Übertragungen von Rechten und Pflichten des Kunden aus dem mit uns geschlossenen Vertrag bedürfen zu ihrer Wirksamkeit unserer schriftlichen Zustimmung.
2. Sollte eine Bestimmung nichtig sein oder werden, so bleibt die Gültigkeit der anderen Bestimmungen hiervon unberührt.

Stand: (Datum)

Klauseln, wonach **nach** Vertragsschluss getroffene mündliche Vereinbarungen ohne schriftliche Bestätigung unwirksam seien, sind ihrerseits nach § 307 Abs. 2 Nr. 1 BGB nichtig.

Aus der Rechtsprechung

Der Hinweis auf einem Preisschild „Sonderangebot! Verkauf unter Ausschluss der Gewährleistung" ist eine allgemeine Geschäftsbedingung und beim Verkauf neuer Sachen unwirksam (OLG Düsseldorf, NJW-RR 1997,1147).

Vermeiden Sie unbedingt kritische AGB-Klauseln

Da die Klauseln trotz Hinweis durch den Verwender nicht immer durch den anderen Teil aufmerksam genug studiert werden oder diesem die Bedeutung zunächst unklar bleibt, sollen durch die Regelungen des Rechts der allgemeinen Geschäftsbedingungen im BGB allzu negative Abweichungen von der eigentlichen Gesetzes- und Rechtslage verhindert werden. Deshalb sind nach dem AGB-Gesetz bestimmte Klauseln unwirksam und können nicht wirksam vereinbart werden.

Ihre Klauseln dürfen den Kunden nicht überraschen

Gemäß § 305c BGB sind solche Klauseln unwirksam, die nach den Umständen ungewöhnlich und daher überraschend sind. Die Ungewöhnlichkeit der Klausel bestimmt sich nach den Gesamtumständen. Überraschend sind Klauseln etwa bei einem Widerspruch zwischen dem Ergebnis der Vertragsverhandlungen und dem Inhalt des Vertrages, bei einer erheblichen Abweichung zur gewöhnlichen Rechtslage und bei einem Überrumpelungs- oder Übertölpelungseffekt.

Aus der Rechtsprechung

Überraschend ist ein Gerichtsstand ohne Bezug zum Hauptsitz oder Niederlassung des Verwenders (LG Konstanz BB 1983, 1372).
Überraschend ist Verzinsung des Kaufpreises seit einem vor dem Vertragsschluss liegenden Zeitpunkt (BGH NJW 1986, 1805).
Nicht überraschend ist der Selbstbelieferungsvorbehalt beim Kauf unter Unternehmern (BGH in BGHZ Band 92, 397).

Ihre Klauseln dürfen nicht gesetzlich verboten sein

Das Gesetz unterscheidet vom Prüfungsmaßstab ebenfalls zwischen der Verwendung von Klauseln gegenüber Verbrauchern und der Verwendung gegenüber Unternehmern. Gegenüber Unternehmern sind die Klauselverbote weniger streng, da der Gesetzgeber davon ausgeht, dass die Unternehmer mit dem Rechtsverkehr vertraut sind und daher die Bedeutung der verwendeten

Klauseln schneller überblicken und in Verhandlungen mit dem Vertragspartner stärker auf eine Abänderung hinwirken können. Außerdem kann ein Unternehmen gegebenenfalls schnell und kostengünstig auf eine Rechtsabteilung zurückgreifen und dadurch die Klauseln auf ihre Wirksamkeit und Bedeutung hin überprüfen lassen. Der Verbraucher wird sich eher scheuen, einen Rechtsanwalt mit der Prüfung zu beauftragen.

Absolut verbotene Klauseln

Absolut verboten sind Klauseln, die keine Abwägung oder Wertung mehr für den Richter bei einer Überprüfung zulassen, § 309 BGB.

Gesetzliche Grundlagen

§ 309 BGB — Klauselverbote ohne Wertungsmöglichkeit
Auch soweit eine Abweichung von den gesetzlichen Vorschriften zulässig ist, ist in Allgemeinen Geschäftsbedingungen unwirksam
1. (Kurzfristige Preiserhöhungen)
eine Bestimmung, welche die Erhöhung des Entgelts für Waren oder Leistungen vorsieht, die innerhalb von vier Monaten nach Vertragsschluss geliefert oder erbracht werden sollen; dies gilt nicht bei Waren oder Leistungen, die im Rahmen von Dauerschuldverhältnissen geliefert oder erbracht werden;
2. (Leistungsverweigerungsrechte)
eine Bestimmung, durch die
a) das Leistungsverweigerungsrecht, das dem Vertragspartner des Verwenders nach § 320 zusteht, ausgeschlossen oder eingeschränkt wird, oder
b) ein dem Vertragspartner des Verwenders zustehendes Zurückbehaltungsrecht, soweit es auf demselben Vertragsverhältnis beruht, ausgeschlossen oder eingeschränkt, insbesondere von der Anerkennung von Mängeln durch den Verwender abhängig gemacht wird;
3. (Aufrechnungsverbot)
eine Bestimmung, durch die dem Vertragspartner des Verwenders die Befugnis genommen wird, mit einer unbestrittenen oder rechtskräftig festgestellten Forderung aufzurechnen;

4. (Mahnung, Fristsetzung)

eine Bestimmung, durch die der Verwender von der gesetzlichen Obliegenheit freigestellt wird, den anderen Vertragsteil zu mahnen oder ihm eine Frist für die Leistung oder Nacherfüllung zu setzen;

5. (Pauschalierung von Schadensersatzansprüchen)

die Vereinbarung eines pauschalierten Anspruchs des Verwenders auf Schadensersatz oder Ersatz einer Wertminderung, wenn

a) die Pauschale den in den geregelten Fällen nach dem gewöhnlichen Lauf der Dinge zu erwartenden Schaden oder die gewöhnlich eintretende Wertminderung übersteigt, oder

b) dem anderen Vertragsteil nicht ausdrücklich der Nachweis gestattet wird, ein Schaden oder eine Wertminderung sei überhaupt nicht entstanden oder wesentlich niedriger als die Pauschale;

6. (Vertragsstrafe)

eine Bestimmung, durch die dem Verwender für den Fall der Nichtabnahme oder verspäteten Abnahme der Leistung, des Zahlungsverzugs oder für den Fall, dass der andere Vertragsteil sich vom Vertrag löst, Zahlung einer Vertragsstrafe versprochen wird;

7. (Haftungsausschluss bei Verletzung von Leben, Körper, Gesundheit und bei grobem Verschulden)

a) (Verletzung von Leben, Körper, Gesundheit)

ein Ausschluss oder eine Begrenzung der Haftung für Schäden aus der Verletzung des Lebens, des Körpers oder der Gesundheit, die auf einer fahrlässigen Pflichtverletzung des Verwenders oder einer vorsätzlichen oder fahrlässigen Pflichtverletzung eines gesetzlichen Vertreters oder Erfüllungsgehilfen des Verwenders beruhen;

b) (grobes Verschulden)

ein Ausschluss oder eine Begrenzung der Haftung für sonstige Schäden, die auf einer grob fahrlässigen Pflichtverletzung des Verwenders oder auf einer vorsätzlichen oder grob fahrlässigen Pflichtverletzung eines gesetzlichen Vertreters oder Erfüllungsgehilfen des Verwenders beruhen;

die Buchstaben a und b gelten nicht für Haftungsbeschränkungen in den nach Maßgabe des Personenbeförderungsgesetzes genehmigten Beförderungsbedingungen und Tarifvorschriften der Straßenbahnen, Obusse und Kraftfahrzeuge im Linienverkehr, soweit sie nicht zum Nachteil des Fahrgastes von der Verordnung über die Allgemeinen Beförderungsbedingungen für den Straßenbahn- und Obusverkehr sowie den Linienverkehr mit Kraftfahrzeugen vom 27. Februar 1970 abweichen; Buchstabe b gilt nicht für Haftungsbeschränkungen für staatlich genehmigte Lotterie- oder Ausspielverträge;

8. (Sonstige Haftungsausschlüsse bei Pflichtverletzung)

a) (Ausschluss des Rechts, sich vom Vertrag zu lösen)

eine Bestimmung, die bei einer vom Verwender zu vertretenden, nicht in einem Mangel der Kaufsache oder des Werks bestehenden Pflichtver- letzung das Recht des anderen Vertragsteils, sich vom Vertrag zu lösen, ausschließt oder einschränkt;

dies gilt nicht für die in der Nummer 7 bezeichneten Beförderungsbedin- gungen und Tarifvorschriften unter den dort genannten Voraussetzungen;

b) (Mängel)

eine Bestimmung, durch die bei Verträgen über Lieferungen neu herge- stellter Sachen und über Werkleistungen

aa) (Ausschluss und Verweisung auf Dritte)

die Ansprüche gegen den Verwender wegen eines Mangels insgesamt oder bezüglich einzelner Teile ausgeschlossen, auf die Einräumung von Ansprüchen gegen Dritte beschränkt oder von der vorherigen gerichtli- chen Inanspruchnahme Dritter abhängig gemacht werden;

bb) (Beschränkung auf Nacherfüllung)

die Ansprüche gegen den Verwender insgesamt oder bezüglich einzelner Teile auf ein Recht auf Nacherfüllung beschränkt werden, sofern dem ande- ren Vertragsteil nicht ausdrücklich das Recht vorbehalten wird, bei Fehlschla- gen der Nacherfüllung zu mindern oder, wenn nicht eine Bauleistung Gegen- stand der Mängelhaftung ist, nach seiner Wahl vom Vertrag zurückzutreten;

cc) (Aufwendungen bei Nacherfüllung)

die Verpflichtung des Verwenders ausgeschlossen oder beschränkt wird, die zum Zwecke der Nacherfüllung erforderlichen Aufwendungen, insbe- sondere Transport-, Wege-, Arbeits- und Materialkosten, zu tragen;

dd) (Vorenthalten der Nacherfüllung)

der Verwender die Nacherfüllung von der vorherigen Zahlung des voll- ständigen Entgelts oder eines unter Berücksichtigung des Mangels unver- hältnismäßig hohen Teils des Entgelts abhängig macht;

ee) (Ausschlussfrist für Mängelanzeige)

der Verwender dem anderen Vertragsteil für die Anzeige nicht offensicht- licher Mängel eine Ausschlussfrist setzt, die kürzer ist als die nach dem Doppelbuchstaben ff zulässige Frist;

ff) (Erleichterung der Verjährung)
die Verjährung von Ansprüchen gegen den Verwender wegen eines Mangels in den Fällen des § 438 Abs. 1 Nr. 2 und des § 634a Abs. 1 Nr. 2 erleichtert oder in den sonstigen Fällen eine weniger als ein Jahr betragende Verjährungsfrist ab dem gesetzlichen Verjährungsbeginn erreicht wird; dies gilt nicht für Verträge, in die Teil B der Verdingungsordnung für Bauleistungen insgesamt einbezogen ist;

9. (Laufzeit bei Dauerschuldverhältnissen)
bei einem Vertragsverhältnis, das die regelmäßige Lieferung von Waren oder die regelmäßige Erbringung von Dienst- oder Werkleistungen durch den Verwender zum Gegenstand hat,

a) eine den anderen Vertragsteil länger als zwei Jahre bindende Laufzeit des Vertrags,

b) eine den anderen Vertragsteil bindende stillschweigende Verlängerung des Vertragsverhältnisses um jeweils mehr als ein Jahr, oder

c) zu Lasten des anderen Vertragsteils eine längere Kündigungsfrist als drei Monate vor Ablauf der zunächst vorgesehenen oder stillschweigend verlängerten Vertragsdauer;

dies gilt nicht für Verträge über die Lieferung als zusammengehörig verkaufter Sachen, für Versicherungsverträge sowie für Verträge zwischen den Inhabern urheberrechtlicher Rechte und Ansprüche und Verwertungsgesellschaften im Sinne des Gesetzes über die Wahrnehmung von Urheberrechten und verwandten Schutzrechten;

10. (Wechsel des Vertragspartners)
eine Bestimmung, wonach bei Kauf-, Dienst- oder Werkverträgen ein Dritter anstelle des Verwenders in die sich aus dem Vertrag ergebenden Rechte und Pflichten eintritt oder eintreten kann, es sei denn, in der Bestimmung wird

a) der Dritte namentlich bezeichnet, oder

b) dem anderen Vertragsteil das Recht eingeräumt, sich vom Vertrag zu lösen;

11. (Haftung des Abschlussvertreters)
eine Bestimmung, durch die der Verwender einem Vertreter, der den Vertrag für den anderen Vertragsteil abschließt,

a) ohne hierauf gerichtete ausdrückliche und gesonderte Erklärung eine eigene Haftung oder Einstandspflicht, oder

b) im Falle vollmachtsloser Vertretung eine über § 179 hinausgehende Haftung auferlegt;

12. (Beweislast)

eine Bestimmung, durch die der Verwender die Beweislast zum Nachteil des anderen Vertragsteils ändert, insbesondere indem er

a) diesem die Beweislast für Umstände auferlegt, die im Verantwortungsbereich des Verwenders liegen, oder

b) den anderen Vertragsteil bestimmte Tatsachen bestätigen lässt; Buchstabe b gilt nicht für Empfangsbekenntnisse, die gesondert unterschrieben oder mit einer gesonderten qualifizierten elektronischen Signatur versehen sind;

13. (Form von Anzeigen und Erklärungen)

eine Bestimmung, durch die Anzeigen oder Erklärungen, die dem Verwender oder einem Dritten gegenüber abzugeben sind, an eine strengere Form als die Schriftform oder an besondere Zugangserfordernisse gebunden

Aus der Rechtsprechung

Zugangsfiktion über Mahnungen, die den Verzug auslösen sollen, sind unwirksam (OLG Stuttgart BB 1979, 909).

Die Bindung des Kunden an sein Angebot über 5 Tage ist unangemessen und damit unwirksam (LG Hamburg MMR 2013, 506).

Die Angabe „Voraussichtliche Versanddauer: 1—3 Tage" ist unwirksam (OLG Bremen MMR 2013, 36).

Bei der Haftung wegen Vorsatz und grober Fahrlässigkeit ist eine Begrenzung auf den Zeitwert des zerstörten oder abhandengekommenen Gegenstandes, auf den sich der Vertrag bezieht, unwirksam (BGH BB 2013, 2191).

Die Abkürzung von Gewährleistungsfristen ist unwirksam, wenn die gewährleistungsrechtlichen Schadensersatzansprüche nicht ausdrücklich ausgenommen sind (BGH NJW 2013, 2584).

Vertragsstrafepauschalen sind unwirksam, wenn sie den nach dem gewöhnlichen Lauf der Dinge zu erwartenden Schaden übersteigen (LG Köln, NJW-RR 2013, 250).

Bei allgemeinen Geschäftsbedingungen, die im Verkehr mit Unternehmen angewendet werden sollen, ist der Maßstab großzügiger, da § 309 BGB nach

§ 310 Abs. 1 BGB auf Unternehmer nicht unmittelbar Anwendung findet. Bei einem Verkauf gegenüber Unternehmern ist dies in eingeschränktem Umfang zulässig. So kann durch eine Klausel das Recht auf Minderung unter Belassung des Rechts auf Wandlung ausgeschlossen werden. Ferner kann im Handel mit Unternehmern durch eine entsprechende Vertragsbedingung der Käufer zunächst darauf verwiesen werden, seine Rechte bei einem Dritten geltend zu machen. Ihm muss dann allerdings die Möglichkeit erhalten bleiben, auf den Verkäufer zurückzugreifen zu dürfen. Daneben kann der Verkäufer sich durch AGB das Recht auf Nachbesserung einräumen lassen. Dabei muss allerdings ausdrücklich das Recht der Wandlung oder Minderung erhalten bleiben.

Unzulässig ist es auch im unternehmerischen Geschäftsverkehr, durch allgemeine Geschäftsbedingungen den Schadensersatzanspruch des Käufers wegen Fehlens einer zugesicherten Eigenschaft auszuschließen. Allerdings werden strengere Maßstäbe an das Vorliegen einer Zusicherung angelegt.

Relativ verbotene Klauseln

Demgegenüber enthält § 308 BGB Klauselverbote, die eine Wertungsmöglichkeit enthalten. Es ist also zunächst noch zu prüfen, ob die Klausel in der jeweiligen Ausgestaltung zulässig ist.

Gesetzliche Grundlagen

§ 308 BGB — Klauselverbote mit Wertungsmöglichkeit
In Allgemeinen Geschäftsbedingungen ist insbesondere unwirksam
1. (Annahme- und Leistungsfrist)
eine Bestimmung, durch die sich der Verwender unangemessen lange oder nicht hinreichend bestimmte Fristen für die Annahme oder Ablehnung eines Angebots oder die Erbringung einer Leistung vorbehält; ausgenommen hiervon ist der Vorbehalt, erst nach Ablauf der Widerrufs- oder Rückgabefrist nach § 355 Abs. 1 und 2 und § 356 zu leisten;
2. (Nachfrist)
eine Bestimmung, durch die sich der Verwender für die von ihm zu bewirkende Leistung abweichend von Rechtsvorschriften eine unangemessen lange oder nicht hinreichend bestimmte Nachfrist vorbehält;

3. (Rücktrittsvorbehalt)
die Vereinbarung eines Rechts des Verwenders, sich ohne sachlich gerechtfertigten und im Vertrag angegebenen Grund von seiner Leistungspflicht zu lösen; dies gilt nicht für Dauerschuldverhältnisse;

4. (Änderungsvorbehalt)
die Vereinbarung eines Rechts des Verwenders, die versprochene Leistung zu ändern oder von ihr abzuweichen, wenn nicht die Vereinbarung der Änderung oder Abweichung unter Berücksichtigung der Interessen des Verwenders für den anderen Vertragsteil zumutbar ist;

5. (Fingierte Erklärungen)
eine Bestimmung, wonach eine Erklärung des Vertragspartners des Verwenders bei Vornahme oder Unterlassung einer bestimmten Handlung als von ihm abgegeben oder nicht abgegeben gilt, es sei denn, dass
a) dem Vertragspartner eine angemessene Frist zur Abgabe einer ausdrücklichen Erklärung eingeräumt ist und
b) der Verwender sich verpflichtet, den Vertragspartner bei Beginn der Frist auf die vorgesehene Bedeutung seines Verhaltens besonders hinzuweisen;
dies gilt nicht für Verträge, in die Teil B der Verdingungsordnung für Bauleistungen insgesamt einbezogen ist;

6. (Fiktion des Zugangs)
eine Bestimmung, die vorsieht, dass eine Erklärung des Verwenders von besonderer Bedeutung dem anderen Vertragsteil als zugegangen gilt;

7. (Abwicklung von Verträgen)
eine Bestimmung, nach der der Verwender für den Fall, dass eine Vertragspartei vom Vertrag zurücktritt oder den Vertrag kündigt,
a) eine unangemessen hohe Vergütung für die Nutzung oder den Gebrauch einer Sache oder eines Rechts oder für erbrachte Leistungen oder
b) einen unangemessen hohen Ersatz von Aufwendungen verlangen kann;

8. (Nichtverfügbarkeit der Leistung)
die nach Nummer 3 zulässige Vereinbarung eines Vorbehalts des Verwenders, sich von der Verpflichtung zur Erfüllung des Vertrags bei Nichtverfügbarkeit der Leistung zu lösen, wenn sich der Verwender nicht verpflichtet,
a) den Vertragspartner unverzüglich über die Nichtverfügbarkeit zu informieren und
b) Gegenleistungen des Vertragspartners unverzüglich zu erstatten.

Soweit die betreffende Klausel nicht bereits wegen eines Verstoßes gegen §§ 308, 309 BGB unwirksam sind, sind sie noch am Maßstab des § 307 BGB zu prüfen. Diese Vorschrift stellt allgemeine Grundsätze auf, an denen die Klauseln zu messen sind.

Gesetzliche Grundlagen

§ 307 BGB — Inhaltskontrolle

(1) Bestimmungen in Allgemeinen Geschäftsbedingungen sind unwirksam, wenn sie den Vertragspartner des Verwenders entgegen den Geboten von Treu und Glauben unangemessen benachteiligen. Eine unangemessene Benachteiligung kann sich auch daraus ergeben, dass die Bestimmung nicht klar und verständlich ist.

(2) Eine unangemessene Benachteiligung ist im Zweifel anzunehmen, wenn eine Bestimmung

1. mit wesentlichen Grundgedanken der gesetzlichen Regelung, von der abgewichen wird, nicht zu vereinbaren ist, oder

2. wesentliche Rechte oder Pflichten, die sich aus der Natur des Vertrags ergeben, so einschränkt, dass die Erreichung des Vertragszwecks gefährdet ist.

(3) Die Absätze 1 und 2 sowie die §§ 308 und 309 gelten nur für Bestimmungen in Allgemeinen Geschäftsbedingungen, durch die von Rechtsvorschriften abweichende oder diese ergänzende Regelungen vereinbart werden. Andere Bestimmungen können nach Absatz 1 Satz 2 in Verbindung mit Absatz 1 Satz 1 unwirksam sein.

Eine unter Umständen fatale Fehlvorstellung ist, allgemeine Geschäftsbedingungen nur zur „Abschreckung" zu verwenden nach der Devise: „Wir wissen zwar, dass das falsch ist, aber nur ein Bruchteil der Kunden prüft das wirklich". Zum einen ist diese Einstellung wenig partnerschaftlich und daher wohl in Zeiten des Customer Relation Management (CMR) kurzsichtig. Aus rechtlicher Sicht knüpfen sich an verbotene Klauseln aber weitreichende Folgen:

- Es handelt sich nicht um eine „geltungserhaltende Reduktion", das heißt, die Regelung ist insgesamt unwirksam. Sie wird also nicht auf den zulässigen Teil beschränkt.

- Unzulässige Klauseln können die gesamte Regelung eines Punkts, z. B. die Haftung, infizieren, im Extremfall sind die gesamten allgemeinen Geschäftsbedingungen unwirksam.

- Sie haften auf den Schaden, den Ihr Kunde dadurch erleidet, dass er sich zu Unrecht von der Geltendmachung von Ansprüchen Ihnen gegenüber abhalten lässt.

Aus der Rechtsprechung

Unwirksame Klauseln in AGB verletzen die vorvertragliche Pflicht des Verwenders zur Rücksichtnahme gegenüber dem Kunden. Dies kann dazu führen, dass der Verwender verpflichtet ist, den Kunden so zu stellen, als sei es nicht zum Vertragsabschluss gekommen (OLG Köln, NJW-RR 95, 1333).

Verwenden Sie bereits allgemeine Geschäftsbedingungen, dann achten Sie darauf, die Änderungen, die sich aus der Schuldrechtsreform ab dem 1. Januar 2002 ergeben haben, einzuarbeiten:

Checkliste AGB-Überarbeitung	✓
Formulierungen klar und verständlich?	
Gewährleistungsfristen für neue Sachen gegenüber Verbrauchern nicht unter zwei Jahre verkürzt?	
Gewährleistungsfristen für neue Sachen gegenüber Unternehmern nicht unter ein Jahr verkürzt?	
Gewährleistungsfristen für gebrauchte Sachen gegenüber Verbrauchern nicht unter ein Jahr verkürzt?	
Gewährleistungsfristen für gebrauchte Sachen gegenüber Unternehmern ausgeschlossen?	
Keine unverzügliche Mängelanzeige bei nicht offensichtlichen Mängeln verlangt?	
Mängelanzeigefrist bei nicht offensichtlichen Mängeln auf maximal ein Jahr verkürzt?	
Aufwendungsersatz für Nacherfüllung (Transport, Wege-, Arbeits-, Materialkosten) nicht auf Kunden abgewälzt?	

Checkliste AGB-Überarbeitung	✓
Keine Beschränkung auf Nachbesserungsrecht, wenigstens Minderung bei fehlgeschlagener Nachbesserung vorbehalten?	
Begriff „Wandlung" durch „Recht zum Rücktritt" ersetzt?	
Kein Rücktritt ohne sachlichen Grund vorbehalten?	
Klauseln, die die Haftung für Körperschäden nur bei grober Fahrlässigkeit vorsehen, gestrichen?	
Bei Dauerschuldverhältnissen keine längere Bindung der Laufzeit als zwei Jahre?	
Bei Dauerschuldverhältnissen keine stillschweigende Verlängerung um mehr als ein Jahr?	
Bei Dauerschuldverhältnissen keine längere Kündigungsfrist als 3 Monate?	
Hinweis gegenüber Verbraucher beim Verbrauchsgüterkauf, dass er innerhalb von 30 Tagen nach Fälligkeit und Zugang der Rechnung in Verzug gerät?	
Keine geringeren Zinsen als die gesetzlichen (5 % über Basissatz bei Verbrauchern, 8 % über Basissatz bei Unternehmern)?	

Denken Sie daran: AGB sind nicht nur das typische „Kleingedruckte". Die vorstehenden Regeln gelten auch dann, wenn Sie häufiger gleichlautende Angebotstexte verwenden. Im Sinne des BGB sind allgemeine Geschäftsbedingungen alle für mehr als zwei Fälle vorformulierte und bei Vertragsschluss nicht im Einzelnen ausgehandelte Formulierungen. Dabei kommt es nicht darauf an,

- ob sie äußerlich von einem anderen (Haupt-)Dokument getrennt sind oder in der eigentlichen Vertragsurkunde enthalten sind,
- welchen Umfang sie haben (Kunde erteilt auf Ihrem Angebot handschriftlich den Auftrag),
- welche Schriftart verwendet wird (auch handschriftliche Formulierungen können AGB sein!),
- welche Form die Erklärungen haben (mündlich, Schriftform, Textform).

3.8 So strukturieren Sie mit Ihrem Angebot die spätere Auftragsabwicklung

Auf die folgenden Fragen werden Sie in diesem Abschnitt die richtigen Antworten erhalten:

Frage	Ja	Nein
Halten Sie Angebote für stets unverbindlich?		
Glauben Sie, vor Vertragsschluss können keine Rechtswirkungen entstehen?		
Halten Sie Ihre Angebote bisher immer möglichst kurz und knapp?		
Nutzen Sie allgemeine Geschäftsbedingungen?		

Denken Sie daran, dass Ihr Angebot ganz unterschiedliche Aufgaben zu erfüllen hat. Es ist

- Ihre Visitenkarte und Ihr Kompetenzausweis,
- Diskussions- und Verhandlungsgrundlage,
- Teil des späteren Auftrags.

Schreiben Sie Angebote deshalb nur, wenn Sie diese Anforderungen erfüllen wollen und können. Sonst sind sie für Sie zu aufwendig und führen nicht zu einem erfolgreichen Geschäft, weil Sie den Auftrag nicht erhalten oder den Auftrag zwar erhalten, das Geschäft aber mehr Probleme als Freude macht.

Natürlich hängt der Umfang des Angebots von Umfang und Tiefe des Auftrags ab. Die Grundstruktur ist jedoch immer dieselbe:

- Angebotsanschreiben mit Unterschrift

Formulierungsmuster

Ihre Anfrage vom ...
Unsere Angebotsnummer: ...
Abdichtarbeiten

Sehr geehrte Damen und Herren,
wir sind seit Jahren erfolgreich im Bereich Leckabdichtungen für Rohrleitungssysteme für viele namhafte Unternehmen der chemischen Industrie tätig. Durch unser Dichtsystem „XY" können ...
Hierzu bedienen wir uns bewährter Lieferanten, mit denen wir dauerhaft zusammenarbeiten und auf eine langjährige gemeinsame Erfahrung zurückblicken können.
Wir können Ihnen die angefragten Arbeiten daher ... durch unseren Betrieb in ... in Ihrer Nähe zum Preis von ... EUR/Stunde anbieten. Wir arbeiten dabei auf der Grundlage unserer allgemeinen Geschäftsbedingungen. Die Beendigung der Arbeiten können wir bei Auftragserteilung bis zum ... bis zum ... gewährleisten.
Sach- und fachgerechte Auftragsdurchführung sichern wir zu. Wir freuen uns auf Ihren Auftrag.

Mit freundlichen Grüßen
Unterschrift

- Im **technischen Teil** beschreiben Sie allgemein verständlich das angefragte Gesamtprojekt. Bei Vorgaben des Kunden halten Sie sich an diese. Hier muss alles enthalten sein, was beim Kunden den Ausschlag für Sie geben soll. Denken Sie daran, dass die anderen Teile von Entscheidern nicht oder nicht mehr vollständig gelesen werden:
  - Inhaltsverzeichnis
  - Einführung (Problemstellung, eigener Lösungsansatz, ggf. Vergleich zu Wettbewerbslösungen, typische Hindernisse oder Schwierigkeiten, konkretes Konzept)
  - Leistungs- und Lieferumfang (technische Beschreibung der Leistung, Dokumentation)
  - Auftragsdurchführung (Zeitplan, Projektteam, Materialbereitstellung, Test, Nachweise, Wartungsangaben, Logistik einschließlich Schulung)

- Spezifikation (technische Daten, Liste der notwendigen Abweichungen, insbesondere auch Zuverlässigkeitsberechnungen)
- Zusammenfassung (technische Zusammenfassung, Nutzwert für Kunden, Argumente für die besondere Eignung des Anbieters, Risikobewertung)
- Anhänge (Listen, Testergebnisse, Datenblätter etc.)

- Im **kaufmännischen Teil** nehmen Sie zum Leistungs- und Lieferumfang und den Preisen Stellung. Sie nehmen auf Ihre allgemeinen Geschäftsbedingungen Bezug:
  - Inhaltsverzeichnis
  - Einführung (Namen, Adressen, Kontakte, ggf. Organigramm, Zuständigkeiten, Daten)
  - Lieferliste/Leistungsprogramm (Waren, Maschinen, Arbeitsabläufe, Zeitpläne mit Liefer- bzw. Fertigstellungsdaten, Abnahme)
  - Kosten/Preise (Währung, in Listen je nach Transparenzgrad, geschlüsselt nach Kategorien, Kostenklauseln — cif, fob etc. —, ggf. Bindungsfristen)
  - Mittelabfluss
  - Zahlungsplan
  - Bedingungen (allgemeine Geschäftsbedingungen, Genehmigungen, Verhandlungsvollmachten)

- Im **Verfahrensteil** stellen Sie Ihren Betrieb, die Auftragsabwicklung, Ihre Kapazitäten, Ihren Materialeinsatz usw. dar:
  - Inhaltsverzeichnis
  - Eigene Betriebspräsentation (Struktur, Unternehmensbereiche, Mitarbeiter, Umsätze, Marktposition, Eignungshinweise, Referenzen)
  - Projektorganisation, -verfahren, -struktur (Was? Wann? Wer? Wie?)
  - Planung (Milestone, Netzplanung etc.)
  - Beistellung
  - Nachweise

- Im **alternativen Teil** schlagen Sie andere Lösungen für die Kundenprobleme vor, an die Ihr Kunde vielleicht nicht gedacht hat, die Ihnen aber als Fachmann bekannt sind. Diese Darstellung kommt natürlich nur infrage, wenn sich solche Alternativen auch tatsächlich anbieten.

Mit jedem Angebot werben Sie für Ihre Leistungsfähigkeit und Kompetenz. Deshalb sollten Sie Ihrem Kunden zeigen, was Sie für ihn tun können.

Das wird Ihnen nur gelingen, wenn Sie Ihr Know-how zur Lösung des Problems Ihres Kunden angemessen darstellen können. Bei der Formulierung müssen Sie darauf achten, von welchem Kenntnishorizont Sie bei Ihrem Kunden ausgehen können. Je geringer die Fachkenntnis des Kunden ist, desto höher ist der Darstellungsaufwand.

TIPP

Je klarer und verständlicher das Angebot für den Kunden ist, desto eher wird er Kontakt mit dem Anbieter aufnehmen.

Prüfen Sie Ihre Angebotstexte:

Checkliste Abgebotstext	✓
Sind Ihre Texte leicht lesbar?	
Haben Sie Grafiken benutzt, die leicht verständlich sind?	
Wird Ihr Kunde das Gefühl haben, Sie könnten sein Problem lösen?	
Wird Ihr Kunde das Gefühl haben, Ihre Lösungen sind für ihn sicher und risikofrei?	
Findet Ihr Kunde seine Anfrage direkt beantwortet?	
Kann sich Ihr Kunde von der Qualität Ihres Angebots überzeugen?	
Haben Sie Übertreibungen und unangemessene Selbstanpreisungen vermieden?	
Haben Sie „aktiv" formuliert? (Wer tut was, wann und wie?)	
Haben Sie kurze Sätze (< 25 Wörter) verwendet?	
Haben Vergleiche Bezüge? (… besser als was?)	
Haben Sie klare Begriffe verwendet? („sonstiges"?)	
Haben Sie Verallgemeinerungen vermieden?	
Haben Sie die Folgen nicht eingehaltener Spezifika berücksichtigt?	
Haben Sie für Bedingungen geregelt, was geschehen soll, wenn die Bedingung nicht eintritt?	
Haben Sie mögliche Varianten beschrieben?	

Für den ersten Eindruck gibt es keine zweite Chance! Weist Ihr Angebot bereits formal Mängel auf, müssen Sie damit rechnen, den Kunden nicht mehr von Ihrer Qualität überzeugen zu können. Das ist zwar nicht logisch. Denn Sie sind Fachmann für Ihre angebotene Leistung, kein Werbetexter. Trotzdem nimmt der Kunde Ihr Angebot als Ersatzindikator, wenn er Sie nicht bereits kennt.

TIPP

Ein Bild sagt mehr als 1000 Worte: Nutzen Sie Grafiken für Ihre Angebote, um Zusammenhänge darzustellen.

Zur Vermeidung kleiner, aber ärgerlicher Fehler nehmen Sie immer eine Endkontrolle vor!

Beantworten Sie mit Ihrem Angebot die Frage des Kunden, warum er Sie beauftragen soll

Ihr Angebot muss dazu führen, dass der Kunde Ihnen den Auftrag erteilt. All Ihr Tun bei der Angebotserstellung muss von diesem Gedanken geleitet sein.

Ihr Kunde will sich für Sie entscheiden. Deshalb fragt er Ihre Leistung an. Erleichtern Sie ihm diese Entscheidung, indem Sie

- Ihr Angebot klar gliedern,
- Schlüsselbegriffe herausstellen,
- Abschnitte zusammenfassen,
- Aussagen einfach halten,
- von Details entlasten.

Dann fühlt sich Ihr Kunde geführt. Stimmen die anderen Parameter, haben Sie gute Chancen, den Auftrag zu erhalten.

Abschließend noch ein Tipp: Erklären Sie Ihrem Kunden, welchen Nutzen Ihre Leistung für ihn hat. Das verbessert die Zahlungsmoral. Wer den Nutzen nicht richtig erkennt, hält die Leistung leicht für zu teuer.

4 Verhandlungen während der Angebotsphase

Bevor Sie in die Verhandlungen mit Ihrem Kunden eintreten, sollten Sie sich die folgenden Fragen stellen:

Frage	Ja	Nein
Kennen Sie etwas Persönliches von Ihrem Kunden?		
Wissen Sie, was Ihren Kunden am meisten interessiert?		
Wissen Sie, wann Ihr Kunde aufnahmebereit ist?		
Haben Sie alle Informationen zur Kundenanfrage parat?		
Haben Sie Angst, sich von Ihren Kunden in die Karten sehen zu lassen?		
Haben Sie Angst vor Kundeneinwänden?		
Haben Sie sich Argumentationshilfen gegen erwartbare Einwände zurechtgelegt?		
Hassen Sie die Preisverhandlung?		
Sind Sie von Ihrer Leistung begeistert?		
Wissen Sie, welche Chancen in einer Preisdiskussion stecken?		
Geben Sie Ihren Kunden Rabatte und Preisnachlässe?		
Halten Sie Verhandlungsergebnisse richtig fest?		
Kennen Sie die Bedeutung eines Letter of Intent wirklich?		
Führen Sie ein Verhandlungscontrolling durch?		

4.1 Richtige Vorbereitung sichert den Erfolg

Die Verhandlung ist das Kernstück des Vertragsabschlusses. Hier sind Vorfragen abgeklärt, jetzt geht es um das Konkrete. Sie ist die letzte Phase vor dem Abschluss und daher besonders wichtig. Sie müssen wissen,

- was Ihr Kunde will, und
- was Sie wollen.

Alles, was Sie hier nicht unterbringen, kann nicht Gegenstand des Vertrages werden. Planen Sie deshalb ausreichende Vorbereitungszeit ein. Prüfen Sie kritisch, ob Sie sich beim konkreten Kunden wirklich auf spontane Verhandlungen einlassen können.

● **TIPP**

Eine Verhandlung ohne gründliche Vorbereitung ist Zeitverschwendung: Nehmen Sie sich die Zeit zur Vorbereitung!

So bereiten Sie sich vor:

- Überlegen Sie, wie Sie Ihren Kunden emotional ansprechen können: Kennen Sie seine Hobbys?
- Sammeln Sie alle Dokumentationen und Unterlagen, die für den Abschluss von Bedeutung sind, so, dass Sie alles „griffbereit" haben. Der Kunde will Sie prüfen und sich von Ihnen und Ihrer Leistung überzeugen, sich ein „Bild" machen. Denken Sie daran: Für den ersten Eindruck gibt es keine zweite Chance!
- Stellen Sie einen „Spickzettel" mit möglichen und wahrscheinlichen Fragen Ihres Kunden zusammen und notieren Sie jeweils ein Antwortstichwort dazu. Das beeindruckt den Kunden, er fühlt sich von Ihnen verstanden und ernst genommen, gute Voraussetzungen für eine dauerhafte Partnerschaft.
- Machen Sie sich auch einen „Spickzettel" zu den stärksten Argumenten, damit sie Ihnen während der gesamten Verhandlung „ins Auge springen".
- Machen Sie einen Plan zum Verhandlungsablauf, so wie Sie ihn sich vorstellen. Das gibt Ihnen die Möglichkeit, den Aufbau Ihrer Präsentation zu strukturieren. Strukturierte Darstellungen vermitteln Kompetenz!
- Planen Sie die Verhandlungsdauer und werden Sie sich mit Ihrem Kunden darüber einig.
- Halten Sie auch Unterlagen zu Ihrem Unternehmen bereit, aus der sich die Werthaltigkeit Ihrer Leistung ableiten lässt.
- Vereinbaren Sie eine Zeit und einen Ort, die der Sache angemessen und dem Kunden angenehm sind. Schaffen Sie ein angemessenes Ambiente. „Holen" Sie Ihren Kunden ab.
- Prüfen Sie auch, ob Sie Ihrem Kunden weitere Leistungen im Umfeld der Anfrage anbieten können.

- Sammeln Sie möglichst Referenzen. Das sind Empfehlungen anderer, die überzeugen.
- Informieren Sie sich über den Wettbewerb und seine Konditionen. Darauf werden Sie eingehen müssen.

4.2 So läuft Ihre Verhandlung optimal

Es gibt einige „Spielregeln", die es wesentlich erleichtern, erfolgreiche Verhandlungen zu führen, wie Sie in diesem Abschnitt erfahren werden.

4.2.1 So schaffen Sie ein angenehmes Verhandlungsklima

Nutzen Sie den Verhandlungsbeginn, um Organisatorisches und Funktionelles abzuklären:

- Begrüßen Sie Ihren Kunden und danken Sie ihm für sein Interesse (Warm-up).
- Tauschen Sie Visitenkarten aus. Stellen Sie Ihre eigenen Kompetenzen dar und klären Sie die Kompetenzen Ihres Gesprächspartners.
- Stimmen Sie ab, ob Sie oder Ihr Kunde weitere Gesprächspartner hinzuziehen wollen.
- Erkundigen Sie sich danach, wie viel Zeit Ihr Kunde mitgebracht hat.
- Legen Sie fest, wie Sie die Ergebnisse Ihres Gesprächs festhalten wollen.
- Machen Sie — je nach veranschlagter Dauer — Vorschläge zu kleinen Pausen für Snacks oder eine Raucherpause und zum sonstigen Ablauf (Abendessen, Abreise, Taxi, Hotel etc.).
- Überreichen Sie keine Prospekte oder Ähnliches, das lenkt den Kunden ab. Schaffen Sie eine Atmosphäre, in der sich Ihr Kunde auf Sie konzentrieren kann.

4.2.2 Wahren Sie die Vertraulichkeit Ihres Kunden

Bei immer differenzierteren Prozessvorgängen verzahnen sich die Leistungsanteile der Lieferanten auf den verschiedenen Ebenen ihres Zusammenwirkens. Es lässt sich daher nicht immer vermeiden, den Kunden und auch dessen andere Lieferanten in die eigenen Karten schauen zu lassen. Es liegt auf der Hand, dass dies nicht nur zu einer gesteigerten Kalkulationstransparenz führen kann, sondern auch andere in die Lage versetzen, sich wertvolles Knowhow anzueignen, die weitere Anfragen bei Ihnen künftig überflüssig werden lassen können. Ihr Know-how ist Ihr Kapital, Ihr Geschäftsgeheimnis. Lässt es sich aufgrund der Art des Geschäfts nicht vermeiden, dass Sie Einblicke gewähren müssen, so sollten Sie Ihr Know-how schützen.

Geschäftsgeheimnisse sind bereits gesetzlich geschützt. Allerdings sind die Nachweise, was Geschäftsgeheimnisse sind, und wie sie ausgenutzt wurden, schwer zu führen. Besser ist es, alle an einem Leistungsprozess Beteiligten, darauf vertraglich zu verpflichten, das Know-how der anderen einseitig oder wechselseitig zu respektieren und nicht zu eigenen oder Zwecken Dritter zu nutzen. Lassen Sie sich Vertraulichkeitsvereinbarungen von Ihrem Kunden unterschreiben, bevor es losgeht. Ein Formulierungsmuster dazu finden Sie in Kapitel 3.

Da Sie in der Regel nicht nachweisen können, welchen konkreten Schaden Sie durch die Verwertung Ihres Know-how durch andere erleiden, können Sie sich durch die Vereinbarung eines pauschalen Schadensersatzes in Form einer Vertragsstrafe absichern.

● TIPP

Schützen Sie die unerlaubte Verwertung Ihrer Kenntnisse wirksam durch Vertragsstrafen, andernfalls sind Vertraulichkeitsvereinbarungen so gut wie wertlos.

In sensiblen Bereichen, in denen es etwa um Neuentwicklungen geht, die Sie im Rahmen des Auftrags erarbeiten sollen, muss ebenfalls geklärt werden, wem das entwickelte Know-how zustehen soll. Aus dem Vertrag kann sich sonst — gegebenenfalls durch Auslegung — ergeben, dass das Arbeitsergebnis, und damit das Know-how, dem Auftraggeber zusteht. Er könnte Ihnen also eine weitere Verwertung Ihrer gewonnenen Kenntnisse (für weitere Kunden) im schlimmsten Fall untersagen lassen.

> **● TIPP**
>
> Wenn Sie solche Vertragsstrafen regelmäßig vereinbaren, achten Sie auf die Einhaltung der Bestimmungen für Allgemeine Geschäftsbedingungen: Die pauschale Strafe darf den nach dem gewöhnlichen Verlauf der Dinge zu erwartenden Schaden der Höhe nach nicht übersteigen und Sie müssen Ihrem Vertragspartner ausdrücklich den Nachweis gestatten, dass Ihnen ein Schaden überhaupt nicht entstanden oder er wesentlich niedriger als die Pauschale ist.

Im normalen Geschäftsverkehr sind vertragsstrafebewehrte Vertraulichkeitsvereinbarungen nicht ungewöhnlich und werden von seriösen Kunden auch akzeptiert. Bei Auslandsgeschäften ist jedoch daran zu denken, dass ausländische Rechtsordnungen Vertragsstrafen häufig nicht kennen oder anerkennen. Hier müssen Sie auf die Vereinbarung deutschen Rechts bestehen (siehe Kapitel 7.1). Es kann aber aufgrund ausländischer kaufmännischer Gepflogenheiten zu überlegen sein, ob Sie diesen oder andere Wege der Know-how-Sicherung wählen. So können Vertragsstraferegelungen im asiatischen Raum vertrauenshindernd wirken und Sie aus dem Rennen werfen. Auch das kann aber in Kauf zu nehmen sein, wenn Sie ansonsten damit rechnen müssen, bald ausländische Konkurrenz durch Ihren Auftrag selbst „heranzuzüchten". Das Problem der Produktpiraterie ist auch im chinesischen Rechtsverkehr bekannt, dort wird nicht einmal Urheber- und Patentschutz gewährt, geschweige denn geringerer Schutzgrad beachtet.

4.2.3 So begegnen Sie effektiv Kundeneinwänden

Einwände Ihres Kunden sind eine willkommene Gelegenheit für Sie, Ihren Kunden ohne Aufdringlichkeit von der Qualität Ihres Angebots zu überzeugen. Sie zeigen, dass der Kunde sich „im Prinzip" für Ihr Produkt oder Ihre Leistung interessiert. Er setzt sich damit — wenn auch kritisch — auseinander, ein untrügliches Zeichen dafür, dass er „angebissen" hat. Betrachten Sie Kundeneinwände daher stets als gutes Zeichen.

Ihre Reaktion auf Kundeneinwände kann über den Geschäftserfolg entscheiden. Zeigen Sie Ihrem Kunden, dass Sie ihn (und seine Einwände) ernst nehmen, bauen Sie ein Vertrauensverhältnis auf oder vertiefen es. Signalisieren Sie Ihrerseits Ablehnung oder, dass Sie ungehalten sind, verschenken Sie eine gute Chance. Lassen Sie sich Zeit, bevor Sie antworten. Versuchen Sie — eventuell durch geeignete weiterführende Fragen — herauszufinden, wieso der Einwand für den Kunden von solcher Bedeutung ist. Handelt es sich um ein taktisches Manöver, etwa um in eine Preisdiskussion einzusteigen, wird der Kunde sich dabei verraten. Andernfalls können Sie sachlich reagieren: Entweder Sie müssen den Einwand bestätigen, können ihn aber relativieren. Oder Sie können damit zusammenhängende Vorteile ins rechte Licht rücken. Schließlich können Sie Einwänden auch dadurch begegnen, dass Sie die beanstandeten Wirkungen auf Laufzeiten beziehen, in andere Einheiten umrechnen oder sie gleichfalls in Zweifel ziehen. Wichtig ist nicht, dass Sie den Einwand ausräumen. Gelingt Ihnen dies: umso besser. Wichtig ist, im Gespräch zu bleiben.

4.2.4 Meistern Sie die Preisdiskussion!

Es gehört zu jeder Verhandlung, dass sich der Kunde nicht sofort auf Ihren Preis einlässt. Das wäre geradezu „unsportlich" und würde jeglichen kaufmännischen Gepflogenheiten widersprechen. Freuen Sie sich darauf: Die Preisverhandlung gibt Ihnen die ideale Gelegenheit, den Kunden vom Wert Ihres Angebots zu überzeugen. Würde der Kunde den Preis nicht ansprechen, wäre Ihr Angebot ohnehin zu billig.

> **● TIPP**
>
> Kommen Sie vom **Preis** auf den **Wert**. Je mehr Sie selbst vom Wert Ihrer Leistung überzeugt sind, desto leichter fällt Ihnen die Preisdiskussion. Sie können Sie dann nur gewinnen.

Die eigene Überzeugung vom Wert Ihrer Leistung führt dazu, dass Sie ein Wertbewusstsein gleich zu Beginn der Verhandlung aufbauen, gewissermaßen auf unterbewusster Ebene. Sie werden dann nämlich von vornherein die spezifischen Vorteile für den Kunden und die positiven Eigenschaften Ihres Produkts darstellen können. Ergebnis: Der Kunde wird den Preis eher akzeptieren, weil er ihn als angemessene Gegenleistung empfindet. Natürlich gibt es auch „Preiskämpfer", denen immer alles „zu teuer" ist. Aber für die gibt es gute Argumente.

Schützt der Kunde den Preis vor, ist er nur nicht überzeugt und begeistert: Also überzeugen und begeistern Sie ihn! 66 % aller Abschlüsse in der Industrie und 78 % im Konsum beruhen darauf.

Hier ein paar Tipps für die Preisverhandlungen:

- Lernen Sie, von Ihrer Leistung zu schwärmen. Wie soll der Kunde begeistert werden, wenn Sie es nicht sind? Verkaufen Sie sich selbst!
- Setzen Sie den Preis Ihrer Leistung ins Verhältnis, etwa zur besonderen Qualität. Beschreiben Sie, welche Prüfverfahren Sie anwenden, welchen Aufwand Sie treiben, um eine Bestleistung anbieten zu können.
- Stellen Sie den Nutzen für den Kunden heraus: Kosten einsparen, Gewinn steigern, Probleme lösen, Effizienz steigern, Wettbewerbsvorteile erringen, Innovation, Imagesteigerung, Verbesserung des Komforts, Sicherheit, Anschlussservice etc.
- Stellen Sie möglichst eine konkrete Wirtschaftlichkeitsberechnung an! Das überzeugt.
- Blicken Sie in die Zukunft und stellen Sie die Langfristigkeit der Investition heraus. Es rechnet sich für den Kunden, wenn er künftig Einsparungen erzielt, weniger Aufwand hat, Steuervorteile nutzen kann, von Preissteigerungen verschont bleibt.
- Vergleichen Sie den Preis mit dem einer Alltagsleistung, z. B. den Preis von Zigaretten oder Benzin. Vielleicht ergibt sich, dass Ihre Leistung nicht mehr kostet als fünf Zigaretten am Tag oder zwei Tankfüllungen in der Woche. Auch die Aufteilung in Basispreise und weitere Teilpreise kann helfen.
- Nach dem Grundsatz „divide et impera" können Sie den Gesamtpreis auf die Nutzungsdauer aufteilen.
  Beispiel: Ihre Maschine kostet 5.000 EUR und hat eine beabsichtigte und zu erwartende Nutzungsdauer von 5 Jahren. Dann kostet Sie pro Tag 2,74 EUR, das entspricht im Juni 2013 etwa 1,5 Litern Superbenzin. Angesichts dessen dürfte die Arbeitserleichterung durch die Maschine in eine überzeugende Relation gesetzt sein.
- Auch Warenproben führen zu einer schnelleren Akzeptanz höherer Preise. Sie kennen das von den Probefahrten der Autohäuser.

Hüten Sie sich jedoch in jedem Fall vor größeren Preisnachlässen. Sie verlieren dadurch an Glaubwürdigkeit. Der Kunde empfindet das als Ertappen bei dem Versuch, ihn „über den Tisch zu ziehen". Vielleicht nimmt er den Preis mit. Den Kunden werden Sie aber entweder verloren haben oder der Kunde wird keinen Ihrer künftigen Preise mehr akzeptieren, egal wie knapp Sie ihn auch kalkuliert haben mögen.

> **TIPP**
>
> **Keine Preisnachlässe ohne Gegenleistung!**

Rechnen Sie außerdem durch, ob und in welchem Umfang Sie sich Preisnachlässe wirklich leisten können: Bei einem Bruttogewinn von 25 % bedeutet ein Preisnachlass von 10 %, dass Sie Ihren Umsatz um mehr als 2/3 steigern müssten, um dasselbe Ergebnis zu erreichen. Ist das realistisch zu erreichen? Prüfen Sie, ob Sie stattdessen Alternativen bieten können:

- Vielleicht können Sie auf Staffelpreise ausweichen.
- Oder Sie können Zusatzleistungen „drauflegen".
- Können Komplett- oder Paketpreise angeboten werden?
- Kommen Sie Ihrem Kunden an anderer Stelle entgegen.
- Können Sie die Menge verringern oder Einzelleistungen streichen?

Aber bleiben Sie möglichst bei Ihrem Preis!

Wenn Sie Preisnachlässe ernsthaft in Betracht ziehen (müssen), müssen Sie die Frage nach der Gegenleistung stellen. Ihr Kunde unterstellt, dass Sie als seriöser Anbieter den ihm günstigsten Preis bereits angeboten haben. Wenn ihm der Nominalpreis wichtig ist, also welche Zahl schließlich im Vertrag erscheint, dann müssen die Bedingungen geändert werden.

Preisnachlässe kommen in Betracht gegen

- Vorauskasse
- kurzes Zahlungsziel (Skonto)
- Verlängerung der Lieferzeit
- Übernahme der Transportkosten
- Verkürzung der Gewährleistung

- Größeres Auftragsvolumen
- Folgeaufträge
- etc.

und selbst dann nie ungefragt! Denken Sie an die erforderlichen Ersatzumsätze!

Kann der Wettbewerber tatsächlich deutlich billiger anbieten, kann dies auch an der Qualität seiner Leistung liegen.

TIPP

Bestätigen Sie die Ergebnisse einer Preisverhandlung sofort!

4.2.5 So sichern Sie Ihre Verhandlungsergebnisse

Handelt es sich nicht nur um eine einfache Einkauf-/Verkauf-Situation, kann es nötig werden, die einzelnen Leistungsinhalte in technischer, kaufmännischer oder auch rechtlicher Hinsicht mit dem Kunden zusammen zu „erarbeiten". Nicht immer kennt der Kunde alle mit seiner Anfrage verbundenen Schritte und Leistungsteile.

Beispiel: Der Kunde, ein Automobilzulieferer, fragt bei der Joh. Schucht GmbH, einem Hersteller für Metallkomponenten ein Werkzeug an. Es dient der Vorbereitung von Bauteilen. Anhand der Beschreibung erkennt Herr Müller, technischer Vertriebsleiter bei Schucht, dass der Kunde von Annahmen ausgeht, die sich in der Werkzeugherstellung als problematisch erwiesen haben. Er setzt sich mit ihm in Verbindung, um die Konstruktion der Maschine zu besprechen. Der Kunde kennt das Problem, weshalb er mit der Joh. Schucht GmbH einen neuen Anbieter sucht, weil er glaubt, der bisherige Lieferant habe Materialprobleme. Es stellt sich heraus, dass es nicht an der Materialgüte liegt, sondern am Aufbau des Werkzeugs. Herr Müller freut sich, dass er den Kunden mit neuestem Know-how beraten kann. Allerdings erfordert die Konstruktion Änderungen, die mit einigem Aufwand verbunden sind, was dazu führt, dass der Preis des früheren Lieferanten so nicht gehalten werden kann. Weil der Kunde auf die Qualitätssicherheit der Joh. Schucht GmbH vertraut, lässt er sich überzeugen. Er steigt in die technische Verhandlung mit Herrn Müller ein, um das für beide Seiten optimale Ergebnis zu erreichen. Beide Parteien steuern ihre Erkenntnisse dazu bei.

Je umfangreicher der Leistungsinhalt ist, desto länger kann sich dieser Austauschprozess hinziehen. Umso wichtiger ist es für eine anschließende zutreffende Kalkulation, die einzelnen erzielten Übereinstimmungen festzuhalten, will man sich nicht in vielleicht technisch interessanten, aber unproduktiven, endlosen Diskussionen verstricken. Allein aus praktischen Gründen empfiehlt es sich deshalb, Einigungen über einzelne Punkte des Projekts zu fixieren.

Aber Achtung: Solche „Milestones" sind rechtlich nicht verbindlich. Denn, solange sich die Parteien nicht über sämtliche Punkte eines Vertrages geeinigt haben, über die eine Einigung herbeigeführt werden sollte, sind einzelne Punkte nicht verbindlich, auch wenn sie aufgezeichnet wurden, § 154 Abs. 1 Satz 2 BGB. Erst recht kommt dadurch noch kein Vertrag zustande. Jede Partei kann deshalb noch Änderungen, neue Vorschläge oder Rückzieher machen. Die Fixierung dient daher eher dem Ziel, das Gesamtprojekt „aufzubauen", als Erinnerungsstütze.

4.2.6 Verhandlungsprotokolle können wertvolle Hilfe leisten

Sie enthalten etwa, wer an einer Besprechung teilgenommen hat, wann die Besprechung begann und wann sie endete und, welche wesentlichen Probleme und Lösungsvorschläge diskutiert wurden. Das kann später für interne Zwecke von Vorteil sein, weil sich daraus häufig Daten und Fakten ergeben, die bei der Auftragsbearbeitung zu beachten sind. Sie sind aber später, wenn es etwa um die Auslegung nicht genügend bestimmter Vertragsformulierungen geht, als einseitige Aufzeichnung nur von eingeschränktem Wert. Denn sie geben allenfalls wieder, was der Protokollant verstanden hat, nicht aber, wie man sich geeinigt hat. Will man auch dies erreichen, kann man das Protokoll zur Gegenzeichnung an den Kunden schicken. Dadurch erreicht man Klarheit darüber, was die Parteien künftig ihren Verhandlungen zugrunde legen wollen. Allein die Tatsache, dass der Kunde nicht widerspricht, bedeutet allerdings kein Einverständnis mit dem Inhalt. Schweigen ist im Rechtsverkehr keine Willenserklärung!

TIPP

Verbindlich werden lassen kann man die Protokolle auch dadurch, dass man auf sie später im Angebot ausdrücklich Bezug nimmt. Hier können Sie bestimmen, welchen Inhalt Ihr Angebot haben soll. Ob es ohne Abzug angenommen wird, hängt dann von Ihrem Kunden ab.

Bei der Abschlussverhandlung paraphieren beide Partner häufig die gemeinsam getroffenen Feststellungen. Sie sind aber auch erst dann verbindlich, wenn auch die kaufmännischen und rechtlichen Bedingungen geklärt sind. Trotzdem bildet ein solches Protokoll die Grundlage für den Angebotstext.

Die Form des Protokolls ist selten entscheidend: Es kann als Verlaufsprotokoll verfasst werden oder als Ergebnisprotokoll.

Formulierungsmuster

Verlaufsprotokoll

Protokoll zur Verhandlung zum Projekt ...
vom ... (Datum)
Beginn: ... Uhr
Teilnehmer: seitens des Kunden Herr Dr. ..., Herr ..., von Müller GmbH Herr ..., Herr Dipl.-Ing. ... und Frau ...

Herr Dr. ... teilte die Unterlagen 06-3414C9 nebst Anlagen an die Anwesenden aus. Er stellte das Projekt anhand dessen im Einzelnen vor. Dabei betonte er besonders, dass für ihn die Lieferzeiteinhaltung und die Qualitätssicherungsmaßnahmen ausschlaggebend sein würden. In diesem Zusammenhang wies er auf die Probleme, die wir früher mit ... hatten hin und verlangte konkrete Vorschläge, wie wir dies künftig sicherstellen können. Er ließ dabei durchblicken, dass beabsichtigt sei, insoweit mit Pönalen zu arbeiten.
Sodann stellte Frau ... klar, dass wir in den letzten beiden Jahren ...

Ende: ... Uhr
ppa. Schmitz

Formulierungsmuster

Ergebnisprotokoll

Protokoll zur Verhandlung zum Projekt ...
vom ... (Datum)
Beginn: ... Uhr
Teilnehmer: seitens des Kunden Herr Dr. ..., Herr ..., von Müller GmbH Herr ..., Herr Dipl.-Ing. ... und Frau ...

Nach eingehender Erörterung der anstehenden Punkte einigten wir uns wie folgt:
Erstellung eines abschließenden Pflichtenheftes durch den Kunden bis zum ...
Prüfung des Pflichtenkatalogs durch uns bis zum ..., ggf. Mitteilung bei Bedenken
Gemeinsame Feststellung des Auftragsumfangs und des Zeitplans in Abstimmung mit Firma Meyer
...

Ende: ... Uhr
ppa. Schmitz

Auch wenn alle Einzelheiten ausverhandelt sind, wird ein Vertragsschluss häufig von (internen) Zustimmungserfordernissen (der Rechtsabteilung, des Finanzausschusses, des Beirates, der Geschäftsleitung usw.) abhängig gemacht. Fehlt es an dieser Unterschrift kommt der Vertrag nicht zustande.

TIPP

Klären Sie vor den Vertragsverhandlungen, wer bei Ihrem Kunden zeichnungsberechtigt ist! So vermeiden Sie später womöglich nervenaufreibende Nachverhandlungsrituale durch Vorschieben von internen und von Ihnen nicht überprüfbaren Unterschriften- und Vertretungsregeln.

Ist die Zustimmung eines Dritten tatsächlich erforderlich, können Sie dessen Bereitschaft, Klarheit zu schaffen, beschleunigen: Um dem Schlussprotokoll eine bindende Wirkung zu geben, können Sie es direkt mit einem Angebot verbinden, an das Sie sich eine bestimmte Zeit gebunden halten. Dann genügt die (formlose) Auftragserteilung innerhalb der Frist, um den Vertrag mit dem Inhalt des Schlussprotokolls zustande zu bringen.

4.2.7 Ein Letter of Intent (LoI) ist kein Angebot!

Viele Unternehmen, die einen angloamerikanischen Geschäftshintergrund haben, etwa, weil ihre Muttergesellschaft aus England stammt, verlangen sogenannte Letter of Intents. Hierbei handelt es sich um reine Absichtserklärungen ohne rechtliche Bindung. Allerdings können solche Schreiben Hinweise darauf enthalten, wie bestimmte Vertragsformulierungen später auszulegen sind. Je nach Formulierung können sie aber auch schon bindende Bestandteile von Verträgen haben, im Extremfall kann sich aus ihnen die Verpflichtung zum Abschluss eines späteren Vertrages zu den im LoI genannten Rahmenbedingungen ergeben. Dann hat er die Qualität eines Vorvertrages. Je konkreter von Ihnen Absichtserklärungen verlangt werden, umso eher drängt sich die Einholung anwaltlichen Rechtsrats auf.

Umgekehrt kann es sich aber für Sie anbieten, mit umfangreichen, arbeits- und kostenintensiven Vorarbeiten erst dann anzufangen, wenn Ihnen Ihr Auftraggeber seine ernsthafte Absicht erklärt hat, Ihnen den Auftrag auch tatsächlich zu erteilen. Kommt der Vertrag dann nicht zustande und weiß der Kunde um Ihre Dispositionen, können Sie Schadens- oder Aufwendungsersatzansprüche gegen Ihren Kunden haben. Auch in diesem Fall sollten Sie sich also anwaltlich beraten lassen, um sich wirksam zu sichern.

Aus der Rechtsprechung

Bis zum Vertragsschluss sind die Parteien in ihrer Entscheidung frei, auch wenn eine Partei schon Aufwendungen erbracht hat. Lässt sich aber aus einem Letter of Intent entnehmen, dass er fehlgeschlagene Aufwendungen bei einem Scheitern der Vertragsverhandlungen ersetzt, sind sie auszugleichen, wenn er mit ihnen rechnen musste, etwa für Bedarfsklärung (LG Stuttgart CR 2002, 644).

Ein Letter of Intent ist in der Regel die rechtlich nicht verbindliche Fixierung der Verhandlungsposition des Absender (LG Köln, Urteil vom 14.02.2007 — 26 O 33/07).

4.2.8 So lernen Sie aus Ihren Verhandlungen

Insbesondere bei Initiativangeboten, bei denen Sie nicht auf eine Kundenanfrage warten, sondern von sich aus Angebote unterbreiten, müssen Sie damit rechnen, zur falschen Zeit gekommen zu sein, sodass Sie nicht zum Abschluss kommen können. In diesem Fall kann sich Hartnäckigkeit aber auszahlen. Wiederholen Sie in lockerer Folge Ihre Bemühungen: Steter Tropfen höhlt den Stein!

Stellen Sie aber zuvor sicher, dass Ihr potenzieller Kunde auch an Ihren Leistungen interessiert ist, sonst können Ihre Bemühungen nicht fruchten. Ermitteln Sie in diesem Fall aber, woran das fehlende Interesse liegt. Ist der Kunde noch versorgt, so prüfen Sie, ob Sie Ihr Angebot hinsichtlich des angebotenen Sortiments ändern oder erweitern können oder warten Sie ab, bis Ihr Kunde wieder Bedarf hat.

Müssen Sie wegen etwa verlangter Lieferzeiten passen, stellt sich die Frage, ob davon der Auftrag insgesamt abhängen muss. Klären Sie mit dem Kunden unmittelbar, ob Sie dieses Manko nicht durch andere Vorteile ausgleichen können. Dazu lohnt sich in jedem Fall die unmittelbare Kontaktaufnahme.

Nicht selten entscheiden auch sogenannte „weiche Faktoren" über den Erhalt eines Auftrags. Persönliche Antipathie ist schwer zu überwinden. Oft fehlt es aber im Verkauf am Verständnis für die Position des Kunden. Verstanden fühlt sich Ihr Kunde immer, wenn er erkennt, dass Sie seine Problemlage kennen. Sie stellen einen „Draht" zu Ihrem Kunden her, wenn er feststellt, dass Sie den Auftrag aus seiner Sicht sehen. Spürt er dann noch, wie Sie selbst von Ihrem Produkt, Ihrer Leistung überzeugt, im Idealfall begeistert sind, so fasst er instinktiv Vertrauen zu Ihnen. Stehen dann nicht harte, unüberwindliche Fakten entgegen, wird der Einkäufer dazu neigen, lieber Ihnen den Auftrag zu geben als anderen, ein nicht zu unterschätzender Vorteil im Wettbewerb.

4.3 Top-Grundsätze für erfolgreiche Verhandlungen

Geschicktes Verhandeln ist nicht nur eine Frage der Begabung. Wer die folgenden Grundsätze beachtet, wird seine „Erfolgsquote" bei Verhandlungen erhöhen.

4.3.1 Wer fragt, der führt

Als Anbieter Ihrer Leistungen kennen Sie Ihre Leistungen am besten. Das verführt viele Anbieter dazu, ihre Sicht in den Vordergrund zu stellen. Es ist dann schon ein Glücksfall, wenn sie mit derjenigen des Kunden übereinstimmt, der schließlich den Auftrag erteilen soll. Also widmen Sie sich ganz der Kundensicht:

Abb. 24: Sich der Kundensicht widmen – zuhören und fragen

Die folgende Tabelle gibt Ihnen einen Überblick über verschiedene Fragearten, die Sie im Rahmen von Verhandlungen geschickt einsetzen können:

Fragearten	Beispiel
Information	Was halten Sie von unserem ....?
Alternativen	Brauchen Sie die große oder die kleine Variante?
Suggestivfragen	Sind Sie nicht auch der Meinung, dass ...?
Rhetorische Frage	Sie fragen nach dem Preis-Leistungsverhältnis?
Gegenfrage	Zu teuer im Vergleich wozu?

Fragearten	Beispiel
Stimmungsfrage	Wie kommen Sie an diese Detailkenntnisse?
Kontrollfrage	Stimmen wir darin überein, dass ....?

Erst wenn Sie ermittelt haben, was der Kunde will, können Sie Ihre Leistungsdarstellung darauf abstellen. Der Kunde spürt, Sie nehmen ihn ernst, Sie sind „auf seiner Seite". Er wird Sie wieder ansprechen.

4.3.2 Erkennen Sie die Abschluss-Signale Ihres Kunden

All Ihre Verhandlungsbemühungen müssen in den Verhandlungserfolg münden, den Abschluss des Geschäfts. Dazu gehört, Ihren Kunden zu einer Entscheidung zu bewegen. Will er sich „die Sache noch einmal überlegen", macht das unter Umständen den Aufwand der Verhandlung wieder zunichte. Deshalb müssen Sie erkennen, wann Sie Ihrem Kunden die entscheidende Frage stellen dürfen.

So steigern Sie den Abschlusswillen Ihres Kunden:

- Bringen Sie Ihren Kunden in Leistungsnähe.
- Kommen Sie Ihrem Kunden auch räumlich näher, aber geschickt beiläufig.
- Ziehen Sie einen Partner hinzu, um einzelne Punkte zu bestätigen.
- Provozieren Sie die Preisfrage.
- Provozieren Sie überhaupt Fragen, auf die Sie sich vorbereitet haben.

Nehmen Sie die Frage des Kunden: „Wann können Sie liefern?" in den Vertrag auf.

5   Das Angebot wird angenommen

Endlich! Sie haben es geschafft. Der Aufwand hat sich also doch gelohnt: Die heiß ersehnte Bestellung geht ein. Worüber Sie sich nun Gedanken machen sollten, haben wir in den folgenden Fragen formuliert:

Frage	Ja	Nein
Haben Sie geprüft, ob Angebot und Auftrag übereinstimmen?		
Wie verhalten Sie sich richtig, wenn Sie Abweichungen in der Bestellung feststellen?		
Müssen Sie, sofern sie in Bezug genommen wurden, den allgemeinen Geschäftsbedingungen Ihres Kunden widersprechen?		
Wie reagieren Sie auf „Vorabbestellungen"?		
Wer darf den Auftrag unterschreiben, wer muss unterschreiben?		
Wissen Sie, was Sie tun können, wenn Sie jetzt noch Fehler im Angebot feststellen?		
Sollten Sie den Auftrag immer bestätigen?		
Haben Sie Ihre Auftragsabwicklung standardisiert?		
Nehmen Sie eine Warenausgangsprüfung/Endabnahme vor?		

Mit dem Eingang der Bestellung nimmt Ihr Kunde Ihr Angebot an. Der Vertrag ist perfekt. Es kann an die Arbeit gehen. Jedenfalls, wenn die Bestellung rechtswirksam ist.

5.1   Ist die Bestellung auch wirksam?

Auch die Bestellung ist eine bindende Willenserklärung. Sie muss also

- bewusst abgegeben worden sein,
- ausdrücklich oder durch schlüssiges Verhalten zum Ausdruck kommen,
- bei Ihnen zugehen.

5.1.1   Stimmt die Bestellung mit Ihrem Angebot überein?

Nur wenn Angebot und Bestellung übereinstimmen, kommt es zu einem wirksamen Vertragsschluss. Deshalb prüfen Sie als erstes die Übereinstimmung:

- Hat der Auftraggeber schlicht auf Ihr Angebot Bezug genommen, ist die Sache klar: Sie haben den Auftrag.
- Hat der Auftraggeber auf Ihr Angebot Bezug genommen, aber noch Ergänzungen eingefügt, kommt es nicht zum Auftrag.
- Eine Annahme unter Erweiterungen, Einschränkungen oder sonstigen Änderungen gilt nach dem Gesetz als Ablehnung verbunden mit einem neuen Antrag.
- Hat der Auftraggeber auf Ihr Angebot mit Wiederholung der einzelnen Positionen Bezug genommen, müssen Sie sie überprüfen.

Dafür können Sie die folgende Checkliste verwenden:

Anfrage	Angebot	Bestellung	Bemerkungen
Liefermenge			
Leistungsbeschreibung			
Qualitäten			
Lieferzeit			
Allgemeine Geschäftsbedingungen			
Preis			
Verbindlichkeit			

Stellen Sie Abweichungen fest, ist der Vertrag grundsätzlich nicht geschlossen.

Offene oder versteckte Einigungsmängel

§ 154 BGB — Offener Einigungsmangel

(1) Haben sich die Parteien nicht über alle Punkte eines Vertrags geeinigt, ist der gesamte Vertrag im Zweifel nicht geschlossen. Das gilt auch für einzelne Punkte, über die man sich schon einig war, und auch dann, wenn sie schon schriftlich aufgezeichnet wurden.

> **§ 155 BGB — Versteckter Einigungsmangel**
> Haben sich die Parteien bei einem Vertrag, den sie als geschlossen ansehen, über einen Punkt, über den eine Vereinbarung getroffen werden sollte, in Wirklichkeit nicht geeinigt, so gilt das Vereinbarte, sofern anzunehmen ist, dass der Vertrag auch ohne eine Bestimmung über diesen Punkt geschlossen sein würde.

Sehen die Parteien einen Vertrag also als geschlossen an, haben sich aber in einem Punkt, über den eine Vereinbarung getroffen werden sollte, in Wirklichkeit nicht geeinigt, so gilt der Vertrag ohne diesen Punkt, es sei denn, daran sollte der Vertrag scheitern. Bei Mengen- oder Preisabweichungen ist zweifelhaft, ob der Vertrag zu den abweichenden Bedingungen zustande kommen soll. Deshalb nimmt das Gesetz hier die Entscheidung vorweg: Ein Vertrag kommt nicht zustande.

Was aber, wenn der Auftraggeber eigene allgemeine Geschäftsbedingungen zugrunde legen will? Hier haben Sie die Wahl:

- Sind Ihnen Ihre eigenen allgemeinen Geschäftsbedingungen nicht so wichtig und haben Sie Vorsorge gegen die Anwendung fremder allgemeiner Geschäftsbedingungen mit einer Abwehrklausel getroffen, können Sie den Vertrag als wirksam betrachten und mit der Auftragsdurchführung anfangen. Der Auftraggeber hat Ihre allgemeinen Geschäftsbedingungen ja schon zur Kenntnis genommen und weiß, dass Sie dessen Einkaufsbedingungen nicht anerkennen.
- Sind Ihre Klauseln aber unverzichtbar, können Sie vom Auftrag Abstand nehmen. Ein Vertrag kommt nicht zustande.

5.1.2 Welche Wirkungen haben „Vorabbestellungen"?

Aufgrund der Bindungsfristen von Angeboten, kann der Auftraggeber, insbesondere bei größeren Beschaffungsvorhaben, unter Zeitdruck geraten. Deswegen nimmt er oft schon Kontakt mit dem Anbieter auf, bevor die „offizielle" Bestellung fertig ist, etwa weil Unterschriftenregelungen noch einige Tage Zeit benötigen. Damit soll der Lieferant sich schon einmal auf den Auftrag vorbereiten können. Solche Erklärungen führen wie die endgültige Bestellung selbst zu einem verbindlichen Auftrag.

Manche Unternehmen versenden „Vorabbestellungen" ohne Bestellnummer und Unterschrift und dem Hinweis, dass diese nur in Verbindung mit einer mit Bestellnummer versehenen Bestellung verbindlich werden. In diesem Fall liegt noch keine Bestellung vor. Etwaige Vorbereitungshandlungen zur Auftragsdurchführungen unternehmen Sie dann auf eigenes Risiko.

5.1.3 Was, wenn ein Unbekannter die Bestellung unterschrieben hat?

In der Regel wird Ihr Kunde die Bestellung selbst unterschreiben. Damit kommt seine bewusste Erklärung zum Ausdruck, dass er Ihr Angebot annehmen und Ihre Leistung zu den ausgehandelten Bedingungen in Anspruch nehmen will.

Er kann sich bei seiner Auftragserteilung auch aber vertreten lassen. In diesem Fall, wird die Erklärung des Vertreters dem Auftraggeber zugerechnet.

Erklärungen eines Vertreters

Die Willenserklärung, die ein Vertreter für jemanden abgibt, gelten als vom Vertretenen selbst abgegeben, wenn der Vertreter die Erlaubnis dazu hatte und darauf hingewiesen hat, dass er für den Vertretenen spricht. Dieser Hinweis kann ausdrücklich erfolgen oder sich aus Umständen ergeben.

Hat der Vertreter nicht darauf hingewiesen, gilt die Willenserklärung als für ihn selbst abgegeben.

Willenserklärungen werden dem Vertretenen also zugerechnet, wenn sie

- in fremden Namen und
- mit Erlaubnis des Vertretenen

abgegeben werden.

Die Erlaubnis („Vertretungsmacht") kann sich ergeben aus

- Gesetz,
- Vertrag.

Eine gesetzliche Vertretung ist z. B. vorgeschrieben bei

- Minderjährigen, § 1629 BGB,
- einer GmbH, § 35 GmbH-Gesetz,
- eine Aktiengesellschaft, § 78 Aktien-Gesetz,
- einer offenen Handelsgesellschaft (OHG), § 125 HGB,
- einer Kommanditgesellschaft (KG), §§ 125, 170 HGB.

Gesetzliche Vertretungsfälle

Die **Eltern** vertreten das Kind gemeinschaftlich; ist eine Willenserklärung gegenüber dem Kind abzugeben, so genügt die Abgabe gegenüber einem Elternteil. Ein Elternteil vertritt das Kind allein, soweit er die elterliche Sorge allein ausübt oder ihm die Entscheidung übertragen ist. Bei Gefahr in Verzug ist jeder Elternteil dazu berechtigt, alle Rechtshandlungen vorzunehmen, die zum Wohl des Kindes notwendig sind; der andere Elternteil ist unverzüglich zu unterrichten. In bestimmten Fällen, können die Eltern das Kind aber nicht vertreten, etwa, wenn das Kind mit einem Elternteil ein Geschäft abschließen soll oder es um mündelsichere Forderungen geht.

Eine **GmbH** wird durch die Geschäftsführer gerichtlich und außergerichtlich vertreten. Sie geben ihre Erklärungen in der Form ab, die der Gesellschaftsvertrag bestimmt. Ist nichts darüber bestimmt, so muss die Erklärung und Zeichnung durch sämtliche Geschäftsführer erfolgen. Bei Erklärungen gegenüber der Gesellschaft genügt ein Geschäftsführer.

Aktiengesellschaften vertritt der Vorstand gerichtlich und außergerichtlich. Besteht der Vorstand aus mehreren Personen, so sind, wenn die Satzung nichts anderes bestimmt, sämtliche Vorstandsmitglieder nur gemeinschaftlich zur Vertretung der Gesellschaft befugt. Ist eine Willenserklärung gegenüber der Gesellschaft abzugeben, so genügt die Abgabe gegenüber einem Vorstandsmitglied. Die Satzung kann auch bestimmen, dass einzelne Vorstandsmitglieder allein oder in Gemeinschaft mit einem Prokuristen zur Vertretung der Gesellschaft befugt sind. Dasselbe kann der Aufsichtsrat bestimmen, wenn die Satzung ihn hierzu ermächtigt hat. Zur Gesamtvertretung befugte Vorstandsmitglieder können einzelne von ihnen zur Vornahme bestimmter Geschäfte oder bestimmter Arten von Geschäften ermächtigen. Dies gilt sinngemäß, wenn ein einzelnes Vorstandsmitglied in Gemeinschaft mit einem Prokuristen zur Vertretung der Gesellschaft befugt ist.

Zur Vertretung einer **OHG** ist jeder Gesellschafter ermächtigt, wenn er nicht durch den Gesellschaftsvertrag von der Vertretung ausgeschlossen ist. Darin kann auch bestimmt werden, dass alle oder mehrere Gesellschafter nur in Gemeinschaft zur Vertretung der Gesellschaft ermächtigt sein sollen (Gesamtvertretung). Ansonsten gilt dasselbe wie bei der AG Der Kommanditist ist zur Vertretung der **KG** nicht ermächtigt. Für den persönlich haftenden Gesellschafter (Komplementär) gilt dasselbe wie bei der OHG.
Bei einer **GmbH & Co. KG** ist der Geschäftsführer der GmbH vertretungsberechtigt.

Aber der Vertretene kann dem Vertreter auch vertraglich die Vertretung erlauben und ihm zum Nachweis eine Vollmacht erteilen, meist durch Arbeitsvertrag, wie z. B. dem Prokuristen.

Prokurist

Der Prokurist hat die weitest reichende Vertretungsmacht, da sie nicht mit Wirkung gegenüber Dritten beschränkt werden kann: Er darf im Außenverhältnis alle Rechtsgeschäfte vornehmen, soweit sie nicht den Betrieb als solchen betreffen oder sich auf die Veräußerung oder Belastung eines Grundstücks beziehen. Wegen dieser weitreichenden Wirkung ist die Erteilung der Prokura an enge Voraussetzungen gebunden. So darf nur der Inhaber des Handelsgewerbes persönlich die Prokura erteilen. Er muss dies ausdrücklich tun. Zudem muss die Prokura in das Handelsregister eingetragen werden. Oft wird vorsorglich nur Gesamtprokura eingeräumt, also die Vertretung nur zusammen mit jemand anderem erlaubt. Im Innenverhältnis kann der Unternehmer dem Prokuristen engere Grenzen setzen. Überschreitet er diese, haftet er hierfür, denn das Geschäft des Unternehmers mit dem Kunden ist nach außen wirksam und nicht wegen Überschreitung der Vertretungsmacht angreifbar.

Umfang der Prokura

§ 49 HGB — Umfang der Prokura
(1) Die Prokura ermächtigt zu allen Arten von gerichtlichen und außergerichtlichen Geschäften und Rechtshandlungen, die der Betrieb eines Handelsgewerbes mit sich bringt.

(2) Zur Veräußerung und Belastung von Grundstücken ist der Prokurist allerdings nur ermächtigt, wenn ihm diese Befugnis besonders erteilt ist.

Handlungsbevollmächtigter

Demgegenüber kann die Vertretungsmacht des Handlungsbevollmächtigten auf bestimmte Arten von Rechtsgeschäften auch im Außenverhältnis beschränkt werden. Kennt ein Dritter diese Beschränkungen oder müsste er sie kennen, so wird der Vertretene — also das Unternehmen — nicht verpflichtet. Zudem ist die Handlungsvollmacht vom Gesetz weiter beschränkt als die Prokura, da der Handlungsbevollmächtigte ohne besonders erteilte Befugnis, die über die gesetzlichen Bestimmungen hinausgehen, auch keine Wechselverbindlichkeiten eingehen und keine Darlehen aufnehmen darf. Er ist auch nicht zur Prozessführung berechtigt. Die Handlungsvollmacht kann formlos und auch stillschweigend erteilt werden.

Handlungsvollmacht

§ 54 HGB — Handlungsvollmacht

(1) Ist jemand ohne Erteilung der Prokura zum Betrieb eines Handelsgewerbes oder zur Vornahme einer bestimmten zu einem Handelsgewerbe gehörigen Art von Geschäften oder zur Vornahme einzelner zu einem Handelsgewerbe gehöriger Geschäfte ermächtigt, so erstreckt sich die Vollmacht (Handlungsvollmacht) auf alle Geschäfte und Rechtshandlungen, die der Betrieb eines derartigen Handelsgewerbes oder die Vornahme derartiger Geschäfte gewöhnlich mit sich bringt.

(2) Zur Veräußerung oder Belastung von Grundstücken, zur Eingehung von Wechselverbindlichkeiten, zur Aufnahme von Darlehen und zur Prozeßführung ist der Handlungsbevollmächtigte nur ermächtigt, wenn ihm eine solche Befugnis besonders erteilt ist.

(3) Sonstige Beschränkungen der Handlungsvollmacht braucht ein Dritter nur dann gegen sich gelten zu lassen, wenn er sie kannte oder kennen mußte.

Angestellter

Ein Angestellter wird regelmäßig bevollmächtigt, wenn ihm Aufgaben übertragen werden, deren ordnungsgemäße Erfüllung eine bestimmte Art von Vollmacht voraussetzt. Somit kommt es für die Reichweite der Vollmacht auf den Inhalt des zugewiesenen Aufgabenkreises an. Der Verkäufer ist daher grundsätzlich bevollmächtigt, Geschäfte zu schließen und dabei das Unternehmen, für das er arbeitet zu vertreten. Er zeichnet deswegen regelmäßig mit „Im Auftrag" und zeigt damit an, dass er das Geschäft nicht für sich persönlich schließen will.

Auch Angestellte im Laden oder Warenlager gelten gemäß § 56 HGB als ermächtigt, Verkäufe vorzunehmen, soweit diese in dem jeweiligen Geschäft gewöhnlich sind. Dazu gehören auch die Rechtsgeschäfte, die typischerweise zur Abwicklung der Verkäufe üblich sind. Das sind etwa die Entgegennahme von Mängelanzeigen, die Übereignung der gekauften Sache und die Vermittlung eines Verkaufs. § 56 HGB fingiert damit eine Vertretungsmacht bestimmter Angestellter, wenn sie nicht vorliegt. Im Übrigen kann Anscheins- und Duldungsvollmacht vorliegen!

Ladenangestellter

§ 56 HGB — Angestellte in Laden und Warenlager
Wer in einem Laden oder in einem offenen Warenlager angestellt ist, gilt als ermächtigt zu Verkäufen und Empfangnahmen, die in einem derartigen Laden oder Warenlager gewöhnlich geschehen.

Jeder Angestellte kann sein Unternehmen wirksam vertreten, soweit keine Beschränkungen bestehen und erkennbar sind. Gesetzliche Vertreter haben immer die Erlaubnis zur Vertretung.

Die Stellvertretung eines anderen ist nur wirksam, wenn man bei Vornahme eines Rechtsgeschäfts darauf hinweist oder sich das aus den Umständen ergibt, aus der Meldung am Telefon mit dem Unternehmensnamen, das Verwenden unternehmenstypischer Kleidung oder die persönliche Bekanntheit eines Vertreters.

5.1.4 Und wenn jemand unerlaubt unterschreibt?

Hat der Verkäufer ein Geschäft geschlossen, ohne Vertretungsmacht zu haben, so ist das Geschäft „in der Schwebe". Es kann noch von dem Vertretenen genehmigt werden, § 177 Abs. 1 BGB. Geschieht dies jedoch nicht, so haftet der Vertreter persönlich im Hinblick auf das Erfüllungsinteresse, § 179 Abs. 1 BGB, es sei denn, der andere wusste das, § 179 Abs. 3 BGB.

Da der Vertragspartner Klarheit haben muss, kann er den Vertretenen auffordern, sich dazu zu äußern. Die Genehmigung kann nur bis zum Ablauf von zwei Wochen nach dem Empfang der Aufforderung erklärt werden; wird sie nicht erklärt, so gilt sie als verweigert

Wird das Geschäft nicht genehmigt, kann sich der Vertragspartner aussuchen, ob er das Geschäft mit dem Vertreter gelten lassen oder Schadensersatz von ihm haben will. Das gilt natürlich nur, wenn der Vertreter wusste, dass er die Erlaubnis nicht hatte und der Vertragspartner das nicht wusste.

Vertragsschluss durch Vertreter ohne Vertretungsmacht

§ 179 BGB — Haftung des Vertreters ohne Vertretungsmacht
(1) Wer als Vertreter einen Vertrag geschlossen hat, ist, sofern er nicht seine Vertretungsmacht nachweist, dem anderen Teil nach dessen Wahl zur Erfüllung oder zum Schadensersatz verpflichtet, wenn der Vertretene die Genehmigung des Vertrags verweigert.
(2) Hat der Vertreter den Mangel der Vertretungsmacht nicht gekannt, so ist er nur zum Ersatz desjenigen Schadens verpflichtet, welchen der andere Teil dadurch erleidet, dass er auf die Vertretungsmacht vertraut, jedoch nicht über den Betrag des Interesses hinaus, welches der andere Teil an der Wirksamkeit des Vertrags hat.
(3) Der Vertreter haftet nicht, wenn der andere Teil den Mangel der Vertretungsmacht kannte oder kennen musste. Der Vertreter haftet auch dann nicht, wenn er in der Geschäftsfähigkeit beschränkt war, es sei denn, dass er mit Zustimmung seines gesetzlichen Vertreters gehandelt hat.

Die Genehmigung wird für den Handlungsgehilfen im Außendienst fingiert, wenn der Unternehmer nach Kenntnis vom Abschluss nicht sofort widerspricht, § 75 h HGB.

5.2 Irren ist menschlich

Ihre Angebotserklärungen sind verbindlich. Haben Sie sich bei Angebotsangaben vertan, haben Sie natürlich ein Interesse daran, an den irrtümlichen Angaben nicht festgehalten zu werden.

5.2.1 Können Sie das Versprochene ungeschehen machen?

Beispiel: Als Sie die Bestellung Ihres Kunden unter Bezugnahme auf Ihr Angebot erhalten, bemerken Sie, dass Sie den Preis nicht pro 100 Stück, sondern pro 1000 Stück angegeben haben. Ihr Angebotspreis betrug also gegenüber dem wirklichen Preis nur 1/10. Kein Wunder, dass Sie den Auftrag erhielten. Da konnte kein anderer Anbieter mithalten. Ihr Kunde will Sie am Preis festhalten und verweigert jede weitere Diskussion.

Hat jemand Worte, Zahlen oder Angaben benutzt, sich dabei aber unbewusst etwas anderes vorgestellt, will das Gesetz ihn daran nicht festhalten. Entscheidend ist nämlich nicht, was man sagt, sondern, was man will („Willenserklärung").

Auslegung von Willenserklärungen

§ 133 BGB — Auslegung einer Willenserklärung
Bei der Auslegung einer Willenserklärung ist der wirkliche Wille zu erforschen und nicht an dem buchstäblichen Sinne des Ausdrucks zu haften.

Weicht der wirkliche Wille vom Gesagten ab, kann man deshalb das Gesagte durch eine neue Erklärung anfechten, wenn man versehentlich einen falschen Begriff gewählt hat oder eigentlich etwas ganz anderes sagen wollte.

Anfechtung wegen Irrtums

§ 119 BGB — Anfechtbarkeit wegen Irrtums
(1) Wer bei der Abgabe einer Willenserklärung über deren Inhalt im Irrtum war oder eine Erklärung dieses Inhalts überhaupt nicht abgeben wollte, kann die Erklärung anfechten, wenn anzunehmen ist, dass er sie bei Kenntnis der Sachlage und bei verständiger Würdigung des Falles nicht abgegeben haben würde.

---

(2) Als Irrtum über den Inhalt der Erklärung gilt auch der Irrtum über solche Eigenschaften der Person oder der Sache, die im Verkehr als wesentlich angesehen werden.

Bei einer wirksamen Willenserklärung stimmen Erklärung und Wille überein:

gesagt = gewollt

Bei einem Irrtum fallen Erklärung und Wille auseinander, ohne dass Sie es gemerkt haben:

gesagt ≠ gewollt

Etwas anderes ist es, wenn Sie etwas vergessen haben: Hier haben Sie gesagt, was Sie gewollt haben, hätten nur besser vielleicht etwas anderes gewollt.

Beispiel: Sie unterschreiben Ihr Angebot und bemerken nicht, dass dieses nicht auf Ihre allgemeinen Geschäftsbedingungen Bezug nimmt. Hier könnten Sie kaum nachweisen, dass Sie bei der Unterzeichnung den konkreten Willen, also die positive Vorstellung hatten, sie würden Ihre allgemeinen Geschäftsbedingungen zur Grundlage Ihres Angebots machen. Er reicht nicht, dass Sie das normalerweise so tun.

Dasselbe gilt, wenn Sie etwas nicht richtig verstanden oder gar nicht erst gelesen haben. Hier wissen Sie, dass etwas unberücksichtigt geblieben ist.

Aus der Rechtsprechung

Entnimmt der Verkäufer in seinem Angebot den Preis einer veralteten betriebsinternen Preisliste, hat er gesagt, was er wollte, ein Anfechtungsrecht besteht nicht (LG Bremen, NJW 1992, 915).
Wer einen falschen Buchungscode elektronisch eingibt, irrt über die Erklärungshandlung und kann das Geschäft anfechten (BGH NJW 2005, 976).

Auch, wenn Sie sagen, was Sie wollen, aber nicht wissen, dass das was Sie sagen, in Wahrheit etwas anderes bedeutet, will Sie die Rechtsordnung nicht am Gesagten festhalten:

Beispiel: Sie bieten an, 25 Gros Rollen Papier noch am Tag zu liefern, womit Sie 25 große Rollen meinten. Ein Gros bedeutet aber 144 Stück. Der Kunde will nun 3600 Rollen, die Sie so schnell nicht beschaffen können. Gut, dass Sie Ihre Angebotserklärung noch anfechten können.

Warum Sie etwas gewollt haben (Motiv), ist dagegen gleichgültig. Haben Sie sich dabei geirrt, können Sie Ihre Erklärung nicht anfechten.

Beispiel: Sie bieten Ihrem Kunden einen hart kalkulierten Preis an. Wie Sie dazu gekommen sind, soll natürlich Ihr Geheimnis bleiben, deswegen behalten Sie das für sich. Sie haben genau das erklärt, was Sie berechnet haben. Mit Schrecken stellen Sie nach Eingang der Kundenbestellung fest, das Sie sich verrechnet haben.

Aus der Rechtsprechung

Wird dem anderen nur das Berechnungsergebnis, nicht aber die Kalkulation selbst offenbart, so sind Fehler in der Berechnung ein unerheblicher Motivirrtum, der kein Recht zur Anfechtung gibt (BGH NJW-RR 1987, 1307).

Konnte Ihr Geschäftspartner den Berechnungsfehler erkennen, weil Sie ihm die Berechnung im Angebot dargestellt und sich dabei vertan haben, erkennt die Rechtsprechung ein Anfechtungsrecht an (sog. offener Kalkulationsirrtum, vgl. OLG München NJW-RR 1990, 1406).

Aus der Rechtsprechung

Bei einer Ausschreibung nach VOB/A kann der Bieter sein Angebot bei einer vor Vertragsschluss offen gelegten Kalkulation anfechten, wenn sie Berechnungsfehler enthält (BGH NJW 1985, 1476). Das kann der Auftraggeber auch nicht durch allgemeine Geschäftsbedingungen ausschließen (BGH NJW 1983, 1671).

Haben Sie sich über eine „verkehrswesentliche Eigenschaft" Ihres Angebots geirrt, können Sie Ihre Erklärung ebenfalls anfechten.

Beispiel: In Ihrem Angebot haben Sie einen Anstrich kalkuliert, der technisch für die gestellten Anforderungen ungeeignet ist.

Allerdings müssen Sie sich mit der Anfechtung beeilen, Sie müssen Sie unverzüglich nach Entdeckung des Irrtums erklären!

Anfechtungsfrist

§ 121 BGB — Anfechtungsfrist

(1) Die Anfechtung muss in den Fällen der §§ 119, 120 ohne schuldhaftes Zögern (unverzüglich) erfolgen, nachdem der Anfechtungsberechtigte von dem Anfechtungsgrund Kenntnis erlangt hat. Die einem Abwesenden gegenüber erfolgte Anfechtung gilt als rechtzeitig erfolgt, wenn die Anfechtungserklärung unverzüglich abgesendet worden ist.

(2) Die Anfechtung ist ausgeschlossen, wenn seit der Abgabe der Willenserklärung zehn Jahre verstrichen sind.

Unverzüglich bedeutet, dass eine Verzögerung der Anfechtung nicht vorsätzlich oder fahrlässig von Ihnen verschuldet sein darf.

Beispiel: Als Sie Ihren Irrtum bemerken, sitzen Sie beim Zahnarzt während einer Wurzelbehandlung. Ihre unter diesen Umständen undeutlichen Äußerungen missversteht der Arzt und lässt Sie nicht telefonieren.

5.2.2 Und was sind die Folgen?

Die gute Nachricht:

Sie kommen von Ihrem Angebot los, Sie brauchen die von Ihnen versprochenen Leistungen nicht zu den irrtümlich angebotenen Bedingungen zu erbringen.

Die schlechte Nachricht:

Ihr Kunde kann **Schadensersatz** von Ihnen verlangen.

Schadensersatzpflicht des Anfechtenden

§ 122 BGB Schadensersatzpflicht des Anfechtenden

(1) Ist eine Willenserklärung nach § 118 nichtig oder auf Grund der §§ 119, 120 angefochten, so hat der Erklärende, wenn die Erklärung einem anderen gegenüber abzugeben war, diesem, andernfalls jedem Dritten den Schaden zu ersetzen, den der andere oder der Dritte dadurch erleidet, dass er auf die Gültigkeit der Erklärung vertraut, jedoch nicht über den

Betrag des Interesses hinaus, welches der andere oder der Dritte an der Gültigkeit der Erklärung hat.

(2) Die Schadensersatzpflicht tritt nicht ein, wenn der Beschädigte den Grund der Nichtigkeit oder der Anfechtbarkeit kannte oder infolge von Fahrlässigkeit nicht kannte (kennen musste).

Der sogenannte Vertrauensschaden umfasst alle aufgewendeten Kosten des Vertragsschlusses mit Ihnen, aber auch die Nachteile, die Ihrem Kunden daraus entstehen, dass ein anderes mögliches Geschäft nicht zustande gekommen ist.

Beispiel: Hatte Ihr Auftraggeber, weil er auf Ihr Angebot vertraut hat, ein anderes Angebot ausgeschlagen, das er jetzt nicht mehr zu den damaligen, günstigen Konditionen annehmen kann, sondern nur noch zu einem um 10 % teureren Preis, so haften Sie für diese Differenz.

Fazit:

Man wird sich gut überlegen müssen, sein Angebot anzufechten, wenn man sich verrechnet hat.

5.2.3 So machen Sie bei „grünem Licht" alles klar

Stellen Sie bei der Übereinstimmungsprüfung fest, dass keine Abweichungen vorliegen, ist der Vertrag damit zustande gekommen.

Stellen Sie bei der Prüfung jedoch fest, dass Abweichungen vorliegen, ist der Vertrag damit nicht zustande gekommen. Durch die Auftragsausführung oder eine Auftragsbestätigung können Sie den Auftrag dennoch zustande bringen. Diese Auftragsbestätigung ist unter Kaufleuten verbindlich, selbst wenn Sie sich dabei versehentlich verschreiben.

Aus der Rechtsprechung

Auch ein Schreiben, das nur einen einzigen weiteren Satz gemäß getroffener Zusatzabreden zu einer am Vortag geschlossenen schriftlichen Vereinbarung enthält, kann ein unternehmerisches Bestätigungsschreiben darstellen (OLG Düsseldorf, NJW-RR 1997, 211).

Eine Auftragsbestätigung, welche den Vertragsgegenstand nicht näher beschreibt und die behauptete Werklohnvereinbarung nicht wiedergibt, ist kein unternehmerisches Bestätigungsschreiben (OLG Düsseldorf, MDR 1981, 1022). Das gilt auch, wenn bei den Vertragsverhandlungen ein wesentlicher Punkt offen geblieben ist und ein Schreiben übersandt, in welchem erstmals ein konkreter Vorschlag zu diesem Punkt genannt wird, ebenso wie für das anschließende Antwortschreiben, welches auf diesen Vorschlag Bezug nimmt (OLG Düsseldorf, NJW-RR 1996, 622).

Ein kaufmännisches Bestätigungsschreiben muss sich auf eine getroffene Absprache beziehen und in unmittelbaren zeitlichem Zusammenhang mit den Vertragsverhandlungen zugegangen sein (OLG Zweibrücken, Teilurteil vom 22.12.2011 — 4 U 7/11).

Weicht der Bestätigende nicht so weit vom Verhandlungsergebnis ab, dass er vernünftigerweise nicht mit einem Einverständnis rechnen konnte, führt die widerspruchslose Hinnahme des Schreibens dazu, dass sein Inhalt als Vertragsinhalt gilt (BGH MDR 2011, 417).

Das gilt nicht für Verbraucher und Kleingewerbetreibende, also Unternehmer, die keinen in kaufmännischer Weise eingerichteten Geschäftsbetrieb benötigen.

Natürlich gelten die Abweichung in dem Bestätigungsschreiben nur, wenn

- Sie den Vertragspunkt zuvor verhandelt haben,
- Ihre Abweichung nur versehentlich erfolgt.

Formulierungsmuster

Auftragsnummer: ...
Angebotsnummer: ...
Drahtgebinde

Sehr geehrter Herr Müller,

der guten Ordnung halber bestätigen wir Ihnen Ihren Auftrag Nr. ... vom ... wie folgt:
„..."
Sach- und fachgerechte Ausführung sichern wir Ihnen zu.

Mit freundlichen Grüßen

5.3 Auftragsabwicklung

Wie die Angebotserstellung ist natürlich auch die Auftragsabwicklung bei jedem Unternehmer individuell auf sein Geschäft und seine Größe abgestimmt. Je größer das Unternehmen ist, desto mehr Abteilungen müssen Hand in Hand arbeiten.

Prinzipiell sind die Schritte aber identisch:

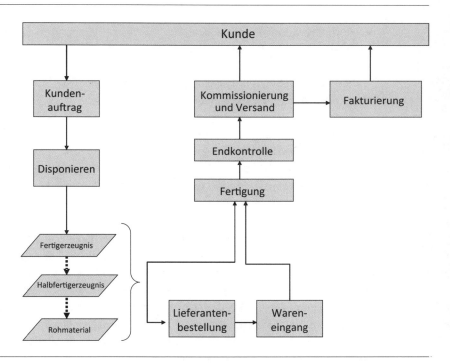

Abb. 25: Die Schritte der Auftragsabwicklung

5.3.1 Mengen und Kapazitäten planen

Je nach Auftrag müssen Sie den Bedarf an Eigenfertigungs- und Fremdteilen nach Art, Menge und Bereitstellungsterminen festlegen. Danach entscheiden Sie, welche Fertigerzeugnisse, Baugruppen und Einzelteile sowie zu beschaffende Rohmaterialien erforderlich sind. Daraus ergibt sich eine Mengenplanung, die Sie unter Umständen nach Losgrößen, Packungseinheiten etc., aber auch nach Verfügbarkeit anpassen müssen. Erst dann können Sie die internen Auftragsabläufe festlegen.

In jedem Fall müssen die Kapazitäten geprüft und sichergestellt werden. Sind also genügend

- Zeit,
- Material,
- Know-how und
- qualifizierte Mitarbeiter

vorhanden? Die Beantwortung dieser Frage mündet in die Arbeitsvorbereitung und später in die Fertigung.

Der Materialbedarf bei Produktionsabläufen ergibt sich aus den produktbezogenen Stücklisten in Verbindung mit den konkreten Auftragsdaten. Die Stücklisten enthalten dabei idealerweise sowohl teilebezogene wie auch strukturbezogene Angaben. Der Bedarf wird dabei häufig nach den Erkenntnissen aus früheren Aufträgen festgelegt oder geschätzt.

Zum Produktionsablauf gehört schließlich der Arbeitsplan, aus dem sich ergibt, wie die Fertigung auftragsbezogen abzulaufen hat. Dabei werden Sie auch die Fertigungszeiten einschließlich Vorlaufzeiten für etwaige Beschaffung von Fremdteilen berücksichtigen. All dies mündet schließlich in eine Terminplanung, für die Sie die erforderlichen und verfügbaren Kapazitäten kennen müssen. Vielleicht müssen Sie Kapazitäten anpassen, etwa durch Einstellung von Mitarbeitern, Aushilfen etc., Beschaffung von Werkzeugen oder Vergabe von Aufträgen an Subunternehmer.

Stehen diese Vorbereitungsmaßnahmen, erstellen Sie interne Fertigungsaufträge und die jeweilige Zuordnung an die einzelnen Arbeitsplätze bzw. Maschinen. Je nach Komplexität des Auftrags, wird von da aus an die nächste Fertigungseinheit weitergegeben oder das Produkt ins Lager bzw. zur Auslieferung gebracht.

5.3.2 Ihre Warenausgangsprüfung kann über Ihren Geschäftserfolg entscheiden

Der Warenausgang ist die letzte Möglichkeit, Ihr Produkt bzw. Ihre Ware zu prüfen. Zu diesem Zeitpunkt muss alles stimmen, die bestellte Ware als solche nach Art, Menge und Qualität. Bei Fehlern haften Sie — je nachdem — mit weitreichenden finanziellen Folgen:

- Sie müssen auf eigene Zusatzkosten nachbessern.
- Sie müssen vielleicht den Preis mindern.
- Der Kunde kann die Rückgängigmachung des Vertrages verlangen.
- Sie müssen Ihr Produkt zurückrufen.
- Beim Kunden führt der Mangel Ihres Produkts zu Folgekosten, die aufgrund eines Produktionsstopps bzw. eines Produktionsausfalls oder aus anderen Gründen entstehen, für die er Schadensersatz verlangt.
- Der Kunde macht vergebliche Aufwendungen, weil Ihr Produkt Mängel hat. Auch diese will er ersetzt haben.
- Während Ihrer Nachbesserung entgehen dem Kunden Aufträge, er will auch dafür Ersatz.

Müssen Sie Schadensersatz leisten, kann der Kunde Ersatz verlangen für:

- Schäden an der Sache selbst (allgemeiner Vermögensschaden) durch Ersatz des Minderwerts (= Minderung),
- die Kosten für Mangelbeseitigung,
- unmittelbare Folgeschäden (Nutzungsausfall, entgangener Gewinn),
- Mangelfolgeschäden (z. B. Vermögensschäden wegen Krankenhauskosten, Körperverletzungen des Kunden etc.),
- Ferner ist ein sogenannter „Großer Schadensersatz", d. h. die Rückabwicklung des Vertrages bei besonderem Interesse des Kunden (nicht bei kleineren behebbaren Mängel), möglich.

Diese Folgen der Gewährleistung für Ihre Arbeit drohen Ihnen von Seiten des Kunden grundsätzlich zwei Jahre lang ab Übergabe bzw. Ablieferung der Sache (Gefahrübergang). War die mangelhafte Sache für ein Bauwerk bestimmt und verwendet worden und führt sie zur Mangelhaftigkeit des Bauwerks, beträgt die Frist sogar 5 Jahre (siehe Kapitel 3.6.10).

Ist Ihr Kunde Verbraucher, und macht er Mängel in den ersten 6 Monaten geltend, wird vermutet, dass sie bei Gefahrübergang bereits vorgelegen haben. Sie müssen nun beweisen, dass Ihre Leistungen im maßgeblichen Zeitpunkt, nämlich dem des Gefahrübergangs, ordnungsgemäß und ohne Mängel war. Diese Beweislastumkehr können Sie nicht durch Vereinbarung beseitigen. Eine Begrenzung Ihrer Gewährleistung ist durch die AGB lediglich hinsichtlich der Frist möglich, allerdings nur bei gebrauchten Sachen und dann maximal auf ein Jahr. Nach Ablauf eines Jahres wären Sie dann aus der Gefahrenzone etwaiger Mängelansprüche heraus.

TIPP

Die Verjährung der Gewährleistung beginnt unabhängig von der Kenntnis des Mangels, es sei denn der Mangel wurde arglistig vom Verkäufer verschwiegen. Andererseits ist eine Mängelanzeige nicht Voraussetzung dafür, sich im Kaufpreisprozess auf Mängel berufen zu dürfen.

Theoretisch könnten Sie zwar eine individuelle Ausschlussvereinbarung mit Ihrem Kunden treffen, aber wer wird dann noch von Ihnen kaufen wollen?

Bei Unternehmerkunden können Sie durch die AGB Ihre Gewährleistung zwar auch für neue Sachen begrenzen, aber auch hier können Sie die Frist maximal auf ein Jahr verkürzen (allerdings nicht bei Bauwerken oder neuen Baumaterialien).

Wollen Sie Ihre knallharte Kalkulation nicht vollständig über den Haufen werfen und überhaupt noch etwas verdienen, müssen Sie also unbedingt dafür sorgen, dass

- die Qualität Ihrer Leistung zum Zeitpunkt des Gefahrübergangs stimmt,
- Sie die Qualität im Zeitpunkt des Gefahrübergangs nachweisen können.

Dazu brauchen Sie eine organisierte Warenausgangsprüfung. Wie Sie diese einrichten und überwachen hängt von der Art Ihres Betriebes ab. Sie müssen den Nachweis sicherstellen, dass bei Ihnen keine fehlerhaften Produkte den Betrieb verlassen haben. Diesen Nachweis können Sie erbringen durch

- automatische Messprotokolle,
- Mitarbeiter-Prüfprotokolle,

- Scanning oder fotografische Erfassung,
- Sachverständigen- und Laborergebnisse,
- etc.

Jedes Beweismittel ist zulässig. Denken Sie aber daran, Ihre Produkte möglichst lückenlos zu erfassen. Man weiß nie, welchen Mangel der Kunde einmal rügen wird. Aus Kostengründen sollten Sie sich mit Rationalisierungsmöglichkeiten vertraut machen. Vieles lässt sich automatisieren. Auch die Übertragung auf einen externen Dienstleister kann sinnvoll sein, insbesondere, wenn zur Prüfung umfangreiche und teure Prüfwerkzeuge oder -routinen notwendig sind.

Häufig werden die Produkte anhand eines festgelegten Prüfplans je Fertigartikel geprüft und erst nach der Freigabe an den Versand weitergegeben. Um jedoch auch eventuell auftretenden Beanstandungen optimal nachgehen zu können, hilft ein EDV-gestütztes Reklamations- und Qualitätskosten-Management (RQMS)-System. Damit können etwa alle Reklamationsdaten — extern wie intern — automatisch in einem Fehlerkatalog erfasst und Verantwortlichkeiten zentral gesteuert werden. Durch umfangreiche Auswerte- und Analysemöglichkeiten kann die erzielte Güte der Produkte nochmals verbessert werden.

Die Warenausgangsprüfung gehört damit zu einem der wesentlichen Elemente der Qualitätssicherung.

Noch wichtiger ist Ihre Warenausgangsprüfung, wenn Sie Garantiezusagen oder Zusicherungen übernommen haben.

Garantien

Wer eine Garantie für die Beschaffenheit einer Sache zu einem bestimmten Zeitpunkt oder für eine bestimmte Dauer übernimmt, muss dem anderen neben dessen Gewährleistungs- oder sonstigen Ansprüchen dafür einstehen. Der Umfang ergibt sich aus der Garantieerklärung sowie aus der einschlägigen Werbung und kann nicht durch Haftungsbegrenzungsvereinbarungen geschmälert werden. Tritt während der Garantiezeit ein Mangel auf, muss der Garantiegeber beweisen, dass er nicht unter die Garantie fällt.

Garantiezusagen und Zusicherungen führen also bei Vorliegen der jeweiligen Voraussetzungen neben Gewährleistungsansprüchen zu Garantieleistungen. Solche Ansprüche werden nach dem gesetzlichen Leitbild grundsätzlich nicht begründet, sondern in erster Linie durch vertragliche Abreden. Typische Formulierungen, die zu einer Haftung führen können, sind: „steht dafür ein", „gewährleistet" oder „sichert zu".

Aus der Rechtsprechung

Angaben in Werbeprospekten, in Vorvertragsverhandlungen oder allgemeine Anpreisungen geben in der Regel nicht zu erkennen, für alle Folgen der fehlenden Eigenschaft ohne Verschulden und ohne Rücksicht auf die Vorhersehbarkeit einstehen zu wollen (BGH NJW 1981, 1501).

Auch die Bezugnahme auf DIN-Normen oder technische Spezifikationen reicht nicht für die Annahme aus, der Verkäufer wolle die Einhaltung der Norm garantieren (BGH NJW 1996, 1836 f.).

Standzeiten von Pkw von mehr als 12 Monaten beim Händler sind auch dann nicht mehr vertragsgemäße Beschaffenheit (fabrikneu), wenn das Modell unverändert weitergebaut wird und keine durch die längere Standzeit bedingte sonstigen Mängel aufweist (BGH NJW 2004, 160).

6 Ihre Lieferung muss stimmen

Nun ist der Zeitpunkt gekommen, an dem Sie Ihre Leistung erbringen. Damit alles reibungslos vonstatten geht, sollten Sie für sich die folgenden Fragen klären:

Frage	Ja	Nein
Wissen Sie, ob Ihr Kunde eine Wareneingangsprüfung vornimmt?		
Kennen Sie die Bedeutung der Wareneingangsprüfung für Sie?		
Muss Ihr Kunde auch Ihre Werkleistungen untersuchen?		
Kennen Sie die Rechtswirkungen der Abnahme?		
Wissen Sie, wie Sie bei Mängelanzeigen Ihren Kunden überraschen können?		
Können Sie berechtigte Mängelrügen von „taktischen" unterscheiden?		
Kennen Sie die aktuellen Gewährleistungsregeln?		
Haben Sie auf das aktuelle Schadensrecht reagiert?		
Kennen Sie die Wirkungen von Garantien?		
Haben Sie Ihren Versicherungsschutz überprüft?		
Haben Sie berücksichtigt, dass die Regeln für Verbraucher-Kunden strenger sind?		

6.1 Die Wareneingangsprüfung

Alle größeren Betriebe unterhalten eine organisierte Wareneingangsprüfung als Teil ihres Qualitätssicherungssystems. Ähnlich wie bei der Warenausgangsprüfung liegen den Untersuchungsroutinen idealerweise EDV-gestützte Prüfpläne zugrunde und die Ergebnisse lösen gegebenenfalls ein Mängelprotokoll oder eine Freigabeerklärung zur weiteren Verwendung beim Kunden aus. Dies ist für Ihren Kunden vor allem dann von enormer Bedeutung, wenn sowohl Sie als auch Ihr Kunde als Kaufmann im Sinne des Handelsgesetzbuchs anzusehen sind. Das ist immer der Fall, wenn beide ihre Betriebe in der Rechtsform eingetragener Handelsgesellschaften, also einer OHG, einer KG, einer GmbH, einer GmbH & Co. KG oder etwa einer AG führen. Auch außerhalb dieser Rechtsformen können Sie oder Ihr Kunde als Kaufmann angesehen werden, wenn weder Sie noch Ihr Kunde zu den sogenannten „Kleingewerbetreibenden" gehören. Auch in diesen Fällen gelten die verschärften Bestimmungen des Handelskaufs.

Untersuchungs- und Rügepflicht des Käufers

§ 377 HGB

(1) Ist der Kauf für beide Teile ein Handelsgeschäft, so hat der Käufer die Ware unverzüglich nach der Ablieferung durch den Verkäufer, soweit dies nach ordnungsmäßigem Geschäftsgange tunlich ist, zu untersuchen und, wenn sich ein Mangel zeigt, dem Verkäufer unverzüglich Anzeige zu machen.

2) Unterläßt der Käufer die Anzeige, so gilt die Ware als genehmigt, es sei denn, daß es sich um einen Mangel handelt, der bei der Untersuchung nicht erkennbar war.

(3) Zeigt sich später ein solcher Mangel, so muß die Anzeige unverzüglich nach der Entdeckung gemacht werden; anderenfalls gilt die Ware auch in Ansehung dieses Mangels als genehmigt.

(4) Zur Erhaltung der Rechte des Käufers genügt die rechtzeitige Absendung der Anzeige.

(5) Hat der Verkäufer den Mangel arglistig verschwiegen, so kann er sich auf diese Vorschriften nicht berufen.

Vertraglicher Schadensersatz und andere Mangelansprüche sind also ausgeschlossen, wenn der Käufer nicht rechtzeitig und ordnungsgemäß untersucht und bei Entdeckung des Mangels nicht rügt. Ihre Haftungssituation ist damit auch abhängig von den Maßnahmen, die Ihr Kunde trifft, um etwaige Mängel festzustellen.

Als Mängel gelten dabei

- Qualitätsmängel,
- Mindermengen,
- Falschlieferungen.

Rechtzeitig ist die Untersuchung der Ware nur, wenn

- sie so zeitnah erfolgt, dass ein sachgerechtes Ergebnis noch erwartet werden kann,
- das für den Verkäufer noch zumutbar ist.

Ordnungsgemäß ist die Untersuchung, wenn damit (offene) Mängel entdeckt werden können. Dazu kann es erforderlich sein,

- die Beschaffenheit (Maße, Material) zu prüfen,
- die Ware labortechnisch oder sachverständig zu analysieren,
- die Ware zu benutzen,
- Funktionen mit hinreichender Dauer zu prüfen,
- die Sache auf relevante Weise stichprobenartig zu verbrauchen.

TIPP

Auch wenn der Käufer ohne Untersuchung rügt, bleiben seine Mangelansprüche erhalten!

Die **Rüge** muss immer an den Verkäufer gerichtet sein, auch, wenn die Lieferung von dessen Lieferant direkt stammt. Umgekehrt heißt das: Zeigt sich ein Mangel erst nach Weiterverkauf durch Ihren Kunden an dessen Endkunden, muss Ihr Kunde bei Ihnen rügen, will er seine Rechte aus der Gewährleistung erhalten.

Achtung: Bei **Werkleistungen** gilt die Untersuchungs- und Rügepflicht nicht! Werkleistungen liegen vor, wenn es im Wesentlichen auf die Herstellung eines Werks ankommt. Werke können auch unkörperlich sein, zum Beispiel die Auskunft einer Detektei oder die Beförderung durch einen Taxiunternehmer. Sollen aber herzustellende oder zu erzeugende bewegliche Sachen geliefert werden (Werklieferung), findet das Kaufrecht und damit die Untersuchungs- und Rügepflicht des HGB Anwendung! Die Abgrenzung kann im Einzelfall schwierig sein, da es auch einen Kauf mit Montageverpflichtung gibt. Entscheidend ist, grob gesagt, ob sich der Wert der Leistung in der bloßen Eigentumsverschaffung erschöpft oder ob er in der Werkherstellung liegt.

Seinen Pflichten aus dem HGB kann sich Ihr Kunde nicht durch einen Ausschluss in seinen AGB entziehen. In einer Einzelvereinbarung wäre das zwar möglich, aber da solche Regelungen nur sinnvoll sind, wenn sie stets angewendet werden, kommen sie in der Praxis selten vor. Denkbar sind gesonderte, individuelle Qualitätssicherungsvereinbarungen, mit denen Ihr Kunde versucht, Ihnen die Eingangsprüfung aufzuerlegen.

Ob das in den AGB zulässig ist, ist in Expertenkreisen äußerst umstritten. Der Bundesgerichtshof hatte hierüber noch nicht zu entscheiden, die Rechtswissenschaft fordert dafür aber einen angemessenen Ausgleich durch andere Elemente des Qualitätssicherungssystems, um eine wesentliche Benachteiligung des Lieferanten durch Abweichung vom Gesetz zu vermeiden. Im Wirtschaftsleben ist die Abwälzung dagegen nicht so selten: „Wo kein Kläger, da kein Richter", sagen sich zumindest größere Betriebe mit entsprechender Marktmacht, etwa Automobilhersteller.

Aus der Rechtsprechung

In AGB können die Untersuchungs- und Rügepflichten nach § 377 HGB nicht abbedungen werden (BGH NJW 1991, 2633).

Hat der Spediteur, der im Auftrag des Empfängers die Ware am Auslieferungsort übernommen hat, einen Auslieferungsschein unterzeichnet, wonach er die Ware in einwandfreiem Zustand erhalten hat, kann der Empfänger, sofern es sich nicht um versteckte Mängel handelt, die Mängeleinrede nicht mehr erheben (OLG Nürnberg, NJW-RR 1990, 294).

Werden Gewährleistungsansprüche gegen den Klauselverwender auf einen Nachbesserungsanspruch beschränkt, so muss dem anderen Vertragsteil ausdrücklich das Recht vorbehalten werden, bei Fehlschlagen der Nachbesserung Herabsetzung der Vergütung oder, wenn nicht eine Bauleistung Gegenstand der Gewährleistung ist, nach seiner Wahl Rückgängigmachung des Vertrages zu verlangen (BGH, NJW 1994, 1004).

Der Kunde braucht, um den Nachbesserungsanspruch geltend zu machen, keinen „Reparaturauftrag" zu unterschreiben. Er braucht sich insbesondere nicht darauf einzulassen, dass für die Nachbesserung die AGB für die Instandsetzung von Kraftfahrzeugen gelten sollen (OLG Köln, NJW-RR 1986, 151).

Gegenüber Verbrauchern kann formularmäßig keine Rügepflicht eingeführt werden (OLG Hamm VUR 2013, 30).

6.2 Leistungserbringung festhalten: die richtige Abnahme

Auch bei Werkleistungen müssen Sie wissen, mit welchen Mängelansprüchen Sie noch zu rechnen haben. Auch die Fälligkeit Ihrer Zahlungsansprüche hängt von der Leistungserbringung ab. Werkleistungen muss der Kunde daher abnehmen. Darunter versteht man die

1. „körperliche Hinnahme", verbunden mit der
2. Billigung des Werks als in der Hauptsache vertragsgemäße Leistung.

Zugleich können nach einer Abnahme nur noch die Gewährleistungsansprüche geltend gemacht werden, die sich der Besteller bei der Abnahme vorbehalten hat, § 640 Abs. 2 BGB. Die Abnahme übernimmt also im Werkrecht Aufgaben, die beim Kauf die Wareneingangsprüfung sicherstellt.

TIPP

Fordern Sie Ihren Kunden regelmäßig zur Abnahme auf und lassen Sie sich dieses möglichst förmlich bestätigen. Das entscheidet über Fristen, mögliche Einreden und die Fälligkeit der Vergütungsforderung.

Nach VOB/B kann der Unternehmer innerhalb von 12 Tagen die Abnahme verlangen. Sie wird als durchgeführt behandelt, sobald nach Mitteilung der Fertigstellung 12 Werktage abgelaufen sind.

Aus der Rechtsprechung

Mit der Annahme der Schlüssel gibt der Erwerber gegenüber dem Veräußerer zu erkennen, dass er das übergebene Haus als Erfüllung der geschuldeten Leistung akzeptiert. Dies ist eine Abnahme des Hauses i. S. von § 640 I BGB (OLG Hamm, NJW-RR 1993, 340). Auch der Bezug des Gebäudes kann nach Ablauf einer angemessenen Prüfungszeit eine stillschweigende Abnahme bedeuten. Dann muss der Unternehmer aber aus der Ingebrauchnahme nach Treu und Glauben und mit Rücksicht auf die Verkehrssitte darauf schließen dürfen, dass der andere die Leistung in vollem Umfang oder doch zumindest im Wesentlichen als vertragsgerecht billige (OLG Hamm, BauR 1993, 604). Dies ist nur der Fall, wenn das Werk vollendet ist (BGH, NJW 1993, 1063).

Der Vergütungsanspruch des Frachtführers wird mit der Vollendung des Werkes, d. h. mit vollständiger Ausführung der Beförderungsleistung, fällig (§§ 641, 646 BGB). Eine Abnahme i. S. des § 640 BGB scheidet bei nichtkörperlichen Leistungen dieser Art aus (BGH, NJW-RR 1989, 160).

Auch die Ingebrauchnahme des fehlerhaften Werks führt nicht zur konkludenten Abnahme, wenn der Kunde deutlich macht, dass er sich mit der Situation nicht derart arrangiert, dass er nur noch Minderung oder Schadensersatz verklagen will oder an weiteren Kontakten mit dem Werkunternehmer kein Interesse mehr hat (OLG Koblenz, Urteil vom 21.10.2010 — 5 U 91/09).

Einer Ingebrauchnahme ist eine konkludente Abnahme auch dann nicht zu entnehmen, wenn sie trotz der Mängel durch die Umstände geboten war (OLG Stuttgart, NJW-RR 2011, 527).

In der bloßen Entgegennahme eines reparierten Fahrzeugs liegt noch keine Abnahme i. S. des § 640 BGB. Erst wenn das Fahrzeug nach einer Nutzungszeit, bei der Mängel im Allgemeinen erkannt werden können, weiterbenutzt wird, ist es als abgenommen anzusehen. Dies ist i. d. R. nach wenigen Tagen und einer Fahrleistung von ca. 50 km der Fall (OLG Düsseldorf, NZV 1994, 433).

Eine Klage auf Abnahme eines Werks ist zulässig (im Anschluss an BGH, Urteil vom 26.2.1981 — VII ZR 287/79, NJW 1981, 1448); sie kann auch („isoliert") erhoben werden, ohne dass zugleich die Zahlung restlichen Werklohns verlangt wird (BGH, BGHZ 132, 96; NJW 1996, 1749).

Zur Fälligkeit der Werklohnforderung bedarf es keiner Abnahme, wenn der Besteller gem. § 634 I 1 BGB eine Frist mit Ablehnungsandrohung zur Beseitigung des Mangels gesetzt hat und diese — erfolglos — abgelaufen ist (OLG Hamm, NJW-RR 1989, 1365).

Bei einem handelsrechtlichen Werklieferungsvertrag verliert der Besteller das Recht, die Abnahme der Ware zu verweigern, wenn er etwaige hierzu berechtigende Mängel nicht unverzüglich rügt (OLG Düsseldorf, NJW 1990, 1306).

Auch bei Kündigung des Vertrages ist die Abnahme Voraussetzung für die Fälligkeit der Vergütung des Unternehmers (BGH NJW 2006, 2475).

In einem Subunternehmerverhältnis gilt die Abnahme durch den Hauptauftraggeber zugleich für den Subunternehmer, da damit das im We-

sentlichen geschuldete Werk festgestellt ist (LG Halle/Saale, Urteil vom 24.10.2011 — 3 O 1493/08).
Die Nacherfüllungsvariante „Lieferung einer mangelfreien Sache" umfasst neben dem Ausbau und Abtransport bei Verbrauchern auch den Einbau der als Ersatz gelieferten Sache, nicht aber bei Unternehmern (BGH NJW 2013, 220 ff.).

6.3 Bei Mängelanzeigen Kundenbeziehungen erhalten

Häufig versuchen Kunden durch die Erhebung von Einwendungen, die Fälligkeiten von Zahlungen hinauszuschieben. Sind die Einwendungen begründet, entspricht dies der Rechtslage und ist nicht zu beanstanden. In diesem Fall ist das dadurch zusätzlich eintretende unternehmerische Risiko — auch im Hinblick auf einen Forderungsausfall wegen zwischenzeitlicher Insolvenz des Kunden — nach dem Gesetz als angemessene Risikoverteilung vorgesehen. Ob dieser Fall vorliegt oder nicht, sollte jedoch im eigenen Interesse möglichst schnell geklärt werden. Es ist zwar weitverbreitet, solchen Einwendungen nicht sofort nachzugehen, aber dieses Verhalten ist sowohl unter dem Gesichtspunkt des Forderungsmanagements wie auch unter Wettbewerbsgesichtspunkten unvernünftig, denn

- stellt sich die Einwendung als unbegründet heraus, kann die Erfüllung der Forderung nach den vertraglichen Vereinbarungen weiter geltend gemacht werden,
- ist die Einwendung berechtigt, kann schnell Abhilfe geschaffen und der Kunde zufriedengestellt werden. Der Unternehmer ist dadurch in der Lage, den Kunden von seiner Leistungsfähigkeit zu überzeugen und für weitere Bestellungen/Aufträge für sich zu gewinnen. In beiden Fällen wird das Risiko einer selbst verursachten Verzögerung des Forderungseingangs und seiner Folgen erheblich reduziert.

Schnelle Klärung bringt also

- Sicherheit,
- ein Service-Plus,
- verbesserte Liquidität.

Unterscheiden Sie Ausreden von berechtigten Reklamationen, und nutzen Sie begründete Mängelrügen zur akquisitorischen Nachbesserung. Die folgende Übersicht fasst die am häufigsten verwendeten Ausreden von Kunden zusammen und macht Ihnen Vorschläge, wie Sie auf die jeweiligen Ausreden reagieren können:

Ausrede/Verzögerungsmaßnahme	Reaktion
Anmahnung der angeblich ausstehenden Rechnung	Mahnung zustellen durch Gerichtsvollzieher
Rücksendung der Rechnung mit Stempellaufdruck „Rechnung bereits bezahlt, Eingangskonten prüfen"; Post mit Aufschrift „Unbekannt verzogen"	Unter Umständen Strafanzeige wegen Betrugs; Reaktion des Kunden ist Bestätigung, dass er die Mahnung erhalten hat (Zugangsnachweis)
Mitteilung „leider auf falsches Konto überwiesen"	Mahnung zustellen durch Gerichtsvollzieher
Hinweis auf angebliche Leistungsmängel	Wenn Leistungsmängel sicher nicht vorhanden sind: sofort Klage
Nichtabholung der Einschreibebriefe	Mahnung zustellen durch Gerichtsvollzieher
Mitteilung „Rechnungsbetrag zu hoch"	Zugangsnachweis, verjährungsunterbrechendes Anerkenntnis, § 208 BGB
Übersendung eines ungedeckten Schecks	Unter Umständen Strafanzeige wegen Scheckbetrugs stellen

6.4 Richtig auf Mängelrügen reagieren

Für jeden gerügten Mangel muss der Verkäufer gesondert entscheiden, wie er sich verhalten will. Auf alle Kundenwünsche ungeprüft einzugehen ist sicher ebenso falsch wie alles kategorisch zurückzuweisen. Das eine wirft die ganze Kalkulation über Bord, was sich der Verkäufer nur bei dicken Margen leisten kann. Das andere verprellt die Kunden und kann zu künftigen Auftragsverlusten führen.

Wenn Sie auf jede Rüge mit vorauseilendem Gehorsam reagieren, verschenken Sie wertvolles Potenzial: Aus Sicht des Kunden kommen Sie damit ohnehin nur Ihren Pflichten nach. Er wird es Ihnen also nicht hoch anrechnen, dass Sie sofort reagieren, sondern aus seiner Sicht ist es wohl das Mindeste, worauf er Anspruch hat. Das denkt er auch dann, wenn ihm solche Ansprüche gar nicht zustehen. Kommen Sie nach gewissenhafter Prüfung zum Ergebnis, dass der Kunde rechtlich keine Mangelbeseitigung verlangen kann, entscheiden sich dann aber, ihm trotzdem zu helfen, so bieten Sie Ihrem Kunden einen wirklichen Mehrwert. Wenn Sie Ihrem Kunden das erklären, wird er Ihre Nachbesserung in einem anderen Licht sehen. Denn jetzt bekommt er etwas, worauf er keinen Anspruch hat. Dabei können Sie immer noch entscheiden, ob Sie die Nachbesserung ganz oder teilweise vergütet wissen wollen oder auf eine Vergütung verzichten. Das wird im Ergebnis wohl davon abhängen, mit welchem Kunden Sie es zu tun haben und für wie wichtig Sie die Geschäftsbeziehung zu ihm halten.

Daher sollte stets im Einzelfall geprüft werden, ob

- es sich bei Ihrem Vertragsverhältnis mit dem Kunden um ein Kauf- oder Werkverhältnis handelt.
- Der Kunde bei Kaufrechtsverhältnissen seine Untersuchungs- und Rügepflicht erfüllt hat oder andernfalls bereits deswegen Gewährleistungsansprüche ausscheiden.
- die vereinbarten Fristen eingehalten und noch nicht abgelaufen sind.

Dann ist die Entscheidung zu treffen, ob Sie sich mit dem angezeigten Mangel beschäftigen wollen, weil Sie es

- nach gesetzlichem Gewährleistungsrecht müssen,
- aufgrund einer vertraglichen Garantiezusage müssen oder
- aus Kulanz für eine wirksame Kundenpflege halten.

Davon hängt es ab, wie Sie die Antwort an Ihren Kunden auf seine Mängelrüge formulieren.

Organisieren Sie Ihre Mängelprüfung

Je besser Sie organisiert sind, desto schneller können Sie die richtigen Entscheidungen treffen und desto eher kommen Sie an Ihr Geld. Entwickeln Sie eine auf Ihr Geschäft zugeschnittene Prüfroutine, mit der Sie Mängelrügen Punkt für Punkt abarbeiten können. Dazu benötigen Sie zunächst alle Daten des Auftrags, die Sie am besten in einer Übersicht darstellen:

Mängel-Begleitschein	
Bestellung des Kunden vom	
eigene Auftragsnummer	
eigene Lieferung vom	
eigene Lieferscheinnummer	
Mängelanzeige vom	
Wareneingangsprüfung des Kunden am	
konkret gerügter Mangel (genaue Beschreibung)	

Mit den folgenden vier Tabellen und Mustertexten vergessen Sie bei Ihrer Prüfung keine wesentlichen Gesichtspunkte. Gehen Sie dabei folgendermaßen vor: Prüfen Sie zunächst die in der Tabelle 1 formulierten Fragen. In der rechten Spalte werden Sie dann — je nach Antwort — auf die passenden weiteren Frage aus einer der vier Tabellen oder auf die Mustertexte verwiesen. Arbeiten Sie sich auf diese Weise Schritt für Schritt durch die Tabellen durch.

Tabelle 1

Ist mein Unternehmen nach Vertragsinhalt (und -durchführung) verpflichtet,

a)	deutsches Recht anzuwenden?	→	wenn Ja, weiter bei Tabelle 1 a)
			wenn Nein, weiter bei Tabelle 1 l)
b)	einen bereits fertigen Leistungsgegenstand (Maschine) (eigener oder eines Vorlieferanten) zu liefern?	→	Handelskauf, weiter bei Tabelle 2
c)	einen bereits fertigen Leistungsgegenstand (Maschine, Bauteil) zu liefern, der beim Kunden allerdings (nur) noch montiert werden muss?		Handelskauf, weiter bei Tabelle 2
d)	einen bereits fertig konstruierten Leistungsgegenstand (Maschine, Bauteil) herzustellen, wobei aber auf ein vorkonfektioniertes Produkt zurückgegriffen wird, bei dem Anpassungsarbeiten von untergeordneter Bedeutung sind?	→	Handelskauf, weiter bei Tabelle 2
e)	einen Liefergegenstand (Maschine) eher als Typenzusammenbau neu zu gestalten und überwiegen eventuelle Anpassungen?	→	Werkvertrag, weiter bei Tabelle 3
f)	einen Gegenstand (Maschine, Bauteil) nach Angaben des Kunden neu herzustellen?	→	Werkvertrag, weiter bei Tabelle 3
g)	einen (Standard-)Gegenstand (Maschine, Bauteil) nach eigenen Plänen herzustellen und zu liefern?	→	Handelskauf, weiter bei Tabelle 2
h)	einen (Standard-)Gegenstand (Maschine, Bauteil) nach eigenen Plänen herzustellen, an die Bedürfnisse des Kunden anzupassen, zu liefern und in den Produktionsprozess beim Kunden einzupassen?	→	Werkvertrag, weiter bei Tabelle 3
i)	Arbeiten an einem Gegenstand des Kunden (Maschine, Bauteil) durchzuführen?	→	Werkvertrag, weiter bei Tabelle 3
j)	bei der Anfertigung des Liefergegenstandes (Maschine, Bauteil) hauptsächlich eine geistige Leistung (Planung, Entwicklung) zu erbringen?	→	Werkvertrag, weiter bei Tabelle 3
k)	einen Gegenstand (Maschine, Werkzeug) zu liefern, der den Kundenwünschen so angepasst ist, dass seine individuellen Merkmale nicht austauschbar sind, ihn also nur sehr schwer oder gar nicht anderweitig absetzen kann?	→	Kaufrecht, weiter bei Tabelle 2
l)	sonstige Leistungen zu erbringen?	→	Rechtsanwalt anrufen

Tabelle 2

Hat der Kunde seine Untersuchungs- und Rügepflicht erfüllt, insbesondere

a)	ist der Liefergegenstand in Erfüllung des Vertrages so im Machtbereich des Kunden, dass er ihn untersuchen kann, ist er insbesondere – sofern vereinbart – montiert und eingewiesen?	→	wenn Ja, weiter bei Tabelle 2 c) wenn Nein, weiter bei Tabelle 2 b)
b)	ist der Liefergegenstand in Erfüllung des Vertrages nur deshalb nicht im Machtbereich des Kunden, weil dieser ihn nicht vertragsgemäß abholt?	→	wenn Ja, weiter bei Tabelle 2 c) wenn Nein, weiter bei Tabelle 2 r)
c)	eine erste grobe Untersuchung innerhalb des ersten Tages vorgenommen, insbesondere nach den mitgelieferten Papieren geprüft, ob die gelieferte der bestellten Ware entspricht?	→	wenn Ja, weiter bei Tabelle 2 d) wenn Nein, weiter bei Tabelle 2 f)
d)	nach der ersten Grobprüfung innerhalb der vereinbarten oder üblichen Frist von einer Woche intensiver durch einen Probelauf untersucht?	→	wenn Ja, weiter bei Tabelle 2 f) wenn Nein, weiter bei Tabelle 2 e)
e)	ist die Intensivprüfung deswegen unterblieben, weil sie technisch nicht innerhalb einer Woche möglich ist?	→	wenn Ja, weiter bei Tabelle 2 j) wenn Nein, weiter bei Tabelle 2 f)
f)	rügt der Kunde einen Sachmangel, eine Falsch-, Mehr- oder Minderlieferung?	→	wenn Ja, weiter bei Tabelle 2 h) wenn Nein, weiter bei Tabelle 2 g)
g)	rügt der Kunde keine Beeinträchtigung des Materials, sondern einen Montagefehler?	→	wenn Ja, weiter bei Tabelle 2 h) wenn Nein, weiter bei Tabelle 4 c)
h)	hat der Kunde innerhalb von acht Tagen gerügt?	→	wenn Ja, weiter bei Tabelle 2 l) wenn Nein, weiter bei Tabelle 2 i)
i)	hat der Kunde innerhalb von acht Tagen nur wegen Streik oder höherer Gewalt nicht gerügt?	→	wenn Ja, schiebt deren Dauer die Wochenfrist hinaus, weiter bei Tabelle 2 l) wenn Nein, weiter bei Tabelle 2 j)
j)	hat der Kunde den Mangel trotz sofortiger Untersuchung erst nach den acht Tagen entdeckt oder wäre der Mangel auch bei ordentlicher Prüfung wohl nicht entdeckt worden?	→	wenn Ja, weiter bei Tabelle 2 k) wenn Nein, weiter bei Tabelle 4 c)
k)	hat der Kunde nach Entdeckung nach acht Tagen den Mangel ohne schuldhaftes Zögern gerügt?	→	wenn Ja, weiter bei Tabelle 2 l) wenn Nein, weiter bei Tabelle 4 c)
l)	lässt die Rüge den konkreten Mangel erkennen?	→	wenn Ja, weiter bei Tabelle 2 o) wenn Nein („unbrauchbar", „nicht vertragsgemäß", „schlecht"), weiter bei Muster 5 Variante B
m)	ist die Art des Mangels beschrieben (z. B. „instabil" o. Ä.)?	→	wenn Ja, weiter bei Tabelle 2 o) wenn Nein, weiter bei Muster 5 Variante B
n)	ist die Funktionsstörung beschrieben?	→	wenn Ja, weiter bei Tabelle 2 o) wenn Nein, weiter bei Muster 5 Variante B
o)	betrifft angezeigter Mangel vom Kunden beigestellte Sache/Material?	→	wenn Ja, weiter bei Tabelle 4 c) wenn Nein, weiter bei Tabelle 2 p)
p)	kann der Käufer den Zugang der Rüge beweisen?	→	wenn Ja, weiter bei Tabelle 2 q) wenn Nein, weiter bei Tabelle 2 r)
q)	kenne ich den Mangel und weiß, dass der Kunde sich nicht mit ihm abfindet?	→	wenn Ja, weiter bei Tabelle 3 wenn Nein, weiter bei Tabelle 2 r)
r)	konnten vorstehende Fragen keine Klarheit bringen?	→	Rechtsanwalt anrufen

Tabelle 3

Der Kunde hat den Mangel noch innerhalb der Gewährleistungsfrist angezeigt:

a)	Haben Sie eine Gewährleistungsdauer vereinbart?	→	wenn Ja, weiter bei Tabelle 3 b) wenn Nein, weiter bei Tabelle 3 f)
b)	Haben Sie die Gewährleistungsdauer Ihrem Kunden vorgegeben?	→	wenn Ja, weiter bei Tabelle 3 e) wenn Nein, weiter bei Tabelle 3 c)
c)	Haben Sie einen besonderen Gefahrübergang vereinbart?	→	wenn Ja, weiter bei Tabelle 2 c) wenn Nein, weiter bei Tabelle 2 b)
d)	Haben Sie den Gefahrübergang Ihrem Kunden vorgegeben?	→	wenn Ja, weiter bei Tabelle 3 f) wenn Nein, weiter bei Tabelle 3 e)
e)	Wann haben Sie den Liefergegenstand beim Kunden oder Bestimmungsort abgeliefert und übergeben bzw. wann ist der besonders vereinbarte Gefahrübergang eingetreten bzw. wann wurde die Maschine endabgenommen?	→	Beginn der Gewährleistungsfrist: ……. weiter bei Tabelle 3 g)
f)	Hat der Kunde bei seiner Bestellung auf seine allgemeinen Einkaufsbedingungen verwiesen?	→	wenn Ja, weiter bei Tabelle 3 h) wenn Nein, weiter bei Tabelle 3 g)
g)	Wann läuft die vereinbarte Gewährleistungsverjährungsdauer ab?	→	Ende der Gewährleistungsfrist: …… weiter bei Tabelle 4
h)	Wann läuft die gesetzliche zweijährige Gewährleistungsdauer ab?	→	Ende der Gewährleistungsfrist: …… weiter bei Tabelle 4
i)	Ist dem Kunden vertraglich (neben der Gewährleistung) eine Garantie erklärt worden?	→	Rechtsanwalt anrufen
j)	Konnten vorstehende Fragen keine Klarheit bringen?	→	Rechtsanwalt anrufen

Tabelle 4

Ist die Gewährleistungspflicht für die gerügte Sache noch nicht abgelaufen?

a)	Ist der Liefergegenstand, für den eine Mängelanzeige erfolgt ist, noch in der Gewährleistung?	→	wenn Ja, weiter bei Muster 1 wenn Nein, weiter bei Muster 3
b)	Ist der Liefergegenstand, für den eine Mängelanzeige erfolgt ist, noch in der Gewährleistung, aber es ist nicht klar, um welchen Mangel es sich konkret überhaupt handeln könnte?	→	wenn Ja, weiter bei Muster 2 wenn Nein, weiter bei Tabelle 4 c)
c)	Ist der Liefergegenstand, für den eine Mängelanzeige erfolgt ist, nicht mehr in der Gewährleistung oder betrifft der Mangel eine vom Kunden beigestellte Sache/Material, soll aber aus geschäftspolitischen Gründen eine Mängelprüfung gleichwohl („aus Kulanz") erfolgen?	→	wenn Ja, weiter bei Muster 3 wenn Nein, weiter bei Tabelle 4 d)
d)	Ist der Liefergegenstand, für den eine Mängelanzeige erfolgt ist, nicht mehr in der Gewährleistung oder betrifft der Mangel eine vom Kunden beigestellte Sache/Material, soll aber aus geschäftspolitischen Gründen keine Mängelprüfung ohne neuen Auftrag erfolgen?	→	wenn Ja, weiter bei Muster 4 wenn Nein, weiter bei Muster 5
e)	Konnten vorstehende Fragen keine Klarheit bringen?	→	Rechtsanwalt anrufen

Je nach Ergebnis Ihrer Vorprüfung können Sie Ihrem Kunden antworten:

Muster 1: Zusage der Prüfung des angezeigten Mangels (aus Rechtspflicht)

Betrifft: unsere Auftragsnummer ...
　　　unsere Lieferung vom ...
Bezug: Ihr Schreiben vom ...

Sehr geehrte Frau .../sehr geehrter Herr ...
Ihr Schreiben vom ... haben wir erhalten. Darin zeigen Sie uns an, dass
.... [kurze Beschreibung des angeblichen Mangels]. Wir bedauern, dass ...
[kurze Beschreibung der Fehlwirkung beim Kunden].
Nach unseren vertraglichen Abreden in Verbindung mit unseren zugrunde liegenden allgemeinen Lieferbedingungen haben Sie den Mangel innerhalb der Gewährleistungsfrist angezeigt und wir werden Ihre Mängelanzeige selbstverständlich umgehend prüfen. Hierfür benötigen wir ... [ausfüllen]. Wir werden dann gegebenenfalls entweder bereits unmittelbar mit der Mängelbeseitigung beginnen oder Ihnen mitteilen, wie die Mängelbeseitigung erfolgen kann.

Mit freundlichen Grüßen

Muster 2: Zusage der Prüfung des angezeigten Mangels dem Grunde nach, aber vorerst mit der Bitte um Konkretisierung

Betrifft: unsere Auftragsnummer ...
　　　unsere Lieferung vom ...
Bezug: Ihr Schreiben vom ...

Sehr geehrte Frau .../ sehr geehrter Herr ...
Ihr Schreiben vom ... haben wir erhalten. Darin zeigen Sie uns an, dass
.... [kurze Beschreibung des angeblichen Mangels]. Wir bedauern, dass ...
[kurze Beschreibung der Fehlwirkung beim Kunden].
Nach unseren vertraglichen Abreden in Verbindung mit unseren zugrunde liegenden allgemeinen Lieferbedingungen kommt zwar dem Grunde nach eine Mängelbeseitigung in Betracht. Wir bitten aber um Verständnis dafür, dass wir in eine Mängelprüfung erst eintreten können, wenn uns eine konkrete Mangelbeschreibung vorliegt. Dazu reichen die Angaben

in Ihrem Schreiben aber nicht aus. Hierfür benötigen wir ... [ausfüllen]. Wir werden dann umgehend auf die Angelegenheit zurückkommen und Ihnen mitteilen, wie die Mängelbeseitigung erfolgen kann.

Mit freundlichen Grüßen

Muster 3: Zusage der Prüfung des angezeigten Mangels (aus Kulanz)

Betrifft: unsere Auftragsnummer ...
　　　　　unsere Lieferung vom ...
Bezug: Ihr Schreiben vom ...

Sehr geehrte Frau .../sehr geehrter Herr ...
Ihr Schreiben vom ... haben wir erhalten. Darin zeigen Sie uns an, dass
.... [kurze Beschreibung des angeblichen Mangels]. Wir bedauern, dass ...
[kurze Beschreibung der Fehlwirkung beim Kunden].

[Variante A:]
Nach unseren vertraglichen Abreden in Verbindung mit unseren zugrunde liegenden allgemeinen Lieferbedingungen liegt Ihre Mangelanzeige nicht mehr in der Gewährleistungsfrist.

[Variante B: (alternativ oder kumulativ)]
Nach unseren vertraglichen Abreden in Verbindung mit unseren zugrunde liegenden allgemeinen Lieferbedingungen betrifft der von Ihnen gerügte Mangel ein Bauteil bzw. Material, das Sie beigestellt haben. Hierfür können Sie selbstverständlich keine Gewährleistung in Anspruch nehmen. Gleichwohl sind wir als Ihr Partner selbstverständlich darum bemüht, gemeinsam mit Ihnen eine Lösung zu finden. Hierfür benötigen wir ... [ausfüllen]. Aus Kulanz und ohne Anerkennung von Rechtspflichten können wir dann ... [ausführen].

Mit freundlichen Grüßen

Muster 4: Zusage der Prüfung des angezeigten Mangels gegen neuen Auftrag

Betrifft: unsere Auftragsnummer ...

   unsere Lieferung vom ...

Bezug: Ihr Schreiben vom ...

Sehr geehrte Frau .../ sehr geehrter Herr ...

Ihr Schreiben vom ... haben wir erhalten. Darin zeigen Sie uns an, dass ... [kurze Beschreibung des angeblichen Mangels]. Wir bedauern, dass ... [kurze Beschreibung der Fehlwirkung beim Kunden].

[Variante A:]

Nach unseren vertraglichen Abreden in Verbindung mit unseren zugrunde liegenden allgemeinen Lieferbedingungen liegt Ihre Mangelanzeige nicht mehr in der Gewährleistungsfrist.

[Variante B: (alternativ oder kumulativ)]

Bei dem von Ihnen angezeigten Mangel handelt es sich nicht um einen verdeckten Mangel. Soweit Sie davon abgesehen haben, eine umgehende Wareneingangsprüfung mit entsprechender unverzüglicher Mängelrüge vorzunehmen, haben Sie unsere Lieferung genehmigt.

Gleichwohl sind wir als Ihr Partner selbstverständlich darum bemüht, gemeinsam mit Ihnen eine Lösung zu finden. Hierfür benötigen wir ... [ausfüllen]. Gerne unterbreiten wir Ihnen unser Angebot für ... [ausführen].

Mit freundlichen Grüßen

Muster 5: Absage der Prüfung des angezeigten Mangels (aus Rechtsgründen)

Betrifft: unsere Auftragsnummer ...

   unsere Lieferung vom ...

Bezug: Ihr Schreiben vom ...

Sehr geehrte Frau .../ sehr geehrter Herr ...

Ihr Schreiben vom ... haben wir erhalten. Darin zeigen Sie uns an, dass .... [kurze Beschreibung des angeblichen Mangels]. Wir bedauern, dass ... [kurze Beschreibung der Fehlwirkung beim Kunden].

[Variante A:]
Nach unseren vertraglichen Abreden in Verbindung mit unseren zugrunde liegenden allgemeinen Lieferbedingungen liegt Ihre Mangelanzeige nicht mehr in der Gewährleistungsfrist.

[Variante B: (alternativ oder kumulativ)]
Bei dem von Ihnen angezeigten Mangel handelt es sich nicht um einen verdeckten Mangel. Soweit Sie davon abgesehen haben, eine umgehende Wareneingangsprüfung mit entsprechender unverzüglicher Mängelrüge vorzunehmen, haben Sie unsere Lieferung genehmigt.
Wir sehen uns deswegen und aus Kapazitätsgründen leider nicht in der Lage, kurzfristig Abhilfe zu schaffen.

Mit freundlichen Grüßen

Aus der Rechtsprechung

Die Nacherfüllung kann nicht abgelehnt werden, wenn der Unternehmer sie „nur aus Kulanz" anbietet (OLG Koblenz BeckRS 2009, 22692).

7 Besondere Angebote

Für Exportgeschäfte, öffentliche Ausschreibungen und den E-Commerce gelten Besonderheiten, die Sie u. a. auch bei Ihrer Angebotserstellung beachten müssen. Bevor Sie in diesem Kapitel die relevanten Informationen zu den genannten Themen erhalten, gibt Ihnen die folgende Tabelle einen Überblick über die wichtigsten Fragen, die Sie sich in diesem Zusammenhang stellen sollten:

Frage	Ja	Nein
Wissen Sie, nach welchem Recht sich Ihr Exportgeschäft richtet?		
Wie gut ist Ihr Englisch?		
Verstehen Sie die exakte Bedeutung ausländischer Begriffe?		
Kennen Sie die Incoterms®?		
Wussten Sie, dass UN-Kaufrecht deutsches Recht ist?		
Wissen Sie, wie Sie Ihre Lieferungen ins Ausland richtig absichern?		
Genügt Ihnen ein unbestätigtes Akkreditiv?		
Kennen Sie die Ausfuhrbestimmungen für Ihre Leistungen?		
Wissen Sie, was eine beschränkte Ausschreibung ist?		
Kennen Sie die gesetzlichen Ausschreibungsvorschriften?		
Wissen Sie, ob Sie als Bieter geeignet sind?		
Wissen Sie, was Sie tun können, wenn Sie zu Unrecht bei einer Ausschreibung unberücksichtigt bleiben?		
Kennen Sie die Besonderheiten der VOL?		
Wissen Sie, wann Ihre Leistungen abgenommen sind?		
Wissen Sie, ab welchem Auftragswert Sicherheitsleistungen von Ihnen verlangt werden können?		
Kennen Sie die Hürden beim E-Commerce?		
Informieren Sie Ihre Kunden ordnungsgemäß?		
Kennen Sie die Folgen eines Verstoßes gegen die Informationspflichtenverordnung?		

7.1 Was Sie bei Exportgeschäften beachten müssen

Deutschland ist — so hört man — ein Exportland. Eine Vielzahl mittlerer Betriebe hat also Auslandskontakt. Subunternehmer und zunehmend auch Kleinbetriebe folgen Ihren Auftraggebern ins benachbarte und fernere Ausland. Ob in Polen oder in China: Für den Export gelten besondere Regeln, deren Nichtbeachtung Sie teuer zu stehen kommen kann.

7.1.1 Welches Recht soll gelten?

Ohne ausdrückliche Rechtswahl kommt das Recht des Staates zur Anwendung, zu dem der Vertrag als solcher die engste Verbindung aufweist — sofern keine ausdrücklichen gesetzlichen Zuweisungen bestehen (Art. 4 Absatz 4 der EG-Verordnung 593/2008 — Rom I - in Verbindung mit Art. 3 Nr. 1 b) des Einführungsgesetzes zum BGB - EGBGB). Das ist in der Regel der Sitz derjenigen Partei, die die vertragscharakteristische Leistung erbringt, und das ist nicht die Partei, von der die Gegenleistung bezahlt wird. Kaufverträge über bewegliche Sachen unterliegen nach Art. 4 Absatz 1 lit. a) VO (EG) 593/2008 dem Recht des Staates, in dem der Verkäufer seinen gewöhnlichen Aufenthaltsort hat. Der gewöhnliche Aufenthalt ist bei Gesellschaften der Sitz ihrer Hauptverwaltung, bei einer natürlichen Person der Ort ihrer Hauptniederlassung, und zwar jeweils zum Zeitpunkt des Vertragsschlusses, Art. 19 VO (EG) 593/2008.

Diese Bestimmung ist für den Verkäufer in der Regel angemessen, da er die eigenen nationalen Rechtsvorschriften noch am ehesten — gegebenenfalls mithilfe rechtlichen Beistands — überblicken kann. Wer nun denkt, er sei als Verkäufer im sicheren deutschen „Rechtshafen", der sieht sich jedoch getäuscht. Denn die Bundesrepublik Deutschland hat sich für grenzüberschreitende Kaufrechtsgeschäfte dem sogenannten UN-Kaufrecht angeschlossen, das damit gleichzeitig deutsches Recht für diesen Sonderfall geworden ist.

Entsprechendes gilt für Dienstleistungsverträge, Franchiseverträge und Vertriebsverträge. Geht es um Immobilien — das betrifft auch Miete oder Pacht —, gilt das Recht des Staates, in dem die Immobilie liegt.

7.1.2 Was bedeutet UN-Kaufrecht?

Für internationale Kaufverträge mit deutscher Beteiligung gilt — wie eben erläutert — das „Übereinkommen der Vereinten Nationen über Verträge über den internationalen Warenkauf vom 11.04.1980", kurz als „UN-Kaufrecht" bezeichnet (engl.: United Nations Convention on Contracts for the International Sale of Goods, kurz: **CISG**). Diese Bestimmung gilt per Gesetz, sofern man die Regelungen nicht vertraglich ausschließt.

Das sollten Sie über das UN-Kaufrecht wissen:

Der Ausdruck „schriftlich" ist anders als nach BGB zu verstehen: Es bedarf nicht in jedem Fall einer eigenhändigen Unterschrift, es genügen auch Telegramme, Fernschreiben, möglicherweise auch Telefax und E-Mail. Neuere Rechtsprechung liegt hierzu nicht vor, die Wissenschaft streitet darüber.

Angebote des Käufers (Bestellungen) bleiben — anders als nach BGB, wonach sie erlöschen, wenn sie nicht sofort angenommen werden — so lange bindend, bis sie entweder widerrufen, innerhalb zu bestimmender oder angemessener Fristen nicht angenommen oder abgelehnt werden.

Achtung: Annahmeerklärungen des Verkäufers (Auftragsbestätigungen), die unwesentliche Abweichungen aufweisen, werden Vertragsbestandteil, wenn nicht unverzüglich widersprochen wird. Das gilt natürlich nicht bei Abweichungen hinsichtlich des Preises, der Bezahlung, der Qualität und Menge der Ware, des Orts und der Zeit der Lieferung, des Umfangs der Haftung oder des Rechtswegs und Gerichtsstands. Geht eine Auftragsbestätigung erst nach Ablauf einer vom Käufer gesetzten oder angemessenen Frist beim ihm ein, kommt ein Vertrag dennoch zustande, wenn der Käufer dem Verkäufer das unverzüglich erklärt oder die Auftragsbestätigung bei normaler Beförderung dem Käufer rechtzeitig zugegangen wäre.

Im Zweifel ist — auch wenn die Parteien dies nicht ausdrücklich vereinbart haben — bei internationalen Kaufverträgen von einem Beförderungsverkauf auszugehen. Dann hat der Verkäufer die Pflicht, die Ware dem „ersten Beförderer" zu übergeben, Artikel 31 a) CISG. Die Entscheidung der Frage, wer darunter zu verstehen ist, ist unter anderem bedeutsam für die Beurteilung, wer die Leistungsgefahr trägt, wenn die Ware auf dem Transport untergeht. So gelten eigene Mitarbeiter nicht als erste Beförderer, anders als nach deutschem Recht gem. § 447 Abs. 1 BGB. Dasselbe gilt für Spediteure. Erst durch Übergabe an das Transportunternehmen (Frachtführer) wird die Lieferpflicht des Verkäufers erfüllt.

Weitere Pflichten können sich nach den Incoterms® 2010 ergeben. Mehr dazu erfahren Sie unten im Kapitel 7.5.1 „Wissen Sie, was sich hinter den Incoterms® verbirgt?". Dies gilt auch für die Regelung zum Lieferort nach Artikel 31 CISG und zur Lieferzeit Artikel 33 CISG.

Nach Artikel 34 Satz 1 CISG muss der Verkäufer dem Käufer warenbezogene Dokumente in derjenigen Form, an demjenigen Ort und zu demjenigen Zeitpunkt übergeben, wie es im Vertrag vorgesehen ist, und zwar nach den Gebräuchen und Gepflogenheiten entsprechend Artikel 9 CISG. Ist das Warendokument ein Orderpapier, muss der Verkäufer das Dokument mit einem sogenannten Indossament versehen — auf den Käufer lautend oder blanko —, es dem Käufer übereignen und übergeben. Sofern es keine besonderen Abreden gibt, müssen Aufmachung, Sprache und Anzahl so beschaffen sein, dass der Käufer die Ware bei ihrer Ankunft am Bestimmungsort von dem Beförderer übernehmen, die Zollabfertigung durchführen und unter Umständen Ansprüche gegen den Beförderer und den Versicherer geltend machen kann. Dem entsprechen auch viele Incoterms®.

Bei Beförderungsverkauf muss ein Beförderungsvertrag abgeschlossen werden, Artikel 32 Abs. 2 CISG. Die Versendung ist anzuzeigen, Artikel 32 Abs. 1 CISG. Hierdurch treten die Konkretisierung und damit der Gefahrübergang auf den Käufer bei Verlust oder Beschädigung der Ware nach Artikel 67 Abs. 2 CISG ein.

Ferner ist, sofern Artikel 32 CISG oder die Incoterms® CIF und CIP gelten, eine Transportversicherung abzuschließen, weil dies damit zur „vertraglichen Verkäuferpflicht" geworden ist. Ansonsten besteht nur die Pflicht, dem Käufer auf dessen Verlangen hin alle Auskünfte zu erteilen, die ihm den Abschluss einer Transportversicherung ermöglichen, Artikel 32 Abs. 3 CISG.

Bei Leistungshindernissen, also wenn der Verkäufer nach Abschluss des Kaufvertrages feststellt, dass er seine Leistungspflicht nicht oder nicht rechtzeitig erfüllen kann, ist der Kunde sofort zu benachrichtigen, Artikel 79 Abs. 4 CISG. Versäumt er diese Mitteilung haftet er dem Käufer für denjenigen Schaden, der durch die fehlende, unzureichende oder verspätete Mitteilung entstanden ist.

Wer Ein- oder Ausfuhrgenehmigungen oder erforderliche Lizenzen zu besorgen hat, regelt das UN-Kaufrecht nicht, allerdings einige Incoterms®, zum Beispiel „FAS" in der Fassung von 2010, wonach der Verkäufer die Ausfuhrbewilligung und andere behördliche Genehmigungen zu beschaffen sowie sonstige Zollformalitäten zu erledigen hat, die für die Ausfuhr der Ware erforderlich sind.

7.1.3 Vereinbaren Sie unbedingt auch bei ausländischen Kunden BGB und HGB!

Mit dem UN-Kaufrecht war ursprünglich eine Vereinheitlichung von internationalen kaufrechtlichen Vorschriften bezweckt, insbesondere von Gewährleistungs- und Haftungsvorschriften. Viele der darin genannten Institute sind jedoch dem deutschen Recht hinsichtlich ihrer Bedeutung und Tragweite fremd. Auch auf gesicherte Rechtsprechung kann nur ausnahmsweise zurückgegriffen werden.

Aber: Sie können den gesetzlichen Verweis auf das UN-Kaufrecht rückgängig machen. Denn das internationale Privatrecht lässt die freie Rechtswahl zu:

Art. 3 VO (EG) 593/2008 Freie Rechtswahl

(1) Der Vertrag unterliegt dem von den Parteien gewählten Recht. Die Rechtswahl muss ausdrücklich erfolgen oder sich eindeutig aus den Bestimmungen des Vertrags oder aus den Umständen des Falles ergeben. Die Parteien können die Rechtswahl für ihren ganzen Vertrag oder nur für einen Teil desselben treffen.

(2) Die Parteien können jederzeit vereinbaren, dass der Vertrag nach einem anderen Recht zu beurteilen ist als dem, das zuvor entweder aufgrund einer früheren Rechtswahl nach diesem Artikel oder aufgrund anderer Vorschriften dieser Verordnung für ihn maßgebend war. Die Formgültigkeit des Vertrags im Sinne des Artikels 11 und Rechte Dritter werden

durch eine nach Vertragsschluss erfolgende Änderung der Bestimmung des anzuwendenden Rechts nicht berührt.

(3) Sind alle anderen Elemente des Sachverhalts zum Zeitpunkt der Rechtswahl in einem anderen als demjenigen Staat belegen, dessen Recht gewählt wurde, so berührt die Rechtswahl der Parteien nicht die Anwendung derjenigen Bestimmungen des Rechts dieses anderen Staates, von denen nicht durch Vereinbarung abgewichen werden kann.

(4) Sind alle anderen Elemente des Sachverhalts zum Zeitpunkt der Rechtswahl in einem oder mehreren Mitgliedstaaten belegen, so berührt die Wahl des Rechts eines Drittstaats durch die Parteien nicht die Anwendung der Bestimmungen des Gemeinschaftsrechts — gegebenenfalls in der von dem Mitgliedstaat des angerufenen Gerichts umgesetzten Form —, von denen nicht durch Vereinbarung abgewichen werden kann.

(5) Auf das Zustandekommen und die Wirksamkeit der Einigung der Parteien über das anzuwendende Recht finden die Artikel 10, 11 und 13 Anwendung.

Sie können auch ein Recht wählen, das kein Recht eines Mitgliedstaates der Europäischen Gemeinschaft ist, Art. 2, Art. 3 VO (EG) 593/2008. Eine solche Wahl dürfte aber nur ausnahmsweise in Betracht kommen.

TIPP

Stellen Sie klar, dass deutsches Recht ohne UN-Kaufrecht zur Anwendung kommen soll. Erst dann befindet man sich wieder im Bereich von BGB und HGB.

Eine solche Entscheidung sollte aber nicht unreflektiert getroffen werden. Manche Bestimmungen des CISG bringen dem Verkäufer durchaus Vorteile: Das BGB stellt für die Frage der Mangelfreiheit auf die Erwartungen des Käufers ab, das CISG orientiert sich an der Umgebung des Verkäufers:

- Das CISG kennt — anders als das BGB — bei Mängeln im Verbrauchergeschäft keine Beweislastumkehr zulasten des Verkäufers in den ersten sechs Monaten.
- Nach BGB kann in der Lieferkette die Gewährleistung bis zu fünf Jahre gehemmt sein, nach dem CISG ist nach zwei Jahren Schluss.

- Das BGB verpflichtet den Verkäufer, Kosten der Nacherfüllung, etwa Ein- und Ausbaukosten, auch dann zu tragen, wenn den Verkäufer kein Verschulden am Mangel trifft, das CISG verpflichtet ihn nur bei Verschulden. Ferner können Grund und Umfang dieses Anspruchs — anders als nach BGB — vertraglich modifiziert werden.
- Zwar haftet der Verkäufer nach CISG verschuldensunabhängig, das kann aber vertraglich eingeschränkt werden.
- Nach BGB kann der Käufer bei Mängeln vom Vertrag zurücktreten, es sei denn, die Pflichtverletzung sei unerheblich. Nach CISG muss die Vertragsverletzung dafür wesentlich gewesen sein und der Rücktritt muss innerhalb angemessener Frist erklärt werden. Wesentlich ist eine Vertragswidrigkeit aber nur, wenn dem Käufer eine Weiterverarbeitung oder ein Weiterverkauf auch mit Preisabschlag weder möglich noch zumutbar wäre.

Formulierungsmuster

Rechtswahl
Es findet ausschließlich deutsches Recht mit Ausnahme des UN-Kaufrechts Anwendung.

Können Sie sich bei Vertragsschluss mit der Wahl Ihres nationalen Rechts nicht durchsetzen, sollten Sie überlegen, ob Sie die Rechtswahlfrage überhaupt ansprechen. Vielleicht verweist die VO (EG) 593/2008 das Recht ja gerade in Ihren Staat. Andernfalls können Sie sich mit ausländischen Vertragspartnern häufig auf das dem Deutschen Recht ähnliche Schweizer Recht oder in Fernost auf das Recht des Staates Singapur verständigen. Das bietet sich insbesondere an, wenn dort auch der Gerichtsstand sein soll. Derzeit bieten sowohl die Schweiz wie auch Singapur eine gewisse Gewähr für ein rechtsstaatliches Verfahren und Entscheidungen ihrer Gerichte sind so gut wie weltweit vollstreckbar, auch in China.

7.1.4   Beachten Sie die Bedeutung der Vertragssprache

Insbesondere bei Lieferverträgen ins Ausland, zu deren Vorbereitung die Parteien in unterschiedlichen Sprachen korrespondiert haben, empfiehlt es sich, die maßgebliche Vertragssprache festzulegen. Dies kann für die Auslegung des Vertrages von besonderer Bedeutung sein. So kennen die Länder des romanischen Rechtskreises nicht die Unterscheidung des deutschen Rechts nach Verpflichtung und Erfüllung. Klauseln, die sich darauf beziehen, lassen sich also nicht ohne Weiteres übersetzen, weil es an der fremdsprachigen Entsprechung fehlt. In jedem Falle sollte es aus rechtlicher Sicht vermieden werden, eine Vertragssprache als verbindlich zu bezeichnen, die nicht dem gewählten Recht entspricht.

Beispiel: Beim Verkauf eines Warenlagers eines Kölner Anbieters an einen Münchener Händler mit englischer Muttergesellschaft korrespondieren diese in Englisch. Dabei verwenden sie den Begriff „inventory". Später geraten die Parteien in Streit darüber, ob damit auch ein Außenlager bei einem Außendienstmitarbeiter gemeint ist, oder nur das inventarisierte Lager des Verkäufers.

Achtung Falle: Wenn Sie eine ausländische Vertragssprache wählen, müssen bei einem späteren Prozess in Deutschland sämtliche Vertragsdokumente und sämtlicher Schriftverkehr — soweit es darauf ankommt — von einem vereidigten und bestellten Dolmetscher übersetzt werden. Das kann teuer werden.

7.1.5   Wissen Sie, was sich hinter den Incoterms® verbirgt?

Incoterms® — zurzeit gültig in der Fassung 2010 — sind internationale Handelsklauseln. Sie gehen nationalen Handelsbräuchen vor und vereinheitlichen die sogenannten „Trade Terms" der internationalen Handelskammern. Der Begriff „Incoterms®" ist eine registrierte Marke der International Chamber of Commerce in Paris und ist in Europa als Wort und Bildmarke geschützt. Nach deutschem Rechtsverständnis sind Incoterms® allgemeine Geschäftsbedingungen.

Achtung Falle: Sind Sie nicht nur Kleingewerbetreibender, sondern Kaufmann, gelten für Sie die verschärften Anforderungen: Incoterms® können bei Ihren Exportgeschäften auch bloß nach Handelsbrauch ohne weitere Erwähnung zur Anwendung kommen. Vereinbaren Sie lieber die Klauseln, auf die Sie sich beziehen wollen, ausdrücklich!

Für den Verkäufer haben insbesondere die Klauseln der sogenannten C- und D-Gruppe besondere Bedeutung, da sie ihm umfangreiche Verpflichtungen auferlegen. So trägt der Verkäufer gem. der C-Gruppe folgende Risiken:

- CFR (Cost and Freight): Kosten und Fracht zum benannten Bestimmungshafen trägt der Verkäufer, die Gefahr geht seit 2011 aber nicht mehr an der Schiffsreling über, sondern wenn die Ware physisch auf dem Schiff abgesetzt wurde. Der Verkäufer ist verpflichtet, die Ware auf das Transportmittel zu verladen, zum Exporthafen zu transportieren und im Hafen zu entladen sowie die Ausfuhr- und Zollformalitäten zu übernehmen.
- CIF (Cost, Insurance and Freight): Hier trägt der Verkäufer die Kosten, die Versicherung (zu Mindestbedingungen) und die Fracht zum benannten Bestimmungshafen. Die Gefahr geht wie bei der CFR-Klausel über. Der Verkäufer ist ebenfalls verpflichtet, die Ware auf das Transportmittel zu verladen, zum Exporthafen zu transportieren und im Hafen zu entladen sowie die Ausfuhr- und Zollformalitäten zu übernehmen. Außerdem trägt er noch die Ladegebühren im Exporthafen und den Transport zum Importhafen.
- CPT (Carriage paid to): Kosten und Fracht zum benannten Bestimmungsort gehen zulasten des Verkäufers, der Gefahrübergang findet aber erst mit Übergabe an den Frachtführer statt. Hier übernimmt der Verkäufer neben den Pflichten aus der CIF-Klausel noch die Entladegebühren im Bestimmungshafen sowie die Verladung dort auf ein Transportmittel sowie den Transport zum Zielort.
- CIP (Carriage and Insurance paid to): Der Verkäufer übernimmt hier die Kosten, die Versicherung (zu Mindestbedingungen) und die Fracht zum benannten Bestimmungsort. Wie bei der CPT-Klausel geht die Gefahr wieder erst mit Übergabe der Ware an den Frachtführer über.

In der D-Gruppe trägt der Verkäufer auch die Kosten bis zum Ankunftsort. Es bedeuten dort

- DAT (Delivered at Terminal): Hiernach wird die Ware an ein bestimmtes Terminal geliefert, der Verkäufer hat für die Ware eine Beförderungsvertrag bis zum benannten Terminal im vereinbarten Bestimmungsort abzuschließen. Die Pflichten entsprechen denen der CPT- bzw. CIF-Klausel. Entladen muss der Käufer! Diese Klausel ersetzt die frühere DEQ-Klausel in den Incoterms® 2000, die ausschließlich für den See- und Binnenschiffsverkehr zu verwenden war. Mit der Neuregelung versucht die Internationale Handelskammer den Anforderungen moderner Transportpraxis und den Veränderungen im Bereich der Hafenlogistik zu entsprechen

- DAP (Delivered at Place): Es wird an den benannten Lieferort im Einfuhrland geliefert (verzollt). Diese Klausel sollte nicht verwendet werden, wenn der Verkäufer die Einfuhrbewilligung nicht beschaffen kann. DAP ersetzt die früheren DAF- und DES-Klauseln. Sie soll den Ex- und Importeuren mehr Freiheit bieten. Danach hat der Verkäufer seine Lieferverpflichtung erfüllt, wenn die Ware dem Käufer auf dem ankommenden Beförderungsmittel entladebereit am benannten Bestimmungsort zur Verfügung gestellt wird.
- DDP (Delivered Duty paid): Es wird an den benannten Ort geliefert (verzollt). Gemäß dieser Klausel übernimmt der Verkäufer alle Kosten bis zur Übergabe der Ware am vereinbarten Bestimmungsort, einschließlich der Zollabfertigung bei Ausfuhr und Einfuhr. Bis zur Übergabe an den Käufer auf dessen Gelände trägt der Verkäufer entsprechend auch das Risiko des zufälligen Untergangs der Ware.

7.1.6 Sichern Sie Ihre Leistung auch im Ausland

Im internationalen Warenverkehr sind die Risiken, die sich daraus ergeben, dass die Kunden nur selten hinreichend geprüft werden können, besonders groß. Zahlungsziele oder international branchenübliche Zahlungsbedingung bergen erhebliche Risiken. Längere Zahlungsziele belasten die Bilanz des Exporteurs. Bei Zahlungszielen bis zu einem Jahr (kurzfristig) sollten Sie Finanzierungsinstrumente nutzen, die Ihre Risiken mindern.

Im internationalen Warenverkehr haben sich sogenannte unwiderrufliche **Dokumentenakkreditive** (Letter of Credit – LC) durchgesetzt. Darunter versteht man eine Anweisung an eine Bank, einem Dritten gegen Übergabe der vertraglich vereinbarten Dokumente (die den Versand, die Versicherung, etwa die Qualität der Güter und/oder andere Sachverhalte beweisen) eine festgelegte Summe oder Teile davon zur Verfügung zu stellen. Der Exporteur versendet seine Ware erst nach Eröffnung und Vorlage des Akkreditivs und sichert so seine Forderung. Da er bereits bei Einreichung der Dokumente die Zahlung erhält, finanziert er nicht den Transportweg. Der ausländische Kunde ist dadurch gesichert, dass die Zahlung nur erfolgt, wenn der Exporteur die Erfüllung aller Akkreditivbedingungen anhand von Dokumenten nachgewiesen hat.

Lassen Sie sich nicht verwirren. Es gibt die unterschiedlichsten Akkreditivarten. Nicht alle sind für Sie geeignet:

- Widerrufliches Dokumentenakkreditiv
  Da die eröffnende Bank ein solches bis zum Zeitpunkt der Dokumentenaufnahme jederzeit und ohne vorherige Nachricht an den Exporteur ändern oder aufheben kann, kommt es in der Praxis selten vor.
- Unwiderrufliches Dokumentenakkreditiv
  Hier ist die eröffnende Bank (Akkreditivbank) eine feststehende (unwiderrufliche) Verpflichtung zur Zahlung gegenüber dem Exporteur eingegangen.
- Unbestätigtes Dokumentenakkreditiv
  Dieses Akkreditiv ist zwar unwiderruflich, verpflichtet aber nur die ausländische Bank des Importeurs (Akkreditivbank) zur Zahlung. Hier hätten Sie nur einen Anspruch auf Zahlung an die eröffnende Bank (Akkreditivbank).

TIPP

Da auch Banken zahlungsunfähig werden können, können Sie sich das Dokumentenakkreditiv durch eine inländische Bank bestätigen lassen, dann aber möglichst durch eine systemrelevante.

- Bestätigtes Dokumentenakkreditiv
  Die ausländische Akkreditivbank beauftragt eine weitere Bank (Bestätigungsbank, zum Beispiel im Inland) damit, ein eigenes zusätzliches Zahlungsversprechen auf das gegebene Akkreditiv einzugehen. Die bestätigende Bank haftet dann genauso wie die Akkreditivbank für die Zahlung.
- Sichtzahlungsakkreditiv (Sichtakkreditiv)
  Die Zahlung erfolgt bei der Bank gegen Einreichung und Aufnahme der Dokumente. Die Bank kann die Dokumente höchstens 7 Tage prüfen.
- Akkreditiv mit hinausgeschobener Zahlung
  Hier zahlt die Bank erst mit „Verzögerung" um die sogenannte Nachfrist aus. So können Sie ein Zahlungsziel einräumen und die Sicherheit des Akkreditivversprechens der eröffnenden Bank auch während der Nachsichtfrist behalten.

- Akzeptakkreditiv
  Die akkreditiveröffnende Bank zahlt bei Fälligkeit auf eine von Ihnen gezogene Tratte, wenn Sie dabei die Akkreditivbedingungen erfüllen. Falls eine andere Bank im Akkreditiv als Akzeptbank vorgesehen ist (z. B. Ihre Hausbank), übernimmt diese die Verpflichtung zur Akzeptleistung und Zahlung.
- Commercial Letter of Credit (CLC)
  Durch den Commercial Letter of Credit (CLC) verbrieft die akkreditiveröffnende Bank das Zahlungsversprechen. Darin verpflichtet sich diese Bank, Tratten zu bezahlen, vorausgesetzt, die vorgeschriebenen Dokumente werden vorgelegt und die Akkreditivbedingungen sind erfüllt.
- Übertragbares Dokumentenakkreditiv
  Übertragbare Akkreditive kommen bei Einschaltung von Generalunternehmen zum Einsatz. Der Endabnehmer stellt ein übertragbares Akkreditiv zugunsten des Zwischenhändlers aus. Der Zwischenhändler überträgt es auf seinen Lieferanten zur Absicherung seiner Forderung. Einer unmittelbaren Beziehung zwischen Hersteller und Endabnehmer bedarf es nicht. Eine weitergehende Übertragung müsste vereinbart sein.
- Revolvierendes Dokumentenakkreditiv (Revolving Credit)
  Hierbei kann der Akkreditivbetrag innerhalb eines bestimmten Zeitraums vom Begünstigten mehrmals (revolvierend) in Anspruch genommen werden, bis ein bestimmter Höchstbetrag erreicht ist.
- Gegenakkreditiv (Back-to-back-Akkreditiv)
  Es kann anstelle eines übertragenden Akkreditivs verwendet werden. Dabei eröffnet der Exporteur ein Akkreditiv zu Gunsten seines Vorlieferanten oder Subunternehmers (Gegenakkreditiv), der ausländische Importeur parallel dazu ein Akkreditiv (Basisakkreditiv) zugunsten des Exporteurs.

● TIPP

Setzen Sie sich insbesondere bei Fällen erstmaliger Auslandsberührung dringend mit den Industrie- und Handelskammern und/oder den Hausbanken ins Benehmen, um die Sicherungsmöglichkeiten im Rahmen von Akkreditivgeschäften auszuschöpfen.

In der Regel werden die Einheitlichen Richtlinien und Gebräuche für Dokumentenakkreditive (ERA) der Internationalen Handelskammer in Paris (ICC) in ihrer jeweils aktuellen Fassung zugrunde gelegt, die auch die Prüfkriterien für die beteiligten Banken enthalten.

Formulierungsmuster

...

§ 8 Akkreditiv
(1) Über den vorstehenden Kaufpreis wird die Käuferin ein unwiderruflich übertragbares und teilbares Akkreditiv eröffnen, das Teilzahlungen
zulässt, zugunsten der Verkäuferin bei deren Bank, die ... Bank in ..,, die
dieses Akkreditiv bestätigt. Dieses Akkreditiv hat die Käuferin auf ihre
Kosten spätestens ... Tage nach Unterzeichnung des Vertrages zu eröffnen, und zwar mit einer Laufzeit bis zu dem vertraglich für die endgültige
Abnahme festgelegten Zeitpunkt gemäß § ... dieses Vertrages, mindestens jedoch von ... Monaten, gerechnet vom Datum der Bestätigung des
Akkreditivs an.
Auf Ersuchen der Verkäuferin hat die Käuferin die Gültigkeit des Akkreditivs zu verlängern, wenn eine solche Verlängerung aufgrund verspäteter
endgültiger Abnahme der Kaufsache gemäß § 6 dieses Vertrages erforderlich ist. Das Akkreditiv hat dem in der Anlage 1 zu diesem Vertrag beigefügten Muster zu entsprechen.
(2) Die Zahlungen aus dem Akkreditiv sind wie folgt zu leisten:
a) 80 % des Gesamtpreises gemäß § 3 Ziffer 1 dieses Vertrages nach
Übergabe der Produktlinie gemäß § 5 Ziffer 1 dieses Vertrages (Überga-
bebescheinigung).
b) 10 % des Gesamtpreises gemäß § 3 Ziffer 1 dieses Vertrages nach Beendigung der 4-wöchigen Schulung gemäß § 2 Ziffer 2 dieses Vertrages
(Schulungsbescheinigung).
c) 5 % des Gesamtpreises nach Aussonderung der Ersatzteile und Mitteilung an die Käuferin gemäß § 2 Ziffer 1 dieses Vertrages;
d) 5 % des Gesamtpreises nach Vorlage des entwerteten Flugscheins nach
.... gemäß § 2 Ziffer 3 dieses Vertrages oder Ablauf der Gestellungs-
frist gemäß § 2 Ziffer 3 dieses Vertrages bei Vorlage eines Aufforderungs-
schreibens mit Telefax-Sendenachricht der Empfänger-Nr. ...

Auch die Möglichkeiten einer **Ausfuhrkreditversicherung,** die den Forderungsausfall bei Warenlieferungen ins Ausland ersetzt, sind in diesem Zusammenhang zu prüfen und gegebenenfalls auszuschöpfen.

In einigen schwierigen Märkten und zur Aufrechterhaltung wirtschaftlicher Beziehungen auch in ungünstigen Zeiten übernimmt die Bundesregierung **Exportkreditgarantien** (sog. Hermesdeckung). Die Absicherungsmöglichkeiten sind vielfältig. So schützen Fabrikationsrisikodeckungen für die Phase während der Fertigung der Exportgüter, die Forderungsdeckung schützt die Risiken, die nach dem Versand ins Ausland entstehen. Abgesichert werden sowohl politische wie auch wirtschaftliche Risiken. Entsprechende Anträge können bei der Euler Hermes Deutschland AG schon vor Abschluss von Exportverträgen gestellt werden. Auch hierbei kann Ihnen die Hausbank helfen.

7.2 Beachten Sie die Zollbestimmungen

Denken Sie daran, dass Ihre Leistungserbringung im Ausland als „Außenwirtschaft" gilt, für die Beschränkungen bestehen können. Solche Beschränkungen können das Geschäft als solches betreffen (Verbote, zum Beispiel bei Embargomaßnahmen) oder dessen Umfang (Tarife, zum Beispiel für Ausfuhr von Tabak). Manche Ausfuhren sind genehmigungspflichtig, andere verlangen die Vorlage besonderer berechtigender Warenbegleitpapiere (zum Beispiel Ursprungszeugnisse). Zu beachten sind insbesondere folgende Vorschriften:

- das Außenwirtschaftsgesetz (AWG),
- die Außenwirtschaftsverordnung (AWV),
- die Ein- und Ausfuhrlisten der Anlagen zum AWG bzw. AWV,
- die EG-Dual-use-Verordnung (EG) Nr. 428/2009,
- der EG-Zollkodex (EG) Nr. 450/2008,
  das Ausfuhrverfahren der Zollverwaltung (Zollkodex Artikel 161).

Damit Sie sich im Dschungel der national und europäisch zu beachtenden Vorschriften für das Ausfuhrverfahren für Waren, aber auch für Werk- und Dienstleistungen zurechtfinden können, bietet die Zollverwaltung kostenfrei den sogenannten Elektronischen Zolltarif als „EZT-online" im Internet (www.ezt-online.de) an. Je nach Warenart werden alle Maßnahmen und Hinweise angegeben, die für die Ein- oder Ausfuhr von Bedeutung sind, etwa der Drittlandzollsatz, Ein- oder Ausfuhrgenehmigungspflichten, Ausfuhrerstattungsmaßnahmen und vieles andere. Auch den Verbrauchssteuersatz können Sie darüber ermitteln.

Eine Vielzahl von Zollformalitäten können Sie heute über das elektronische Zollverfahren ATLAS abwickeln. Nähere Auskünfte erteilt Ihnen hierzu Ihre Kammer oder direkt die Bundesfinanzverwaltung (www.zoll-d.de).

7.3 Was Sie bei öffentlichen Ausschreibungen beachten müssen

Im öffentlichen Auftrags- und Beschaffungswesen geht ohne öffentliche Ausschreibung heute wenig. Eine Übersicht dazu finden Sie z. B. im Internet unter www.vergabereport.de.

7.3.1 Beachten Sie die Vergabeart

Man unterscheidet drei Vergabearten für Liefer- und Dienstleistungen:

- die **öffentliche Ausschreibung**, die oberhalb eines bestimmten Schwellenwertes zwingend mit einem Teilnahmewettbewerb verbunden ist,
- die **beschränkte Ausschreibung** unterhalb des Schwellenwerts, bei der ein Teilnahmewettbewerb möglich, aber nicht zwingend ist, und
- die **freihändige Vergabe**, die auch mit Teilnahmewettbewerb möglich ist.

Grundsätzlich sind öffentliche Aufträge auch öffentlich auszuschreiben. Eine beschränkte Ausschreibung soll nur stattfinden, wenn ein beschränkter Kreis von Unternehmen, besonders wegen erforderlicher außergewöhnlicher Fachkunde, Leistungsfähigkeit oder Zuverlässigkeit, in Betracht kommt oder eine öffentliche Ausschreibung außergewöhnlichen Aufwand mit sich bringt oder kein wirtschaftliches Ergebnis brächte. Die freihändige Vergabe kommt nur in bestimmten Fällen infrage, z. B. dann, wenn ein Unternehmen z. B. wegen bestimmter Patente oder aus Geheimhaltungsgründen eine Alleinstellung innehat. Weitere Alleinstellungsgründe können darin liegen, dass ein Unternehmen wegen vorausgegangener Entwicklungen zu berücksichtigen ist oder dass die Leistung besonders dringend ist.

Die jeweiligen Anforderungen an die Angebotserstellung ergeben sich in der Regel aus den Ausschreibungs- oder Vergabeunterlagen, die heute regelmäßig auch im Internet einseh- und downloadbar sind. Einige öffentliche Stellen geben eigene Leitfäden heraus, so zum Beispiel das Bundesbeschaffungsamt:

(http://www.bescha.bund.de/DE/Rechtsgrundlagen/Vergabehandbuch/ node.html). Grundsätzlich ist die elektronische Angebotsabgabe vorgeschrieben. Dazu bedarf es qualifizierter oder fortgeschrittener elektronischer Signaturen (www.evergabe-online.de). Hilfestellung leisten auch die Auftragsberatungsstellen in Deutschland, wenn Sie sich an öffentlichen Ausschreibungen beteiligen wollen (www.abst.de).

TIPP

Halten Sie sich unbedingt streng an die Bestimmungen in den Vergabeunterlagen. Sonst ist die Arbeit für Ihr Angebot von vornherein vergeblich.

Die Vergabeunterlagen beinhalten in der Regel die

- Bewerbungsbedingungen: Sie erläutern dem Bieter das Verfahren bis hin zur Angebotsabgabe.
- Leistungsbeschreibung: Sie beschreibt die gewünschte Leistung eindeutig und vollständig, wobei darauf geachtet wird, dass durch die Beschreibung nicht von vorne herein ein bestimmtes Produkt festgelegt bzw. ein bestimmtes Unternehmen bevorzugt wird (wettbewerbsneutral). Je nach Inhalt und Umfang der geforderten Leistung kann diese Beschreibung mehr oder weniger ausführliche Unterlagen umfassen.
- Vertragsbedingungen: nach dem konkret anzuwendenden Vergaberecht, insbesondere VOL/A, VOL/B und VOB/A, VOB/B, BVB etc. Dazu kommen die AGB der jeweiligen öffentlichen Stelle sowie zusätzliche besondere Vertragsbedingungen. Davon abweichende Geschäftsbedingungen der Unternehmen sind in Verträgen mit der Öffentlichen Hand grundsätzlich nicht durchsetzbar.

7.3.2 Berücksichtigen Sie die gesetzlichen Vorgaben

Öffentliche Ausschreibungen werden durch eine Vielzahl von gesetzlichen deutschen und europäischen Vorschriften bestimmt, unter anderem durch

- das Gesetz gegen Wettbewerbsbeschränkungen (GWB),
- die Vergabeverordnung 2012 (VgV),
- das Vergabehandbuch für die Durchführung von Bauaufträgen des Bundes (VHB) nebst Anlagen,
- die Vergabeverordnung Verteidigung und Sicherheit 2012 (VSVgV),
- die Vergabe- und Vertragsordnung für Bauleistungen (VOB/A 2012),
- die Verdingungsordnung für Leistungen (VOL/A 2009),
- die Verdingungsordnung für freiberufliche Leistungen (VOF 2009),
- ergänzende Vertragsbedingungen für die Beschaffung von IT-Leistungen (EVB-IT 2010/2012),
- die Sektorenverordnung (SektVO 2009),
- die Bundeshaushaltsordnung (BHO),
- das Vergabe- und Vertragshandbuch für die Baumaßnahmen des Bundes (VBH 2008 — Stand August 2012),
- die Vergabehandbücher zum Straßen und Brückenbau (HVA — StB),
- die EG-Richtlinie 2001/78/EG über die Pflicht zur Verwendung von Standardformularen,
- das GPA (Government Procurement Agreement),
- die Richtlinie 2004/17/EG des Europäischen Parlaments und des Rates vom 31. März 2004 zur Koordinierung der Zuschlagserteilung durch Auftraggeber im Bereich der Wasser-, Energie- und Verkehrsversorgung sowie der Postdienste (sogenannte Sektorenrichtlinie),
- die Richtlinie 2004/18/EG des Europäischen Parlaments und des Rates vom 31. März 2004 über die Koordinierung der Verfahren zur Vergabe öffentlicher Bauaufträge, Lieferaufträge und Dienstleistungsaufträge (sogenannte klassische Richtlinie). Sie wäre eigentlich bis zum 31.01.2006 von den Mitgliedsstaaten in nationales Recht umzusetzen gewesen. Da die Bundesrepublik Deutschland diesen Termin nicht einhalten konnte, gelten bestimmte Teile der EU-Richtlinie unmittelbar und ersetzen so das bestehende Vergaberecht.
- die Verordnung (EG) 1874/2004 zur Änderung der Schwellenwerte der novellierten EU-Vergaberichtlinien 2004/17/EG und 2004/18/EG,

- die Entscheidung der Kommission vom 7. Januar 2005 über die Durchführungsmodalitäten für das Verfahren nach Artikel 30 der Richtlinie 2004/17/ EG des Europäischen Parlaments und des Rates zur Koordinierung der Zuschlagserteilung durch Auftraggeber im Bereich der Wasser-, Energie- und Verkehrsversorgung sowie der Postdienste,
- die CVP-Codes (Common Procurement Vocabulary).

Die Verdingungsordnungen sind dabei keine Gesetze, sie gelten als allgemeine Standardgeschäftsbedingungen nur, wenn sie wirksam in den Vertrag einbezogen werden. Deshalb sind sie regelmäßig Gegenstand der Vergabeunterlagen. Sie können grundsätzlich auch nicht in einzelnen Teilbereichen geändert werden, da sie als so ausgewogen gelten, dass jede Änderung die Angemessenheit zu Fall bringen und Sie sofort unangemessen benachteiligen würde. Damit kämen sie aber insgesamt nicht mehr zum Zuge. Auch deshalb lassen sich öffentliche, aber auch private Auftraggeber, die die Ordnungen in Bezug nehmen, nicht auf Ihre allgemeinen Geschäftsbedingungen ein. Hier kann eine Abwehrklausel zum Ausschluss aus dem Vergabeverfahren führen!

Ob nationales oder europäisches Recht gilt, hängt ebenfalls von einem Schwellenwert nach der VgV (je nachdem, um was es sich handelt zwischen 130.000 und 5 Mio. EUR) ab.

7.3.3 Halten Sie sich an die Entscheidungsvorgaben

Wenn Sie wissen, wie die öffentlichen Auftraggeber entscheiden, dann wissen Sie auch, was Sie zu tun haben, um ernsthaft in die Auswahl der Anbieter zu kommen, die den Zuschlag erhalten können.

Öffentliche Auftraggeber entscheiden nach folgenden Kriterien:

- Keine inhaltlichen und formellen Mängel: Solche Angebote wären nach den Verdingungsordnungen auszuschließen, zum Beispiel wenn
    - die wesentlichen Preisangaben für Hauptangebote fehlen,
    - die ordnungsgemäße Unterschrift fehlt,

- Angebote auf geänderte oder ergänzte Vergabevorgaben abgegeben werden,
- die Bietefristen nicht eingehalten werden.
- Eignung des Bieters und gegebenenfalls seiner Subunternehmer nach Fachkunde, Leistungsfähigkeit und Zuverlässigkeit. Sie kommen nur dann in Betracht, wenn
  - Sie oder die von Ihnen eingesetzten Mitarbeiter über den Stand der Technik entsprechende Kenntnisse, Erfahrungen und Fertigkeiten verfügen, die erforderlich sind, um den jeweiligen Auftrag fachgerecht auszuführen. Bei einfachen Leistungen genügt als Nachweis der erfolgreiche Abschluss des üblichen Ausbildungsweges (Gesellenprüfung, Eintrag in Handwerksrolle, Diplom etc.). Sonst kann es sein, dass Sie Referenzen zu vergleichbaren Aufträgen oder Auskünfte zur eigenen Erfahrung oder zur Erfahrung Ihrer Mitarbeiter und zu deren regelmäßigen Schulung und Fortbildung angeben müssen.
  - Ihr Betrieb nach Umfang, Ausstattung und Kapazität über die wirtschaftlichen, technischen und finanziellen Mittel verfügt, um den Auftrag fachlich einwandfrei und fristgerecht durchzuführen. Dazu gehört die notwendige maschinelle und geräte- und materialtechnische Ausstattung ebenso wie die auftragsspezifische Erfahrung und anhand des Gesamtumsatzes die begründete Erwartung, dass Sie Ihren laufenden Verbindlichkeiten gegenüber Ihrem Personal, dem Finanzamt und den Lieferanten ordnungsgemäß nachkommen können.
  - nach Ihrem Angebot keine Zweifel daran aufkommen, dass Sie Ihren Gewährleistungspflichten nachkommen, Ihre Steuern und Abgaben pünktlich zahlen, Sie Ihre Berufspflichten beachten und strafbewehrte, insbesondere arbeitsrechtliche Schutzgesetze einhalten.

Aus der Rechtsprechung

Eignung und Wirtschaftlichkeit eines Angebots nach der VOF lassen sich bei freiberuflichen Leistungen nicht trennen. Bei der bestmöglichen Leistung können daher auch Qualifikationskriterien herangezogen werden (OLG Rostock, Beschluss vom 16.05.2001).

- Inhaltliche Angemessenheit des Angebots: Ist der Preis im Verhältnis zu der zu erbringenden Leistung ungewöhnlich niedrig, werden die Einzelangaben besonders genau geprüft.

- Das billigste Angebot: Damit wollen sie dem etwaigen Vorwurf der Verschwendung begegnen.
  Erläutern Sie, welche Nachteile der Zuschlag bei einem billigeren Angebot hätte und inwiefern dadurch erst recht der Vorwurf der Verschwendung öffentlicher Gelder erhoben werden könnte. Arbeiten Sie qualitative Unterschiede Ihres Angebots im Vergleich zu billigeren Angeboten heraus! Erleichtern Sie dem Auftraggeber seine Entscheidung! Der Zuschlag nach Preis ist einfach und jedermann verständlich. Rechnen Sie vor, dass Ihr Preis „am Ende" der bessere ist! Verwenden Sie Diagramme und Schaubilder! Machen Sie Ihren Preis „einfach und jedermann verständlich"! Werten Sie die Vergabeunterlagen genau aus! Beachten Sie die darin enthaltenen Wertungskriterien. Geben Sie Ihrem Auftraggeber die richtigen Argumente!
  Die monetären Faktoren sind etwa: der Preis, die Qualität, die den Preis beeinflusst, Innovation, die Höhe etwaiger Reparaturkosten, die Kosten für Wartungsarbeiten, Energieverbrauch, Unterhaltungs- und sonstige Folgekosten sowie die Lebensdauer.
- Das wirtschaftlichste Angebot: Der Auftraggeber bestimmt Wertungskriterien, die er in den Vergabeunterlagen bekannt macht. Enthält es diese nicht, sondern verweist nur allgemein auf die Gesetze, wonach wirtschaftliche, technische und gestalterische Gesichtspunkte sowie der Preis bei der Wertung berücksichtigt werden sollen, ist in der Praxis allein der Preis entscheidend. Hier müssen Sie überlegen, ob Sie mit Ihrem Angebot mit den anderen mithalten werden.

Aus der Rechtsprechung

Wird nur das Gesetz als Kriterium in den Vergabeunterlagen wiederholt, ist der Preis das einzig bestimmbare Wertungskriterium und darf daher ausschließlich für die Vergabeentscheidung herangezogen werden (BayObLG, Beschluss vom 12,09.2000, Verg 4/00).

Neben den monetären Faktoren spielen im Einzelfall auch nichtmonetäre Faktoren eine Rolle: die technische Unterstützung, die Ästhetik, die Zweckmäßigkeit, Ausführungs- und Lieferfristen, Risiken wie etwa Lohngleitklauseln etc. und weitere spezifische Punkte.
Die Auswahlentscheidung erfordert einen wertenden Vergleich der Angebote, den Zuschlag erhält das Angebot, das unter Berücksichtigung

dieser Wertungskriterien zum besten Preis-Leistungs-Verhältnis führt. Bei komplexen Projekten werden häufig auch Punktebewertungssysteme benutzt, die aber nur rechnerisch das wiedergeben, was auch die Bewertungen der Einzelleistungen nach vorstehender Methode ergibt.

Sind Sie zu Unrecht bei einer Vergabe nicht berücksichtigt, können Sie, wenn die Auftragssumme den europäischen Schwellenwert

- **überschreitet**, vor der Zuschlagserteilung die Vergabekammer anrufen, unter Umständen sogar Schadensersatz verlangen. Das gilt auch bei einer Entscheidung für das billigste, nicht Ihr wirtschaftlichstes Angebot.
- **nicht überschreitet**, bei der Aufsichtsbehörde die Überprüfung des Vergabeverfahrens beantragen und — bei Vorliegen der Voraussetzungen — Schadensersatz wegen entgangenen Gewinns verlangen.

7.3.4 Diese Regeln der VOL sollten Sie kennen

In den jeweils aktuellen Verdingungsordnungen sind die spezifischen Regelungen für bestimmte Leistungen enthalten, die öffentliche, aber auch private Auftraggeber den Anbietern vorschreiben. Sie weichen von den gesetzlichen Regeln des BGB und HGB ab, was seine Rechtfertigung in den Besonderheiten der Leistungen findet.

Beachten Sie deswegen insbesondere die Regelungen der VOL/B 2003 zu den folgenden Punkten:

- Leistungsänderung
  Der Auftraggeber kann nachträglich Änderungen in der Beschaffenheit der Leistung im Rahmen der Leistungsfähigkeit des Auftragnehmers verlangen, es sei denn, dies ist für den Auftragnehmer unzumutbar. Bedenken gegen die Leistungsänderung muss der Auftragnehmer dem Auftraggeber unverzüglich schriftlich mitteilen. Der entscheidet dann über die Änderung. Ein neuer Preis ist unter Umständen unter Berücksichtigung der Mehr- und Minderkosten zu vereinbaren. Dabei sind auch etwaige Auswirkungen auf sonstige Vertragsbedingungen, insbesondere auf Ausführungsfristen, zu berücksichtigen. Eigenmächtige Abweichungen vom

Leistungsverzeichnis werden nicht vergütet, es sei denn sie werden nachträglich genehmigt. Der Auftraggeber kann aber auch Beseitigung verlangen und auf Vertragsausführung bestehen.

Beispiel: Der Auftrag nach VOL/B bezieht sich unter anderem auf ein Originalbauteil eines deutschen Herstellers. Kurz vor der Bestellung ordnet der Auftraggeber an, das Bauteil bei einem ausländischen Zulieferer zu beschaffen, das dort preiswerter ist. Da die Komponente noch nicht eingekauft war, kann der Auftragnehmer wirtschaftlich umdisponieren. Allerdings hat er Bedenken wegen der Zuverlässigkeit. Trotz umgehender schriftlicher Mitteilung, besteht der Auftraggeber auf seiner Anordnung. Der Auftragnehmer muss seinen Preis anpassen, etwaige Zuverlässigkeitsmängel gehen zulasten des Auftraggebers.

- Pflichtverletzung des Anbieters
  Verletzt der Auftragnehmer leicht fahrlässig eine Vertragspflicht, so haftet er nicht für den entgangenen Gewinn des Auftraggebers. Waren Subunternehmer vorgeschrieben, haftet er auch nicht, wenn er durch diese in Verzug gerät. Eine weitere Begrenzung der Haftung soll nach branchenüblichen Lieferbedingungen z. B. dann berücksichtigt werden, wenn die Haftung summenmäßig oder auf die Erstattung von Mehraufwendungen für Ersatzbeschaffungen beschränkt wird. Will der Auftraggeber die Leistung nicht mehr und macht er Schadenersatz geltend, sind ihm überlassene Unterlagen (Zeichnungen, Berechnungen usw.) unverzüglich zurückzugeben. Bei schon zum Teil erbrachten Leistungen hat der Auftragnehmer dem Auftraggeber unverzüglich eine prüfbare Rechnung über den bereits bewirkten Teil der Leistung zu übermitteln. Vor einem Rücktritt muss der Auftraggeber eine angemessene Frist zur Leistung oder Nacherfüllung setzen.

Beispiel: Im Rahmen der Anfrage bestand die Firma Pfeil Werke außer auf die VOL/B auch auf den Einsatz von Materialen, die von einem bestimmten Lieferanten, der Firma Müller & Co, zu beziehen seien. Als Andreas Petersen sein Angebot abgeben wollte, wies er darauf hin, dass er günstigere Bezugsquellen habe. Die Pfeil Werke bestanden aber auf den Vorlieferanten. Er sei besonders zuverlässig. Da man selbst Pönalen ausgesetzt sei, wolle man kein Risiko eingehen. Nach Auftragserhalt erwies sich die Firma Müller & Co aber nicht als so leistungsfähig wie erwartet. Es kam zu Lieferverzögerungen, die dazu führten, dass Petersen in Verzug geriet. Die Pfeil Werke waren verständlicher Weise nervös und kündigten Schadensersatzansprüche an. Petersen kann sich auf den Ausschluss nach VOL/B berufen.

- Vertragslösung durch den Auftraggeber
  Der Auftraggeber kann vom Vertrag zurücktreten oder den Vertrag mit sofortiger Wirkung kündigen, wenn
  - über das Vermögen des Auftragnehmers das Insolvenzverfahren oder ein vergleichbares gesetzliches Verfahren eröffnet oder
  - die Eröffnung beantragt oder dieser Antrag mangels Masse abgelehnt worden ist oder
  - die ordnungsgemäße Abwicklung des Vertrags dadurch infrage gestellt ist, dass er seine Zahlungen nicht nur vorübergehend einstellt.

  Die bisherige Leistung, soweit der Auftraggeber für sie Verwendung hat, ist nach den Vertragspreisen oder nach dem Verhältnis des geleisteten Teils zu der gesamten vertraglichen Leistung auf der Grundlage der Vertragspreise abzurechnen; die nicht verwendbare Leistung wird dem Auftragnehmer auf dessen Kosten zurückgewährt.

- Vertragsstrafe
  Eine Vertragsstrafe für die Überschreitung von Ausführungsfristen darf für jede vollendete Woche höchstens 1/2 vom Hundert des Wertes desjenigen Teils der Leistung betragen, der nicht genutzt werden kann. Sie beträgt maximal 8 %. Ist die Vertragsstrafe nach Tagen bemessen, so zählen nur Werktage; ist sie nach Wochen bemessen, so wird jeder Werktag einer angefangenen Woche als 1/6 Woche gerechnet.

TIPP

Wird einem Auftrag die VOL/B zugrunde gelegt, ist damit noch keine Vertragsstrafe vereinbart! Eine solche muss immer gesondert zwischen Auftraggeber und Auftragnehmer vereinbart werden.

- Güteprüfung und Abnahme
  Die Güteprüfung ist von der Abnahme zu unterscheiden: Mit der Güteprüfung prüft der Auftraggeber nur, ob die vertraglich vereinbarten technischen und damit verbundenen organisatorischen Anforderungen erfüllt sind. Sie muss vertraglich vereinbart sein und Bestimmungen über Art, Umfang und Ort der Durchführung enthalten. Außerdem gilt sie dann auch für Teilleistungen, insbesondere in den Fällen, in denen die Prüfung durch die weitere Ausführung wesentlich erschwert oder unmöglich würde. Stellen die Vertragspartner fest, dass Leistungen oder Teilleistungen nicht vertragsgemäß sind, sind sie durch vertragsgemäße zu ersetzen. Beim

Streit über das Prüfverfahren kann der Auftragnehmer eine weitere Prüfung durch eine mit dem Auftraggeber zu vereinbarende Prüfstelle verlangen, deren Entscheidung endgültig ist. Vor Auslieferung der Leistung hat der Auftraggeber einen Freigabevermerk zu erteilen, der Voraussetzung für die Auslieferung an den Auftraggeber ist.

Die Abnahme ist die Erklärung des Auftraggebers, dass der Vertrag der Hauptsache nach erfüllt ist. Ist eine Abnahme gesetzlich vorgesehen oder vertraglich vereinbart, hat der Auftraggeber innerhalb der vorgesehenen Frist zu erklären, ob er die Leistung abnimmt. Liegt ein Mangel vor, der aber nicht wesentlich ist, kann der Auftraggeber die Abnahme nicht verweigern, wenn der Auftragnehmer seine Pflicht zur Beseitigung des Mangels ausdrücklich anerkennt. Hat der Auftraggeber die Leistung schon benutzt, so gilt die Abnahme mit Beginn der Benutzung grundsätzlich als erfolgt.

Bei Nichtabnahme gibt der Auftraggeber dem Auftragnehmer die Gründe bekannt und setzt, sofern insbesondere eine Nacherfüllung möglich und beiden Parteien zumutbar ist, eine Frist zur erneuten Vorstellung zur Abnahme.

Mit der Abnahme entfällt die Haftung des Auftragnehmers für erkannte Mängel, soweit sich der Auftraggeber nicht die Geltendmachung von Rechten wegen eines bestimmten Mangels vorbehalten hat.

Beispiel: Peter Scherer erhält den Auftrag für die Notreparatur einer Werkzeugmaschine nach VOL/B. Da der Produktionsprozess nur möglichst kurz unterbrochen werden darf, wird er unmittelbar nach der Reparatur wieder aufgenommen. Als Herr Scherer seine Rechnung übermittelt, beruft man sich auf fehlende Abnahme, die Leistung sei noch gar nicht fällig. Der Auftraggeber irrt, die Benutzung hat Abnahmewirkung, da ein Ausschluss der konkludenten (fiktiven) Abnahme nicht vereinbart war.

- Mängelansprüche

Der Auftraggeber hat dem Auftragnehmer Mängel unverzüglich schriftlich anzuzeigen.

Stets ist dem Auftragnehmer zunächst Gelegenheit zur Nacherfüllung (Nachbesserung oder Neuleistung) innerhalb einer angemessenen Frist zu gewähren. Danach kann der Auftraggeber entweder Mängel auf Kosten des Auftragnehmers selbst beseitigen oder durch einen Dritten beseitigen lassen oder — bei vorheriger Ankündigung — vom Vertrag zurücktreten, mindern und Ersatz des Schadens oder vergeblicher Aufwendungen verlangen. Schafft der Auftragnehmer mangelhafte Sachen nicht fort, kann der Auftraggeber nach Ablauf einer hierfür gesetzten angemessenen Frist diese Sachen auf dessen Kosten veräußern.

Der Auftragnehmer haftet nicht, wenn Mängel aus dem Verantwortungsbereich des Auftraggebers stammen, allerdings muss er sie angezeigt haben, es sei denn, sie waren bei Anwendung verkehrsüblicher Sorgfalt nicht erkennbar. In bestimmten Fällen ist der Schadenersatz für Folgeschäden ausgeschlossen.

- Rechnungslegung und Zahlung
  Der Auftragnehmer hat seine Leistungen mit prüffähigen Rechnungen abzurechnen. Dazu gehört, dass er die im Vertrag vereinbarte Reihenfolge der Posten einhält, die in den Vertragsbestandteilen enthaltenen Bezeichnungen verwendet sowie gegebenenfalls sonstige im Vertrag festgelegte Anforderungen an Rechnungsvordrucke erfüllt und Art und Umfang der Leistung durch Belege in allgemein üblicher Form nachweist. Rechnungsbeträge für Änderungen und Ergänzungen sind von den übrigen getrennt aufzuführen oder besonders kenntlich zu machen.

Auch der Auftraggeber kann die Rechnung aufstellen, und zwar auf Kosten des Auftragnehmers, allerdings nur, wenn der Auftragnehmer eine zuvor gesetzte angemessene Frist versäumt und der Auftraggeber das angekündigt hat.

Der Rechnungsbetrag ist grundsätzlich nach Erfüllung der Leistung binnen 30 Tagen nach Eingang der prüfbaren Rechnung bargeldlos zu zahlen, bei entsprechender Vereinbarung auch früher. Abschlagszahlungen, soweit vereinbart, sollen dem Wert der jeweiligen Leistungsteile gemäß der nachprüfbaren Aufstellungen entsprechen. Sie sind keine Teil-Abnahme! Bei Meinungsverschiedenheiten über die Schlussrechnung ist der unstreitige Teil zu zahlen.

TIPP

Vorsicht bei als solchen gekennzeichneten Schlusszahlungen: Nachforderungen sind ausgeschlossen, wenn nicht innerhalb von **zwei Wochen** nach Eingang der Schlusszahlung ein Vorbehalt erklärt und nicht innerhalb eines **weiteren Monats** eine prüfbare Rechnung über die vorbehaltenen Forderungen eingereicht wird oder, sofern dies nicht möglich ist, der Vorbehalt eingehend begründet wird. Das gilt jedoch nicht für die in den Unterlagen der Abrechnung (z. B. in der Leistungsermittlung und in der Anwendung) enthaltenen allgemeinen Rechen-, Komma- und Übertragungs-, einschließlich Seitenübertragungsfehler. Solche sind auch später noch zu korrigieren und die sich daraus ergebenden Beträge zu erstatten.

- **Sicherheitsleistung**
  Grundsätzlich kommen Sicherheitsleistungen erst ab einem Auftragswert von 50.000 Euro in Betracht. Sie dienen dazu, die vertragsgemäße Ausführung der Leistung und die Durchsetzung von Mängelansprüchen abzusichern. In der Regel erfolgt sie durch Hinterlegung von Geld auf einem Sperrkonto oder durch Bürgschaft eines zugelassenen Kreditinstituts oder Kreditversicherers nach Wahl des Auftragnehmers binnen 18 Werktagen nach Vertragsschluss. Vertragliche Abreden gehen vor.
  Bürgschaften müssen deutschem Recht unterliegen und dürfen nicht beschränkt sein, sie müssen einen inländischen Gerichtsstand zugrunde legen. Der Auftraggeber kann aber keine Bürgschaft fordern, die den Bürgen zur Zahlung auf erstes Anfordern verpflichtet.
  Ist der Sicherungszweck ganz oder teilweise weggefallen, muss der Auftraggeber die Sicherheit entsprechend unverzüglich zurückzugeben.

7.4 Besonderheiten des E-Commerce

Die Vertragspflichten beim elektronischen Geschäftsverkehr — auch bei reinen Unternehmerverträgen — regelt das BGB. Verträge werden danach in dieser Weise nur wirksam, wenn gemäß § 312 g BGB

- angemessene, wirksame und zugängliche Mittel zur Verfügung gestellt werden, mit deren Hilfe der Kunde Eingabefehler vor Abgabe seiner elektronischen Bestellung erkennen und berichtigen kann,
- dem Kunden rechtzeitig vor Abgabe seiner Bestellung gesetzlich bestimmte Informationen, die den elektronischen Vertragsschluss betreffen, klar und verständlich erteilt werden, nämlich nach Art. 246 § 3 des Einführungsgesetztes zum Bürgerlichen Gesetzbuch (EGBGB)
  - über die einzelnen technischen Schritte, die zu einem Vertragsschluss führen,
  - darüber, ob der Vertragstext nach dem Vertragsschluss von dem Unternehmer gespeichert wird und ob er dem Kunden zugänglich ist,

- darüber, wie er mit den zur Verfügung gestellten technischen Mitteln Eingabefehler vor Abgabe der Bestellung erkennen und berichtigen kann,
- über die für den Vertragsschluss zur Verfügung stehenden Sprachen und
- über sämtliche einschlägigen Vorschriften, denen sich der Unternehmer unterwirft, sowie die Möglichkeit eines elektronischen Zugangs zu diesen Regelwerken,

- der Zugang der Bestellung dem Kunden elektronisch bestätigt wird,
- dem Kunden die Möglichkeit gegeben wird, die Vertragsbestimmungen inkl. einbezogener AGB abzurufen und in wiedergabefähiger Form zu speichern.

Bestellung und Empfangsbestätigung gelten als zugegangen, wenn die Parteien, für die sie bestimmt sind, sie unter gewöhnlichen Umständen abrufen können. Seit August 2012 ist zudem die sogenannte Botton-Lösung in § 312 g Absatz 3 BGB eingeführt:

---

§ 312 g Absatz 3 und 4 BGB

(3) Der Unternehmer hat die Bestellsituation bei einem Vertrag nach Absatz 2 Satz 1 so zu gestalten, dass der Verbraucher mit seiner Bestellung ausdrücklich bestätigt, dass er sich zu einer Zahlung verpflichtet. Erfolgt die Bestellung über eine Schaltfläche, ist die Pflicht des Unternehmers aus Satz 1 nur erfüllt, wenn diese Schaltfläche gut lesbar mit nichts anderem als den Wörtern „zahlungspflichtig bestellen" oder mit einer entsprechenden eindeutigen Formulierung beschriftet ist.

(4) Ein Vertrag nach Absatz 2 Satz 1 kommt nur zustande, wenn der Unternehmer seine Pflicht aus Absatz 3 erfüllt.

Keine Anwendung finden diese Informationspflichten, wenn ein Vertrag ausschließlich durch individuelle Kommunikation geschlossen wird, also vor allem unter Verwendung wechselseitiger E-Mails zustande kommt, § 312 g Abs. 5 BGB.

Bei Verträgen mit Verbrauchern sind ferner — mit wenigen Ausnahmen — die Vorschriften des Fernabsatzes zu beachten, wenn sie planmäßig unter ausschließlicher Verwendung von Fernkommunikationsmitteln abgeschlossen werden. Das sind Kommunikationsmittel, die zur Anbahnung oder zum Abschluss eines Vertrags zwischen einem Verbraucher und einem Unternehmer ohne gleichzeitige körperliche Anwesenheit der Vertragsparteien eingesetzt werden können, insbesondere Briefe, Kataloge, Telefonanrufe, Telekopien, E-Mails sowie Rundfunk, Tele- und Mediendienste.

Bei solchen Geschäften hat der Unternehmer dem Verbraucher-Kunden rechtzeitig vor Abgabe von dessen Vertragserklärung in einer dem eingesetzten Fernkommunikationsmittel entsprechenden Weise klar und verständlich und unter Angabe des geschäftlichen Zwecks

- bestimmte Informationen nach Art. 246 §§ 1, 2 EGBGB in Textform zur Verfügung zu stellen, nämlich
  - seine Identität, gegebenenfalls das Handelsregister und die Handelsregisternummer,
  - seine ladungsfähige Anschrift und jede andere Anschrift, die für die Geschäftsbeziehung mit dem Verbraucher maßgeblich ist, bei juristischen Personen, Personenvereinigungen oder -gruppen auch den Namen eines Vertretungsberechtigten,
  - die wesentlichen Merkmale der Ware oder Dienstleistung sowie darüber, wie der Vertrag zustande kommt,
  - die Mindestlaufzeit des Vertrags, wenn dieser eine dauernde oder regelmäßig wiederkehrende Leistung zum Inhalt hat,
  - einen Vorbehalt, eine in Qualität und Preis gleichwertige Leistung (Ware oder Dienstleistung) zu erbringen, und einen Vorbehalt, die versprochene Leistung im Fall ihrer Nichtverfügbarkeit nicht zu erbringen,
  - den Gesamtpreis der Ware oder Dienstleistung einschließlich aller damit verbundenen Preisbestandteile sowie alle über den Unternehmer abgeführten Steuern oder, wenn kein genauer Preis angegeben werden kann, über die Grundlage für seine Berechnung, die dem Verbraucher eine Überprüfung des Preises ermöglicht,
  - gegebenenfalls zusätzlich anfallende Liefer- und Versandkosten sowie einen Hinweis auf mögliche weitere Steuern oder Kosten, die nicht über den Unternehmer abgeführt oder von ihm in Rechnung gestellt werden,
  - Einzelheiten hinsichtlich der Zahlung und der Lieferung oder Erfüllung,
  - das Bestehen oder Nichtbestehen eines Widerrufs- oder Rückgaberechts sowie die Bedingungen, Einzelheiten der Ausübung, insbeson-

dere Namen und Anschrift desjenigen, gegenüber dem der Widerruf zu erklären ist, und die Rechtsfolgen des Widerrufs oder der Rückgabe, einschließlich Informationen über den Betrag, den der Verbraucher im Fall des Widerrufs oder der Rückgabe gemäß § 357 Abs. 1 des Bürgerlichen Gesetzbuchs für die erbrachte Dienstleistung zu zahlen hat,

– alle spezifischen, zusätzlichen Kosten, die der Verbraucher für die Benutzung des Fernkommunikationsmittels zu tragen hat, wenn solche zusätzlichen Kosten durch den Unternehmer in Rechnung gestellt werden, und

– eine Befristung der Gültigkeitsdauer der zur Verfügung gestellten Informationen, beispielsweise die Gültigkeitsdauer befristeter Angebote, insbesondere hinsichtlich des Preises,

– bei Lieferung von Waren und Dienstleistungen (außer Finanzdienstleistungen) Informationen über Kundendienst und geltende Gewährleistungs- und Garantiebedingungen

■ bei von ihm veranlassten Telefongesprächen seine Identität und den geschäftlichen Zweck des Kontakts bereits zu Beginn eines jeden Gesprächs ausdrücklich offenzulegen, § 312 c BGB,

■ die Vertragsbestimmungen einschließlich der allgemeinen Geschäftsbedingungen in Textform zur Verfügung zu stellen, Art. 246 § 2 Abs. 2 EGBGB.

Verletzt er diese Pflichten, so verlängert sich das zweiwöchige Widerrufsrecht, das Verbraucher-Kunden bei Fernabsatzverträgen zusteht, bis zu sechs Monate. Bei Dienstleistungen erlischt es allerdings, wenn mit der Ausführung der Dienstleistung mit ausdrücklicher Zustimmung des Verbrauchers vor Ende der Widerrufsfrist begonnen wurde oder der Verbraucher diese selbst veranlasst hat. Außerdem gibt es einige Anwendungsausnahmen.

Zur Erfüllung seiner Informationspflicht über das Bestehen des Widerrufs- oder Rückgaberechts kann der Unternehmer das gesetzliche Muster verwenden.

Formulierungsmuster

Widerrufsbelehrung

Widerrufsrecht

Sie können Ihre Vertragserklärung innerhalb von 14 Tagen ohne Angabe von Gründen in Textform (z. B. Brief, Fax, E-Mail) oder — wenn Ihnen die Sache vor Fristablauf überlassen wird — auch durch Rücksendung der Sache widerrufen. Die Frist beginnt nach Erhalt dieser Belehrung in Textform. Zur Wahrung der Widerrufsfrist genügt die rechtzeitige Absendung des Widerrufs oder der Sache. Der Widerruf ist zu richten an: ...

Widerrufsfolgen

Im Falle eines wirksamen Widerrufs sind die beiderseits empfangenen Leistungen zurückzugewähren und ggf. gezogene Nutzungen (z. B. Zinsen) herauszugeben. Können Sie uns die empfangene Leistung sowie die Nutzungen (z. B. Gebrauchsvorteile) nicht oder teilweise nicht oder nur in verschlechtertem Zustand zurückgewähren beziehungsweise herausgeben, müssen Sie uns insoweit Wertersatz leisten. Für die Verschlechterung der Sache müssen Sie Wertersatz nur leisten, soweit die Verschlechterung auf einen Umgang mit der Sache zurückzuführen ist, der über die Prüfung der Eigenschaften und der Funktionsweise hinausgeht. Unter „Prüfung der Eigenschaften und der Funktionsweise" versteht man das Testen und Ausprobieren der jeweiligen Ware, wie es etwa im Ladengeschäft möglich und üblich ist. Paketversandfähige Sachen sind auf unsere Kosten und Gefahr zurückzusenden. Nicht paketversandfähige Sachen werden bei Ihnen abgeholt. Verpflichtungen zur Erstattung von Zahlungen müssen innerhalb von 30 Tagen erfüllt werden. Die Frist beginnt für Sie mit der Absendung Ihrer Widerrufserklärung oder der Sache, für uns mit deren Empfang.

Das Muster ist noch in verschiedener Hinsicht anzupassen: Wird die Belehrung erst nach Vertragsschluss mitgeteilt, dauert die Widerrufsfrist einen Monat. Bei Leistungen, die nicht in der Überlassung von Sachen bestehen, können die entsprechenden Textteile entfallen. Neben der ladungsfähigen Anschrift des Widerrufsadressaten können Telefaxnummer, E-Mail-Adresse und/oder, wenn der Verbraucher eine Bestätigung seiner Widerrufserklärung an den Unternehmer erhält, auch eine Internet-Adresse angegeben werden. Ist eine Übernahme der Versandkosten durch den Verbraucher vereinbart worden, kann in das Muster folgender Text aufgenommen werden:

Formulierungsmuster

Sie haben die Kosten der Rücksendung zu tragen, wenn die gelieferte Ware der bestellten entspricht und wenn der Preis der zurückzusendenden Sache einen Betrag von 40 EUR nicht übersteigt oder wenn Sie bei einem höheren Preis der Sache zum Zeitpunkt des Widerrufs noch nicht die Gegenleistung oder eine vertraglich vereinbarte Teilzahlung erbracht haben. Anderenfalls ist die Rücksendung für Sie kostenfrei.

Beim Fernabsatz ist noch aufzunehmen:

Ihr Widerrufsrecht erlischt vorzeitig, wenn Ihr Vertragspartner mit der Ausführung der Dienstleistung mit Ihrer ausdrücklichen Zustimmung vor Ende der Widerrufsfrist begonnen hat oder Sie diese selbst veranlasst haben (z. B. durch Download etc.).

Weitere Anpassungen können sich bei finanzierten Verbundgeschäften oder Finanzdienstleistungen ergeben. Auch hierbei ist anwaltliche Beratung dringend zu empfehlen.

Aus der Rechtsprechung

Wird auf entsprechende telefonische Bestellungen bei einer sogenannten „Bestellhotline" von Kunden ein schriftlicher Vertrag vorbereitet, den sie mit der entsprechenden Bestellung zum Versand bringt, kann der Kunde auch nach Ablauf der Zweiwochenfrist widerrufen, wenn nicht auf das Bestehen des Widerrufsrechts hingewiesen wurde. Solche Verträge fallen in den Schutzbereich der Vorschriften über den Fernabsatz (OLG Schleswig, NJW 2004, 231 f.).

Für die jeweiligen Anpassungen hat der Gesetzgeber in der Anlage 1 zu Artikel 246 § 2 Absatz 3 Satz 1 EGBGB Gestaltungshinweise entwickelt. Informieren Sie sich im Zweifel dort und lassen Sie sich unbedingt anwaltlich beraten.

Kein Widerrufsrecht haben Verbraucher bei der Lieferung von Zeitungen und Illustrierten, von Audio- und Videoaufzeichnungen oder von Software, sofern die gelieferten Datenträger vom Verbraucher entsiegelt wurden.

8 Bau- und andere Werkleistungen

Im Zusammenhang mit Bau- und Werkleistungen stellen sich besondere Fragen, die in der folgenden Übersicht aufgeführt sind. Am Ende dieses Kapitels werden Sie die Fragen beantworten können.

Frage	Ja	Nein
Wissen Sie, wann Sie die VOB beachten müssen?		
Glauben Sie, die VOB ist ein Gesetz?		
Kennen Sie die Änderungen des Werkrechts bei Bauleistungen?		
Wissen Sie, ob Sie Ihre Kostenanschläge bezahlt bekommen?		
Können Sie von der VOB abweichen?		
Kennen Sie die VOB/C?		
Sind Ihre Preise unabänderliche Festpreise?		
Wissen Sie, wie Sie sich bei notwendigen Änderungen während der Bauausführung richtig verhalten?		
Bekommen Sie die Prüfung fremder technischer Berechnungen extra bezahlt?		
Kennen Sie die Bedeutung eines Bauzeitenplans?		
Was ist, wenn ein notwendiges Gerüst fehlt?		
Kennen Sie die Wirksamkeitsgrenzen von Vertragsstrafevereinbarungen?		
Wissen Sie genau, was **Sie** auf der Baustelle tun müssen, und was Ihr **Auftraggeber** zu tun hat?		
Wissen Sie, wie Sie sich bei unpraktischen Anordnungen des Auftraggebers richtig verhalten?		
Wissen Sie, welche Gewerke Sie an Subunternehmer übertragen können?		
Kennen Sie die Bedeutung der Abnahme?		
Wissen Sie, was zu tun ist, wenn Ihr Auftraggeber die Abnahme nicht durchführt?		
Kennen Sie Ihre Gewährleistungspflichten?		

Frage	Ja	Nein
Wissen Sie, wie Sie sich bei höherer Gewalt verhalten?		
Kennen Sie die Anforderungen an eine prüffähige Rechnung?		
Kennen Sie Ihre Pflichten bei Stundenabrechnungen?		
Sind Sie stets vorleistungspflichtig?		
Können Sie nach der Schlusszahlung noch Nachforderungen stellen?		
Dürfen Sie Ihre Arbeiten einstellen, wenn Ihr Auftraggeber nicht zahlt?		
Kann Ihr Auftraggeber von Ihnen nach der VOB eine Gewährleistungsbürgschaft verlangen?		
Wissen Sie, in welchen Fällen Ihnen der Auftrag entzogen werden kann?		
Kennen Sie das Schlichtungsverfahren bei öffentlichen Aufträgen?		

8.1 Das zivile Bau- und Werkvertragsrecht

Bauleistungen unterliegen wie alle anderen Aufträge den gesetzlichen Bestimmungen, wenn keine besonderen Bedingungen vereinbart werden. Da es das Ziel des jeweiligen Vertrages ist, ein Werk abzugeben, kommen zunächst die Regelungen des BGB über Werkleistungen zum Zuge.

Werkverträge sind Verträge, in denen sich der Unternehmer zur Erstellung eines Werkes und der Besteller zur Entrichtung der vereinbarten Vergütung verpflichtet. Die Erstellung eines Werkes ist die Erbringung eines Erfolges. Ein typischer Fall sind Handwerksleistungen.

Nach neuem Recht steht bei Mängeln die Nacherfüllung auch weiterhin im Vordergrund: Nach Aufforderung mit Fristsetzung können Sie wählen zwischen

- Mängelbeseitigung oder
- Neuherstellung.

Die Kosten dafür haben Sie zu tragen, weshalb Sie sich bei der Wahl an den für die jeweilige Nachbesserungsart notwendigen Kosten orientieren werden. Sind die Kosten allerdings unverhältnismäßig hoch, können Sie die Nacherfüllung insgesamt verweigern.

Lassen Sie die Ihnen vom Auftraggeber gesetzte Frist tatenlos verstreichen, kann der Auftraggeber wählen zwischen:

- **Selbstvornahme**, dann kann er Ersatz für seine Aufwendungen und für die erwartenden Mangelbeseitigungskosten einen Vorschuss verlangen, auch wenn Sie nicht im Verzug sind, etwa weil Sie nichts für den Fristablauf konnten.
- **Rücktritt** vom Vertrag,
- **Minderung**,
- **Schadensersatz** bezüglich des „Mangelunwerts", also hinsichtlich sämtlicher Schäden, die auf dem Mangel beruhen, ohne — wie nach dem Recht vor 2002 — zwischen Mangel- und Mangelfolgeschaden zu unterscheiden.

Die Gewährleistungsrechte verjähren:

- bei unkörperlichen Leistungen (Planungsleistungen, Risikoanalysen etc.) in drei Jahren,
- bei Bauwerken in 5 Jahren,
- sonst in 2 Jahren.

Kostenvoranschläge sind im Zweifel nicht zu vergüten.

Vertragliche Ergänzungen zum BGB

Auch das Werkrecht über Bauleistungen unterliegt in der Praxis regelmäßig den Vereinbarungen der Parteien. Die Bauleistungen sind zu komplex und individuell zugleich als dass sie sich für eine allgemeine gesetzliche Festlegung eignen würden, meinte der Gesetzgeber. Das Gesetz selbst kommt deshalb grundsätzlich nur als „Notanker" in den Fällen zum Zuge, in denen die Vertragsparteien einmal „vergessen" haben, etwas nach ihren Vorstellungen zu regeln:

- So können die Parteien Bedingungen im Einzelnen aushandeln, die den zu erbringenden Bauleistungen besser gerecht werden.
- Sie können auch allgemeine Geschäftsbedingungen zugrunde legen, um die Leistungen zu standardisieren. Die Bedingungen unterliegen dann der Rechtskontrolle des BGB für allgemeine Geschäftsbedingungen. Im Einzelfall kann ein Gericht also feststellen, dass eine Bedingung den Vertragspartner, dem sie gestellt wird, unangemessen benachteiligt und deshalb unwirksam ist.
- Eine der meist verwendeten allgemeinen Geschäftsbedingungen sind die Regelungen der VOB/B, der Vergabe- und Vertragsbedingungen für Bauleistungen Teil B, der die allgemeinen Vertragsbedingungen für die Ausführung von Bauleistungen enthält. Sie werden vom Deutschen Vergabe- und Vertragsausschuss für Bauleistungen (DVA) erstellt, zuletzt wurden sie im September 2012 neu gefasst. Auch sie müssen wie alle allgemeinen Geschäftsbedingungen wirksam in den Vertrag einbezogen werden. Sie gelten nicht schon aufgrund Gewohnheitsrechts oder Handelsbrauchs. Werden sie als Ganzes auf diese Weise unverändert zum Vertragsbestandteil, können sie einen der Vertragspartner nicht unangemessen benachteiligen. Sie sind deshalb als solche stets wirksam.
- Die Beachtung zahlreicher DIN-Vorschriften kann ergänzend für die Bauausführung bestimmter Gewerke oder Baubereiche, z. B. für Dach, Haustechnik, Metallbau, im Straßen- oder Tiefbau, durch Vereinbarung zum Vertragsgegenstand gemacht werden.

8.2 Die Vergabe- und Vertragsordnung für Bauleistungen (VOB)

Die VOB ist in drei Teile gegliedert:

- Teil A: Allgemeine Bedingungen für die Vergabe von Bauleistungen.
- Teil B: Allgemeine Vertragsbedingungen für die Ausführung von Bauleistungen
- Teil C: Allgemeine Technische Vertragsbedingungen für Bauleistungen

Teil B und C bilden eine Einheit für das Verhältnis zwischen den Bauvertragsparteien. Für andere Baubeteiligte bleibt es beim Werkrecht des BGB, etwa für Architekten. Ihre Vergütung richtet sich nach der Honorarordnung für Architekten und Ingenieure (HOAI). Das gilt auch für Generalunternehmerverträge, die solche Leistungen enthalten.

Die VOB/B gilt ausschließlich für Bauleistungen, also Arbeiten, durch die eine bauliche Anlage hergestellt, instand gehalten, geändert oder beseitigt wird. Für andere Leistungen kann die VOL vereinbart werden.

8.2.1   VOB, BGB, Schriftverkehr: Was geht vor?

Die VOB/B selbst enthält eine Rangfolgeregelung: Widersprechen sich die verschiedenen Schreiben im Schriftverkehr über die zu erbringenden Leistungen, kann deren Inhalt unklar werden und zu Problemen führen. Für diesen Fall sieht die VOB/B folgende Reihenfolge vor:

- Leistungsbeschreibung,
- besondere (individuelle) Vertragsbedingungen,
- zusätzliche technische Vertragsbedingungen,
- allgemeine technische Vertragsbedingungen (VOB/C),
- allgemeine Vertragsbedingungen für die Ausführungen von Bauleistungen (VOB/B).

Hilft auch diese Rangfolge nicht weiter, ist der Vertrag nach den Bestimmungen des BGB, aber auch der VOB/A auszulegen. Danach gilt als Regel:

- Spezielles vor Allgemeinem
- Text vor Bild

Für die Leistungsbeschreibungen im Bauwesen werden im Internet Kalkulationshilfen für verschiedene Gewerke angeboten. Derzeit gibt es detaillierte Kosteninformationen für 54 Gewerke zum Beispiel unter: www.baupreislexikon.de des Gemeinsamen Ausschuss Elektronik im Bauwesen (GAEB), herausgegeben vom Deutschen Instituts für Normung (DIN). Darin werden die preisrelevanten Bestandteile der Leistungsbeschreibung in einer Datenbank analytisch in die Kalkulationsansätze

- Löhne = Arbeitszeitwert x Mittellohn
- Material = Menge x Materialpreis frei Baustelle
- Bauhilfsstoffe/RSV = Menge x Verrechnungspreis
- Geräte = Stunden x AVR-Wert
- Betriebsstoffe = Stunden x Verrechnungspreis
- Sonstige Kosten = Menge x Verrechnungspreis

aufgegliedert.

Verbunden werden diese Werte mit voreingestellten deutschlanddurchschnittlichen Zuschlägen für die Einzelkosten inklusive Verrechnungslohn.

8.2.2 Das müssen Sie über Vergütungsvereinbarungen nach VOB/B wissen

Die Preise decken grundsätzlich die gesamten Leistungen ab, die nach sämtlichen vertraglichen Bedingungen einschließlich der gewerblichen Verkehrssitte zur vertraglichen Leistung gehören. Werden keine Sondervereinbarungen getroffen, etwa nach Pauschalsummen, Stundensätzen oder Selbstkosten, berechnet sich die Vergütung nach den vertraglichen Einheitspreisen und den tatsächlich ausgeführten Leistungen, wenn diese nicht mehr als 10 % vom vertraglich vorgesehenen Umfang abweichen. Bei höherer Abweichung kann nachverhandelt werden. Das gilt auch für die Pauschalsumme, wenn davon andere Leistungen abhängen, für die eine Pauschalsumme vereinbart ist.

Da dem Auftraggeber die Änderung der Bauausführung vorbehalten ist, können sich dadurch auch die Preise unter Berücksichtigung der Mehr- oder Minderkosten ändern.

TIPP

Prüfen Sie bei Änderungen der Bauausführung sofort Ihre Preise und vereinbaren Sie erforderlichenfalls noch vor der Ausführung der Änderungen angepasste Preise!

Sollen Preise keine Festpreise, sondern während insbesondere längerer Vertragslaufzeiten veränderlich sein, werden Gleitklauseln, typischerweise als Lohn- oder Materialgleitklauseln, vereinbart.

Die VOB/B unterscheidet danach grundsätzlich vier verschiedene Vergütungsarten:

- Einheitspreise: das heißt, Vergütung für technisch und wirtschaftlich einheitliche Teilleistungen nach Maß, Gewicht oder Stückzahl,
- Pauschalpreis: das heißt, Vergütung nach Pauschalsumme entweder als Globalpauschale für allgemeine Leistungsbeschreibung, zum Beispiel durch Funktionsbeschreibung, oder Detailpauschale mit detaillierter Vorgabe des Bausolls,
- Stundenlohn: das heißt, Vergütung nach Zeit, oder
- Selbstkosten: das heißt, Vergütung nach Selbstkosten zuzüglich vertraglich festgelegter Aufschläge.

Stundenlohnarbeiten werden Ihnen nur vergütet, wenn sie als solche vor ihrem Beginn ausdrücklich vereinbart worden sind.

TIPP

Halten Sie sich an die Bauausführung, wenn irgend möglich. Erkennen Sie notwendige Änderungen, sprechen Sie Ihren Auftraggeber darauf an. Klären Sie die weitere Bauausführung und die Vergütungsumstände dafür. Vertrauen Sie nicht auf spätere Einigung.

Kostenumlageklauseln können als Verbrauchsumlage für Energie nach Verbrauch oder auch pauschal oder als Umlage einer Bauwesenversicherung — auch in allgemeinen Geschäftsbedingungen — vereinbart werden, Baureinigungsumlagen allerdings nur individuell.

8.2.3   Nachträge

Fordert Ihr Auftraggeber eine im Vertrag nicht vorgesehene Leistung, haben Sie Anspruch auf besondere Vergütung. Das müssen Sie jedoch dem Auftraggeber ankündigen, **bevor** Sie mit der Ausführung der Leistung beginnen. Bei

Pauschalsummen gilt das nur, wenn die ausgeführte Leistung von der vertraglich vorgesehenen Leistung so erheblich abweicht, dass ein Festhalten an der Pauschalsumme nicht zumutbar ist.

Achtung Falle: Nachträge sind nur zu vergüten, wenn Sie der **Auftraggeber** beauftragt. Handeln Sie im vorauseilenden Gehorsam oder auf Weisung eines Architekten oder Bauleiters, handeln Sie auf eigenes Risiko, wenn diese nicht zur Vertretung des Auftraggebers berechtigt waren!

Verlangt der Auftraggeber Zeichnungen, Berechnungen oder andere Unterlagen, die der Auftragnehmer nach dem Vertrag, besonders den technischen Vertragsbedingungen oder der gewerblichen Verkehrssitte, nicht zu beschaffen hat, so hat er sie gesondert zu vergüten. Dasselbe gilt für die Prüfung von fremden technischen Berechnungen für die dadurch entstehenden Kosten.

TIPP

Weisen Sie Ihren Auftraggeber bei neuen Leistungsanforderungen sofort auf Ihre gesonderte Vergütung hin, spätestens bevor Sie mit der Ausführung beginnen.

Allerdings können solche Abweichungen nur festgestellt werden, wenn Sie Ihre ursprüngliche Kalkulation darlegen können. Verwahren Sie daher Ihre ursprüngliche Kalkulation, gegebenenfalls mit Datums-Sichtvermerk.

Nicht alle Anforderungen sind echte Nachträge, nämlich dann nicht, wenn

- sie durch Auslegung bereits der Leistungsbeschreibung entnehmbar sind,
- sie Nebenleistungen nach VOB/C sind,
- sie auf einem Kalkulationsirrtum des Auftragnehmers beruhen,
- sie in Wahrheit Nacherfüllungsansprüche sind oder
- sie nur auf Anordnungen des Auftraggebers beruhen, die die Leistung konkretisieren.

Für Leistungen, die Sie ohne Auftrag oder unter eigenmächtiger Abweichung vom Auftrag ausführen, können Sie keine Vergütung verlangen. Ihr Auftraggeber kann sogar Beseitigung innerhalb einer angemessenen Frist verlangen oder bei Versäumung der Frist selbst auf Ihre Kosten beseitigen und deswegen Schadensersatz fordern. Das gilt jedoch nicht, wenn

- Ihr Auftraggeber solche Leistungen nachträglich anerkennt oder
- die Leistungen für die Erfüllung des Vertrags notwendig waren, dem mutmaßlichen Willen Ihres Auftraggebers entsprachen und ihm unverzüglich angezeigt wurden.

Dann sind Ihre Leistungen auch zu vergüten.

TIPP

Halten Sie alle Tätigkeiten auf Leistungsscheinen fest. Führen Sie ein Bautagebuch so detailliert wie möglich.

8.2.4 Bei Fristen hört der Spaß auf

Sind im Vertrag verbindliche Fristen vereinbart (Vertragsfristen), so müssen Sie Ihre Bauleistungen entsprechend beginnen, angemessen fördern und vollenden. Ein Bauzeitenplan als solcher ist allerdings nur verbindlich, wenn dies im Vertrag ausdrücklich vereinbart ist. Ist ein Starttermin nicht vereinbart, können Sie von Ihrem Auftraggeber Auskunft über den voraussichtlichen Beginn verlangen. Das sollten Sie aber nur, wenn Sie innerhalb von 12 Werktagen mit Ihren Arbeiten tatsächlich beginnen können. Denn teilt Ihnen der Auftraggeber den Starttermin mit, müssen Sie innerhalb dieser Zeit mit den Arbeiten beginnen. Andernfalls kann er von Ihnen bei Aufrechterhaltung des Vertrages Schadenersatz verlangen oder dem Auftragnehmer eine angemessene Frist zur Vertragserfüllung setzen und erklären, dass er ihm nach fruchtlosem Ablauf der Frist den Auftrag entziehe.

Achtung Falle: Können Sie Fristen nicht einhalten, weil Arbeitskräfte, Geräte, Gerüste, Stoffe oder Bauteile so unzureichend sind, dass die Ausführungsfristen offenbar nicht eingehalten werden können, liegt es an Ihnen, Abhilfe zu schaffen!

Dasselbe gilt, wenn Sie mit der Vollendung Ihrer Leistung in Verzug geraten.

Auch wenn Sie glauben, an der ordnungsgemäßen Ausführung Ihrer Leistung ge- oder behindert zu werden, müssen Sie dies unverzüglich Ihrem Auftraggeber anzeigen (sogenannte Baubehinderungsanzeige), besser schriftlich, notfalls aber auch mündlich. Dann verlängern sich die Ausführungsfristen, allerdings nicht bei Witterungseinflüssen, mit denen üblicherweise zu rechnen ist. Bei Verschulden haftet die jeweilige Partei auf Schadensersatz. Dauert eine solche Bauunterbrechung länger als 3 Monate, kann jede Partei den Vertrag kündigen. In der Praxis wird davon allerdings kaum Gebrauch gemacht.

8.2.5 Prüfen Sie, ob eine Vertragsstrafe wirklich vereinbart ist

Die VOB/B selbst enthält — wie die VOL/B — keine Vertragsstraferegelung. Sie muss gesondert vereinbart werden. Sie kann auch in anderen allgemeinen Geschäftsbedingungen enthalten sein, muss dann aber auch deren besonderen Prüfkriterien entsprechen, insbesondere nicht unangemessen hoch sein. In allgemeinen Geschäftsbedingungen zulässigerweise vereinbart sind Vertragsstrafen von

- bis 0,2 % pro Werktag (6 Tage/Woche),
- 0,3 % pro Arbeitstag (5 Tage/Woche).

Die Gesamthöhe darf 5 % nicht überschreiten, sonst ist die gesamte allgemeine Geschäftsbedingungs-Vertragsstrafeklausel unwirksam.

Darüber hinaus gelten auch außerhalb von allgemeinen Geschäftsbedingungen die Bestimmungen des BGB. Unangemessen hohe Vertragsstrafen können nötigenfalls gerichtlich herabgesetzt werden.

Zusätzlich regelt die VOB:

- Ist die Vertragsstrafe für den Fall vereinbart, dass Sie Ihre Leistungen nicht in der vorgesehenen Frist erfüllen, so wird sie fällig, wenn Sie vorsätzlich oder fahrlässig in Verzug geraten.
- Ist die Vertragsstrafe nach Tagen bemessen, so zählen nur Werktage; ist sie nach Wochen bemessen, so wird jeder Werktag angefangener Wochen als 1/6 Woche gerechnet.

- Hat der Auftraggeber die Leistung abgenommen, so kann er die Strafe nur verlangen, wenn er dies bei der Abnahme vorbehalten hat.
- Öffentliche Auftraggeber dürfen Vertragsstrafen nur vereinbaren, wenn Fristüberschreitungen erhebliche Nachteile verursachen können.

Aus der Rechtsprechung

Bestimmen AGB, dass bei einem Bauvertrag für die Überschreitung von Zwischenfristen Vertragsstrafen fällig werden, darf bei zahlreichen Zwischenfristen nicht schon bei Überschreitung der ersten Frist eine sehr hohe Vertragsstrafe erreicht werden (OLG Bremen, NJW-RR 1987, 468).

8.2.6 Bei der Bauausführung treffen Auftraggeber und -nehmer Pflichten

Der Herr der Baustelle ist der Auftraggeber. Er

- hält die allgemeine Ordnung auf der Baustelle aufrecht;
- regelt das Zusammenwirken der verschiedenen Unternehmer;
- führt die erforderlichen öffentlich-rechtlichen Genehmigungen und Erlaubnisse — z. B. nach dem Baurecht, dem Straßenverkehrsrecht, dem Wasserrecht, dem Gewerberecht — herbei;
- überwacht die vertragsgemäße Ausführung der Leistung. Hierzu hat er Zutritt zu den Arbeitsplätzen, Werkstätten und Lagerräumen, wo die vertragliche Leistung oder Teile von ihr hergestellt oder die hierfür bestimmten Stoffe und Bauteile gelagert werden. Auf Verlangen müssen Sie ihm die Werkzeichnungen oder andere Ausführungsunterlagen sowie die Ergebnisse von Güteprüfungen zur Einsicht vorlegen und die erforderlichen Auskünfte erteilen, wenn Sie hierdurch keine Geschäftsgeheimnisse preisgeben. Als Geschäftsgeheimnis bezeichnete Auskünfte und Unterlagen muss er vertraulich behandeln;
- trifft die zur vertragsgemäßen Ausführung der Bauleistungen notwendigen Anordnungen. Die Anordnungen sind grundsätzlich nur Ihnen oder Ihrem für die Leitung der Ausführung bestellten Vertreter zu erteilen, es sei denn, Gefahr ist im Verzug. Denn die Leistung Ihrer Arbeiten steht allein Ihnen zu. Deshalb müssen Sie Ihrem Auftraggeber mitteilen, wer jeweils Ihr Vertreter für die Leitung der Bauausführung ist. Die Anordnungen

des Auftraggebers müssen Sie befolgen, auch wenn Sie sie für unberechtigt oder unzweckmäßig halten, nicht aber, wenn sie rechtswidrig sind. Entstehen durch solche Anordnungen ungerechtfertigte Erschwerungen, hat der Auftraggeber Ihre Mehrkosten zu tragen;

- stellt, wenn nichts anderes vereinbart ist, unentgeltlich die notwendigen Lager- und Arbeitsplätze auf der Baustelle, vorhandene Zufahrtswege und Anschlussgleise sowie vorhandene Anschlüsse für Wasser und Energie zur Verfügung. Die Kosten für den Verbrauch und den Messer oder Zähler tragen dagegen Sie, mehrere Auftragnehmer tragen sie anteilig.

Sie sind demgegenüber derjenige, der seine Leistung unter eigener Verantwortung nach dem Vertrag ausführt. Dabei haben Sie

- die anerkannten Regeln der Technik und die gesetzlichen und behördlichen Bestimmungen zu beachten;
- die Ausführung der vertraglichen Leistung zu leiten und für Ordnung auf Ihrer Arbeitsstelle zu sorgen;
- die gesetzlichen, behördlichen und berufsgenossenschaftlichen Verpflichtungen gegenüber Ihren Arbeitnehmern alleinverantwortlich zu erfüllen und die Vereinbarungen und Maßnahmen zu treffen, die Ihr Verhältnis zu den Arbeitnehmern regeln;
- Bedenken gegen die vorgesehene Art der Ausführung (auch wegen der Sicherung gegen Unfallgefahren), gegen die Güte der vom Auftraggeber gelieferten Stoffe oder Bauteile oder gegen die Leistungen anderer Unternehmer, dem Auftraggeber unverzüglich — möglichst schon vor Beginn der Arbeiten — **schriftlich** mitzuteilen; der Auftraggeber bleibt jedoch für seine Angaben, Anordnungen oder Lieferungen verantwortlich;
- die von Ihnen ausgeführten Leistungen und die Ihnen für die Ausführung übergebenen Gegenstände bis zur Abnahme vor Beschädigung und Diebstahl zu schützen. Auf Verlangen des Auftraggebers haben Sie sie auch vor Winterschäden und Grundwasser zu schützen, ferner Schnee und Eis zu beseitigen;
- Stoffe oder Bauteile, die dem Vertrag oder den Proben nicht entsprechen, auf Anordnung des Auftraggebers innerhalb einer von ihm bestimmten Frist von der Baustelle zu entfernen. Sonst kann der Auftraggeber sie auf Ihre Kosten entfernen oder für Ihre Rechnung veräußern.

Grundsätzlich müssen Sie Ihre Leistung selbst, also im eigenen Betrieb, ausführen. Wollen Sie sie an Subunternehmer übertragen, brauchen Sie zuvor die schriftliche Zustimmung des Auftraggebers. Auch den Subunternehmeraufträgen müssen Sie dann die VOB zugrunde legen. Die Zustimmung brauchen Sie nur bei Leistungen nicht, auf die Ihr Betrieb nicht eingerichtet ist. Halten Sie sich nicht an diese Vorgaben, kann der Auftraggeber Ihnen eine angemessene Frist zur Aufnahme der Leistung im eigenen Betrieb setzen und erklären, dass er Ihnen nach fruchtlosem Ablauf der Frist den Auftrag entziehe.

TIPP

Klären Sie mit Ihrem Auftraggeber den Einsatz von Subunternehmern möglichst bei Vertragsschluss, in jedem Falle aber vor Vergabe entsprechender Aufträge.

8.2.7 So führen Sie die Abnahme Ihrer Leistungen herbei

Mit der Abnahme

- geht die Gefahr auf den Auftraggeber über,
- beginnen die Gewährleistungsfristen für Mängel zu laufen,
- kehrt sich die Beweislast für den Mangelnachweis um,
- wird Ihre Vergütung fällig.

Die Abnahme ist für Sie daher von besonderer Bedeutung.

Nach der Fertigstellung — gegebenenfalls auch vor Ablauf der vereinbarten Ausführungsfrist — können Sie von Ihrem Auftraggeber die Abnahme Ihrer Leistungen verlangen. Dann muss der Auftraggeber sie binnen 12 Werktagen abnehmen, wenn keine andere Frist vereinbart ist. Das gilt auch für in sich abgeschlossene Teile der Leistung. Verweigern kann der Auftraggeber die Abnahme nur wegen **wesentlicher** Mängel bis zu deren Beseitigung.

Aus der Rechtsprechung

Werden die vereinbarten Boden-Estrichstärken nicht eingehalten und resultieren daraus erhebliche Beeinträchtigungen in der Benutzung und dem Nutzwert des Gebäudes, liegt ein wesentlicher Mangel vor (OLG Karlsruhe BauR 1995, 246).

Ungenügende Befestigung einzelner Dachziegel sind keine wesentliche Mängel (OLG Hamm, NJW-RR 1990, 917).

Nimmt ein Auftraggeber eine Werkleistung trotz wesentlicher Mängel oder obwohl wesentliche Restleistungen fehlen ab, ist der Auftragnehmer berechtigt, die gesamte abgenommene Leistung zu berechnen (OLG Stuttgart, BeckRS 2013, 09968).

Sind Sockeldämmplatten auf dem Außenmauerwerk nur unzureichend befestigt und stoßen nicht aneinander, liegen wesentliche Mängel einer Kelleraußendämpfung vor, die die Gebrauchsfähigkeit eines Gewerks erheblich beeinträchtigen (OLG Düsseldorf, BeckRS 2013, 10036).

Hat der Hauptauftraggeber das erstellte Werk als im Wesentlichen vertragsgerecht akzeptiert, kann der Generalunternehmer die Abnahme nicht verweigern (LG Magdeburg, BeckRS 2013, 07640).

Hat der Auftragnehmer die Schlussrechnung versendet, ohne eine vereinbarte förmliche Abnahme zu fordern, und verlangt auch der Auftraggeber über mehrere Monate nach Erhalt der Schlussrechnung ebenfalls keine förmliche Abnahme, haben die Parteien darauf stillschweigend verzichtet (OLG Karlsruhe, NZBau 2004, 331 ff.).

Die Abnahme kann ausdrücklich oder stillschweigend durch schlüssige Handlung erfolgen. Hat der Auftraggeber Ihre Leistung oder einen Teil Ihrer Leistung benutzt, so gilt die Abnahme nach Ablauf von 6 Werktagen nach Beginn der Benutzung als erfolgt, wenn nichts anderes vereinbart ist. Die Benutzung von Teilen einer baulichen Anlage zur Weiterführung der Arbeiten gilt aber dabei nicht als Abnahme. Auch ohne Benutzung gilt die Leistung mit Ablauf von 12 Werktagen nach schriftlicher Mitteilung über die Fertigstellung als abgenommen, wenn die Abnahme bis dahin noch nicht erfolgt war.

Sie können stattdessen aber auch, ebenso wie der Auftraggeber, eine förmliche Abnahme verlangen. Jede Partei kann auf ihre Kosten einen Sachverständigen zuziehen. Der Befund ist in einer gemeinsamen Verhandlung schriftlich niederzulegen, in der auch etwaige Vorbehalte wegen bekannter Mängel und wegen Vertragsstrafen sowie etwaige Einwendungen des Auftragnehmers aufzunehmen sind. War hierfür ein Termin vereinbart, findet die Abnahme auch statt, wenn der Auftragnehmer nicht anwesend ist.

Das folgende Schema fasst noch einmal zusammen, welche Möglichkeiten es im Zusammenhang mit der Abnahme einer Leistung gibt:

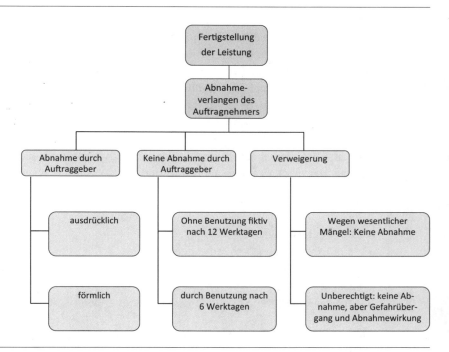

Abb. 26: Schema zur Abnahme der Leistung

8.2.8 So verhalten Sie sich bei Mängeln, die vor der Abnahme auftreten

Leistungen, die schon während der Ausführung als mangelhaft oder vertragswidrig erkannt werden, müssen Sie auf eigene Kosten durch mangelfreie ersetzen. Beruht das auf Ihrem Verschulden, haben Sie außerdem Ihrem Auftraggeber auch den daraus entstehenden Schaden zu ersetzen. Kommen Sie Ihrer Pflicht zur Beseitigung des Mangels nicht nach, so kann Ihnen der Auftraggeber eine angemessene Frist zur Beseitigung des Mangels setzen und erklären, dass er Ihnen den Auftrag nach fruchtlosem Ablauf der Frist entziehe.

8.2.9 So verhalten Sie sich bei Mängeln, die nach der Abnahme auftreten

Zum Zeitpunkt der Abnahme muss die Leistung mangelfrei sein, das heißt, sie muss die vereinbarte Beschaffenheit haben und den anerkannten Regeln der Technik entsprechen. Ist die Beschaffenheit nicht vereinbart, muss sie sich für die nach dem Vertrag vorausgesetzte, sonst für die gewöhnliche Verwendung eignen und eine Beschaffenheit aufweisen, die bei Werken der gleichen Art üblich ist und die der Auftraggeber nach der Art der Leistung erwarten kann. Bei Leistungen nach Probe gelten die Eigenschaften der Probe als vereinbarte Beschaffenheit, soweit nicht Abweichungen nach der Verkehrssitte als bedeutungslos anzusehen sind. Dies gilt auch für Proben, die erst nach Vertragsabschluss als solche anerkannt sind.

Beruht ein Mangel dagegen

- auf der Leistungsbeschreibung,
- auf Anordnungen Ihres Auftraggebers,
- auf den von diesem gelieferten oder vorgeschriebenen Stoffen oder Bauteilen,
- auf der Beschaffenheit der Vorleistung eines anderen Unternehmers,

müssen Sie auch dafür einstehen, wenn Sie Ihren Auftraggeber darauf nicht rechtzeitig aufmerksam gemacht haben, nachdem Sie das erkannt haben.

TIPP

Denken Sie mit. Prüfen Sie die Leistungsbeschreibung und Anordnungen Ihres Auftraggebers, von ihm gelieferte oder beigestellte Stoffe und Bauteile, Vorleistungen anderer Unternehmer. Machen Sie Ihren Auftraggeber darauf aufmerksam, wenn Sie Mängel entdecken!

Ist für Mängelansprüche keine Verjährungsfrist im Vertrag vereinbart, so beträgt sie — beginnend mit der Abnahme der gesamten Leistung bzw. mit der Teilabnahme eines in sich abgeschlossenen Teils der Leistung — für

- Bauwerke 4 Jahre,
- Arbeiten an einem Grundstück und für die vom Feuer berührten Teile von Feuerungsanlagen 2 Jahre,

- feuerberührte und abgasdämmende Teile von industriellen Feuerungsanlagen 1 Jahr,
- maschinelle und elektrotechnische/elektronische Anlagen oder Teile davon, bei denen die Wartung Einfluss auf die Sicherheit und Funktionsfähigkeit hat, 2 Jahre, wenn der Auftraggeber sich dafür entschieden hat, Ihnen die Wartung für die Dauer der Verjährungsfrist nicht zu übertragen.

Treten während der Verjährungsfrist Mängel auf, hat der Auftraggeber Gewährleistungsrechte:

- Mängel müssen Sie auf Ihre Kosten beseitigen, wenn es der Auftraggeber vor Ablauf der Frist schriftlich verlangt (Nacherfüllung). Der Anspruch auf Beseitigung der gerügten Mängel verjährt in 2 Jahren, gerechnet vom Zugang des schriftlichen Verlangens an, jedoch nicht vor Ablauf der Regelfristen oder der an ihrer Stelle vereinbarten Frist. Nach Abnahme der Mängelbeseitigungsleistung beginnt für diese Leistung eine Verjährungsfrist von 2 Jahren neu, die jedoch nicht vor Ablauf der Regelfristen oder der an ihrer Stelle vereinbarten Frist endet.
- Kommen Sie der Aufforderung zur Mängelbeseitigung in einer von Ihrem Auftraggeber gesetzten angemessenen Frist nicht nach, so kann der Auftraggeber die Mängel auf Ihre Kosten beseitigen lassen.
- Ist die Beseitigung des Mangels für den Auftraggeber unzumutbar oder unmöglich oder würde sie einen unverhältnismäßig hohen Aufwand erfordern und wird sie deshalb von Ihnen zu Recht verweigert, so kann der Auftraggeber durch Erklärung Ihnen gegenüber die Vergütung mindern.
- Zu ersetzen haben Sie
  - Schäden aus der Verletzung des Lebens, des Körpers oder der Gesundheit, bei schuldhaft verursachten Mängeln,
  - sämtliche Schäden bei vorsätzlich oder grob fahrlässig verursachten Mängeln,
  - Schäden an der baulichen Anlage, zu deren Herstellung, Instandhaltung oder Änderung die Leistung dient, wenn ein wesentlicher Mangel vorliegt, der die Gebrauchsfähigkeit erheblich beeinträchtigt und auf ein Verschulden des Auftragnehmers zurückzuführen ist,
  - darüber hinausgehende Schäden, wenn
    - der Mangel auf einem Verstoß gegen die anerkannten Regeln der Technik beruht,

- der Mangel in dem Fehlen einer vertraglich vereinbarten Beschaffenheit besteht oder
- soweit Sie den Schaden durch Versicherung Ihrer gesetzlichen Haftpflicht gedeckt haben oder durch eine solche zu tarifmäßigen, nicht auf außergewöhnliche Verhältnisse abgestellten Prämien und Prämienzuschlägen bei einem im Inland zum Geschäftsbetrieb zugelassenen Versicherer hätten decken können.

Eine Einschränkung oder Erweiterung der Haftung kann in begründeten Sonderfällen vereinbart werden.

8.2.10 Force majeure

Im Gegensatz zum allgemeinen Zivilrecht kennt die VOB/B eine Höhere-Gewalt-Klausel:

Wird eine ganz oder teilweise ausgeführte Leistung vor der Abnahme durch höhere Gewalt, Krieg, Aufruhr oder andere objektiv unabwendbare von Ihnen nicht zu vertretende Umstände beschädigt oder zerstört, so können Sie für die ausgeführten Teile der Leistung verlangen, dass nach den Vertragspreisen abgerechnet wird und Ihnen die Kosten vergütet werden, die bereits entstanden sind und in den Vertragspreisen für die noch nicht ausgeführten Leistungsteile enthalten sind; für andere Schäden besteht keine gegenseitige Ersatzpflicht.

Zu der ganz oder teilweise ausgeführten Leistung gehören

- alle mit der baulichen Anlage unmittelbar verbundenen, in ihre Substanz eingegangenen Leistungen, unabhängig von deren Fertigstellungsgrad;
- nicht die noch nicht eingebauten Stoffe und Bauteile sowie die Baustelleneinrichtung und Absteckungen;
- ebenfalls nicht Baubehelfe, z. B. Gerüste, auch wenn diese als besondere Leistung oder selbstständig vergeben sind.

8.2.11 Prüffähige Rechnung

Als Auftragnehmer haben Sie prüffähige Rechnungen zu erstellen. Dazu gehört

- die übersichtliche Aufstellung der Leistungen in der Reihenfolge der Posten,
- die Verwendung der in den Vertragsbestandteilen enthaltenen Bezeichnungen,
- die Beifügung der erforderlichen Mengenberechnungen, Zeichnungen und anderer Belege zum Nachweis von Art und Umfang der Leistung,
- die besondere Kennzeichnung von Änderungen und Ergänzungen des Vertrags; der Auftraggeber kann hierfür auch getrennte Abrechnung verlangen.

Beim **Einheitspreisvertrag** sind zu den einzelnen Positionen stets die jeweils ermittelten Massen anzugeben, die mit dem vereinbarten Einheitspreis multipliziert zum abzurechnenden Positionspreis führen. Will der Auftragnehmer nicht mehr an den vereinbarten Einheitspreisen festhalten, so hat er dies kenntlich zu machen und in geeigneter Weise — etwa durch Angabe der veränderten Umstände und unter Bezugnahme auf die Urkalkulation — zu begründen. Änderungs- und Nachtragspositionen bedürfen deshalb stets einer besonderen Kontrolle im Rahmen der Überprüfung der vom Auftragnehmer vorgelegten Schlussrechnung.

Muster für eine prüffähige Rechnung bei einem Einheitspreisvertrag

Objekt: ....
Rechtsgrundlage: Auftrag vom .../Verhandlungsprotokoll vom ... in Verbindung mit der Leistungsbeschreibung vom ... Seite ... bis ....

Pos.	Nr. des Leis-tungsverz.		Menge/ Einheit	Einzel-preis (€)	Gesamt-preis (€)	Nr. des Leis-tungs-nach-weises
1.	2120.01	Gebäudereinigung				
	01.01.2120	Bürobereiche, Teppich reinigen o. Möbel				
		Bürobereiche kompl. Reinigen gem. Vor-bemerkungen ohne Möblierung Ausstat-tung und Qualitäten wie folgt: ...	2 LE	10.000	20.000	1.1
	02.01.2120	...				1.2
2.	2120.02	Außenbereiche				
	02.02.2120	Außen-, Innenhofflä-chen, Rampe	2 LE	15.000	30.000	2.1
3.	Summe				50.000	
	Umsatz-steuer		19 %		9.500	
	Gesamt				59.500	

Der Auftragnehmer hat auch bei Vorliegen einer **Pauschalpreisabrede** prüf-fähig abzurechnen. Legt der Auftragnehmer zu einem Pauschalpreisvertrag entsprechend dem Bauverlauf Abschlagsrechnungen vor, so hat er den er-reichten Bauten- und Abrechnungsstand jeweils prüffähig zu belegen. Bleibt der Pauschalpreis unverändert, so bedarf es in der Schlussrechnung keiner weiteren Aufgliederung zum Umfang der erbrachten Leistungen. Der Auf-tragnehmer hat jedoch in der Schlussrechnung die auf die vorgelegten Ab-schlagsrechnungen bereits geleisteten Abschlagszahlungen aufzuführen, um hiervon ausgehend in prüffähiger Weise den Schlussrechnungsbetrag aus der vereinbarten Gesamtpauschale zu belegen.

Die für die Abrechnung notwendigen Feststellungen sind dem Fortgang der Leistung entsprechend möglichst gemeinsam vorzunehmen. Dabei sind die Abrechnungsbestimmungen in den Technischen Vertragsbedingungen und den anderen Vertragsunterlagen zu beachten. Für Leistungen, die bei Weiterführung der Arbeiten nur schwer feststellbar sind, haben Sie rechtzeitig gemeinsame Feststellungen zu beantragen.

Für **Stundenlohnarbeiten** gelten besondere Regeln:

- Grundsätzlich gelten die vertraglichen Vereinbarungen.
- Ohne vertragliche Vereinbarungen gilt — wie schon nach BGB — die ortsübliche Vergütung. Ist diese nicht zu ermitteln, so werden Ihre Aufwendungen für Lohn-, Gehalts- und Gehaltsnebenkosten sowie Stoffkosten der Baustelle, Kosten der Einrichtungen, Geräte, Maschinen und maschinellen Anlagen der Baustelle, Fracht-, Fuhr- und Ladekosten, Sozialkassenbeiträge und Sonderkosten, die bei wirtschaftlicher Betriebsführung entstehen, mit angemessenen Zuschlägen für Gemeinkosten und Gewinn (einschließlich allgemeinem Unternehmerwagnis) zuzüglich Umsatzsteuer vergütet. Verlangt der Auftraggeber, dass die Stundenlohnarbeiten durch einen Polier oder eine andere Aufsichtsperson beaufsichtigt werden, oder ist die Aufsicht nach den einschlägigen Unfallverhütungsvorschriften notwendig, so gilt das entsprechend.
- Dem Auftraggeber ist die Ausführung von Stundenlohnarbeiten vor Beginn anzuzeigen.
- Über die geleisteten Arbeitsstunden und den dabei erforderlichen, besonders zu vergütenden Aufwand für den Verbrauch von Stoffen, für Vorhaltung von Einrichtungen, Geräten, Maschinen und maschinellen Anlagen, für Frachten, Fuhr- und Ladeleistungen sowie etwaige Sonderkosten sind, wenn nichts anderes vereinbart ist, je nach der Verkehrssitte werktäglich oder wöchentlich Listen (Stundenlohnzettel) einzureichen. Der Auftraggeber hat die von ihm bescheinigten Stundenlohnzettel unverzüglich, spätestens jedoch innerhalb von 6 Werktagen nach Zugang, zurückzugeben. Dabei kann er Einwendungen auf den Stundenlohnzetteln oder gesondert schriftlich erheben. Bei nicht fristgemäß zurückgegebenen Stundenlohnzetteln gelten diese als anerkannt.
- Stundenlohnrechnungen sind alsbald nach Abschluss der Stundenlohnarbeiten, längstens jedoch in Abständen von 4 Wochen, einzureichen.

- Waren Stundenlohnarbeiten zwar vereinbart, bestehen aber über den Umfang der Stundenlohnleistungen mangels rechtzeitiger Vorlage der Stundenlohnzettel Zweifel, so kann der Auftraggeber verlangen, dass für die nachweisbar ausgeführten Leistungen eine Vergütung vereinbart wird, die für einen wirtschaftlich vertretbaren Aufwand an Arbeitszeit und Verbrauch von Stoffen, für Vorhaltung von Einrichtungen, Geräten, Maschinen und maschinellen Anlagen, für Frachten, Fuhr- und Ladeleistungen sowie etwaige Sonderkosten ermittelt wird.

Je nach Usus werden Stundenlohnzettel werktäglich oder wöchentlich eingereicht. Achtung: Die Einreichung beim Architekt oder Bauleiter genügt nur, wenn das so vereinbart ist. Die geleisteten Arbeitsstunden müssen in den Stundenlohnzetteln präzise dargestellt werden. Die eingesetzten Mitarbeiter müssen möglichst namentlich und unter Angabe ihrer jeweiligen Qualifikation benannt werden. Dasselbe gilt für die Darstellung der ausgeführten Arbeiten: Sie muss detailliert nach Ort, Zeit und Tätigkeit erkennen lassen, welche Arbeiten wo erbracht wurden. Bei an Einheits- oder Pauschalverträge „angehängten" Stundenlohnarbeiten ist darauf zu achten, dass der Auftraggeber erkennen kann, welche Arbeiten über den ursprünglich geschlossenen Einheitspreis- oder Pauschalvertrag hinaus nunmehr im Stundenlohn ausgeführt worden sind.

Das Abzeichnen von Stundenlohnzetteln ist weder ein Anerkenntnis, dass das Abrechnen eines Stundenlohns überhaupt vereinbart war, noch dass auf dieser Grundlage erstellte Abrechnungen richtig sind.

Die Schlussrechnung muss bei Leistungen mit einer vertraglichen Ausführungsfrist von höchstens 3 Monaten spätestens 12 Werktage nach Fertigstellung eingereicht werden, wenn nichts anderes vereinbart ist; diese Frist wird um je 6 Werktage für je weitere 3 Monate Ausführungsfrist verlängert. Reichen Sie eine prüffähige Rechnung nicht ein, obwohl Ihnen der Auftraggeber dafür eine angemessene Frist gesetzt hat, so kann sie der Auftraggeber auch hier — wie bei der VOL/B — selbst auf Ihre Kosten aufstellen. Prüffähigkeitseinwendungen sind 2 Monate nach Zugang der Schlussrechnung ausgeschlossen, wenn nicht ganze Positionen bestritten sind. Mit der Schlussrechnung erklärt der Auftragnehmer keine Selbstbindung, Abrechnungsfehler kann er nachträglich noch berichtigen.

8.2.12 Zahlungsbestimmungen

Die VOB/B unterscheidet zwischen

- Abschlagszahlungen,
- Vorschusszahlungen und der
- Schlusszahlung.

Abschlagzahlungen müssen Sie beantragen. Sie richten sich nach der Höhe des Wertes der jeweils nachgewiesenen vertragsgemäßen Leistungen einschließlich des ausgewiesenen, darauf entfallenden Umsatzsteuerbetrags in möglichst kurzen Zeitabständen.

Auch hierfür sind die Leistungen durch eine prüfbare Aufstellung nachzuweisen, die eine rasche und sichere Beurteilung ermöglichen muss. Als Leistungen gelten hierbei auch die für die geforderte Leistung eigens angefertigten und bereitgestellten Bauteile sowie die auf der Baustelle angelieferten Stoffe und Bauteile, wenn dem Auftraggeber nach seiner Wahl das Eigentum an ihnen übertragen ist oder entsprechende Sicherheit gegeben wird.

Abschlagszahlungen werden binnen 18 Werktagen nach Zugang der Aufstellung fällig. Sie sind ohne Einfluss auf Ihre Haftung; sie gelten nicht als Abnahme von Teilen der Leistung.

Vorauszahlungen können auch nach Vertragsabschluss — abweichend von der Vorleistungspflicht des Auftragnehmers nach BGB — vereinbart werden; hierfür ist aber auf Verlangen des Auftraggebers ausreichende Sicherheit zu leisten, in der Regel eine sogenannte Vorauszahlungsbürgschaft. Diese Vorauszahlungen sind, sofern nichts anderes vereinbart wird, mit 3 % über dem Basiszinssatz zu verzinsen. Vorauszahlungen sind auf die nächstfälligen Zahlungen anzurechnen, soweit damit Leistungen abzugelten sind, für welche die Vorauszahlungen gewährt worden sind.

Beispiel: Der Auftragnehmer muss teure Werkzeuge anschaffen, wofür er beim Auftraggeber in Höhe der Anschaffungskosten Vorauszahlung vereinbaren kann.

Die **Schlusszahlung** wird alsbald nach Prüfung und Feststellung der von Ihnen vorgelegten Schlussrechnung fällig, spätestens innerhalb von 2 Monaten nach Zugang. Die Prüfung der Schlussrechnung ist nach Möglichkeit zu beschleunigen. Verzögert sie sich, so ist das unbestrittene Guthaben als Abschlagszahlung sofort zu zahlen.

Die vorbehaltlose Annahme der Schlusszahlung schließt eventuelle Nachforderungen aus, wenn Sie über die Schlusszahlung schriftlich unterrichtet und auf die Ausschlusswirkung hingewiesen wurden. Das gilt auch, wenn der Auftraggeber unter Hinweis auf geleistete Zahlungen weitere Zahlungen endgültig und schriftlich ablehnt. Auch früher gestellte, aber unerledigte Forderungen werden ausgeschlossen, wenn sie nicht nochmals vorbehalten werden. Ein solcher Vorbehalt ist innerhalb von 28 Tagen nach Zugang der Mitteilung über die Schlusszahlung zu erklären. Er wird hinfällig, wenn nicht innerhalb von weiteren 28 Tagen eine prüfbare Rechnung über die vorbehaltenen Forderungen eingereicht oder, wenn das nicht möglich ist, der Vorbehalt eingehend begründet wird.

Diese Ausschlussfristen gelten — wie nach der VOL/B — nicht für ein Verlangen nach Richtigstellung der Schlussrechnung und -zahlung wegen Aufmaß-, Rechen- und Übertragungsfehlern.

In sich abgeschlossene Teile der Leistung können nach Teilabnahme ohne Rücksicht auf die Vollendung der übrigen Leistungen endgültig festgestellt und bezahlt werden.

Alle Zahlungen sind aufs äußerste zu beschleunigen, nicht vereinbarte Skontoabzüge sind unzulässig. Die Praxis hält sich hieran häufig nicht. Es ist dann eine kaufmännische Frage, ob Maßnahmen hiergegen ergriffen werden sollen.

Zahlt der Auftraggeber

- bei Fälligkeit nicht, so können Sie eine angemessene Nachfrist setzen. Zahlt er auch innerhalb der Nachfrist nicht, so haben Sie vom Ende der Nachfrist an Anspruch auf Zinsen in Höhe der Verzugszinsen nach BGB — also gegenüber Verbrauchern über 5 Prozentpunkte über dem Basiszinssatz, gegenüber Unternehmern über 8 Prozentpunkte über dem Basiszinssatz —, wenn Sie keinen höheren Verzugsschaden nachweisen können, sonst den höheren.

- innerhalb von 2 Monaten nach Zugang der Schlussrechnung nicht, so können Sie ab diesem Zeitpunkt auch ohne Nachfrist Zinsen in Höhe der Verzugszinsen nach BGB verlangen. Das sind gegenüber Verbrauchern 5 Prozentpunkte über dem Basiszinssatz, gegenüber Unternehmern 8 Prozentpunkte über dem Basiszinssatz — sofern Sie nicht einen höheren Verzugsschaden nachweisen, da Sie sonst den höheren Zinssatz verlangen dürfen.

Sie dürfen in diesen Fällen die Arbeiten bis zur Zahlung einstellen, sofern eine dem Auftraggeber zuvor gesetzte angemessene Nachfrist erfolglos verstrichen ist.

Gegenforderungen kann der Auftraggeber einbehalten. Andere Einbehalte sind nur in den im Vertrag und in den gesetzlichen Bestimmungen vorgesehenen Fällen zulässig.

Allerdings ist der Auftraggeber berechtigt, zur Erfüllung seiner Verpflichtungen Zahlungen auch direkt an Ihre Gläubiger zu leisten. Das gilt aber nur, wenn diese ihrerseits die Fortsetzung ihrer Leistung Ihnen gegenüber zu Recht verweigern und die Direktzahlung die Fortsetzung der Leistung sicherstellen soll. Zu diesem Zweck sind Sie verpflichtet, sich auf Verlangen des Auftraggebers innerhalb einer von diesem gesetzten Frist darüber zu erklären, ob und inwieweit Sie die Forderungen Ihrer Gläubiger anerkennen; geben Sie diese Erklärung nicht rechtzeitig ab, so gelten die Voraussetzungen für die Direktzahlung als anerkannt.

8.2.13 Sicherheiten

Die VOB/B selbst enthält keine Vereinbarung von Sicherheiten. Sie sind nur zu erbringen, wenn sie gesondert vereinbart sind. Die Sicherheiten dürfen nur dazu vereinbart werden, die vertragsgemäße Ausführung der Leistung (zum Beispiel Vertragserfüllungsbürgschaft) und die Mängelansprüche (zum Beispiel Gewährleistungsbürgschaft) sicherzustellen.

Es gelten hier grundsätzlich dieselben Anforderungen wie nach der VOL/B. Zu unterscheiden ist danach, ob Sie oder der Auftraggeber Sicherheit leisten sollen:

- Soll der **Auftraggeber** Sicherheit leisten, so ist es bei kleineren oder kurzfristigen Aufträgen zulässig, dass er den einbehaltenen Sicherheitsbetrag
  erst bei der Schlusszahlung auf ein Sperrkonto einzahlt.

  Zahlt der Auftraggeber den einbehaltenen Betrag nicht rechtzeitig ein, so
  können Sie ihm hierfür eine angemessene Nachfrist setzen. Lässt der Auftraggeber auch diese verstreichen, können Sie die sofortige Auszahlung
  des einbehaltenen Betrags verlangen und brauchen dann keine Sicherheit
  mehr zu leisten.

  Öffentliche Auftraggeber sind berechtigt, den als Sicherheit einbehaltenen Betrag auf ein eigenes Verwahrgeldkonto zu nehmen; der Betrag wird
  nicht verzinst.

Aus der Rechtsprechung

Bei einem VOB-Vertrag mit vereinbarter Gewährleistungssicherheit kann
sich der Besteller nicht wirksam durch AGB von der Verpflichtung zur Ein-
zahlung des Restwerklohns auf ein gemeinsames Sperrkonto (§ 17 Nr. 6
VOB/B) freizeichnen (KG, NJW-RR 1988, 1365).

Auch nach der Einführung des § 648a BGB kann das Recht eines Bauunter-
nehmers, für seine Forderungen aus dem Bauvertrag die Eintragung einer
Vormerkung zur Sicherung seines Anspruchs auf Eintragung einer Bauhand-
werkersicherungshypothek zu verlangen, nicht durch AGB ausgeschlossen
werden (OLG Karlsruhe, NJW-RR 1997, 658), es sei denn der Unternehmer
hat insoweit für seinen Vergütungsanspruch eine Sicherheit nach § 648a II
BGB (etwa durch Bankbürgschaft) erlangt (OLG Köln, BauR 1996, 272).

- Sollen Sie als **Auftragnehmer** Sicherheit leisten, müssen Sie dies binnen
  18 Werktagen nach Vertragsabschluss tun, wenn nichts anderes vereinbart ist. Andernfalls ist der Auftraggeber berechtigt, von Ihrem Guthaben
  einen Betrag in Höhe der vereinbarten Sicherheit einzubehalten (Sicher-
  heitseinbehalt).

Wird die Sicherheitsleistung nicht verwertet, hat sie der Auftraggeber zum
vereinbarten Zeitpunkt, spätestens nach Abnahme und Stellung der Sicherheit für Mängelansprüche (zum Beispiel eine Gewährleistungsbürgschaft) zurückzugeben, es sei denn, dass Ansprüche des Auftraggebers,
die nicht von der gestellten Sicherheit für Mängelansprüche umfasst sind,
noch nicht erfüllt sind. Dann darf er für diese Vertragserfüllungansprü-

che einen entsprechenden Teil der Sicherheit zurückhalten. Eine nicht verwertete Sicherheit für Mängelansprüche hat der Auftraggeber nach Ablauf von 2 Jahren zurückzugeben, sofern kein anderer Rückgabezeitpunkt vereinbart worden ist. Soweit jedoch zu diesem Zeitpunkt seine geltend gemachten Ansprüche noch nicht erfüllt sind, darf er einen entsprechenden Teil der Sicherheit zurückhalten.

Übergeben Sie eine Sicherheit, ist der vereinbarte Preis auszuzahlen.

8.2.14 Vorzeitige Vertragsbeendigung

Auch die Kündigungsregelungen bestimmen sich unterschiedlich danach, ob der Auftraggeber oder der Auftragnehmer kündigt.

Der **Auftraggeber** kann bis zur Vollendung der Leistung den Vertrag jederzeit kündigen. Ihnen steht dann aber weiterhin die vereinbarte Vergütung zu. Sie müssen sich jedoch anrechnen lassen, was Sie infolge der Aufhebung des Vertrags an Kosten einsparen oder durch anderweitige Verwendung Ihrer Arbeitskraft und Ihres Betriebs erwerben oder zu erwerben böswillig unterlassen.

Kündigt der Auftraggeber den Vertrag, weil Sie Ihre anderweitigen Zahlungen dauerhaft einstellen oder das Insolvenzverfahren beziehungsweise ein vergleichbares gesetzliches Verfahren beantragt oder ein solches Verfahren eröffnet wird oder dessen Eröffnung mangels Masse abgelehnt wird, dann sind die ausgeführten Leistungen abzurechnen und der Auftraggeber kann von Ihnen Schadenersatz wegen Nichterfüllung des Restes verlangen.

Hat der Auftraggeber Ihnen nach fruchtlosem Ablauf einer nach VOB/B zu setzenden Frist oder wegen einer unzulässige Wettbewerbsabrede von Ihnen den Auftrag entzogen, kann er den noch nicht vollendeten Teil der Leistung auf Ihre Kosten durch einen Dritten ausführen lassen. Für die Weiterführung der Arbeiten kann der Auftraggeber Geräte, Gerüste, auf der Baustelle vorhandene andere Einrichtungen und angelieferte Stoffe und Bauteile gegen angemessene Vergütung in Anspruch nehmen. Seine Ansprüche auf Ersatz eines etwa entstehenden weiteren Schadens behält er dabei. Er kann auch auf die weitere Ausführung verzichten und Schadenersatz wegen Nichterfüllung verlangen, wenn die Ausführung aus den Gründen, die zur Entziehung des Auftrags geführt haben, für ihn kein Interesse mehr hat.

Die Kündigung muss der Auftraggeber stets schriftlich erklären. Ist sie ausgesprochen,

- hat der Auftraggeber Ihnen eine Aufstellung über etwa entstandene Mehrkosten und über seine anderen Ansprüche spätestens binnen 12 Werktagen nach Abrechnung mit dem Dritten zuzusenden.
- können Sie Aufmaß und Abnahme der von ihm ausgeführten Leistungen alsbald nach der Kündigung verlangen; er hat unverzüglich eine prüfbare Rechnung über die ausgeführten Leistungen vorzulegen.
- kann der Auftraggeber eine wegen Verzugs verwirkte, nach Zeit bemessene Vertragsstrafe nur für die Zeit bis zum Tag der Kündigung des Vertrags verlangen.

TIPP

Die erneute Anordnung von Bauausführungen nach einer Kündigung kann als widersprüchliches Verhalten zu bewerten sein und die Kündigung unwirksam machen.

Der **Auftragnehmer** kann den Vertrag dagegen nur kündigen, wenn

- der Auftraggeber eine ihm obliegende Handlung unterlässt und Sie dadurch außerstande setzt, die Leistung auszuführen (Annahmeverzug),
- wenn der Auftraggeber eine fällige Zahlung nicht leistet oder sonst in Schuldnerverzug gerät.

Auch Sie müssen Ihre Kündigung schriftlich erklären. Sie ist aber erst zulässig, wenn Sie Ihrem Auftraggeber ohne Erfolg eine angemessene Frist zur Vertragserfüllung gesetzt und erklärt haben, dass Sie den Vertrag nach fruchtlosem Ablauf der Frist kündigen werden.

Ist die Kündigung wirksam,

- sind die bisherigen Leistungen nach den Vertragspreisen abzurechnen und
- Sie haben Anspruch auf eine angemessene Entschädigung.

8.2.15 Streitigkeiten

Sind Sie Kaufmann und Ihr Auftraggeber ist die öffentliche Hand, richtet sich der Gerichtsstand für Streitigkeiten gem. dem Vertrag nach dem Sitz der für die Prozessvertretung des Auftraggebers zuständigen Stelle, wenn nichts anderes vereinbart ist. Sie ist Ihnen auf Verlangen mitzuteilen.

Entstehen bei Verträgen mit Behörden Meinungsverschiedenheiten, so sollen Sie zunächst die der auftraggebenden Stelle unmittelbar vorgesetzte Stelle anrufen. Diese soll Ihnen Gelegenheit zur mündlichen Aussprache geben und Sie möglichst innerhalb von 2 Monaten nach der Anrufung schriftlich bescheiden und dabei darauf hinweisen, dass die Entscheidung als anerkannt gilt, wenn Sie nicht innerhalb von 3 Monaten nach Eingang des Bescheides schriftlich Einspruch beim Auftraggeber erheben und dieser Sie auf die Ausschlussfrist hingewiesen hat.

Mit dem Eingang des schriftlichen Antrages auf Durchführung eines solchen Verfahrens wird die Verjährung des geltend gemachten Anspruchs gehemmt. Wollen entweder der Auftraggeber oder Sie das Verfahren nicht weiter betreiben, teilen sie dies dem jeweils anderen Teil schriftlich mit. Die Hemmung endet 3 Monate nach Zugang des schriftlichen Bescheides oder der Mitteilung.

Bei Meinungsverschiedenheiten über die Eigenschaft von Stoffen und Bauteilen, für die allgemeingültige Prüfungsverfahren bestehen, und über die Zulässigkeit oder Zuverlässigkeit der bei der Prüfung verwendeten Maschinen oder angewendeten Prüfungsverfahren kann jede Vertragspartei nach vorheriger Benachrichtigung der anderen Vertragspartei die materialtechnische Untersuchung durch eine staatliche oder staatlich anerkannte Materialprüfungsstelle vornehmen lassen; deren Feststellungen sind verbindlich. Die Kosten trägt der unterliegende Teil.

Ist Ihr Auftraggeber ebenfalls Kaufmann, können Sie den Gerichtsstand frei vereinbaren. Bei privaten Auftraggebern gilt der allgemeine Gerichtsstand, d. h., der Auftraggeber ist an seinem Sitz zu verklagen.

Streitfälle berechtigen Sie aber ganz allgemein nicht, die Arbeiten einzustellen.

Glossar wichtiger Begriffe

Abgebot
Das Abgebot ist ein Rabatt auf angegebene Preise des Auftraggebers im Rahmen des Auf- und Abgebotsverfahrens nach VOB/A § 6.2.

Allgemeine Geschäftskosten
Die AGK sind die durch die Kostenstellen Leitung und Verwaltung des Betriebs bestimmten Gemeinkosten, insbesondere bei Bauunternehmen.

Alternativposition
Alternativ- oder Wahlpositionen enthalten alternative Ausführungsvarianten. Sie können vom Auftraggeber ausgeschrieben werden, um eine Einheitspreisbildung zu bewirken, wenn sie statt der Grundposition zur Ausführung kommen. Sie werden regelmäßig durch Zuordnungszahlen als zusammengehörend gekennzeichnet. Ihr Gesamtbetrag geht nicht mit in die Angebotssumme ein. Um Spekulationsmöglichkeiten einzudämmen, werden heute solche Positionen nach § 9 VOB/A nur noch ausnahmsweise in das Leistungsverzeichnis aufgenommen.

Angebot
Durch das Angebot erklärt der Anbieter seine Bereitschaft, eine bestimmte Leistung unter Einhaltung bestimmter Bedingungen (z. B. Fristen) zum angebotenen Preis erbringen zu wollen. Sie können nach Aufforderung, z. B. über Ausschreibungen, oder initiativ abgegeben werden.

Angebotskalkulation
Die Angebotskalkulation umfasst die Übernahme und Umsetzung des Leistungsverzeichnisses, die Berechnung der Einheitspreise und Gesamtbeträge je Einzelleistung, Leistungstitel u. a. sowie der Angebotsendsummen ohne und mit Umsatzsteuer. Dafür muss jeder Anbieter die Leistung im selben Sinne verstehen und zur Grundlage seiner Kalkulation machen.

Angebotssumme

Die Summe der Gesamtbeträge aller Leistungspositionen ergibt die Angebotsendsumme ohne Umsatzsteuer. Hinzuzurechnen ist die zurzeit gültige Umsatzsteuer. Die Summe ist dann die Angebotsendsumme Brutto, also einschließlich Umsatzsteuer.

Angebotsverfahren

Im Rahmen eines Angebotsverfahrens gibt der Auftraggeber Art und Umfang der Leistungen vor. Der Auftraggeber erteilt nach Prüfung und Wertung dem Bieter mit dem wirtschaftlichsten Angebot den Auftrag.

Arbeitskalkulation

Nach Auftragserteilung erfolgt die Arbeitskalkulation unter Berücksichtigung der konkreten Bedingungen als Ergebnis der Arbeitsvorbereitung für die Leistungsausführung. Kostenwirkungen aufgrund zweckmäßigerer und ggf. noch wirtschaftlicherer Planungen und der Festlegung der Stoff- und Nachunternehmerpreise werden in der Arbeitskalkulation berücksichtigt. Die Angebotskalkulation liefert für die Arbeitskalkulation die Ausgangsgrößen.

Aufgebot

Das Aufgebot ist ein Aufschlag auf angegebene Preise des Auftraggebers im Rahmen des Auf- und Abgebotsverfahrens nach § 6.2 VOB/A.

Aufmaß

Das Aufmaß erfasst die tatsächlich erbrachte Werkleistung nach der Fertigstellung. Sie wird der Endabrechnung nach Verdingungsordnung für Bauleistungen (VOB) zugrunde gelegt, soweit kein Festpreis vereinbart ist.

Auftraggeber

Auftraggeber ist jeder, der die Ausführung einer Leistung für seine Rechnung in Auftrag gibt.

Auftragnehmer

Auftragnehmer ist ein Unternehmer, der als Bieter den Zuschlag (Auftrag) zur Ausführung der geforderten Leistung erhält.

Auftragskalkulation

Die Auftrags- bzw. Vertragskalkulation wird basierend auf der Angebotskalkulation durchgeführt, wenn der Anbieter bei der Vergabe der Leistungen in die engere Wahl gerückt ist. Unter Berücksichtigung von gewünschten Änderungen und Bedingungen wird das Auftragsleistungsverzeichnis erstellt. Diese bildet zusammen mit Terminvereinbarungen und Vertragsbedingungen den Vertragsinhalt.

Ausführungsbeschreibung

Die Ausführungsbeschreibung beschreibt Einzelleistungen unter einer Nummer vor den mit einer Ordnungszahl versehenen Teilleistungen.

Bedarfsposition

Bedarfspositionen beschreiben nach § 9 Abs. 1 VOB/A ausnahmsweise Einzelleistungen, deren Ausführung und Umfang noch nicht feststehen. Wenn der Auftraggeber anordnet, wird sie zur Ausführungsposition. Im Leistungsverzeichnis ist lediglich der Einheitspreis anzugeben und kein Gesamtbetrag.

Betriebsstoff

Kosten für Betriebsstoffe umfassen die Aufwendungen für das Betreiben der Maschinen und -geräte, also den Verbrauch von Energie-, Treib-, Brenn- und Schmierstoffen und auch von Reinigungsmitteln.

Deckungsbeitrag

Betriebswirtschaftlich errechnet sich der Deckungsbeitrag als Differenz zwischen den Preisen (Angebotssumme ohne Umsatzsteuer) und den Einzelkosten der Teilleistungen (EKT). Folglich enthält er die gesamten Gemeinkosten

(BGK und AGK) sowie Wagnis und Gewinn. Ausgedrückt wird, in welchem Maße die Gemeinkosten durch die Preise „gedeckt" werden. In der Baukalkulation wird analog von der Umlage gesprochen.

EFB-Preis

Der Einheitliche Formblätter-Preis ist im Vergabehandbuch (VHB) enthalten. Er ist Hilfsmittel für die Bewertung von Angeboten, besonders für die Beurteilung zur Angemessenheit der einzelnen Preisbestandteile (Lohn-, Stoff-, Gemeinkosten u. a.) bei bestimmten Behörden.

Eigenleistung

In der Kalkulation werden jene Leistungen als Eigenleistungen bezeichnet, die vom anbietenden Unternehmen auch mit eigenen Kapazitäten ausgeführt werden.

Einfache Zuschlagskalkulation

Die einfache Zuschlagskalkulation ist ein Kalkulationsverfahren mit vorgegebenen Zuschlägen anhand einer differenzierten Ermittlung der Einzelkosten pro Leistungsposition. Diesen Kosten werden danach den Gemeinkosten über unternehmensinterne durchschnittliche Zuschlagsätze zugerechnet. Dieses Verfahren ist bei annähernd einheitlicher Leistungs- und Kostenstruktur einfach, praktikabel und hinreichend genau und deswegen insbesondere für kleinere Unternehmen und Handwerksbetriebe geeignet.

Einheitspreis

Der Einheitspreis ist der kalkulierte oder anderweitig ermittelte bzw. eingeholte Preis für die Mengeneinheit der Leistungsposition.

Einzelkosten

Einzelkosten können einer Teil- bzw. Einzelleistung direkt zugerechnet werden. Innerhalb der Einzelkosten werden die Kosten nach bis zu 7 Kostenarten (Lohn, Material, Geräte Betriebsstoffe Hilfsstoffe, Sonstige Kosten, Fremdleistungen) unterschieden oder in den Gemeinkosten erfasst. Die Kalkulation der Einzelkosten ist zugleich Basis für die Verrechnung der anderen Kosten im Unternehmen ist.

Endsummenkalkulation

Bei der Endsummenkalkulation werden die Baustellengemeinkosten, allgemeinen Geschäftskosten sowie Wagnis und Gewinn für jeden zu kalkulierenden Bauauftrag zunächst gesondert ermittelt und zur Endsumme addiert, bevor sie als Umlage auf die Einzelkosten verrechnet werden. Dieses Kalkulationsverfahren kommt insbesondere für größere Bauvorhaben im Tief-, Hoch- und Ingenieurbau mit großen Baustelleneinrichtungen in Betracht, wenn diese nicht gesondert im Leistungsverzeichnis ausgeschrieben sind.

Erfahrungswertkalkulation

Sie ist eine Kalkulation für kleinere und mittelgroße Anbieter bei annähernd gleichbleibender Leistungsstruktur mit betriebsspezifischen Daten auf der Grundlage betrieblicher Erfahrungen und der Auswertung selbst ausgeführter Leistungen (Nachkalkulationen, aktuelle Einstandspreise, Produktivitätsverbesserungen). Die Kostensicherheit ist höher als mit der Orientierungswertkalkulation. Für sehr große und nicht ständig wiederkehrende Aufträge, z. B. im Ingenieurbau, dürfte die Qualität dieser Kalkulation nicht ausreichen, sondern eher eine Auftragskalkulation bzw. eine individuelle Kalkulation in Betracht kommen.

Festpreis

Ein Festpreis ist kein durch Kalkulation ermittelter Preis, sondern ein festgelegter Einheitspreis, etwa wenn bestimmte Einheitspreise auf dem Markt definiert sind oder Preisanpassungen vorgesehen werden.

Festpreiskalkulation

Eine Kalkulation nach „Menge x Einheitspreis = Gesamtbetrag" liefert nur grobe Werte und eignet sich am ehesten für Überschlagsrechnungen.

Fremdleistung

Kosten für die Ausführung von Leistungen durch fremde Unternehmen (Sub- bzw. Nachunternehmer). Sie werden zwar beim Bieter Bestandteil der vertraglich zu erbringenden Leistung, aber durch einen anderen ausgeführt.

Gemeinkosten

Alle den Teil- bzw. Einzelleistungen nicht direkt zurechenbaren Kosten.

Gerätekosten

Kosten für Geräte bei der Erbringung maschineller Leistungen, die im Leistungsverzeichnis unterschiedlich zugeordnet werden können: so möglicherweise in den Einzelkosten als Bestandteil einer Teilleistung oder als eigene Teilleistung, aber auch in den Gemeinkosten, wenn die Geräte keiner Teilleistung zugeordnet werden können und auch nicht gesondert ausgeschrieben sind, z. B. die Bereitstellungsgeräte wie Unterkunftscontainer u. a.

Gesamtbetrag

Ist sowohl das Produkt aus Menge der jeweiligen Leistungsposition und dem zugehörigen Einheitspreis als auch die Summe der Gesamtbeträge der Leistungspositionen.

Gewerk

Ist die traditionelle Bezeichnung für eine Hierarchiestufe im Leistungsverzeichnis, steht oft auch für den gesamten Leistungsbereich.

Gewinn

Ein Gewinn soll eine angemessene Kapitalverzinsung für den Unternehmer erbringen, um erforderliche Investitionen auch künftig realisieren zu können. Er wird — in der Regel zusammengefasst mit dem Wagnissatz — in einem Prozentsatz auf Basis der Angebotssumme festgelegt.

Herstellkosten

Herstellkosten sind die Summe aus Einzelkosten und Gemeinkosten als Zwischensumme in der Endsummenkalkulation. Sie sind zum Teil Grundlage für weitere Berechnungen.

Hierarchiestufen

Bei umfangreichen Leistungen kann ein Leistungsverzeichnis durch die Einführung von Hierarchiestufen nach unterschiedlichen Gesichtspunkten geordnet werden. Ansonsten besteht das Leistungsverzeichnis nur aus Teilleistungen (Positionen).

Indossament

Das Indossament ist die einseitige, schriftliche Erklärung des Indossanten, aus der die Übertragung eines Orderpapieres auf einen anderen hervorgeht. Dazu genügt die bloße Unterschrift des Indossanten, wenn sie auf die Rückseite des Papiers oder auf einem verbundenen Blatt geleistet wird.

Kalkulationsansatz

Die Kalkulationsansätze bilden das Mengen-Wert-Gerüst der Kalkulation. Jeder Kostenansatz für eine Leistungsposition errechnet sich als Produkt aus einem Mengenansatz und dem Wertansatz.

Kostenanschlag

Der Kostenanschlag wird durch die Zusammenstellung der Einheits- oder Pauschalpreise der submittierten Angebote ermittelt. Kostenänderungen und damit auch Einfluss auf die Kosten können jetzt nur noch durch Mehr-/Mindermengen oder evtl. Nachträge entstehen.

Leistungsbeschreibung

Die Leistungsbeschreibung beschreibt die auszuführenden Leistungen eindeutig und erschöpfend unter Angabe sämtlicher preisbeeinflussenden Umstände. In § 9 der VOB, Teil A, sind die Anforderungen an die Leistungsbeschreibung niedergelegt, insbesondere die Grundsätze der Ordnungsgemäßheit und Objektindividualität, der Eindeutigkeit, der Vollständigkeit und der technischen Richtigkeit.

Leistungsverzeichnis

Das Leistungsverzeichnis bildet zusammen mit der Leistungsbeschreibung die Grundlage für die Angebotskalkulation. Es ist häufig nach Leistungsbereichengegliedert und Grundlage für alle am Projekt Beteiligten. Es ist zum Beispiel beim Bau oft in Lose, Gewerke, Leistungstitel, Untertitel, Positionen (Teilleistungen) und Positionsindices eingeteilt und mit Ordnungszahlen versehen, die eine eindeutige Zuordnung — auch für die Abrechnung — ermöglichen.

Lohngleitklausel

Während der Ausführung der Leistung evtl. eintretende Änderungen der Löhne und Gehälter werden nach einem vom Anbieter anzugebenden Änderungssatz ("Cent-Klausel") ausgeglichen und dem Auftraggeber in Rechnung gestellt, beispielsweise in einer Anlage zur Schlussrechnung.

Lohnkosten

Die Lohnkosten enthalten alle Kosten für gewerbliche Arbeitskräfte bei der unmittelbaren Ausführung des Produkts aus dem Arbeitszeitaufwand und dem Mittellohn.

Lohnnebenkosten

Zum Beispiel nach § 7 des Bundesrahmentarifvertrages für das Baugewerbe festgelegte Entgelte für Fahrkostenabgeltung, Verpflegungszuschuss, Auslösung, tarifliche Wochenendheimfahrten. Ohne Auslösungen betragen die Lohnnebenkosten im Durchschnitt in einem Bauunternehmen ca. 0,20 EUR bis 0,70 EUR je Arbeitsstunde oder ca. drei bis acht Prozent vom Mittellohn A.

Lohnzusatzkosten

Lohnzusatzkosten bzw. lohngebundene Kosten oder Sozialkosten umfassen Lohnzusatzkosten aus gesetzlichen Regelungen und tariflichen Vereinbarungen, aus Beiträgen (Arbeitgeberanteilen) für Renten-, Kranken-, Arbeitslosen-, Pflege- und Unfallversicherungen, aus Umlagen etwa für die Sozialkassen der Bauwirtschaft, Winterbauumlage, Insolvenzgeld, Schwerbehindertenausgleich, Arbeitsmedizinischer Dienst, Arbeitsschutz und Sicherheit, Beiträge zu Berufsverbänden sowie aus freiwilligen Verpflichtungen, z. B. zusätzliche Altersversorgung, Weihnachtsgeld, Zuwendungen für Betriebszugehörigkeit u. a.

Los

Der in einem Auftrag enthaltene Anteil einer erforderlichen Gesamtleistung. Man unterscheidet „Teillose" bei örtlicher Abgrenzung von „Fachlose" bei fachlicher Abgrenzung. Bei Beauftragung mehrerer Lose oder der Gesamtleistung kann sich der Preis ermäßigen. Lose können nach technischen oder wirtschaftlichen Gesichtspunkten zu Losgruppen zusammengefasst werden.

Materialpreis frei Baustelle

Die Ermittlung der Kosten für Material schließt die Transportkosten ein.

Mehrwertsteuer

Bauleistungen und die meisten anderen Leistungen unterliegen grundsätzlich der Umsatzsteuer. Die Mehrwertsteuer ist aber keine Kostenposition des Unternehmens. Deswegen wird netto kalkuliert und erst zum Schluss die Mehrwertsteuer in der aktuell gültigen Höhe der Netto-Angebotssumme zugeschlagen.

Mengenermittlung

Die Mengenermittlung bzw. Massenermittlung soll die Mengen entsprechend der Gliederung des Leistungsverzeichnisses zusammenstellen und mit strukturierten Berechnungsansätzen berechnen.

Mittellohn

Als Mittellohn gilt der Durchschnittswert der Lohnkosten je Arbeitsstunde der gewerblichen Arbeitskräfte.

Nachkalkulation

Bei der Nachkalkulation werden den Soll-Ansätzen der Arbeitskalkulation die tatsächlichen Werte und Stunden gegenübergestellt.

Nachtragsangebot

Nachträge sind Angebote, die bei der Öffnung des ersten Angebotes nicht vorgelegen haben und erst nach Vertragsabschluss sichtbar werden. Das Nachtragsangebot besteht aus der Nachtragsbegründung und der Nachtragskalkulation, dokumentiert durch ein Nachtragsleistungsverzeichnis.

Orientierungswertkalkulation

Sind keine betriebsindividuellen Kalkulationsansätze vorhanden, müssen für die Kalkulation mit Mengen- und Wertansätzen Orientierungswerte von Dritten genutzt werden, z. B. Produktinformationen der Lieferanten, Kalkulationstabellen, Akkordtarifverträge, Verbrauchsinformationen, Erkenntnisse aus Betriebsvergleichen und elektronische Datensammlungen.

Pauschalposition

Eine Positionsart innerhalb eines Leistungsverzeichnisses, bei der die Menge gleich 1 oder für die Abrechnung auch kleiner/gleich 1 sein kann.

Preisuntergrenze

Bei der Erstellung eines Angebots muss der Anbieter prüfen, bei welchem Betrag die Preisuntergrenze (Grenzkosten) für den Auftrag liegt. Sie errechnet sich aus Angebotspreis abzüglich Umlage (Deckungsbeitrag).

Rahmenvertrag

Zeitverträge, die den Auftragnehmer für eine bestimmte Zeit verpflichten, definierte Leistungen auf Abruf in Einzelaufträgen zu den im Rahmenvertrag festgelegten Bedingungen auszuführen.

Selbstkosten

Sind die Summe aus Herstellkosten und allgemeinen Geschäftskosten für eine Position bzw. das gesamte Angebot.

Umlage

Differenz zwischen einem Preis und der Summe der zugehörigen Einzelkosten, bezogen auf den Einzelpreis einer Leistungsposition oder die Angebotssumme (jeweils ohne Umsatzsteuer). Sie entspricht betriebswirtschaftlich dem Deckungsbeitrag.

Vergabeart

Nach Vergabeordnung und VOB/A: offenes Verfahren, nichtoffenes Verfahren, Verhandlungsverfahren, öffentliche Ausschreibung, beschränkte Ausschreibung, freihändige Vergabe, internationale Ausschreibung.

Verrechnungslohn

Der Betriebsmittellohn, gewöhnlich auch als „Vollkostenstundensatz" bezeichnet, der neben dem Mittellohn auch alle anteiligen Gemeinkosten sowie einen Ansatz für Wagnis und Gewinn enthält.

VOB

Die Verdingungsordnung für Bauleistungen (VOB) des Deutschen Vergabe- und Vertragsausschusses für Bauleistungen (DVA), auf die besonderen Bedürfnisse am Bau zugeschnitten, in drei Teilen: VOB/A für allgemeine Vergabebedingungen, VOB/B für die allgemeinen Vertragsbedingungen für die Ausführung und VOB/C für die allgemeinen technischen Vorschriften. Die VOB/B enthält teilweise vom Werkvertragsrecht (Werkvertrag) des BGB abweichende Vertragsbedingungen. BGB-Vertrag und VOB-Vertrag ergänzen sich im Übrigen. Die VOB muss zwischen Bauherrn und Bauunternehmer/Handwerker ausdrücklich vereinbart werden.

Wagnis

Ansatz für zusätzliche Kosten, die zwar im Einzelnen noch unbekannt sind, deren Auftreten aber auf Grund langjähriger Erfahrungen mit Sicherheit zu erwarten ist, wie z. B. Aufwendungen für Gewährleistungen, Bauzeitverzögerungen, unvorhergesehene Zwischenfälle. Wagnis wird im Allgemeinen gemeinsam in einem Zuschlagssatz mit dem zu kalkulierenden Gewinn verrechnet.

Zuschlagskalkulation

Einzelkosten für die Teilleistungen werden direkt ermittelt und den Gemeinkosten sowie dem Wagnis und dem Gewinn mit vorberechneten Zuschlägen (auch „Umlage" bezeichnet) zugerechnet. Da sie einfach, praktikabel und hinreichend genau ist, kommt die Zuschlagskalkulation bei annähernd gleicher Leistungs- und Kostenstruktur in Betracht oder wenn die Gemeinkosten weniger von Bedeutung und nur von geringem Umfang sind.

Weiterführendes Schrifttum

Berens, Erichsen: Praxis der Kostenrechnung und Kalkulation in den Bereichen Transport, Logistik und Spedition - Mit aussagekräftigen Zahlen zu mehr Wirtschaftlichkeit und Erfolg, BC 2012, 331;

Bischof: Einführung einer Produktkalkulation in KMU: Vorgehen und Erfahrungen im konkreten Praxisfall, BC 2008, 177;

Ederer: Pragmatischer Aufbau einer Prozesskostenrechnung: Fallbeispiel und erste Prüfkriterien, BC 2011, 82;

Erichsen: Einsatz der Stundensatzkalkulation in einem Produktionsbetrieb: PraxisfallBC 2009, 330;

Erichsen: Praxisfall: Einfache mitlaufende Kalkulation bei einem Maschinenbauer, BC 2011, 207;

Rieg: Leser fragen - Schriftleiter antworten - Ermittlung von Stundensätzen für die Produktkalkulation, BC 2007, 232;

Rieg: Leser fragen - Schriftleiter antworten - Rechtfertigung von Gemeinkostenzuschlägen gegenüber Kunden, BC 2009, 123;

Schmidt, VDI-Studie zum Angebotsmanagement 2008, 5, http://www.vdi.de/uploads/media/Ergebnis der VDI-Studie Angebotsmanagement_01.pdf;

Unrein, Jordan: Controlling und Rechnungswesen mit Excel - Szenarioanalyse im Rahmen der Planung und ihre Umsetzung in Excel, BC 2011, 504;

Stichwortverzeichnis